Reinhold Bechstein

Deutsches Museum für Geschichte, Literatur, Kunst und Altertumsforschung

Neue Folge, 1. Bd

Reinhold Bechstein

Deutsches Museum für Geschichte, Literatur, Kunst und Altertumsforschung
Neue Folge, 1. Bd

ISBN/EAN: 9783743600522

Hergestellt in Europa, USA, Kanada, Australien, Japan

Cover: Foto ©ninafisch / pixelio.de

Weitere Bücher finden Sie auf **www.hansebooks.com**

Deutsches Museum

für

Geschichte, Literatur, Kunst

und

Alterthumsforschung.

Begründet
von

Ludwig Bechstein.

Neue Folge.   Erster Band.

Herausgegeben
von

Reinhold Bechstein.

Mit 4 Facsimiles.

Leipzig,
Verlag von Otto August Schulz.
1862.

Seiner Hoheit

Bernhard Erich Freund

regierendem Herzoge zu Sachsen-Meiningen-Hildburghausen

in Ehrfurcht, Treue und Dankbarkeit

gewidmet.

Durchlauchtigster Herzog!

Gnädigster Herzog und Herr!

Eine Dichtung war es und eine seiner frühesten Leistungen, welche der Dichter Ludwig Bechstein seinem fürstlichen Gönner und dem erhabenen Begründer seines Lebensglückes mit dankbarem Herzen zueignete. Einem anderen Gebiete gehören die nachgelassenen Arbeiten an, welche jetzt der Sohn des Dahingegangenen gleichsam als ein letztes Vermächtniß in Ehrfurcht und dankbar liebender Erinnerung Ew. Hoheit darbringen darf.

In Höchst=Ihrem Dienste und in seinem amtlichen Berufe fand Ludwig Bechstein Anregung, Nahrung und Förderung für die Pflege einer Wissenschaft, für welche er mit warmer Liebe und auch nicht ohne Erfolg und Anerkennung thätig war.

Geruhen Ew. Hoheit, meine eigenen Beiträge zu diesem Werke mit Huld und Nachsicht aufzunehmen und in dem äußeren Zeichen der Widmung den innigen Ausdruck meiner hohen Verehrung, tiefgefühlten Dankbarkeit und treuen Gesinnung zu erkennen, mit welcher ich lebenslang verharren werde als

Ew. Hoheit

Leipzig am Himmelfahrtstage 1862.

unterthänigster

Reinhold Bechstein.

Vorwort.

Die Fortsetzung des von Ludwig Bechstein begründeten Deutschen Museums für Geschichte, Literatur, Kunst und Alterthumsforschung wird von manchen Seiten sicher nicht ohne gewisse Theilnahme entgegengenommen werden. Wenn bei dem Beginne einer neuen Folge auch das einfache Bekenntniß des Herausgebers genügen könnte, daß er mit der aufgenommenen Idee auch in der Ausführung dem Begründer zu folgen beabsichtige, so scheint es doch wohlgethan, bei einem Unternehmen, welches die lange Unterbrechung von 20 Jahren fast zu einem neuen macht, verschiedene Einzelheiten zu berühren, wie sie uns durch den veränderten Stand der Geschichts- und Literaturstudien nahe liegen.

Im Nachlasse Ludwig Bechsteins fanden sich mehrere Abhandlungen historischen und kulturhistorischen Inhaltes, welche der Verewigte für einen dritten Band seines Deutschen Museums bestimmt hatte. Diesem äußeren Grunde verdankt allerdings zunächst unsere neue Folge ihre Entstehung und Herausgabe. Die ersten Bände erschienen in den Jahren 1842 und 1843; hauptsächlich ihr geringer buchhändlerischer Absatz ließ es nicht zu der gewünschten Fortsetzung gelangen. L. Bechstein faßte dann einmal den Gedanken, sein Material in einer eigenen Zeitschrift zu verwerthen, von welcher er sich einen besseren Erfolg versprochen haben mag, als von einem geschlossenen Buche. So fand ich unter mancherlei Papieren einen Zettel, auf

welchem „Stoffe für die Culturgeschichtlichen Forschungen,
Monatsschrift von Ludwig Bechstein" aufgezeichnet waren und außerdem
auf einem Bogen die „Idee einer Vorrede zu einem neuen Unternehmen anstatt des Deutschen Museums." Dieser Entwurf eines
Vorwortes mag hier mitgetheilt werden, weil sich an manche Bemerkung
schicklich für unser Unternehmen anknüpfen läßt.

In dem Buche: „Deutsches Museum für Geschichte, Literatur, Kunst und Alterthumsforschung, Jena, Druck und Verlag
von Friedrich Mauke, 1842 und 1843." 2 Bände, habe ich ein reich-
haltiges Material meist noch ungedruckter und interessanter historischer,
literarischer und artistischer Stoffe veröffentlicht, und es hat das Unternehmen manchen Beifall gefunden. Allein einestheils ließ die anstän-
dige Ausstattung nebst werthvollen Bildbeigaben und Facsimiles in Stahl-
stich und Steindruck nicht zu, einen Spottpreis für dieses Werk zu setzen,
anderntheils machten Kundige mir die nicht ganz unbegründete Bemerkung,
ich gäbe des Stoffes zu viel. Der Geschichtforscher und Literarhistoriker
würdige selten das, was den Kunstfreund, den Kenner und Sammler
alter Holzschnitte, Schrotblätter und Kupferstiche erfreue, und noch weit
weniger würdige der Kunstfreund den geschichtlichen Theil eines solchen
Buches; er scheue sich vielmehr, einige Thaler auszugeben, um unter
vielen andern, ihn nicht besonders anziehenden Beiträgen auf wenigen
Blättern die Beschreibungen noch unbekannter und unbeschriebener Kunst-
blätter zu erwerben, seien dieselben sammt deren Facsimiles auch noch
so werthvoll.

Befreunden werde ich mich nie mit solcher Ansicht, wenn ich deren
prosaische Richtigkeit auch nicht in Abrede stellen kann; ich lebe des
Glaubens, daß deutsche Geschichte, deutsche Literatur und deutsche
Kunst sich einander auf das Innigste durchdringen, daß ein gründliches
Studium derselben nicht denkbar ist, wenn die eine oder die andere dieser
Wissenschaftsrichtungen vernachläßigt wird, und daß der gebildete
Mann in der höheren Bedeutung dieses Wortes (ich will gar nicht
sagen der Gelehrte) ein gänzlicher Laie in der Geschichte eben so wenig
als in der Literatur und Kunst des deutschen Vaterlandes sein darf. Und
ein solches geistig und wissenschaftlich hochstehendes Publikum hatte ich doch
bei der Gründung und Herausgabe meines Deutschen Museums im Auge.

Da nun der Absatz dieses Buches die Kosten des Verlegers nicht deckte, obschon von Seiten des Verfassers manches geschah, deren Betrag zu er= mäßigen, so kann es in der gewählten Form nicht fortgesetzt werden, und ich lasse mich zu dem Versuch herbei, den geschichtlichen und literargeschicht= lichen Theil meines Materials in dieser neuen Form darzubringen und gedenke artistische Mittheilungen später ebenfalls selbstständig erscheinen zu lassen.

Unter den Stimmen des Beifalls, welche dem Teutschen Museum galten, vernahm ich auch die einzelne einer befremdlichen Mißdeutung einiger Worte in der Vorrede zum zweiten Band.

Diese meine Worte lauten: Dasselbe (mein Unternehmen) bedarf die Unterstützung der Bibliotheken, der Kunstfreunde, der Sammler, auf daß neben der aufopfernden Liebe und dem Eifer meinerseits auch der des Herrn Verlegers, der keine Kosten, keine Mühe und keine Sorgfalt scheut, das Werk seinerseits zu fördern, nicht erkalte.

Damit habe ich nicht mehr und nicht weniger sagen wollen, als: ich wünsche, daß Bibliotheken, Kunstfreunde und Sammler das Teutsche Museum nicht blos ansehen, sondern auch kaufen, und keineswegs fiel mir ein, damit die Bitte ausdrücken zu wollen, mir Beiträge zu senden, obschon auch selbst in dieser Bitte nichts unehrenvolles liegen würde. Allein ich sprach sie nicht aus, weil mein eigenes Material noch auf lange ausreicht, und weil ich voraussah, daß unaufgefordert mir dennoch Bei= träge zugehen würden, was auch eintraf. Ich habe manches dankens= werthe erhalten, und auch manches, das in Verlegenheit setzte. Mehrere Zusender glaubten, das Teutsche Museum solle eine periodische Zeitschrift werden, welcher als solcher naturgemäß auch fremde Beiträge willkommen sein müßten, und ich gestehe, daß Anfangs, ehe das Teutsche Museum in das Leben trat, die Idee einer solchen historisch=literarisch=artistischen Zeitschrift mir lebhaft vorschwebte, und nur die Hand eines Verlegers fehlte, dieselbe zu realisieren; ja ich wäre noch nicht abgeneigt, mich an die Spitze eines solchen Unternehmens zu stellen, wenn auf ein aus= reichendes Publikum zu rechnen wäre. Für solchen Fall würde dann be= stimmt und deutlich von mir ausgesprochen werden, daß auch fremde Beiträge, und unter welchen Bedingungen, willkommen seien.

Allein auch die Idee einer Monatsschrift verwirklichte sich nicht. Es ist mir völlig unbekannt, ob sich mein Vater in dieser Angelegenheit mit Verlegern in Verbindung setzte. — Wenn ich bestrebt sein mußte, auch jene nachgelassenen Aufsätze aus dem Gebiete der deutschen Alterthumskunde der Oeffentlichkeit zu übergeben, so richtete sich dieser Wunsch naturgemäß auf eine zusammenfassende und selbstständige Herausgabe, und mit ihm verknüpfte sich der weitere Gedanke, zugleich das andere noch unbenutzte Material zu verwerthen, welches ich durch einzelne von mir selbst gesammelte Stücke vermehren konnte.

In welcher Weise dies zu bewerkstelligen sei, darüber war ich selbst nicht lange in Zweifel. Eine Zeitschrift, wie sie meinem Vater vorschwebte, scheint mir in unseren Tagen noch keine Lebensfähigkeit zu haben. Wir besitzen überdies treffliche Zeitschriften von größerem und kleinerem Umfange, welche für die verschiedenen Zweige der Alterthumskunde, für Geschichte und Literatur mit Erfolg thätig sind, Zeitschriften aber, welche ausschließlich die Kulturhistorie pflegen wollten, sahen wir jüngst mehrere entstehen und bald wieder verschwinden. Ein geschlossenes Sammelwerk, welches auch umfangreichere Abhandlungen oder Mittheilungen unzerrissen darbieten kann, wird den schon bestehenden periodischen Blättern ergänzend zur Seite stehen, zumal wenn seine Gränzen weiter gesteckt sind. So entschied ich mich für eine neue Folge des Deutschen Museums, zu welcher ich so glücklich war einen für die Sache empfänglichen und strebsamen Verleger zu finden. Mußte mein Vater die Fortsetzung von der Theilnahme des Lesepublikums abhängig machen, so befinden sich Herausgeber und Verleger dieses ersten Bandes wiederum in derselben Lage. Wir geben uns keineswegs Illusionen hin, wir wissen, daß der Kreis derer, welche sich für solche Bestrebungen interessieren, noch immer ein gar kleiner ist, aber wir sind auch nicht ohne Hoffnung, daß wir das Unternehmen fortsetzen können. Wurde mein Vater mißverstanden, als er um die Unterstützung der Bibliotheken, der Kunstfreunde, der Sammler bat, so will ich gleich von vornherein erklären, daß mir bei hinreichendem eigenen Stoffe für einen oder mehrere Bände doch auch Beiträge von anderer Seite recht willkommen sein werden, ohne daß hierdurch das Deutsche Museum den Charakter eines Sammelwerkes verlieren soll. Sobald sich über die Fortsetzung entschieden werden kann, werde ich die betreffenden Einladungen ergehen lassen.

Manigfaltigkeit des Inhaltes wird nicht allein Zeitschriften, sondern auch Sammelwerken zu Statten kommen. Bei unserem Deutschen Museum sind schon auf dem Titel die Gebiete bezeichnet, welchen seine Mittheilungen angehören. Jenen Vorwurf, als würde des Stoffes zu viel geboten, muß auch ich, was den künstlerischen Theil betrifft, in mancher Beziehung gerechtfertigt finden. Es wird deshalb nöthig sein, die Gränzen zu bestimmen, in wie weit die Kunst zu berücksichtigen sei. In diesem ersten Bande beschäftigt sich nur ein einziger Artickel (VIII. 8) mit einem artistischen Erzeugniß. Unsere Besprechung dieses Kunstwerkes möge ungefähr ein Beispiel abgeben, in welcher Weise uns künftig ähnliche Mittheilungen erwünscht sein werden. Denn da ich diesem Gebiete bis jetzt noch ferner stehe, werde ich gerade hierin fremder Beihülfe bedürfen. Die ästhetische und selbst die antiquarische Seite der Kunstwerke wollen wir den eigentlichen Kunstzeitungen überlassen. Trägt aber ein solches geschichtliche, sittengeschichtliche und literärische Bezüge in sich, dann wollen, ja dann müssen wir es in den Kreis unserer Betrachtung ziehen. Für gute Nachbildungen wird auch dann die Sorgfalt des Herrn Verlegers bedacht sein. Zu derartigen Betrachtungen werden naturgemäß diejenigen Kunstproductionen vorzugsweise auffordern, welche an eine besondere Gelegenheit, an ein Tagesereigniß anknüpfen. Dabei wird aber auch der innere Werth und die kunsthistorische Bedeutung nicht ganz außer Auge zu lassen sein.

Die anderen Gebiete der Geschichte, der Literatur, der Alterthumsforschung sind in diesem ersten Bande wie in den beiden vorhergehenden vertreten, und in ähnlicher Weise mögen sie auch künftig berücksichtigt werden. — Für die höhere Geschichtsbetrachtung stehen uns gegenwärtig andere Organe zu Gebote, doch auch die manigfachen Einzelzüge, wie sie aus archivalischen Quellen entgegen treten, verdienen allgemeinere Beachtung, sofern sie nämlich auch die Gesammtheit berühren. Rühmenswerth ist der Eifer, mit welchem man jetzt allenthalben das urkundliche Material sammelt und nutzbar macht; aber wenn die Urkunde auch der Forschung den festesten Boden gewährt, so haben das Aktenstück, die Correspondenz, das Tagebuch den Vorzug des unmittelbaren Lebens für sich.

Bei dem allgemeinen Namen der Geschichte mag auch des erst in neuerer Zeit zum Bewußtsein gelangten Begriffes der Kultur= geschichte, der Sittengeschichte gedacht werden. Hierfür, hoffe ich, soll das Deutsche Museum auch ferner ein stofflieferndes Organ sein. Daß diese Stoffe hauptsächlich in den Kreis der Literatur fallen werden, liegt in der Natur der Sache. Wandte sich die Theil= nahme zunächst und vorzugsweise den poetischen und ästhetisch werth= vollen Denkmalen der Vorzeit zu, so wird sich die Aufmerksamkeit auch auf solche Schriften hinzulenken haben, welche auf das praktische Leben und auf seine Bedürfnisse gerichtet sind. Solche Literaturer= zeugnisse sind meist auch recht wichtig für Grammatik und Lexicographie. Wo die Berührung der sprachlichen Seite ohne Weitläufigkeit ge= schehen kann, mag sie sich der Textmittheilung anschließen.

Wenn auch das Deutsche Museum auf die Alterthums= forschung hingewiesen ist, so verdient doch auch die Literatur der jüngeren Zeit antiquarisch gewürdigt und ihre noch ungekannten oder wenig gekannten Erzeugnisse, falls sie nicht von zu großem Umfange sind, durch den Abbruck allgemein zugänglich gemacht zu werden. Ja selbst das sechzehnte Jahrhundert, welches sonst von den Zeitschriften für deutsche Alterthumskunde auch mitunter berücksichtigt zu werden pflegt, bietet noch überaus viele unbebaute Strecken dar. Fast jede Seite in Gödekes trefflichem Grundriß läßt uns erkennen, daß eine Menge Schriften und zwar höchst wichtiger Schriften, für welche nunmehr die ehemals beliebte Bezeichnung „Curiositäten" abgeschmackt wäre, nur ihrer Existenz nach und in bibliographischer Anführung bekannt sind.

Somit habe ich angedeutet, von welchem Gesichtspunkte aus ich die Aufgabe des Deutschen Museums betrachte. Sollte sich eine nach= haltige Theilnahme kundgeben, und werden Beiträge verschiedener Verfasser in ihm eine Stätte finden, dann mögen sich immerhin Modificationen hie und da geltend machen. Wenn unserem ersten Bande gewiß nicht Manigfaltigkeit in den Stoffen abzusprechen ist, so wird allerdings hinsichtlich der Zeit, in welche dieselbe fallen, eine gewisse Einförmig= keit wahrgenommen werden. Dies ist zum Theil äußerlich, indem einmal sämmtliche Aufsätze meines Vaters dem sechzehnten Jahrhunderte

angehören, andererseits das mir zu Gebot stehende Material zu seinem
größten Theile ebenfalls aus derselben Periode stammt. Aber ich
meine, daß auch principiell das sechzehnte Jahrhundert von uns bevorzugt werden müsse. Die Gründe hierfür brauchen wohl nicht entwickelt
zu werden. Die beiden letzten Jahrhunderte ·und das unserige sind
indeß auch diesmal nicht ohne Vertretung in unseren Mittheilungen
geblieben.

Die im Manuscripte ganz oder halbwegs druckfertig vorliegenden
Abhandlungen oder Mittheilungen meines Vaters, welche im Inhalts-
verzeichnisse und im Texte durch ein Sternchen ausgezeichnet sind,
waren entweder durchaus von Schreiberhand gefertigt, oder es rührten
ausschließlich die Einleitungen und der verbindende Text von meines
Vaters eigener Hand her. Leider stand mir nur bei dem ersten Aufsatze das Original des alten Druckes zu Gebote, so daß ich für die
urkundliche Genauigkeit der anderen Mittheilungen nicht einstehen kann
und hierfür ausdrücklich um Nachsicht bitten muß. Es blieb nichts
übrig, als dem Manuscripte genau zu folgen und nur dann zu ändern,
wenn der Schreiber offenbar falsch gelesen oder copiert hatte. Was
meine eigenen Beiträge betrifft, so halte ich für diese jüngere Zeit mit
Vorbedacht an der Urkundlichkeit fest, an bedingter bei den Handschriften, an unbedingter oder beinahe unbedingter bei den Drucken.
Die näheren Gründe kann und will ich hier nicht darlegen, da ich
überdies glaube, daß ein solches Verfahren weniger der Rechtfertigung
bedarf, als die beliebte Regelung der Schreibart, welche im Principe
verfehlt ist und allerdings in der Ausführung nur allzu oft an Adelung
erinnert. Es sei deshalb auf die wohlerwogenen Aeußerungen Hildebrands
auf Seite XXXIII—XXXVI der Einleitung zum zweiten Hundert
von Soltaus historischen Volksliedern hingewiesen und nur das eine
betont und hervorgehoben: Ich gebe Stofflieferungen, welche die
seltenen und theueren Originale vertreten und ersetzen sollen, und ich
wünsche nicht, daß sie mit den wechselnden Anschauungen einer noch
in der Entwickelung begriffenen wissenschaftlichen Erkenntniß in kurzer
Zeit veralten.

Die kleineren Druckversehen und Ungleichheiten in den Einleitungen, Anmerkungen ꝛc. wird die Nachsicht der Leser selbst ver-

bessern und entschuldigen, von den Fehlern aber in den alten Texten mögen folgende vor dem Gebrauche des Buches corrigiert werden: Seite 9 Zeile 5 von unten vnd (her).   S. 10 Z. 11 komen.   Z. 10 v. u. Friderichs.   S. 12 Z. 8 v. u. diser.   S. 14 Z. 2 v. u. gnungsam. S. 15 Z. 1 v. u. zuuerhinderen.   S. 16 Z. 11 nach Hochwirdigisten ist einzuschieben Hochwirdigen.   S. 22 Z. 20 Keiserlicher u. so Z. 22. u. Z. 25. S. 23 Z. 10 erfordrung.   S. 33 Z. 5 v. u. für verschöners, wie der Druck hat, ist wohl besser versöuers.   S. 48 Z. 2 v. u. vergossen.   S. 50 Z. 16 v. u. quondā.   S. 158 Z. 9 zwischen mein und 6. ist Strich zu setzen. S. 188 Z. 12 Könti. — König.   S. 233 Z. 16 v. u. zuuor.   S. 276 Z. 7 v. u. Johann.   S. 290 Z. 8 Fürsten.   S. 298 Z 18 S. 37. S. 309 Z. 12 Komma statt Punkt.

Und so empfehle ich auch diese Blätter, wie einst mein seliger Vater sein eigenes Unternehmen, der Huld aller Theilnehmenden, Wohlwollenden und Nachsichtigen.

Der Herausgeber.

Inhalt.

XVI

Inhalt.

I.

Die Presse als Fehdewaffe.

1514.

—

1.

Ausschreiben des Erbschenken Friedrich Herrn zu Limpurg gegen Wenzel und Wend Wolfskehl.

———

Aus der Geschichte der Erfindung der Buchdruckerkunst ist erwiesen, daß man sich sehr bald ihrer in Fehden bediente, die Beweis-
mittel seines Rechtes vor aller Welt zu publicieren und zu documen-
tieren. Die bekannte Fehde Diethers von Isenburg gegen Adolph
von Nassau machte den Anfang, andre folgten nach, wenngleich nicht
häufig. Die Presse gab ein willkommenes Mittel ab, Rechtmäßigkeit von
Angriff oder Abwehr allen, denen es zu wissen nöthig, oder von denen
ein Antheil an der Streitsache vorauszusetzen war, klarer und bündiger
und schneller, als durch Abschriften möglich, vor Augen zu legen.

Durch Romanschriftsteller und schlecht unterrichtete Geschichtschreiber
wurden lange Zeit über die Fehden im Mittelalter sehr irrige An-
sichten verbreitet. Die Mehrzahl des in die Rechtsverhältnisse und in
die Sitten jener Zeit nicht gründlich eindringenden Lesepublikums mußte
sich solche Fehden stets denken als wilde Raubzüge mit Sengen,
Brennen, Nothzucht, Mord- und Todschlag. Dahin wirkten die Ro-
mane bekannter Autoren, dahin wirken noch heute die zwecklosen und
sittenverderblichen Bücher, welche zum Schreck der Humanität und
wahren Bildung zu vertreiben einige deutsche Buchhändler sich das
traurige Gewerbe machen.

1*

Da es gewiß ein Zweck dieser Blätter mit ist, auch über mittel-
alterliche Rechtsverhältnisse in einem größern Publikum das Licht der
Wahrheit und Wahrhaftigkeit zu verbreiten, und ohne romantisch poetischen Beischmuck solche Angelegenheiten hinzustellen, wie sie wirklich
waren, so wollen wir einige ritterliche Fehden, die zum Theil neben
dem Schwert mit der Feder ausgefochten wurden, einfach darlegen.

Wir beginnen mit einem Span, welchen die bekannte Familie der
semperfreien Erbschenken Herren zu Limpurg im Jahr 1513 und 14
gegen den fränkischen Ritter Wenzel Wolfskehl und Wendel, dessen
Sohn, hatten. Die Wolfskehl hatten den Erbschenken Friedrich öffentlich
beschuldigt, einem ihrer Knechte, Hans Pflug, Unrecht gethan zu haben,
und diese Anschuldigung hält der Erbschenk für wichtig genug, sich gegen
sie in einer Druckschrift zu vertheidigen, in welcher er ausführlich die
Beleidigungen hererzählt, die einem seiner Unterthanen, Linhard Belnern, durch den Anfall dreier verkappter Reissige auf offner Straße,
und durch Einwerfen desselben in einen finstern Gefängnißthurm wider-
fahren; er nennt den erwähnten Hans Pflug als einen der von dem
Gemißhandelten erkannten Thäter und die Ursachen, warum dieser zu
peinlichen Rechten angenommen worden sei, und warum man ihn vor
Gericht gestellt habe. Er läßt die darauf beschworene Urgicht Hans
Pflugs von Wort zu Wort drucken, in welcher dieser sich zur ange-
schuldigten That bekennt und deren Hergang ganz ausführlich erzählt.
Darauf wird angezogen, was Wenzel Wolfskehl des gefangenen Pflug
halber an den Schenken Friedrich geschrieben, und was er zur Gegen-
antwort empfangen, und welcher Maßen Wenzel Wolfskehl eine nichtige Kundschaft gestellt habe. Nicht minder zeigt diese Deduction an,
welche Rechtsmittel der Erbschenk dagegen ergriffen, widerlegt die an-
geführten Gründe seines Gegners und erbietet sich, die ganze Sache
vor ein Schiedsgericht vieler geistlicher und weltlicher Fürsten zu bringen.
Den Schluß bildet die Bitte an alle, denen diese in klarer und sehr
gemäßigter Sprache abgefaßte ritterliche Deduction vor Augen käme,
seiner wahrhaftigen Darlegung Glauben beizumessen.

Gerade weil der ganze Handel ein eigentlich unerheblicher, ein
Zwist zwischen Privaten, ohne alle politische Bedeutsamkeit, erscheint
uns die Art und Weise anziehend, in welcher der Ritter gegen seinen
Gegner sich durch den Druck vertheidigt, seine Ehre wahrt, und auf

das Recht fußt, wie es scheint, auf die verrufene Selbsthülfe und Rache verzichtend. Ob die Ritter von Wolfskehl sich auf gleiche Weise vertheidigt, und auf welche Art der Streit geschlichtet worden, ist uns unbekannt.

Wir geben hier eine Beschreibung des gedruckten Actenstückes, und lassen dasselbe dann selbst folgen. Rechtskundigen Lesern und solchen, die in des Mittelalters Sitten, Bräuche und Rechtspflege gern mit gründlichen Blicken eindringen, wird dasselbe in seiner unveränderten Aechtheit willkommen sein.

Das Manifest des semperfreien Erbschenken von Limpurg, wenn wir das Dokument so nennen wollen, besteht aus zwei großen Papierbogen, welche in der Mitte 2 Finger breit zusammengestoßen sind, so daß der ganze Inhalt, wie auf einem Placat, wozu die Schrift wohl auch diente, auf einer Seite enthalten ist. Beide Bogen haben zum Wasserzeichen ein kleines Doppelkreuz; der eine ist ganz, der zweite nur ⅔ bedruckt. Die Typen der Ueberschriften ähneln Missaltypen, und sind scharf, mehr rund als eckig. Da bereits im Jahr 1479 eine Druckerei in Würzburg errichtet wurde, so ist es wahrscheinlich, daß diese Vertheidigung in jener Stadt gedruckt worden ist.

Allen vnd yden Churfursten Fursten Prelaten Grauen Freyherren Ritterschafft Edlen vñ vnedlen. Geystlichen vnd weltlichen, in was wirden, standts, oder wesens die sein, denn disses verursacht, warhafftig auffschreyben furkumbt, verlesen, oder angezeygt wurdt, Empietten wir Friderich Herr zu Limpurg, des heyligen Römischen reychs Erbschenck Semperfrey, vnser vnterthenig, willig vnd freundtlich dienst, Freundtlichen vnd gunstlichen gruß, wie vnns das gegen einem ydenn nach gelegenheyt seines standts gezimpt vnd gepürt, vnd fugen den allen gemeinlich vnd sunderlich zu wissen.

Vrsachen dises auffschreibens.

¶ Das vns von etlichen vnsern gutten freunden, glaublich angelangt hat, wie sich Wentzel Wolfßkell vnd Wend sein Sune, vntersteen vns an der Fürsten Höuen, auch auff offen tegen, Jn versamlungen der Ritterschafft, vnd sunst, vnuerschuld zuuerunglimpffen vnd auß-

zuſchreyen, vnd alſo Zn vnſerm abweſen einzubilden, Als ſolten wir
etwan Hanſen Pflug, Wentzel Wolfßkels knecht, gegen dem wir auff
beſchehen anrüffen, nach ordnung vnſers gerichts peinlich frag vnd
recht, wie ſich gepürt, Vnd wir zuthun ſchuldig geweſt, haben ergeen
laſſen, vnrecht gethan, Vnd alſo gegen dem ſelben Pflug nicht wol gehandelt haben, wie dan die gnanten Wolfßkels, ſolche meynung, mit
ploſſen vnbewerlichen wortten, der wir noch zurzeyt nicht gründtlich erfaren, außgepreßt haben, vnd villeycht noch thun, Nach dem vns dan
durch dieſelben Wolfßkel mit ſolchen vngegründten, vnwarhafftigen vnd
vnbeſtendigen nachreden, gantz vnrecht beſchicht, Auch hewt oder zu tagen
mit keiner warheyt auffſpracht werden mag, das wir anders dan vns
als einem fromen herren zu Limpurg woll anſtehet, vnnd zuthun gepürt hat, gehandelt haben, So erfordert vnſer notturft, Ewer Chur-
furſtlich vnd Furſtlich gnad, freundtſchafft vnd andere gründt diſes
handels, vnd vnſer offenbaren vnſchuld, gegen angezeygtem vnbewer-
lichem außgeben, mit der warheyt zubrichten, vntertheuig, vleiſſig, vnd
freundtlich bittend, daſſelbig on verdrieß zu hören, vnd hat mit dem
kürtzten, als wir das ertzelen mögen, die geſtalt.

**Verpotne that vnd geſengknuß ann Schenck Friderichs vntterthan
Linharden Velneren begangen.**

¶ Jn nechſtuergangem Jar iſt vns einer vnſer vnterthan, von
Somerohawſen, Leonhart Velner gnant, am Sambſtag nach vnſer
lieben frawen tag Natinitatis gnant, vngeuerlich zwiſchen drey vnd vier
hore nach mittag, zwiſchen Randerßacker vnd Eyffelſtat, auff freyer
ſtraſſen, wider den Künigklichen vnd des heyligen Reychs landtfriden
vnd ordnung, recht, vnd alle pillickeyt, Auch on alle redliche vrſachen,
vnd on vorgeende bewarnng, gantz vnnerſehen, von dreyen gereyſigen
mit verpotner that angegriffen, geſencklich angenomen, hinweck gefurt,
Vnd nach langem hin vnd wider ſchleyffen, heymlich vnd auff ein
laugnen in der nacht verkept, vnd verplent, in thuren gen Reychenperg gefurt, das nicht vber ein meyl wegs von obgnanttem vnſerem
flecken Somerohawſen ligt, Vnd zunteyl obgnanttem Wentzel Wolfßkel,
der ſich des Pflugs angenomen, zuſteet, Doſelbſt iſt der benant vnſer
vntterthan, alſo auff ein laugnen im thurn, in einem Hembdt vnd
einfachen Röcklein, wie er bedretten, mit groſſem froſt, hunger, vnd

konter, biß in die dritten wochen, in hartter gefencknuß, jemerlich vnd
erbermdlich, heymlich enthalten worden, vntz das jm got das glück
geben, das er auß dem thurn gegraben, sich selbst erledigt, vnd nach=
folgend die gehortten vnd gesehen wortzeichen solcher gefencknuß halb
glanblich vnnd dermassen angezeygt, das sich solch sein anzeygen mit
der warheyt erfunden hat.

Vrsachen darumb Hans Pflug zu peinlichem Rechten ange-
nomen ist.

¶ Vnd nach dem dan, der gemelt vnser vnterthan, der dreyer
Reysigen, so jne wie obstect, vnpillich gefangen, vnd weckgefurt haben,
Auch jrer Pferd vnd kleydnung, im aufsprengen vnd eheban er von jne
verkept vnd verplendt worden ist, auch am vmbfuren, jrer red der=
massen acht genomen, das er dieselben, Nach dem er die als nach=
pawren des orts vorhere vil gesehen gehabt, erkant, hat er vntter den=
selben dreyen den obgnantten Pflug fur derselben theter einen benant,
Auch dobey so vil glanbliche anzeygung gethan, die solcher that halb,
wider denselben Pflug zu redlichem arckwon, vnd verdacht, gnung ge=
acht, vnd angesehen sein. Vnd als nun nachfolgend derselbig vnser
vntterthan den gemeltten, angezeygten theter vnd fribbrecher, auff ein
zeyt in benanttem vnserem flecken Somerohawsen betretten, hat er
gegen jme bey vnsern benelhaberen des orts, vmb gestattung peinlichs
rechtens angesucht, vnd sich erpotten, deßhalb wie sich in solchen fellen
von rechts wegen gepürt, gnung samen bestalt zuthun, Derhalb vnsern
benelhaberen keins wegs hat zumen oder fuegen wollen, jme vber solich
erpietten vnd ansuchen, das Recht abzuschlahen, Sunder haben von
dem ankleger, als dem beschedigten seinem erpietten nach bestalt ge=
nomen, vnd den mergenanten Pflug zu peinlichem rechten zuuerwaren
benolhen, Also das die sach wider den gedachten Pflug nicht on mittel
vnser, sunder des genanten vnsers vnterthans gewest, vnd auff sein
ansuchen, vnd gethanen bestalt gestat ist, wie sich in Recht gepürt.

Vrsach darumb gegen dem gefangen Pflug gepurender Frag
gestat worden ist.

¶ Vnd bieweyl dann der gedacht Velner obberürter massen gegen
dem Pflug zurecht gnung bestalt gethan, vnd auffgezeygten redlichen

arckwan vnd verdacht, vmb frag vnd recht angeſucht, hat jme daſſelbig
nit mogen abgeſchlagen werden, ſunder jm iſt zimlicher frag geſtat,
vnd in ſolcher frag vnd nachfolgend auff beſprachūg vor etlichen des
gerichts, des anklegers vor verzeychent furgeben, Vnd die geklagt that,
bey demſelben Pflug dermaſſen erfunden, vnd mit ſolchen wartzeychen
bekant, vnd angezeygt, Die keinem vnwiſſenden der geſchicht, ſo ſich in
ſolchem geſencklichem furen des vnſern begeben, dermaſſen zu ſagen möglich
geweſt were, Deßhalb ferner oder weytter erkündigung nicht not geweſt,
wo mit voltziehung des Rechten, als vns durch vilgnantten Wenden
Wolfßkel gerů auffgelegt wurde geeylt, Vnd dem Ankleger, wie er begert, vnd wol pillich geweſt, geſtat worden were, Alßbañ das ſein
vrgicht, die er wie hernach folgt bekant, Vnd darauff zu beſteen, vnd
zu ſterben vergehen hat, ſolchs alles mit glaublichen vmbſtenden anzeygt, Vnd folgt dieſelbig vrgicht von wortten zu wortten hienach.

Vrgicht Hanſen Pflugs.

¶ Actum am Montag nach Lucie, Hans Pflug ſagt noch wie vor,
Er ſey doben geweſt, do Lienhart Velner nidergeworffen worden,
Darauff, wo jm nit gnad beweyſt werdt, wöl er ſterben, Vnd ſey
alſo zu gangen.

¶ Weyprecht Wolfßkel hab jme am Sambſtag nach vnſer Frawen
tag Natiuitatis, ſeinnen knaben im wehſſen har, der Jörglein, vmb
zehen hor, gen Albrechthawſen in ſein hawß geſchickt, vnd begert, zu
jm dem Weyprecht gen Reychenperg zukumen, Er wöl jm etwas ſagen,
Do nun er der Pflug gen Reychenpegt kumen, wer Weyprecht alleyn
in der ſtuben geſeſſenn, ſtyfel angehabt, Vnd Michel Ortlieb nit in
der ſtuben geweſt, het Weyprecht geſagt, Pflug lieber reyt mit mir,
vnd dien mir ein Reyß, wir wöllen ein pewdt gewinnen, Darauff
Pflug geantwort, wo ſol ich hin reytten, Ich hab kein ſtyffel noch
ſporen, het Weyprecht geſagt, du darffſt keiner, wir wöllen pald wider
kumen, Doch jm dem ſager darauff gleych ſtyffel, Ein kurtz par ſporen,
Vnd ſein prawns Pferdt, das mützlein gelihen, wer Michel jm ſtal
geweſt, die Gewl geſattelt, vnd in den reden auch in die ſtuben kumen, ſich darnach angethan, het Michel Pantzer, goller, vnd ein pruſtlein, Aber weyprecht allein ein gemalts pruſtlein fur ſich genomen,
vnd kein goller gefurt, Er der Pflug het kein Gawl, weder geſattelt

noch gezaumbt, Doch sein Gawl selbs heraußgezogen, Het Weyprecht
ein groe geschwertzte Gippen, Aber Michel Ortlieb hab seins bedunckens
ein schwartz groen Kemletten rock angehabt, wiß es doch nit eygentlich,
dann er so seer nit acht darauff gehabt, So het Weyprecht ein weyssen
gemützten Schimel, den er vom Seckendorffer so zu Randerßacker, vnd
nun zum Gyßübel sitzt entlehenet, wie jm dann der Weyprecht selbs
gesagt hab, geritten, Derselb Gawl plaß auch seer zu der nasen
herauß, vnd hab ein schwartze men, Aber Michel het ein gemützten
schwartzen Schimel gehabt, Weren also all drey von Reychenpergt
auß, bey den siben Eychen auff, vnd die steyg ab, auff Würtzburg zu,
durch Würtzburg die stat on alle semnuß geritte, vñ als sie furs thor
zu der Ziegelhütte, die zu der rechten hant leyt kumen, wer Weyprecht
zur jm dem Sager geruckt, vñ gesagt, Da werden vns zwen begegnen,
die wöl wir niderwerffen, Weren also fur Randerßacker hinauß, vnd
leycht zum halben teyl gen Eyffelstat kumen, weren jn die zwen vntter
augen begegnet, dan sie jnen furgetrabt, vnd sich gegen jn gewendt,
Das wer vngenerlich vmb drey nach mittag geweft hetten also alle
drey die zwen angesprengt, vnd gefangen, Michel Ortlieb Belnern
hindersich gesetzt, den andern hetten sie auff glübd geen lassenn, Wo
sie jn aber hin zustellen gemant, wiß er eygentlich nit, dann er het
nit also genawe bey jn gehaltenn, So hetten sie auch seer geeylt, Auch
er der Sager nit darnach gefragt, hets aber doch nachmals gehört, es
wer jn aber ye einpfallen, Also weren sie mit Belneren bey Randerßacker ein steyg hinauff geritten etwo weyt außhin, Vnd jn bey eim
pusch an ein höltzle, mit Michel Ortliebs kappen geplendt, das hinter
an der kappen herfur gekert, do weren sie gehaltten bey zweyen stunden,
Sey ein Dorff nicht weyt daruon gelegen, wiß aber doch nit wie es
heyß, dan er in derselben art nit wol bekant, deßhalb er der dörffer
nit zunennen wiß, Aber Bibelriedt hab er wol gekent, do weren sie
bey fur geritten, Doch wer er nit gar dabey geweft, do sie Belneren
geplendt hetten, sunder an einem andern pusch dabei gehaltten, Darnach
hetten sie jn hin vnd her gefurt, vnd wider zum Mahn zu, Doch vor
an einem endt vntterwegen wasser auß einem peckelhewblein, daruber
ein húet gezogen, gedruncken, Vnd Belneren auch zu brincken geben,
wer er oben an einem rahn oder dem prunnen gehaltten, Vnnd Weyprecht das wasser zu getragen, Die peckelhawben wer auch Weyprechts

gewesen, Er wiß aber warlich nit wo es geweft sey, Weren nachfol=
gendts bey Heydingßfelt durch den Mayn kumen, Vnd Weyprecht wer
vor, Er der Pflug nach, Vñ Michel zum letzsten mit dem Velner
hindurch geritten, Wer zu nachts beym Monschein gewest, vngeuerlich
drey oder vier stündt in die nacht, Darnach weren sie hintter der stat
Heydinßfelt hin zwischen den zeunen bei sant Anna kirchlein hinauß,
die stang hinauff, vnd zum schloß gen Reychenpergk kumen, hetten den
Velner herauß vor dem Schloß bey einem püschlein gelaffen, Wey=
precht auch er der sager bey jm pliben, wer Michel ins Schloß
gangen, Die Gewl vor heraußen am pundten, Do nun Michel wider
zu juen kumen, hetten sie Velneren ins Schloß zu fueß gefuert, die
Gewl herauß steen laffen, Het Weyprecht zu den Pflug vnd Michelen,
die Gewl holen heyffen, Vnd Weyprecht Velneren selbs in thurn
gelegt.

❡ Weyprecht het auch an Michelen begert vnd gern gesehen, das
Michel Velneren geschatzt, Michel hets aber nit thun wöllen, funder
gemeynt funst darburch zu einer richtigung zu kumen, So het auch
Weyprecht jm dem Sager zugesagt, wo sie Velneren schatzen wurden,
wölt er sein nit vergessen.

❡ So sagt auch Pflug, Michel hab Velneren nicht stets, funder
Weyprecht auch ein weyl hintter jm auff seim Roß gefuert, Vnd er
der Pflug hab, do sie Velneren angesprengt ein gespant armpruft vnd
drey Pfeyl do bey gefuert.

❡ Solchs alles hat Hans Pflug an vorgemeltem tag, Erstlich
in beywesen. meines gnedigen herren Schenck Friederichs ꝛc. Balthafar
Kronspergers, Hannsen Weysen, Schultheyssen zu Wintterhawfen, Wil=
helm wetman schreybers, Leonhart Velners, Peter Geßweins, Jörg
Thurners, Vnd des Nachrichters on alle marter bekent, Auch nach=
folgent abermals widerumb in beywesen meins gnedigen Herren, vnd
aller hetzgemelter person, Auch in gegenwertigkeyt zweyer Zendtschöpffen
von Helmtzheym, darauff bestanden, Vnd auff solch sein vrgicht, wo
jm nit gnad bewyfen werdt, zusterben verichen.

❡ Item hat auch nach solcher frag weytter bekant, Michel hab
ein grobe geschwertzte kappen am hals gehabt.

was wend wolffkell obenants Pflugs halb an Schenck Friderichen
geschriben vnd wider zu antwort empfangen hat.

¶ Als nun Wend Wolffkel obgnants Wentzels son villeycht be=
sorgt, es möcht als pillich gescheen, gegen dem gefangen Pflug dem
Rechten sein gang gelassen werden, hat er vns deßhalb vnd zuuerhinde=
rung desselben, mit etwo vil schrifften vmb ledigla ssung bemelts Pflugs
angesucht, Vnd seinethalb etwas hoch vnd betrohlich angezogen, Aber
alweg darauff zimlich vnd gepürlich antwort von vns empfangen, In
dem wir jme sein ansinnen, mit rechtmessigem bestendigem grundt ab=
gelehnt, vnd vrsachen angezeygt haben, dardurch vns nicht fuegen wölt,
denselben gefangen, dieweyl der durch gnanten vnsern vntterthan zu pein=
lichen Rechten, einpracht, vnd ober jme bestalt geschehen were, der massen auß
zulassen, vnd vns deßhalb, so er sunst nicht dauon zusteen vermeint,
fur etlich Churfursten, Fursten, vñ etlich ander stendt des heyligen
Reychs, zu recht fur zukomen erpotten, wie dan das die schrifft da=
runter ergangen klerlich anzeygen, darauff wir vns wöllen gezogen haben.

welcher massen durch wentzeln wolfßkeln ein nichtige kuntschafft
gestelt ist.

¶ Aber vnangesehen solichs vnsers erpietens, auch das wir ny=
mant zu außfuerung des gefangen Pflugs vnschuld, ob er die het, an
vnserem gericht, darin der Pflug gelegen, kuntschafft zustellen geweger
oder abgeschlagen haben, hat doch Wentzel Wolffkel, vilgnants Wenden
vater, am landtgericht zu Würtzburg in vermeyntem schein einer recht=
formlichen kuntschafft, etlich zewgen fur gestelt, Vnd als die zewgen
auff Donrstag nach Lucie des hetzuergangen Jars haben sagen sollen,
ist dem vilbenantem vnserm vntterthan dem Belner allererst am Dinstag
dauor an der nacht deßhalb ein verkündung zukomen, auff obbestimpten
Donerstag vor dem landtgericht zu Würtzburg zuerscheynen, die zewgen
zusehen, vnd fragstück ob er wolle einzulegen ꝛc. Also das der vnser
von benanntem Dinstag, daran jme die verkündung gegen der nacht zu=
komen ist auff den angesetzten Donrstag nit mer dan ein tag gehabt,
Vnnd darumb ob sich gleich gepürt het, das doch nicht ist in solchem
fall, am landtgericht zu Würtzburg kuntschafft zu stellen, So were doch
dem vnsern nicht möglich gewest, sich in so kurtzer stundt zum rechten
geschickt zumachen, Derhalb solche kuntschafft, auff angezeyte vnform=

liche, generliche verkündung, nicht ſolt zugelaſſen worden ſein, Nach dem
die Recht alle generb verpietten, vnd nicht wöllen, das nemant mit
generde ſoll vbereylt werden, Vnd wiewoll dozumal vnſer diener Wil=
helm wetman, dem ſolche verkündung durch den Velner in vnſerm ab=
weſen furgetragen, dem Landtrichter zu Würtzburg, ſolche gebrauchte
generbe, dem gedachten vnſerem vnterthan zu vermeinttem nachteyl
furgenomen, vor verhörung des Wolffßkels zewgen ſchrifftlich angezeigt,
vnd zuerkennen geben, vnnd deßhalb vmb ein zimlichen ſchub, das er
ſolchs an vns möcht gelangen laſſen, gepetten hat, iſt doch daſſelbig
nicht angeſehen, ſunder darüber genantter Wolffßkel, wider die ordnung
der Recht, auch geprauch vnd herkumen vnſers Zentgerichts zu Helmtz=
heym durch Johann Rewkauff Landtſchreyber mit furſtellung ſeiner
zewgen vnbillich zugelaſſen, Das wir doch, ſo vil ob vnd nachgemelter
maſſen gedachten Landtſchreyber berúrt, nicht ſchmechweyß, ſunder zu
notturfft gemelter vnſer ſachen, dauon wir hiemit ſolenniter Proteſtieren
wöllen, gemelt haben, Vnd iſt dem potten, den gemelter vnſer diener
mit angezeygter ſeiner ſchrifft zum Landtrichter geſchickt, nach langem
hin vnd her weyſen, zuerholung der antwort, in des Landtſchreybers
hauß der meynung antwort worden, Was geſchriben ſey, das ſey ge=
ſchriben, Was nun ſolche nichtige kuntſchafft, die wider ordnung der
Recht, nicht an dem gepúrenden ort, darzu auff angezeygte generliche
verkundung furgeſtelt, im Rechten auff jr trag, Auch ob wir ſchuldig
geweſt dieſelbigen als fur formlich, an vnſerem gericht zu zulaſſen
Das hat ein yber verſtendiger leychtlich zubedencken.

was Schenck Friderich gegen ſolcher vnformlichen nichtigen verkundung gehandelt vnd proteſtirt hat.

¶ Als aber nachfolgend ſolche nichtige verkündung vnd vnpillich
furnemen an vns gelangt, vnd ſich dañ in dieſer ſachen nyndert anderſt
kuntſchafft zu ſtellen gepúrt hat, dan an vnſerem gericht, vor dem
die ſach rechtlich gehangen, Es were dan durch Compaßbrieff an ein
ander gericht komen, das dan albo nicht geſchehen iſt, So haben wir
des vnformlichen proceß, vnd nicht minder der generlichen verkündung,
pillich beſchwerd empfangen, vnd die dem Landtrichter zu Würtzburg
in einem offen brieff angezeygt, der zunerſicht, das ober ſolche ange=
zeygte pilliche beſchwerd, vnd noch minder auff diſe vnrechtliche vnd

nichtige verkündung kein kuntschafft am landtgericht solt zugelaſſen
werden, ſunderlich auch das angeſehen, das wir noch nhmant abgeſchlagen hetten, an vnſerm gericht, daran die ſach hieng, kuntſchafft
zu ſtellen, vnd recht ergeen zu laſſen ꝛc. mit der proteſtacion, ob darüber eynicherley zugelaſſen procedirt, oder gehandelt wurde, das wir
von vnſerem, auch gedachts vnſers vnterthans wegen von der nichtig-
keyt wegen offenlich wölten proteſtirt vnd bezeugt haben, darauff wir
noch beſteen, Wie aber der Landtſchreyber in ſolchem gehandelt, das
hat ein yeder zuermeſſen.

wie Scheuck Friderich den gefangen Pflug auß vberfluß ſeiner
vnſchuld halb ob er die het vor etlicher der Furſten von
wurtzburg vnd Brandenburg geſandten hat erinneren laſſen.

❡ Vnd wiewol nun nit not geweſt were, vber ſolche vorbeſcheene
ordentliche handlung nach ordnung vnſers gerichts, gegen dem Pflug
gepraucht, weytter erfarung zu haben, vnd dem ankleger das recht
zuerziehen, nach dem ſich der Pflug ſelbſt keiner vnſchuldt berümbt,
ſunder wie in ſeiner vrgicht verlebpt, die that bekāt, vñ deßhalb alle
vmbſtendt angezaygt hat, So habē wir doch auß vberfluß vnd vmb des
willen, das nicht dafur möcht geacht werden, als hetten wir dem ankleger das recht gegen dem Pflug eylender dañ ſich das gepürt ergeen
laſſen, Deßhalb vō ſeinen wegen eynicher vnſchuld halb, kuntſchafft zu-
ſtellen abgeſchnitten oder verhindert were, Die Hochwirdigen Durchleuchtigen Hochgepornen Fürſten, von Würtzburg vnd Brandenburg ꝛc.
erſucht vnnd gepetten, vns etlich verſtendig auß jren ſtetten Yphoven vnd
Kitzingen zuſchicken, die dabey weren hören vnnd ſehen, welcher maſſen
mit dem gefangen Pflug gehandelt wurde, Solche ſchickung iſt alſo geſcheen, vnd nemlich von Würtzburgs wegen, auß Yphoven geſchickt worden,
Jörg Laugerman, Burgermeyſter, Johann Scholl, vnd der Statſchreyber,
vnd auß Kitzingen Arnolt von Vſſikheym ſeliger, Vogt, Michel Hüblein,
vnd Thoman Bütner, bede Burgermeyſtere, vor den allen, auch zweyen
Zentſchöpffen, vnſers gerichts zu Helmitzheim, darin der gefangen gelegen, vñ anderen niere, Iſt der bemelt gefangen Pflug in vnſerm
Schloß zu Speckfelt in der hoffſtuben doſelbſt, offenlich vnd vngepun-
den, nach aller notturfft erindert vnd ermant worden, ob er der angezogen that vnd gefencknuß an dem ankleger begangen vnſchuldig were,

Vnd deßhalb vormals gefagt vnd bekant des er nit gethan hat, das er
dann daffelbig vor den gegenwertigen der Fürften gefandten vnnd anderen
fagen, vnd ob er zu derfelben zent, da die that gefcheen, an enden vnd
ftetten geweft were, darauß man erkennen möcht, das er bey gemelter
that nicht geweft fein köndt, daffelbig endt vnd die perfon domit ers an-
zengen kondt, folt er benennen, diß alles wölt man von im hören, vnd
wes die notturfft erfordert vnd zu der fachen dient, ine vnd fein an-
welde mit wehfung zulaffen, vnd wie der gefangen erjndert, Auch wes
durch ine als einen gefangen, der gern ledig were, fur friftung gefucht,
das alles ift in beyfein der obgenannten Fürften gefchickten ordenlich
auffgefchriben vnd vertzeychent worden.

> wie fich Schenck Friderich auff folche erinnerung des Pflugs
> gegen dem wolfßkel erpotten hat. ine an feynem gericht auff
> fein beromen des Pflugs vermeinten vnfchuld halb gethan mit
> kuntfchafft zu zulaffen.

¶ Vnd als vns Wend Wolfßkel gleych nach obberürtter befchehener
handlung vnd befprachung, mit fchrifften erfucht hat, ine auch darzu
zubefcheyden, haben wir ine widerumb antwort geben, wie derfelb Pflug,
vor zukunfft folcher feiner fchrifft vor obberürtter beder Fürften gefandten
nach aller notturfft befpracht, vnd mere dann wir auß vor erfunden
Indicia vnd arckwan wol fchuldig geweft, erindert vnd ermant, vnd fein
antwort darauff auffgefchriben, darumb on not were jm nunmals deßhalb eynich verkündung zu zufchicken, Aber wo er oder ymant anderft
folcher auffgefchriben ordenlichen handlung abfchrifft begert, vnd des
gefangen berümbt vnfchuld an vnd vor dem gericht, darin er leg auß-
furen wölt, das folt alfo mit vorbehaltung des auflegers einrede vnd
gepürenden notturfft zuthun, vnferen halb nicht abgefchlagen fein,
weren auch nicht wider die zewgen zu folcher fag, darauff vnd wider
daruon, an enden do wir zuglenten hetten, vergleyten, vnd in dem allen
ergeen vnd gefcheen zulaffen fo vil vnd recht were, Darauß er felbft
abzunemen das er oder nymants kein pilliche vrfach het, fich deßhalb
von vns zubeklagen, So wir doch darinnen zuerfarung des grundts,
mere dann wir fchuldig gethan, vnd zugelaffen hetten, Aber folch vnfer
zimlich vnd gnugfam erpietten, hat bei gedachten Wolfßkel kein anfehen
wöllen haben, funder hat gewölt, wir follen ine ein funder maß zu

furstellung der zewgen zulaffen, Das wir on verwilligung des ankle=
gers, auch wider vnnfer halßgerichts ordnung, zuthun nicht schuldig
geweft, Bnnd als wir dem gedachten Wolfßkel solche antwort, vmb den
Suntag Efto michi gegeben, haben wir dannocht den gefangen Pflug
wider des anklegers willen, ob feinethalb am gericht ichts wölt fur=
pracht oder gehandelt werden, biß auff Mittwochen nach Bifitationis
Marie, in gefencknuß laffen enthalten, vmb dem anfleger das recht alfo
auffgezogenn, Aber do hun folcher zeyt nymant mit gepürenden nachuolg
zu furftellung der zewgen komen, vnd durch den anfleger vmb weytter
ergeung des rechten so emffig vnnd hoch angefucht worden ift, Darzu
auch des gefangen Pflugs gefuchte friftung, feiner angemaften vnfchuld
halb, Bnd der Wolfßfel vberfandten zewgen fag, am landtgericht zu
Würtzburg als vorfteet, furgeftelt, in den rechten wefenlichen artickelen
wie es sich lauter darauß erfindt einander widerwertig, darauß sich der
verdacht der berümbten vnfchuld als nichtig, aber mer erfcheynt hat,
So haben wir dem anfleger das Recht mit fugen nicht lenger mögen
aufftziehen, funder die Schöpffen vnfers gerichts zu Helmtzheym, die
dan nicht allein auß vnferm, funder auß andern dörffern genomen
worden, auch ander herfchafft lewt fein, nach jrer verftendtnuß, auff be=
derteyl furbringen recht fprechen, Bnd was in dem zu recht erfant ift,
demfelben feinen gang gelaffen.

Vrfachen darumb das obgemelt wenden wolfßkels außgeben on grund ift.

¶ Auß allen oberzeltten warhafftigen gefchichts, haben ewer Chur=
furftlich vñ Fürftlich gnad vñ menigklich der es hört wol zubedenfen,
wie vnwarhafftiglich, vnlöblich, vñ vnpillich vns darüber durch genanten
Wolfßkel zugemeffen werde, als folten wir dem gedachten Pflug vn=
recht gethan haben, dann auß dem gantzen handel erfindt fich lauter
vnd flar, das wir jm anfang, dem mittel, vnd ende, nichts vnform=
lichs oder vnrechtlichs, dann wes wir zuthun schuldig geweft, ge=
handelt, funder wie ob angezeygt recht ergeen laffen, daran haben wir
yhe nit vnrecht gethan, Het vns auch nit gepürt die rechtlichen ftraff
folcher pöfen thatten, die zuforderft in den Künigflichen landtfriden des
heyligen Reychs ordnung, auch dem rechten, bey auffgefatzten penen, hoch
verpotten fünbt, zu verhinderen, funder fein fchuldig, diefelben zufurderen,

Daß was straff vnd verdachts die jhenen so solche gesetzte straffen zuuerhinderen, vñ dergleychen böß hendel zustercken, vntersteen, als Keyserlicher maiestat vnd des Reychs vngehorsame auff sich laden, des lassen
wir einen yben sein abentewer besteen.

Schenck Friderichs rechtlich erpietten.

¶ Ob aber der genant Wolfßkel, oder ymant anders ye vermeinen wölt, als hetten wir in solchem eynicherley vnpillichs gehandelt, So sein wir nicht wider, sunder erpüttig jnen deßhalb zuforderst
vor Römischer Keyserlicher maiestat, vnserem allergnedigsten herren,
oder derselbigen löblichem Camergericht, oder aber vor einem der Hochwirdigisten, Durchleuchtigen vnd Hochgepornen Churfursten vnd Fürsten vn-
seren Gnedigisten vnd gnedigen auch lieben herren, nemlich herren Albrechten
Erwelten Ertzbischouen zu Meintz, Herren Friderichen Churfursten, vnd
herren Johansen gebrüderen, oder auch herren Jörgen Hertzogen zu
Sachsen rc. Herren Wilhelmen vnd herren Ludwigen gebrüderen Hertzogen
zu Beyren rc. Herren Friderichen, oder herren Casimirn Marggraffen
zu Brandenburg rc. Herren Gabrielen zu Eystet, vnd herren Heinrichen
zu Augspurg Bischouen, herren Herman Abbt des stiffts zu Fuld vñ
Hirschfelden, Herren Wilhelmen Grauen vnd Herren zu Hennenberg,
Oder aber vor den Haubtlewtten vnd Retten Keyserlicher maiestat
Bundts zu Schwaben, an der endt einem, welches genanttem Wolfßkel
geliebt, zu recht furzukomen, vñ derselben endt einem Recht wie recht
ist, oder aber endtlich vñ vngewegert zugeben vñ zunemen, dardurch menigklich abneme mag, das demselben Wolfßkel Rechts oder pillichkeit,
von vns nicht mangelt, vnd wir ob diser vnser handlung, gar kein
schew tragen, Vnd so der Wolfßkel solcher vnser erpietten keins annemen
wurdt, das sein wil allein dahin gericht ist, vns vnwarhafftigklich, vñ
on allen grundt vnuerschuldt zuuerunglimpffen, vnd das er domit an
der schaw nicht getrawt zubesteen.

Schenck Friderichs Bit.

¶ Vnd darumb so bitten wir dem allem nach ewer Churfur(st)-
lich vnd Fürstlich gnad, freundtschafft, vnd euch andere, den solch vnser
aufschreyben furkümbt, vntertheniglich, freundtlich, vnd gütlich wo solch
geschicht vnd sachen, durch genantten Wolfßkel, vns zu vermeynttem

vnglimpff anders dann wie die hierin erzelt, außgepreyt weren, oder
wurden, jme desselben erbichten, vñ vnwarhafftigen furgebens nicht
zuglauben, jme auch wider vns vnd die vnsern, keinerley hilff, oder
beystandt zuthun, sunder sich gegen vns vnd den vnsern, auff diese
vnser warhaffte verantwortung vnnd gethane völlige, vnd vberflüssige
recht gepot, nach vermöge des heyligen Reychs landtfriden vnd ordnung, tröstlich vnd hilflich zuhalten, Als wir vns dann des zu allen
denen die ere, frid, vnnd recht lieben, vnd böse, schentliche hendel
hassen, vntzweyfenlich verhoffen vnd versehen, vnd das vmb einen
yden wie vnns seinem standt zuthun gepürt, vntterthenigklich, willigk-
lich, vnnd freundtlich verdienen, Auch günstlich beschulden wöllen.
Geben vntter vnserem furgetruckten Secret am Suntag nach concep-
tionis Marie, Anno 2c. xiiij.

(L. S.)

2.

Verantwortung der Ritter Wenzel und Wend Wolfskehl gegen den Schenken Friedrich von Limpurg.

In der Einleitung zu dem Ausschreiben des Schenken von Lim-
purg ist gesagt, es sei unbekannt, ob die Ritter Wolfskehl sich auf
gleiche Weise vertheidigt hätten. Dies ist in der That geschehen. Es
war mir erwünscht, die Verantwortung derselben gegen die öffentliche
Anklage des Schenken im Nachlasse meines seligen Vaters aufzufinden.
Auf diese Weise erhalten wir ein vollständigeres Bild von jenem ernstem
Federkriege aus alter Zeit, wenn auch dadurch der Ausgang und die
Entscheidung des Streites uns nicht enthüllt wird.

Die ausgesprochene Vermuthung, daß das Ausschreiben des Schenken
von Limpurg die Bestimmung gehabt habe, als Placat zu dienen, wird
in der Entgegnung der Wolfskehl ausdrücklich durch die öfters wieder-
kehrenden Worte „angeschlagen" bestätigt. Daß auch ihre Rechtfertigung die directe Antwort auf das mitgetheilte Manifest des Schenken

und nicht auf ein anderes, uns unbekanntes, sei, darf schon von vornherein angenommen werden, geht auch aus dem Inhalte hervor und
gewinnt dadurch einen gewissen äußeren Halt, daß die Ritter sich auf
einen „langen“ ungegründeten Schmähdruck des Schenken beziehen.

Die Wolfskehl bezüchtigen den Schenken der Schmähung, bestehen
auf der Unschuld ihres Knechtes Pflug und betonen in ihrer Vertheidigung hauptsächlich den Umstand, daß dieser sein Bekenntniß in der
Marter und gezwungen abgelegt habe. Auf das Erbieten ihres Gegners, die Sache vor ein Schiedsgericht zu bringen, erklären sie, ein
solches Verfahren könne ihnen nur lieb sein. Sie versichern am Schlusse,
daß sie nur aus Nothdurft, um sich gegen die Schmähungen des
Schenken zu verantworten, ihren Druck ausgehen ließen und bitten,
ihrem Gegner keinen Glauben zu schenken und sie nichts desto weniger
zu achten.

Gegen die klare, einfache und eindringliche Sprache des Ausschreibens gehalten erscheint der Stil der Verantwortung dunkel und
verworren. Auch im Aeußeren steht diese gegen den schön und übersichtlich gedruckten Anschlag des Schenken zurück. Die ärmeren Wolfskehl gaben ihre Vertheidigung auf einem einzigen Bogen, der etwa ⅔
so groß ist als je einer des Ausschreibens, der Absätze sind es nur 8,
das Papier ist fest, das Wasserzeichen nicht deutlich ausgeprägt, Satz
und Druck deuten auf eine kleinere Druckerei.

Alle die ere vnd recht lieben was Hoche, Stats, Ern, Wirden
vnd Wesens die sein, Bitten wir Wentzel vnd Wennd Vatter vnd
Sone Wolfßkeel zu Reichenperg demutiglich vnderthenigklich dinstlich
freuntlich vnd gutlich on verdrieß zuhoren vnd zuvernemen nachvolgende vnser notdurftige verantwortung auf des Edeln Hern Schenck
Friderichs von Limpurg ꝛc. vngegrunt schmech schrift vber vns angeschlagen vnd außgeschickt

❧ Der edel her schenck Friderich von Limpurg Semperfrej hat
in newelicheit ein famoß libel vnd ein langen vngegrundten schmech-
druck vber vns an vil ordten vnd eunden angeschlagen, vnd darzu
den manchem Rittermessigen thewern mann zu Haus vnd Hof ge-

schickt, vnns zu merer schmech, vnd seiner thetlicher vnadenlicher miß-
haudelung, an meinem Wenntzelln Wolffßkeel reissigen knecht Hansen
Pflueg seligen begangen, zubeschonen, des wir doch dem rechten, vnd
aller billicheit nach, billichen vertragen wern, daß ob wir gleich das sich
doch nimer erfinden wirdet was vngleiches wie er gern vermeinen wil
seinen halben geredt gethan oder gehanndelt hetten So sein wir doch
zum rechten gesessen, vnd vns des nach aller ern nie gewidert, darumb
er sich des famoß libels wol enthalten, vnd vns billichen vngesmecht
gelassen het, Dem nach so bedingen, vnd bezeugen wir hiemit offentlich,
das wir das zu gemuet genomen, vnd des, vnd sollicher schmeche, vnd
jniurien, zuamdten, zu affern, vnd zu rechtuertigen, wie vns das gepurt, nit begeben haben wollen, daß was wir sambtlich oder sunderlich vorgemelts entleibten knechts halben, geredt oder augezeigt haben
wir gethan leider mercklich verursachet, vnd das wir des also ertodten,
verlaßuer Wittwen, vnd Vater weisen kindes (die hinder vns zu Al-
bertßhausen, Hewßlich vnd Heblich vnd die vnnsern, auf jr teglich, vnd
kleglich schreien, weinen, vnd anrueffen, vmb Roch ergetzung pueß vnd
besserung jres entleibten mans, vnd vatters zunerhelffen) Radt vnd
hilf des Rechten, bej vnsern hern vnd freunden zusuchen schuldig gewesen, vnd noch sein, vnd wolten den armen weibe vnd kinde, zu
guten Schenck Fridrichen ec. wol gonnen das er sollicher argliftiger
mißhandlung, an jrem man vnd vattern geubt, vbrigs pliben, wern
wir jres jhemerlichen, vnd erbermtlichens, anlauffen auch derhalben,
vnser hern vnd freund vmb radt vnd furderung des Rechtens zuersuchen,
vnd vns also zu beklagen entladen, Daß vns je der, vnd der Erber-
keit halben, nit geburn wil, die warheit zunerschweigen, vnd die egemelten erbermtlichen personen, vnd sonderlich dieweil sie die vnsern sein,
mit trost radt vnd hilf des Rechtens zunerlassen, Vnd das aber ein
jeder ere vnd Rechtliebender jm grundt abnemen, vnd versteen moge,
das wir nit vnbillichen dise verhandhlung mit dem mergenanten Pflueg
gepraucht, etlichen vnsern Hern vnd freunden, wie die an jr selbert
offenntlich vnuerporgen ist, angezeigt vnd sie deßhalben auf anrueffen,
jtzgemelts pfluegs weibs kindes, auch vnser halb, deß er pflueg die
zeit, seines lebens getreulichen gedint vmb Radt gesucht, vnd das noch
pillichen thun, So wollen wir das auch hiemit der kurtz, vnd jm
grundt, der warheit nit vnnerdeckt lassen,

2*

❡ Hans pflueg seliger mein Wentzels wo(l)ffßkels reisiger knecht gewesen, vnd den ich von jugent auf erzogen, ist vnd jn meinem dinst, aus meinem beuelhe, vnd geschefft, jn sein Schenck Friderichs ꝛc. Dorf Summerohausen geritten, vnd als er aber da einkomen, vnd sich arges oder vngutes zu niemandt versehen, ist er vnbewarnt, vnd auf vnwarhaftig bargeben Linhart velners daselbst, wie er Schenck Friderich furgibt, angethaft ernider geschlagen, gewundt, gefangen, vnd vber alles rechtliches erpieten, von dan gen Speckfelt in sein Schenck Friderichs schlos gefurt, also hart vnd vnmenschlich gepeinigt vnd gemartert worden, vnd jn mit pein vnd marter benotigen, vnd zwingen wollen, seines willens, vnd sonnderlich zu bekennen, das er den egemelten bargeber Linharten Velner hab helffen fahen vnd niderwerffen, Als aber ich Wenntzell Wolffßkeel solichs erfarn, hab ich auff stundt, vnd desselben tags jm Schenck Friderichen deßhalben geschrieben, vnd des knechts Hansen Pfluegs vnschuld angezaigt, vnd der halben, vnd dem Rechten nach begert, mit jm dem Pflueg nit zugehen, dan er from, wie ich jn auferzogen, vnd sich keiner vbelthat zu jm zuuermueten sej ꝛc. So wiß er auch, das ich oder er mein knecht Pflueg, mit jm oder den seinen, jn vnguetten nichts zuthun oder zuschaffen haben ꝛc.

❡ Darauf er schenck friderich mir zuentpoten, er wol mich deßhalben jn dreien tagen, bej eigner botschaft antwort wissen lassen, des ich mich dem selben nach versehen, Aber er hat dem nit geuolgt, sonnder des, vnd solcher seiner antwort ob Viertzehen tagen vergessen, jn welcher zeit vngezweifelt, er pflueg allerlej hat leiden mussen, vnd als Schenck Friderich mit solicher manigfaltiger angelegter pein vnd marter, an jm dem pflueg seinen willen erlangt zuhaben vermeint hat er erst, mir Wenntzelln nachuolgent geschrieben, wie das er Pflueg bekennt, das er den mergemelten bargeber Linhart Velnern, hab helffen fahen, wie bestendig das, oder nit sej, wirdet sich jn sein des Pfluegs bekentnus, so er nach vnd ausserhalb der marter, vor jm Schenck Friderichen, vnd etlichen der Fursten, neinlich Wurtzburgischen vnd Marggrafischen darzu verordneten geschickten, vnd andern daselbst, zu Speckfelt lauter, warhaftiglich, vrkuntlich gesagt vnd beweißlich angezeigt, das er bej des bargebers gefengknus nit gewesen, noch die gethan, auch dobej nit hat sein kunden oder mogen, Als jn volfuerung des Rechten klar erfunden wirdet, dauon aber er Schenck Friderich, jn

feinem druck, zuuerpluemen obgedachte that, vnd zuuerplenden den
grundt, gar kein meldung thut, vnd ob gleich also Pflueg, in seiner
marter, vor oder darnach, vnd von forcht wegen der marter, was ge=
sagt, were nit wunder das er mit solicher pein vnd marter bezwungen
worden, zusagen, das er zuthun nie gedacht het ☞ Aber das ist die
warheit, das ich Wentzell Wolffskel sein des pfluegs vnschuldt mit
glaublicher vnd rechtlicher kuntschaft, an tag gepracht, das er der that
nit gethan, auch dobei nit hat sein kunden oder mogen, vnd das ich
im Schenck Friderichen, solchs angezaigt habe, Aber das vnd anders,
nit angesehen hat er Schenck Friderich mir Wenuden Wolffskeel zuge=
schrieben, die nehst oben gemelt des Pfluegs sage vnd entschuldigung
so er vor den angezaigten, der fursten geschickten gethan, auf mein be=
gere zu zuschicken, vnd das auch sein des Pfluegs vnschuld, vor seinem
gericht zu Helmtzheim verhort solt werden, vnd als ich aber solicher
des Pfluegs vor der Fursten gesanten gethane sage abschrift, begert,
vnd nach vermog rechtlicher kuntschaft verner darauf zuhanndeln, inn=
halt gethaner schrift vnd widerschriften hat er mir die verhalten, vnd
nit zugeschickt, sonder ein lange außzugige schrift gethan, der meinung
vnder andrem in sich haltende, so ich oder jeman anndern in sunder=
licher zeit, derselben sag abschrift begert dem solt die, auch des Pfluegs
vnschuld außzufueren nit abgeschlagen werden, doch der gestalt so an
andern gerichten, des Pfluegen vnschuld halben, kuntschaft gestelt were
oder wurden, solten die an seinem gericht zu Helmtzheim nit ange=
nomen, auch darauf nit geurteilt, sonder fur vntuglich vnd Craftlos
gehalten werden, mit vil dergleichen vnbillichen vnd vnrechtmessigen an=
gehefften gedingen, den gemeinen, auch landtlauftigen Rechten, auch
seinem selbst erpieten widerwertig
☞ Die weil aber er Schenck Friderich solich rechtlich zeuglnus
vnd kuntschaft des Pfluegs vnschuld halben, in seiner schrift, mit
außgedruckten worten abgeschlagen vnd die nit zu hat lassen wollen,
mag ein jeder verstenndiger wol abnemen, sein Schenck Friderichs ge=
uerlich vnd arglistig gemuet, gegen dem armen knecht, das er anfangs,
vnd alweg nichts anders dann allein sein des Pfluegs vnschuldigen
pluts begert darnach jnne geburst, dann er hat jne zu letzt, vnd vber
alle erpotne warhaftige vnd rechtliche kuntschaft, vnd vber sein des
Pfluegs, vor der obgemelten geschickten der fursten, gethane warhaftige

bekenntnus, mit so mancher grausamer vnleidlicher pein vnd marter
bezwungen, die warheit vnd sein offenliche kuntlich vnschuld zunerneinen,
vnd seinen geuerlichen willen zubekennen benotiget, vnd jn darauf ei-
lender, vnd argliftiger weis, vom leben zum todt pringen lassen, wie
loblich Adenlich, oder Rechtmessig, das sej, hat ein jeder zuermessen,
Vnd so er Schenck friderich rc. vnd die seinen die an solchem tod
schuld, radt, vnd that haben, jn den oftgemelten erbermtlichen personen
weib vnd kinde des Rechtens wie er sich dann in seinem druck ver=
nemen laßt sein, wird sich die warheit selbert melden vnd anzeigen,
vnd ob auch seine Schenck fridcrichen vermueten nach die warheit nie=
mand sagen solt oder wolt, vnd das dañ meniglich versteen vnd mercken
mog das vnser gemuet vnd meinung nit ist gegen jm schenck fridrichen
noch niemandt andern mit worten oder wercken zuthun oder furzu=
nemen, dann was die warheit vnd der grundt vnd das wir mit eren
vnd recht zuuerantworten haben

❡ So hat schenck friderich sich diser seiner handlung halben fur
die Romische Keiserliche majestat rc. vnsern allergnedigsten hern vnd
jr loblich Camergericht auch fur etlich Churfursten fursten vnsere gnedigisten vnd gnedigen Hern vnd andern zu recht erpoten vor welchen
wir vnd sonderlich vor Kaiserlicher Maiestat vnd den angezeigten Chur=
fursten vnd fursten zu rechten kein scheuhen wissen wir doch das die
Kaiserlich Maiestat vnd dieselben Churfursten vnd fursten mit vil
hochern vnd grossern geschefften teglichen vberladen werden zu besorgen
das sie diser Rechtuertiguͦg nit auß gewarten wolten, Aber die weil
er neben den das Kaiserlich Chamergericht anregt ist vns wol geliebt
wollen auch das hiemit zunemen vnd zugeben angenomen haben, So er
Schenck friderich, vnd die seinen wie obengemelt ist den mergemelten
ellenden personen, dem armen weib vnd kinde, auch vns wolffkeell vnd
sonnderlich des seinen erdichten famos libels halben daselbst auch ge=
recht sein wollen als von jm vnd denselben dem Rechten vnd seinen
selbst erpieten nach billichen geschicht, vnd wo das jm Rechten zulessig
oder nit nachteilig were, wolten wir nicht liebers dañ das meniglich
soliche warhaftihe vnd Rechtmessige beweisung des Pflucgen vnschuld
offentlich sehen vnd horen, vnd daruber ein jeder vnpartheilicher verstendiger erkenn, vnd ob dieselbig kuntschaft zu erledigen des vnschul-

digen Pfnegs pillich zugelassen vnd darauf vom leben zum tode ge=
pracht worden sein solt oder nit

℀ Wir Wolfßkel oftgemelt bedingen vnd bezeugen vns auch hie=
mit offentlich sambtlich vnd sonderlich das wir disen druck nit annders
noch inn keiner ander meinung außgeen lassen dañ vnser ein notdurft
nach vnd sein Schenck friderichs erdichten vngegrundten famos libel
von jme vber vns offentlich angeschlagen, vnd außgeschickt zuuerant=
worten, vnd das wir nit dem solich sein vnrechtliche zugemeßne schmach
schriften nicht compensiert oder vergleicht haben wollen vns vnser er=
forderung vnd zuspruch der halben gegen jm Schenck friderichen vnd
den seinen vorbehalten vnd vns der vnd was derhalben geburn wil
zuhanndeln nit verzeihen

℀ Darauf vnnser demutig vnderthenig dinstlich frenntlich vnd
gutlich bedt an alle die dasselb famos libel gelangt oder furkombt die
wolln vns auf dise vnsere gruntliche warhaftige vnd bestendige bericht
vnd geschicht damit verantworten vnd verantwort haben, Auch vns des
offtgemelten erdichten vngegrundten famos libels halben nichts dester
weniger achten vnd seinem erdichter zu dem vnd anderm wider vns
keinen glauben zuwenden sonnder vns vnserm erbieten vnd aller ob=
geschribener handlung nach gnediglich gunstlich vnd getreulich furdern
geraten vnd verholffen sein, Wollen wir vmb einen jeden nach seiner
Hoch, Stats, Ere, Wirden vnd wesen wie sich gepurt zuuerdienen
vnd zuuergleichen alles vnnderthenig willig vnd geflissen erfunden werden

(L. S.)   Wenntzel vnd Wend Wolfßkeln
Vater vnd Sone zu Reichenperg

3.

Doppelte Form und Ausgabe der Fehde-Druckschriften.

In der Verantwortung der Ritter Wolfskehl gegen den Schenken
von Limpurg wird Eingangs bemerkt: „Der edel her schenck Fride=
rich ... hat ... ein famoß libel vnd ein langen vngegrundten schmech=
druck vber vns an vil orden vnd enden angeschlagen, vnd
darzu den manchem ... zu Haus vnd Hof geschickt ..." Hier
ist von zwei Arten der Veröffentlichung die Rede, von einem ange=

ſchlagenen Placat und von einem Libell, welcher Ausdruck ſich nur auf die Buchform beziehen kann. Wenn auch die Zuſendungen zu Haus und Hof in beiden Arten der Druckſchrift bewerkſtelligt wurden, ſo ſcheint doch vorzugsweiſe das Libell zur Vertheilung unter perſönlicher Adreſſe beſtimmt geweſen zu ſein, wenn überhaupt die doppelte Form zur Anwendung kam. Daß in der That ſolch zwiefache Form und Ausgabe gewählt wurde, ſoll hier an einem Beiſpiele erwieſen werden.

Bei den beiden hier mitgetheilten Fehdeſchriften befanden ſich im Nachlaſſe noch zwei andere, welche, wie eine nähere Anſchauung und Vergleichung ergab, im Inhalte, in Wortlaute, ja ſogar in den Lettern völlig übereinſtimmen, in der äußeren Form aber von einander abweichen.

Die eine Ausgabe iſt ein Placat in großem Folioformat, ein= ſeitig gedruckt und faſt ganz ſo eingerichtet wie das Manifeſt des Erbſchenken, nur ſind es der Ueberſchriften verhältnißmäßig noch mehr. Die andere Ausgabe dagegen hat die Buchform, das heißt ſie beſteht aus einer Reihe von Blättern in kleinerem Folioformat, die auf beiden Seiten gedruckt ſind. Dieſer Blätter ſind es 4, beziehungsweiſe 3, da das Ausſchreiben ſchon auf der Rückſeite des 3. Blattes zu Ende geht. Auf dem Placat, welches eine anſehnliche Breite hat, befinden ſich natürlich weniger Zeilen als im Libell; jenes hat mit Einſchluß der Ueberſchriften deren 92, dieſes 221 aufzuweiſen. — Die Buch= form wurde jedenfalls deshalb eingeführt, weil ſie handlicher war und mehr Ueberſicht gewährte als die breitzeiligen Placate. Der Setzer hatte nur die Aufgabe, die Lettern umzubrechen und in die neue Form zu bringen. Sollte nicht beſtimmt nachgewieſen werden können, welche Ausgabe zuerſt in Arbeit genommen wurde? Ich vermuthe, daß das Placat zuerſt an die Reihe kam.

Als Beiſpiel der verſchiedenen Druckeinrichtung möge die erſte Ueberſchrift in beiden Ausgaben dienen, wobei der übliche ſenkrechte Strich das Ende der Zeile bezeichnet.

Placat: Gemeyn aufzſchreyben von boſer Jemerlicher miſzhandlung ſo| Albrecht vnnd Ernſt vom Brandenſtein geubt haben. (2 Zeilen.)

Libell: Gemeyn aufzſchreyben von boſer | Jemerlicher miſzhandlung ſo Al= | brecht vnnd Ernſt vom Branden= | ſtein geubt haben. (4 Zeilen.)

Der Ankläger iſt „Lorentz Schenck zu Sumen.“

II.

Zum Spiel von Frau Jutten.

Mit Facsimile der Namensunterschrift von Hieron. Cilesius und des
Notarialszeichens von Theoderich Scherenberg.

Das Spiel von Frau Jutten, welchem mit Recht fast alle Literaturgeschichten eine erhöhte Aufmerksamkeit zugewendet haben, verdanken wir in der vorliegenden Fassung zunächst nicht einem literarischen, sondern einem theologisch-polemischen Interesse. Umgekehrt bestimmte lediglich der literarhistorische Werth des Stückes den zweiten Herausgeber, Gottsched, dasselbe in seinem nöthigen Vorrathe (II, 84 — 138) genau nach dem alten Drucke der Dresdener Bibliothek (Hist. Pontific. 496) mitzutheilen*). Nach diesem Gottschedischen Abdruck wurde dann das Spiel von Keller in den Fastnachtspielen (Nr. 111) aufgenommen. — Gottsched bemerkt in den Zusätzen zum nöth. Vorr. unter dem Jahre 1565 (S. 221): „Dieß Stück ist bei Gelegenheit der damals neuern Verfechter der römischen Kirche, des Staphilus, Osius, Cramer, Sotus, der Jebusiter, oder Jesuwider, und andre römische Suppenfresser mehr, zu welchen Julius, gewesener Bischof zu Naumburg getreten, geschrieben." Stephan wiederholt in seinen neuen Stofflieferungen (II. 150) diese Stelle mit einigen Zusätzen und gibt mit kurzen Worten den Gedankengang der Vorrede des Herausgebers, des Mühlhäuser Superintendenten Hieronymus Tilesius. Sonst aber ist meines Wissens von dieser Vorrede nichts bekannt geworden.

---

*) Das Dresdener Exemplar habe ich nicht mit dem meinigen verglichen. Jedenfalls gibt es nur diese eine Ausgabe, wie ich aus der Vergleichung mit dem Gottschedischen Texte schließe, der diplomatisch genau ist, abgesehen von der Raumeintheilung. Im Personenverzeichnisse hat Gottsched einen Fehler des alten Druckes verbessert, wie er am Schlusse corrigirt ist. Statt Vnnersun hat der Druck Vniuersum. Dagegen hat Gottsched Simson unverändert aufgenommen, welches heißen muß Sein Son. In dieser Correctur begegnete dem Setzer das Unglück, das S verkehrt zu nehmen, so daß zu lesen ist Dein Son.

Bei dem in neuerer Zeit lebhafter hervortretenden Streben, kultur=
historisch wichtige Schrifterzeugnisse ohne Rücksicht auf künstlerischen
Werth aufs Neue an das Licht zu ziehen, scheint es nicht ungerecht=
fertigt, auch jene Polemik zur vollständigen Mittheilung zu bringen,
welche sich in so eigenthümlicher Weise an ein altes Schauspiel knüpft,
dessen ursprüngliche Bestimmung war, eine Quelle religiöser Erhebung
zu sein.   In der That dürfte in mitten eines kleinen Büchleins kaum
eine größere Verschiedenheit der Anschauungen verschiedener, aber nicht
allzuweit auseinanderliegender Zeiträume anzutreffen sein.   Die pro=
testantische Polemik gegen das Papstthum hat eine zahllose Menge
großer und kleiner Schriften hervorgerufen, aber das zeichnet die Vor=
rede zum Spiel von Frau Jutten vor allen aus, daß ihr Verfasser
in seinem heiligen Eifer für die neue Lehre eine kirchliche Sage, deren
Wahrheit er nicht im entferntesten bezweifelte, deren poetische Ver=
werthung er aber nicht mehr zu erfassen vermochte, zu einer Waffe
wider das Papstthum und die katholische Kirche benutzt.

Auch die dem Spiele folgende Schlußrede des Eisleber Pastors
Christophorus Irenäus, unter dessen Aufsicht das Stück wahr=
scheinlich gedruckt wurde, ist geschichtlich werthvoll.   Seine Polemik ist
noch bei weitem leidenschaftlicher als die seines Freundes Tilesius;
während die Vorrede mehr allgemein gehalten ist, geht Irenäus von
der Schuld der Bäpstin Jutta und von den Angriffen gegen das
Papstthum auf einen concreten Fall über, auf das Interim; er ver=
dammt dasselbe und schließlich warnt er seine Glaubensgenossen vor
den gleißnerischen Beschlüssen des Tridentiner Conciliums.

Die sprachlichen Bemerkungen beleuchten das Verhältniß, in
welchem die Sprache des Stückes in seiner vorliegenden Gestalt zu der
Mundart des Verfassers steht, und die vierte Mittheilung sucht dessen
Heimath und Namen für die Literaturgeschichte festzustellen.

1.

Vorrede des Herausgebers Hieronymus Tilesius.

————

An den Christlichen
Leser.

FReundlicher lieber Leser, wir erfaren teglich, mit höch=
stem betrübtem gemůt, Ob wol Gott der allmechtige
der Antichristischen Rotten, dem Bäpstischen hauffen, den
grewel jrer Abgötterey, Superstition, Falscher lehr vnd
erdichten Gottes dienst, damit sie die Kirchen gleichsam
eine Sindflut vberschwemmet, durch den Geist seines mundes
reichlich entdecket, vnd für aller welt an das liecht ge=
bracht, Das gleichwol dessen vngeachtet die Prelaten, Ver=
meinten Bischoff vnd andere fürneme glieder der Römi=
schen Geistligkeit, von dem Wein der Hurerey, grewels
vnd vnsaubrigkeit, welchen jhnen die grosse Babilon die
Mutter der Hurerey vnd aller grewel auff Erden, ge=
mischet vnd eingeschencket, Auch von dem Blut der heiligen
vnnd zeugen Jhesu, also truncken worden sind, Das sie
Babylon die grosse, eine behausung der Teufel, ein beheltnis
aller vnreinen geister, vnd vnreiner feindseliger vogel nicht
erkennen, dauon ausgehen, Gottes des Herrn zorn, der
sie richten wird, fürchten oder jhme die ehre geben wollen
oder können, sondern viel mehr tholl vnd blind in solchem

gottlosen wesen fortzufaren, vnd aus vnmenschlichem trutz, hoffart vnd hochmut, jhre verdamliche hurerey, mit der Bestien, mit höchster verachtung Gottes, jrer selbsten vnd vieler andern ewig verderbt vnd schaden hierauss zuführen gedencken.

Darumb sie denn jtziger zeit widerumb etliche Scribenten auffwerffen vnnd für stellen, welche die alten jrthume vnnd misbreuche mit newen glösslein schmücken, schöne farben anstreichen, vnd die bösen alten verfaulte, vnd vnmehr fast gefallene wand mit losem Kalck tünchen vnd malen sollen, Als da seind Staphilus Osius, Cramer, Sotus, die Jebusiter oder Jesuwider, etliche Bayrische Bapstheuchler, vnd andere Römische Suppenfresser mehr. Bey neben welchen gar newlich auch Herr Julius gewesener Bischoff zur Naumburck an den reien getretten, vnd als ein ansehenlich person bey den Bäpstischen, durch ein ausgegangene vermanungs schrifft, dem jmmerfallenden Bapstum stützen vnd Seulen vntersetzen, oder jne gerne besondern in diesen landen, wider auff die beine hat helffen wollen, vnd sich vnterstanden, seine Stifftsverwanden, vnd also vnter jhrem namen sonsten menigkliche in deutschlanden zu vberrede, die Römische kirche sey allein die rechte christliche Catholische alte Kirchen, welche, Rein, Heilig, vnd einiger falscher lehre vnd abgötterey jhr nicht bewust, auch ausser welcher kein Seligkeit vñ wolfart sey. Derwegen jederman zu jhr tretten, jre lehr, Gottesdienst, vnd Ceremonien, ohne alles ferner fürdencken, gehorsamlich annemen vnd bestendig darbey bleiben solle. Dagegen bestettigt er die Kirchen der Christlichen Augspurgischen Confession zugethan mit gantz beschwerlichen aufflagen, das sie von der Catholischen Kirchen sich abgesondert, besondere newe winckel Kirchen sein etc. Wie wol ich nun nicht erachten noch befinden kan, was diesen Bischoff hierzu mag verursacht haben, das er eben zu dieser zeit mit dieser schrifft ist erfür gewüschet, denn er es sonder zweifel, als ein verstendiger, weiser vnd geschwinder alter Reinicke Fuchs

Eze. 17.

ohn besondere occasion, vnd gelegenheit wird angethan
haben, vñ mus fürwar sein sonderlich Quia haben. So
dancken wir doch dem lieben frommen Gott, das dieser
alte gelerte, vnd geübte Papist, gegen welchen die andern
Bäpstischen schreiberlein wol Schützen vnd Bachanten sein
vnd bleiben, diesen handel mit besserm gewissen stercken,
vnd ansehenlichern grunden vnd fundament nicht ausgefürt
werdè, Wie jme denn vñ allen andern zuthun vnmüglich,
vnd das der allmechtige Gott aus dieser schrifft erscheinen
lest, welcher gestalt das gantze Bapstumb, auff einen gar losen
nichtigen faulen grundt, vnnd lauter tribsandt erbawet ist.

Jch wil nicht sagen, wie der Bischoff im forder theil
dieser schrifft, mit den andern Bäpstischen Scribenten als
Osio, Soto vnd andern vbereinstimmen, vnd wie eine feine
Harmonia vnnd consensus vnter jhnen ist, wie zwischen
Winder vñ Sommer, welches von gutherzigen gelerten
leuten, dem Bischoff als der von spaltung vnd trennung
viel weis zu klagen, ist dargethan worden.

Allein da las ich Christliche hertzen richten vnd vrtheilen, was doch der Bischoff in diesem buch besonder im
letzten theil, da er als mit einem Drachenschwantz das
gantz geschmeiß des Antichristischen wesens, hinder sich her
zeugt dasselbste für gewaltige, hochdringende, vnd hertzbe-
wegende vrsachen, grundt vnd zeugnis Göttliches worts
gebrauchet.

Ein Bischoff wenn er seine durch Christum tewer er-
kauffte, vnd jhm befolne Scheflein in denen dingen, so
Gottes ehr vnd jhre ewige wolfart betreffen ermanen wil,
soll er mechtig sein, Spricht Paulus, zu ermanen, durch
heilsame lehre, wo bleibt aber in dieser vermanung, Sic
dicit Dominus Neum Iehoua, So spricht der Herr Je-
sus, Leret sie halten alles was ich euch befolè hab, rc.
Was höresti hierinne mehr denn Kirche lange gewonheit,
alter gebrauch, vnd was dergleichen des elter Wolffs ge-
schrey mehr ist? Sind das nicht lose tüncher, welche, mit
losem Kalck thünchen? Aber lieber Leser, des soltu dich

nicht verwundern, Grund vnnd Gottes wort haben sie nicht,
darumb brengen sie es auch nicht auff den plan, vnd wird
jhnen auch mangeln in ewigkeit, das weis ich fürwar vnd
ist Gottes rechtes gericht vnd vetterliche schickung, darfür
wir wie gesaget, jhme dancken sollen, das jhre grosse Ra-
bini, vnd fürneme gelerte Bischoffe vnnd Prelaten, den vngrund jhrer bösen vnd gar faulen losen sachen, der Göttlichen warheit zu ehren vnnd jhnen selbs zuschanden vnnd
schaden, an tag brengen müssen. Dauon von andern weit-
leifftiger vnd guter bericht geschehen ist.

Dieweil nun aber vnsere widersacher je so gar rein
vnd from sein, vnd nie kein wasser betrübt haben wollen,
vnd mit so vielen vnnd prechtigen worten, von der reinigkeit jhrer alten Religion vnd lehr zu rühmen wissen, vnd
mir aber fast an einem tage des Bischoffs zur Naumburg
ausschreiben vnnd dieses folgende büchlein zukommen ist,
hab ich so bey mir gedacht, weil der Bischoff vermanet
bey der Kirchen zu bleiben, in welcher die so vber fünfftzig
jhar sein, jhre Tauff erlanget, vnd aber dieses büchlein
eben achtzig jhar alt ist, wehre nicht vnbillich das es von
allen Christen gelesen würde, denn es jha eine feine proba
vnd Muster ist der lehre, welche in die vierhundert jhar
daher, in der hochgerümpten alten Kirchen getrieben worden, dahin wir auch fleissig vom Bischoff gefuret vnnd
angehalten werden, vnd als denn würden wir vieleicht
from, vnd gehorsame Kinder jhrer Kirchen erachtet, wenn
wir diesem Muster nach, ohn alle spitzfündigkeit, vnnd
grüblen wie der Bischoff sagt, vnsern Glauben vnnd Religion anstelleten, denn es kompt je aus jhrer Kirchen her,
Ist im jhar Vierzehen hundert vnd achzig, durch einen
Mespfaffen Theodoricum Schernberck, in einer Reichstadt
gemacht vnnd geschriben, wie man mit des Authoris eigen
handschrifft in Originali darthun kan, vnnd zwar jederman auch leichtlich in der Composition sehen wird, Darüber ists auch also approbiret, das es offentlich zur selben
zeit also gespielet vnd agiert ist worden.

*Theodo.
Schern-
berg.*

Wolan da haſtu nu ein formular aus der vermeinten alten Kirchen, ſonderlich von dreyen fürnemen artikeln, welche vnter dieſe gerechnet werden, darauf das gantz Bapſtumb ſich ſteuret vnd gruudet.

Erſtlich, von den verſtorbnen lieben heiligen jhrem dienſt anruffung, vertrawen vnd zuuerſicht auff ſie. Iſt ſein Bäpſtiſch, das iſt Antichriſtiſch hierinne geſchrieben, nemlich. Die lieben heiligen ſein vnſer fürbitter vnd mit= ter, Beſunder aber die heilige Junckfraw Maria ſey vnſer verſönerin, tröſterin, ein friedeſchilt, aller Sünder vnd Sünderin, ein ſchirm der ſeligkeit, welche Sünde vertreiben vnd Barmhertzigkeit beweiſen ſoll. Chriſtus hab jr macht recht, vnd gewalt gegeben, da er auff dieſer Erden von jhr geſchieden, für die Sünder zu dingen wie der Author ſpricht, zu Gnad zu bringen aus angſt vnd pein zuhelffen, könne vns in vnſerm Sterbſtündlein, zu hilffe kommen, vnd vnſer tröſterin ſein, der wegen man auch nicht Chriſto, wie Stephanus gethan, ſondern jhre die Seele befehle ſoll. Jha könne auch durch jre fürbit vnd verdienſt, die verdampten aus der Hellen pein Freyen vnnd los machen, wie der Author dieſes ſpieles von Bapſt Jutten Seel narret, vnd weis nicht wo etwa im Rauchloch ers erfahren oder erforſchet hat. Wie nu herr Biſchoff vnnd jhr an= dern Papiſten, Iſt das ſo recht? Iſt das Catholiſch vnnd Altglaubiſch? Werden wir euch deñ ein mal zugefallen thun, wenn wir alſo wie angehört gleuben vnd thun, wie man denn vor 50. jharen, da jhr vnd andere getaufft ſeit, gegleubet vnd geleret hat? Heiſt das Chriſtlich vnd nicht mehr widerchriſtiſch, jha Heidniſch vnd Türckiſch ge= gleubet? Ach was kan doch immer mehr der Glorien, Ehr, Maieſtet, vnd herrligkeit, vnſers eigen vnnd war= hafftigen hohenpriſters, Mitler vnd verſchöners Jheſu Chriſti mehr zu wider ſein, deñ ſein perſon ampt, vnd Hohen= prieſterthumb, der Creaturen zu meſſen? Iſt das nicht in die dinge die Gott allein eigen, wie jhr ſelbſt ſagt, eingegriffen? jha Chriſtum gar zu nicht gemacht. Heiſt

3

Gene. 2.
Joha. 1.
Acto. 10.

das nicht die zweifache sünde dafür sich der Himel end-
setzt, Christum die lebendige quelle, aus welches fülle allein
wir entpfahen gnade vmb gnade verlassen, vnd andere
Brunne aushawen, die löcherig sein vnd kein wasser geben?
Wo bleibt den dieses, das Jhesu Christo, nicht Marie,
Nicolao, oder andern alle Prophete zeugnis geben, durch
seinen namen, die an jhn gleuben, vergebung der sünden
entpfahen sollen, Ach lieben herrn fürchtet Gott, alle es
ist vil zu viel vbermacht. Man darff mir alhie nicht
sage, De singularibus opinionibus, das ist, wie sie fürwenden, man könne nicht darzu das etliche für sich, insonderheit etliche vngereimpt ding geglenbet vnd fürgegeben
vnnd jhme zuuiel gethan, Es sey dennoch der gemeine verstand vnd lehre der Kirchen, leidlicher gewesen etc. Aber
diese vnd dergleichen schrifften bezeugen trefftiglich, das es
Catholicus consensus gewesen, man hat so gelert, gepre-
digt, geschriben, vnd ist also darzu offentlich gespielet worden.
Oder wer ist auff so vielen stifften, Bistumen, Vniuersi-
teten, Clostern, etc. so from gewest, der solch vngereimpt
ding, das ist grewliche abgötterey vnnd jrthum gestrafft,
vnd das volck darfür gewarnet hette? Wie den der Bischoff zur Naumburg noch nicht gentzlich gethan, Er sagt
wol von etlichen misbreuchen darnon die Kirchen vnge-
stalt worden, spricht aber Mum, Mum, wil nicht heraus
vnd dieselben namhafftig machen, darwider setzen noch seine
Stifftuerwanden, wie jhn der titel seines buchs het erinnern sollen, nach notturfft hieruon vnterrichten.

2.
Primat
des bap-
sts.

Zum andern, wird der Primat vnd hoheit des Bapsts
zu Rom vber alle Kirchen der Christenheit von den Bäpstischen für einen solchen notwendigen Artikel geachtet, das
ohn jhnen als den bewerten vnd auserwelten Eckstein wie
Sotus schreibt, die Christliche Kirche nicht erkant noch erhalten wird, oder auch bestehn kan, Wiewol nu der Bischoff Julius fast nachgibt, das der selbige primat mehr
aus gewonheit vnd vmb erhaltung mehrer einigkeit, vnter
den Patriarchen, eingeführet, denn das er Jure diuino,

vnd aus Christi einsetzung (wie die andern des Bapst
Tellecker bisher on grund gestritten) sein vrsprung genommen, den wie jhnen solchs Gott lob mit Gottes wort,
vnd gewissen gründen abgeiagt, Jedoch setzt er das dieselbe des Bapsts Preeminentz vnd gewalt Got dem Herren
gefallen müsse. Solches zuerweisen füret er gar ein sein
Argument, welches ein solche rationem consequentie hat,
die man billichen, allein zu begrefftigung der Bäpstischen
Barbarischen Thranney gebrauchen soll, vnd spricht, Weil
Gott solchen Primat lange gedultet, vnd derselbe lange in
der Kirchen bestanden, wird daraus leichtlich abgenomen,
das er Gott gefallen müsse. Diese folgung ist in andern
dingē vntrefftig vnd schleust nichts, Denn so würde viel
vngereimpts dings heraus folgen, Als Paulus sagt, Gott
hat die gefesse des Zorns die da zugerichtet sein zum verdamnis geduldet vnnd getragen, darumb werden sie jhm
auch gefallen. Item der Türck hat mit seiner hoheit, ja
so lang bestanden, als der Bapst, vnd Gott hat jhn lang
gedultet, jha herrlich Victorien, Triumpff vnd grosses glück
zugelassen, darumb mus er auch Gott gefalle. Da mus
ein jder vernunfftiger sage, es sey vbel geschlossen. Aber
in diesem handel, den Bäpstischen Primat zubekrefftigen,
ist ein gute consequentz. Denn der Bapst (der ein Cœleste
arbitrium hat vnd kan aus dem was nichts ist, etwas
machen, & potest facere sententiā quæ nulla est, aliquam
& cui voluntas est pro ratione in his quevult, & potest de
iniusticia facere iusticiam: Tit, de Trans. Epil. cap. 4. in
glosa*) & de cuius iuditio nemini licet iudicare. 9. 4. 3.
Vnnd in seinem Scrinio pectoris alle Himlische vnnd Mensch-
liche weisheit, also alle regulas consequentiarū hat) wird
hiezu sonder zweifel sein confirmation vn Bäpstisch Bulla
geben, vndt ein Creutz darüber gemacht haben, so ists ein
starck vnd vnüberwindlich argument, den alle welt gleube mus.

Wolan, wie Gott dem Herren gefalle alles dieses,
durch welches abgötterey, falsche lere, verwüstung vnd

---

*) Text gosa.

zerrüttung der Kirchen, verwirrung der gewissen, grewliche schand, laster, Sodomiterey vñ vnzucht eingefürt wirb, als durch die vngemessen gewalt des Bapsts geschehen, zeigt sein Göttlich wort klerlich an, wie auch Gott solche seine vermeinte Vicarios vnd Stadhalter gedultet, weiset diese Historiē von Bapst Jutten, vnd andern Bäpsten mehr aus.   Denn so können wir viel mehr, mit besserm bestand vñ grund alligirē, Got hat der Römische Bäpste Epicurisch, Gottloses, Vnchristliches, Viehisches, Vnzüchtige, Sodomitische Bubenlebē, für aller welt endeckt, vñ an tag gebracht, vnd sie für seiner kirchen vnd gemeine zuschanden gemacht darumb hat Gott keinen gefallen an jnen, vnd sind nicht seine Vicarij vñ heupter der Christenheit.   Denn des sind wir aller bing gewis, das alle Welt jetzt weis, das die Bäpst zu Rom, nicht allein Sodomiten, Weich=ling, Schwartzkünstler, Teuffelsbanner, Zeuberer, Ehe=brecher, Todtschleger, Meister auff gifft geben, Simoniaci, Stiffter aller meuterey, vnd Blutsuergiesser in gantz Europa, zwitracht vnd krieg zwischen Keyser, König, Fürsten vnd Herren, Jn summa Hurren vnd Buben, vnd die größten vnfletter auff Erden vnd lauter Monstra sein (welchs doch nicht das fürnemst ist) sondern auch die höchsten abgötter, falsche Propheten, Verfürische lehrer, Diebe vñ Mörder, welche vnserm geliebten heiland, dessen Stad=halter sie sich mit vngrund rühmen, seine lehr, Gottes=dienst vnd Sacrament fast in allen puncten vnd Artikeln schrecklichen verfelscht, depraniert, verkert, vnd verdunckelt vnd eine newe Heidnische Religion gekocht vnd gebrawen. Solchs *) sage ich das es jzt alle welt weis (Ausgenomen die Papisten, welche fürsetzlich blind sein wollen)

2. Thess.
2.
Ist ein solches werck, damit vnser Christus offenbart hat den Menschen der Sünden, das kind des verderbens, seinen widerwertigen der sich erhebt vber alles das Gott oder Gottes dienst heist, vnd kürtzlich das er sein Vicarius,

----

*) Text: Sosche.

Stathalter, fundament, vund heupt der kirchen, vñ der
edle bewerte Eckstein nicht sey, sonder viel mehr der rechte
ware Antichrist. Mit dieser Reuelation vnd offenbarung
hat er ewren Bapst vnd vermeinten Stadhalter Christi,
von seiner hochheit gesetzt, vnd in abgrund gestürtzt.
Rümet nu feruer Gott habe in lange gedult vnd gefallen
an jhme getragen, jhr dürffet nicht fürwenden, wir thun
jhme zuuiel mit dieser beschuldigung, Denn so viel das
leben belanget stehet hie Bapst Jutta ewrem heiligen Stuel
zu ewigem schmach vnd schande, So mag man in den
Historien besehen die feine legenden der Bäpste, als Helle-
brandes, Gregorij 7. welcher nicht ein Mensch sondern ein
Teuffel gewesen, wie Benno Cardinalis schreibt, Johannis 13. der im Ehebruch erstochen, Benedicti 12. Joan. 24.
Pauli 2. Sixti 4. des frommen mannes, Innocentij 8.
Alexandri 6. mit seiner Lucretia vnd gifft flaschen. Julij 11.
Clementis 7. des grossen heiligen Pauli 3. Die lehr aber
betreffend ist nun mehr Gott lob vnlengbar, vnd durch der
vnsern schrifften reichlich dargethan, welcher gestalt das
ga ntz Corpus doctrine Christiane in allen artikeln von
jhnen ist verkert vnd verfelschet, vnd sie die rechte vnd vr-
alte lehr, von dem Son Gottes aus der Schos des Him-
lischen Vaters gebracht, vnd in den Prophetischen vnd Apo-
stolischen schrifften verfasset verlassen, verleugnet, vnd dargegen, eine newe lehr, von Gesetz, Sünden, Euangelio,
Glauben, Werck Busse 2c. in Kirchen vnd Schulen eingeführet, ein newe Tauff, new Abendmal, new Schlüssel,
new Kirche, new Gebet, den armen pusillen Christi auff
gedrungen, vnd noch als Apostolisch, vnd Catholisch vnnd
recht verthetigen, Solch schon Christenthumb haben ewer
Somidei, Vergottete Menschen vnd Christi Stadhalter die
Bäpst zu Rom aus jhrem heiligsten Scrinio pectoris herfür gebracht, vnd ausgerichtet.

Wollen sich dennoch mit jhrer Hurnstirn nicht sche-
men, vnd alle Welt vberreden, sie gefallen Gott vnd jhrem
Scrinio pectoris, (welches ein Kachel oder Cloaca ist, da-

rein der Teufel seinen vnflat gespeiet vnd geschmissen)
solle vnd müsse die gantze heilige schrifft, aller Christen
Religion, Glaub, gewissen vnd seligkeit vnterworffen sein.

Zum dritten, kempfft jhr auch hefftig vber ewrem
vermeinten Celibat vnd Antichristischen Eheverbot, derrer
bie sich Geistlich nennen. Was nun hiervon zuhalten, vnd
welcher Geist dieses Eheuerbot getriben vnd in *) die Kirchen
eingefüret, weisen vber die andern gründe der Göttlichen
schrifft, ersten brauch der Kirchen vnd alten Concilien, auch
die fruchte aus, welche aus diesem Celibat vnd Eheuerbot
erfolget. Denn weil dadurch die Christenheit, mit vieler
Heidnischer, Sodomitischer grewlicher vnzucht, büberey vnd
Epicurischem leben erfüllet, vnd viel grausamlichs ergerlichs wesen mit verletzung Göttlicher ehren, bestrickung,
verwirrung vnd betrubung der gewissen, vnd vieler ewiges
verdamnis geursacht, vnd Gottes zorn, zeitliche vnd ewige
straffe über land vnd leut erregt vnd geheuffet, kan je
der Heilige Geist, welcher ein heiliger, reiner keuscher Gott
ist, dieser vnsaubern keuschheit, stiffter vnd author nicht
sein, sondern gewislich der, welcher ein vnreiner, vnfletiger,
vnkeuscher Geist, vnd aller vnzucht vnd büberey anreitzer
vnd treiber ist, Wie denn Paulus das Eheuerbot nennet,
doctrinam dæmoniorū, lehr so vom Teuffel (er neme
ein schönbart vnd Laruen für wie er wolle) gewislichen
her kompt, Hiezu dienet nun vns die Historien vom Bapst
Jutten auch, welche aus jhrem Bäpstischen Scrinio ein
spon new kindlein herfür bracht. Da hat Gott der All-
mechtig an dem heupt der Römischen Kirchen darthun
wollen, wie jhme diese seine Vicarij neben dem hochge-
rümbten Celibat, Ehe vnnd ehrlos leben, der vermeinten
Geistlichen gefalle, Denn do es die gelegenheit vmb den
Bapst zu Rom hette, wie von jhme gerümet wird, Auch
dieses lebē ausser der Ehe von dem Geist Gottes gestifftet

Celibat
vnd Ehe
uerbot d'
Papiste.

1. Tim.
5.

*) Text: in vnd.

were, het Christus nicht gestadtet noch gedultet, das der
Bäpstlichen hoheit, zu ewiger schmach vmnd schande, ein vn=
züchtige Dirne zu solchem hohen ampt erhaben, den Apo=
stolischen stuel besessen, vnd den selbigen mit jrem Huren=
leben, vnzüchtigem vnd vnehrlichem kinderzeugen befleckt vnd
verunreiniget hette. Nu von diesem heupt des keuschen
Aaronis scilicet ist auch solche reinigkeit vnd heiligkeit her=
nach oberflüssig in die andern dieses leibs gliedmas herab
geflossen, in die selbigen reichlich ausgetheilet, vnnd auch
in jhnen erzeuget. Wie man sihet an Klöstern Klausen,
besonder an Stifften vnd Pfarherrn*), vnter dem Bap=
stumb, welche den mehren theil alle zu offentlichen Hurn=
heuser worden, Vnnd das auff das offentlich werck ge=
lassen, sind auch aus Gottes gerechtem gericht dahin ge=
rathen, das sie solch ergerlichs verdamlichs wesen für keine
sünd gehalte, endschuldigt vn auch die Sodomitische sünde,
mitausgegangenen offentliche schrifften treflich commendirt
vnd gelobet. Vnd geschicht jhnen hieran nicht vnrecht weil
sie dis fügliche vnd von Gott geordnete mittel vnd artzney
vneinigkeit**), vnd vnzucht zuuermeiden, in Gottes namen
nicht brauchen wollen, das sie ins Teuffels namen mit
brandmaligen gewissen, in sünd vnd schand ligen, vnd
drüber zum Teuffel fahren müssen. Hiemit wil ich be=
schliessen, vnd dir Christlicher lieber Leser, vrsachen zum
kürtzten vermeldet haben, warumb dieses büchlein, jetziger
zeit an tag gegeben worden. Wil daran nicht zweifeln,
du werdest es Christlicher wolmeinung, wie es denn auch
geschehen, vermercken vnd auffnemen, den andern hauffen
so drüber zürnen, las man hin fahren, Ihr alter Canon
Dist. 40. Si Papa, gilt hewer dis jhar nichts, sie mügen
besser brieff vnd Priuilegia fürlegen, deñ bisher geschehen.
Vnser trewer vñ fromer Gott wolle sie auch bekeren vnd

Psalm. 133.

1. Tim. 4.
1. Cor. 6.
Heb. 13.

---

*) Muß heissen: Pfarren.
**) vnreinigkeit?

erleuchten, vnd vns bey der allein seligmachenden lehr seines lieben worts, vnd Gottseligen leben gnediglich durch seinen geist erhalten, vnd für allem Antichristischen sawerteig vetterlich behüten, Amen.

M. Hieronimus Tilesius
Hirspergensis.

[Autographenfreunden wird die Mittheilung eines Facsimile der Namensunterschrift von Hier. Tilesius nicht unwillkommen sein.]

2.

Schlußrede von Cristophorus Irenäus.

Beschlus.

WEiber list, sagt man, vbertrifft alle list, des wir in dieser Historia ein mercklich Exempel haben. Ist das nicht eine geschwinde list, vnd verschlagener grieff? das ein Weibsbild für vnd bey den Leuten, mit denen sie hin vnd wider vmbgegangen, jhren sexum, weibische art, form vnd gestalt, so verbergen vnd vertuschen hat können, vnd sich für ein Mansperson ausbrengen, das man es nicht gemerckt noch gespüret, Ja das ist noch ein geschwinder vnd Teufflischer griff, das solche Brecken durch jhre list zu hoher dignitet vnd authoritet komen, die dreyfache Kron des Antichrists, vff sedem Apostolicam, (wie es die Ro-

Ein Weibesbild ist Bapst worden.

maniſten nennen) expracticieret, vnd endlich Bapſt, des Teuffels Vorbott vnd Statthalter, worden iſt. Es were auch
ſolcher betrug wol bey jedermenniglich (ausgenomen die,
ſo mit der Teufelshur ein vernemen gehabt, gebulet vnd
gebubet) verſchwiegen blieben, wenn Gott nicht wunderlich
vnnd ſonnderlich der Bepſtlichen Hurn ſexum vnnd büberey geoffenbaret vnd an tag gebracht, nach dem gemeinen
Spruchwort, Es wird nichts ſo klein geſponnen, es kompt
an die Sonne. Wie zu Rom, nach dem ſie darnider-
kommen vnd blieben, auch einer höfflich ſolche vergeſſen-
heit des Bapſts oder Balgs mit 7. angeſchlagenen P. zu
verſtehen gegeben:

P P P P P P

Papa peperit puerum penes portam Petri

P.

Pauli.

Es ſolte aber die Schandhur, ſo durch jhre liſtige
practiken vnd anſchlege zu hohen wirden in dieſer Welt
komen, vnd auff dem Bepſtlichen Stuel geſeſſen, der Chriſtlichen Kirchen mit jhrem ſchandmal vnnd Hurenkind geringen ſchaden thun, wenn an den andern Bepſten vnd
Helliſchen Vetern, als Mansperſonen, welche vor vnd nach
Jungfraw Bapſts Hans, oder Fraw Bapſt Henſel, auff
dem Bepſtlichen ſtuel geſeſſen, etwas guts an lere vnd
leben were. Denn das Bapſt Jutte ein Hurnkind, wie
ein ander Sack, in ſchendlicher vnzucht, verblümbter weiſe
gezeuget, dieſe ſünde ligt jhr, ſampt dem gegeben ergernis
auff der Seele vnd Gewiſſen, Vnd was kan das arme
Kind dazu, das die Bepſtliche Mutter eine Hur geweſen,
vnd die Cardinel zu ihr ſich willig in ihren rat vnd
kammer funden?

Die geiſtliche Hurnkinder aber, als die grewlichen
Abgöttereien, falſche Gottesdienſt, Superſtition verkerte
lere, Menſchenſatzung, vnd verführung, ſo die Babyloniſche
Hur (wie die Schrifft die Bepſte nennet) mit vnd aus dem
Teufel gezeuget, verführen viel Seelen in abgrund der Hellen.

Die geiſtliche
Hurenkinder
thun den grö-
ſten ſchaden
der Kirchen.

Weil man aber nu faſt, aus Gottes wort, der Babyloniſchen Teufelshuren büberey, verfürung vnd ſchand-
hurenkinder hat kennen vnd mercken lernen, dafur man
fort mehr ein ekel vnd abſchew hat, So befleiſſiget ſich
nu der alte verſchlagene Balck vnd Helliſche Beſtia zween
geſchwinder grieffe.

Zween
grieff der
Babylo-
niſchen
Hur.

Erſtlich beginnet ſie jhre Hurnkinder, das iſt Abgötterey, falſche vnd verfüriſche lere, mit ſchönen röcklein,
ferblen vnnd gloslen zu behengen, zu ſchmücken vnd zu
putzen, das ſie ſie ja mit ehren für Ehekinder vnd rechte
lere möchte ausbringen, Vnd helffen des Babſts grewel
ſchmieren, zieren, ferben vnd anſtreichen, die helliſchen Ve-
ter aufm Concilio zu Trient, vnd wie vorhin Eccius,
Faber, Cochlæus, Iulius Pflug vnd Staphilus, die
Römiſche oder Bepſtliche Kadoſch bey ehren zu halten ſich
vnterſtanden, Alſo wolten noch gern die armen Hudler
vnd Sudler, Papirklicker vnd Scribenten, Sotus, Oſius,
Witzel, der Alberhans zu Ingelſtadt, die Jebuſiter, vnd
dergleichen, Corybantes, Ammen vnd Schlammen oder
Kindermegde des Bapſts Hurenkinder, die Babyloniſche
Freydirne mit jhren ſchandhurenkindern vnd grewel nicht
ſo gar veracht vnd verlacht laſſen, ſondern etlicher mae,
wider zu ehren vnd auff die bein helffen, Wer wolte ſie
auch drumb verdencken, denn es wil ein jeder ſein tranк
vnd ehrpfennig dauon bringen, Aber ſie mügen thun was
ſie können vnd vermögen, jhre höchſte vnd gröſte kunſt vnd
heil verſuchen, anſtreichen, tünchen vnd ſchmieren, flicken
vnd lappen, waſchen vnnd baden, ſo wirds wol bleiben
wie man ſagt:

1.
Schmü-
cket ſie
jhre Hu-
rekinder.

Non meretrix munda. nec cornix alba fit
unda.

Zum andern, liebt ſich der ſchand Bapſtbalck, die
Babyloniſche Hur mit jhren verwandten vnd zugethanen,
zu vnſer Kirchen, vnterſenget ſich etliche der vnſern mit *)

2.
Der Babeſt
ſucht verglei-
chung vnd
vertrag.

*) Text: mir.

süssen freundlichen worten an sich zu hengen, das sie mit
ihr bulen vnd huren sollen, demütiget sich, gibt einigkeit,
vertrag vnd vergleichung für, Vnd mit solchen listigen
griessen, vnd süssen, verschmierten worten, ist durch bey=
wonung etlicher der vnsern das Schandhurnkind oder
Banckart das INTERIM gezeuget, vnnd bey vielen für
ein Ehekind ausgebracht, die es angenomen, geehret, ge=
haben, auff henden getragen, gegengelt, geküsset, geposset,
geherzet vnd angebetet haben, das sie ja den Grosnenne
vnd die alte Memme zu Rom mit jhren Corybanten, Car=
nüffeln, Biscoppen vnnd Thummenpfaffen nicht erzürneten.

INTE-
RIM.

Die Adiaphoristen waren dem newgebornen Kind oder
Bastart, dem Interim. so gar feind nicht, vnd weil etliche
Obrigkeit drauff drang, billichten sie dem Kinde zu ehren,
vnd beförderung vmb fried vnd einigkeit willen, aus furcht
der Römischen Mutter vnd des Grosnennen, die Papisti=
sche sülung (ölung wolt ich sagen) oder die letzte schmier,
Firmlnng, sampt andern Bepichen Ceremonien, so in
vnsern Kirchen, sindt das Euangelium auffkomen, gefallen,
oder aus erheblichen vrsachen abgeschafft, vnd erbeiteten
endlich dahin, da ja das liebe Kind auffwüchse, ein weis
Westerhembdlin vnnd schöne Windelschnur in vnd von
vnsern Kirchen erlangen vnd erhalten möchte, Vnd das
noch mehr ist, lerneten ein teil der vnsern von der Rö=
mischen Hur vnd Banckart, dem INTERIM, rotwelsch
reden, als:

Adiapho-
risten.

1. Wir wollen das wörtlin Sola nicht streiten.

2. Wir werden furnemlich durch den glauben gerecht
   vnd selig.

3. Gute werck sind auch nötig zur seligkeit.

4. Es ist niemand one gute werck selig worden.

5. Es ist vnmüglich, one gute werck selig zu werden.

6. Wie denn auch die Synergisten jhre rotwelsche reden
   zum teil von dem Interim im artickel vom Freien
   willen genomen vnd gelernet haben.

Etliche waren geneigt vnd bereit, den Babylonischen oder Römischen Balck für das Heubt der Kirchen zu erkennen vnd zu ehren, vnterworffen sich jhrem Concilio zu Tridnet, liessen von sich lauten, je neher dem Bapst, je besser.

Wolten auch die geschmierten, geölten Bischoue für Ordinarios erkennen, jhnen die Administration vnnd Ordination einreumen, Kirchen vnd Pastorn vnterwerffen, Welche aber nicht darein willigen wolten, sondern dem widersprochen, in jhr Wechterhörnlein bliessen, vnd die Feder in die hand namen, dawider schrien vnnd schrieben, vnd die Leute dafur warneten, vnd dauon abmanten, die hat man verfolget, abgesetzt, bestrickt, verjagt vnd geplaget, vnd solches alles mit fehrlichem ergernis, betrübung vnd besturtzung vieler Gewissen, vbergebung vnnd beraubung der Christlichen freiheit, zurüttung der Kirchen, vnd sterckung der feinde in jhrer falschen meinung vnd jrthumen.

Des Ba-
pest heu-
chelische
demut.

Nach dem nu das Hurenkind des Bapsts, das Interim (dem etliche zimlich liebkoseten, vñ gerne fortge-holffen hetten) nicht allerding, wie es gerne gewolt, ge-ehret, vnd jhm von etlichen eifferigen vnd bestendigen Theologen, von vnnd aus Gottes gnaden widersprochen, vnd zimlich gehemmet ist worden, demütiget sich noch ein mal zum schein die Schandhur der Bapst zu Rom mit den Romanisten, auffm Concilio zu Trient*), vnd das er etliche in seine stricke, netze vnd felle möchte bringen, wil er etwas zugeben, vnd erleuben, doch der gestalt, das er seinen Menschdreck, lügen vnnd Abgötterey, vnter den Pfeffer warheit vñ rechten Gottesdienst, mit vntermengen, seinen saurteig vnter die warheit mischen, einen kuchen aus seiner vnd Gottes Religion machen, liecht vnd finsternis vereini-gen, Christum vnd Belial vergleichen wil, wie er auch im vorigen Interim mit dem ranck vmbgangen.

Vnd lefft nu der Hurnbalck zu Rom mit seinen

---

*) Text: Tient.

Conciliabiſten zu, vnd erleubet aus ſonderlichen Bepſtlichen gnaden, das man das Sacrament müge in beider geſtalt gebrauchen, doch mit der condition, anhang vnd bedingung, das man allerding die Papiſtiſche, abgöttiſche Meſs daneben halte, vnd die Communion vnter einer geſtalt auch laſſe recht ſein, nicht ſtraffe noch verdamme, vnd einen jeden frey laſſen ſein. Das heiſt ja warlich den Teufel neben Chriſto auff den hohen Altar ſetzen, liecht vnd finſternis eins machen, Chriſtum vnd Belial vergleichen, vnd ein gülden Kalb in der wüſten auffrichten, ein Samaritiſch gemenge, Interim vnnd klump, ins Teufels vnnd Gottesdienſt, in vnd vnter einander brawen, abgöttiſche Ceremonien vnd grewel neben dem heiligen Abendtmal billichen, dem Abgott zu Rom etliche Weirauch körnlein zu gefallen opffern, wie vorzeiten von den Chriſten begert war, ſie wolten doch dem Keiſer zu gefallen den Heidniſchen Abgöttern etliche körnlein Weiranch in das fewr werffen vnnd opffern.

Der Babeſt erleubet beiderley geſtalt mit bedingüg.

Sintemal aber der Bapſt mit den ſeinen nicht ableſt, wie wir ſehen vnd erfaren, vnd bemühet ſich, in vnſer Kirchen zu ſchleichen, einen fus drein zu ſetzen, vnd vns ſeine Abgötterey mit liſt oder gewalt auffzudringen, vnd vns mit ſeinen Hurenkindern, grewel, ſuperſtition, vnd verführung zu bethewgen.

So ſollen Chriſtliche Prediger munter ſein, wachen, vermanen vnd warnen jhre Zuhörer, das ſie ſich für des Bapſts grewel, betrug, triegerey vnd mengerey vleiſſig hüten, als fürm Teufel ſelbs, ſollen in jhre Wechterhörnlin blaſen, das Exite, Gehet aus mein Volck von der Babyloniſchen Hur, vnd nempt jhr mahlzeichen nicht an, embſig erſchallen vnd hören laſſen.

Es ſollen auch alle frome Chriſten vnd Zuhörer ſolchem Exite folgen, ſich wol fürſehen, vnd hüten, das ſie nicht der Babyloniſchen Huren malzeichen annemen, vnd von jhr eingenomen vnd betrogen werden, Aus folgenden vrſachen.

Vrſache, warumb man ſich fürs Babeſts Abgötterey vergleichung hüten ſol.

Der Babst der Antichrist.
2. Theſſ. 2.

Apocal. 17. 18.

Denn es iſt aus Gottes wort klar, offenbar vnd gewis, das der Bapſt mit ſeinen laruen, Biſchouen vnd ſeinem gantzen geſchwürm, ſey der Menſch der ſünden, das Kind des verderbens, der Antichriſt oder Widerwertige, der ſich erhebet vber alles, das Gott vnd Gottesdienſt heiſſet, in dem Tempel Gottes, als ein Gott, gibt für, er ſey Gott, welchen der HErr Chriſtus mit dem Geiſt ſeines Mundes vnnd Göttlichem wort angegriffen vnd gemartert hat. Item, es iſt offenbar, das er ſey die Babyloniſche Hur, die Mutter der hurerey vnd aller grewel auff Erden, bekleidet mit ſcharlacken, roſinfarben, vbergüldet mit gold, edbelſteinen vnd perlen, die da hat ein gülden becher in der hand, vol grewel vnd vnſauberkeit jhrer hurerey, Mit welcher die Könige auff Erden jhre hurerey getrieben, vnd die einwoner auff Erden ſind truncken worde, von dem wein jhrer hurerey, Welche truncken iſt von dem blut der Heiligen, vnd von dem blut der zeugen Jeſu Chriſti. Item, iſt eine behauſung der Teufel, ein geheimnis aller vnreiner Geiſter, vnd aller vnreiner feindſeliger Vogel (München, Nonnen, Pfaffen, ſchwermer, leſterer, verfürer) vnd wie Lutherus ſagt, der Bapſt oder ſein Bapſthumb iſt eine grundſuppe aller ketzerey, ſchand vnd laſter, eine mordgrube der Seelen*) vnd Gewiſſen, ja des Teufels eigen reich vnd keiſerthumb. Vns kan der tewre Man Gottes D. Luther des Bapſts betrug, verfürung vnd ſchade, ſo er in den Kirchen, mit lügen vnd mordt anrichtet, nicht gnugſam mit worten erreichen, des er hin vnd wider in ſeinen Büchern gedenckt, vnnd

Vber das 48. Cap. des erſte Buchs Moſi im lateiniſchen Commetario.

ſagt ſonderlich mit groſſem ernſt vnd eiuer: Wenn ich gleich 100. meuler vnnd zungen hette, ſo kündte ich nicht gnugſam die monſtra vnnd grewel des Bepſtlichen Reichs oder Regiments erzelen vnd ausreden, Vnd kan nichts ſo hefftig wider den Bapſt geredt oder geſchrieben werden, das da gnugſam ſein Gottlos weſen vnd grewel den

---

*) Text: Seeeln.

Leuten fürbilden möchte, Denn er hats grewlicher vnd heß=
licher gemacht, vnd grössern schaden mit seiner Abgötterey
gethan, denn man es mit worten erreichen oder erlangen
kan, Der Rattenkönig zu Rom, der Bapst, hat mehr
schaden dem Reich Christi vnd der Christlichen Kirchen ge=
than, denn der Mahometh, Der Türck tödtet den leib,
raubet vnd nimet der Christen güter, aber der schand Bapst
dringet viel herter auff seinen Alcoran, das Christus ver=
leugnet werd. Beide zwar, Mahometh vn Bapst sein des
Teufels mancipia vnd trewe Diener, feinde der Christ=
lichen Kirchen, denn sie beide des HErrn Christi Euan=
gelium verfolgen, Aber der Bapst wil kurtz vmb haben,
man sol*) seine Canones vnd Drecker anbeten, vnd
kurtzumb halten, was er gebeut oder verbeut, das also
das liecht des Euangelij vntergedrückt werde.

Zum andern, Ob gleich Gott durch sein wort die
greuliche Gotteslesterung, manchfeltige Abgötterey vnd ver=
fürung der Römischen oder Babylonischen Huren entdeckt,
offenbart vn an tag gebracht, Nichts deste weniger helt
der Bapst mit seinen Schürlingen vnd Suppenfresser hart
vnd fest vber seinen greulichen abgöttereien, jrthumen vnd
Gotteslesterungen, schmücket vnnd behenget sie mit newen
ferblein vnd fündlein, vnd wil die Leute entweder mit ge=
walt dazu zwingen, oder mit list hinderschleichen vnnd
dazu bringen, verdammet vnd lestert nicht allein in seinem
Conciliabulo vnnd sonsten vnsere Christliche vnnd lautere
lere, so aus den brunnen Israel, das ist, aus der Pro=
pheten vnd Apostel schrifften geschöpfft, sondern hetzet auch
Fürsten vnd Herrn wider vns, one auffhören, wolt gerne
ein blutbad wider vns Lutherische stifften vnd anrichten,
ja dürstet für vnd für aus Cainischem haß nach vnserm
blut, die wir vber Christi wort vnd ordnung halten, vnd
ein abschew für der Babylonischen Hur Abgötterey vnd
triegerey haben vnd tragen.

2.
Der Ba=
pst
schmückt
sein Ab
götte=
rey, verdampt
vnd ver
folget
Gottes
wort.

*) Text: fol.

Zum dritten sollen Christliche Prediger vnd Zuhörer warnemen des ernsten gebots vnd trewen warnung Gottes in der Offenbarung Johannis: Gehet aus von jhr (nemlich von der Babylonischen Hur) vñ nempt jhr schand character oder zeichen nicht widerumb an ꝛc. Jre sünde reicht bis an Himel, vñ Gott denckt an jhren freuel, Bezalet sie wie sie euch bezalet hat, vnd machts jhr zwiefeltig nach jren wercken ꝛc. Christus spricht Matth. 7. Hütet euch für den falschen Propheten, da der Bapst der vorgenger, stiffter vnd redleins führer netzest dem Teufel, aller falschen Propheten, schwermer, Ketzer vnd verführer ist.

Zum vierden, Sol man sich sonderlich für der Babylonischen Hur hüten, das sie widerumb mit listen vnd practiken, verschlagener weis, in vnser Kirchen vnd Gewissen wil einschleichen, vns zwar zum schein von vnser Religion etwas lassen, daneben aber jhre verfürische abgöttische grewel mit ontermischen, Wie sich auch der Balck im Interim des grieffs onterfieng, vnd etliche der vnsern anhuben mit jhr zu abiaphorizieren, colludirn, vnd sich für jhrem fallstrick nicht gnugsam fürsahen, Gott bringe die verführten zur busse.

Zum fünfften, Welche mit der Babylonischen Hur heucheln, jhr zur gefallen etwas willigen, billichen, vnnd jhr malzeichen annemen, mit jhr colludirn, die werden nicht allein jhrer grewel, abgötterey, tyranney, verfolgung, vnd ander sünde vnnd schande, so sie getrieben, teilhafftig, sondern auch etlicher masse jhrer straffe, wie Gott drawet Apocal. 18. Gehet von jr aus, das jhr nicht teilhafftig werdet jhrer sünde, das jhr nicht etwas empfahet von jhrer plagen. Dauon Lutherus also schreibt im widerruf vom Fegfewr, Die vnsern sollen sich zu hüten wissen furm Bapsthumb, damit sie nicht in jhre lesterliche grewel etwa bewilligen, vnd sich teilhafftig machen alle des bluts, das durch die Papisten vergossne ist, Denn wer in des Bapsts werck verwilliget, der mus auch auff sich laden vnd teil-

hafftig sein aller grewel, lesterung, lügen, mord, vnd ver=
fürung, die drinnen sind, ja auch wol alle des vnschül=
digen bluts (wie Christus sagt) das vergossen ist auff
Erden, von Abel an, bis hieher, denn es ist ein hauffe,
ein leib, ein Geist, ein wille, ein Exempel aller Heiligen
Mörder, Ich wil entschüldigt sein, vnd trewlich gewarnet
haben.

Zum sechsten*), So sol mans darumb auch thun,
das vnsere Nachkomen ein vnuerfelschte Religion, vnd
reine lere, vnd rechten brauch der Sacrament, one sawr=
teig vnd abgöttische superstition, vnd zusatz des Bapsts
von vns durch Gottes gnade **) vnd Geist, vermittelst des
worts, bekome, vnd sich für der Schandhur mit jhren
geistlichen Hurnkindern vnd abgöttereien hüten möchten.

Endlich sollen wir eingedenck sein, mit was eiffer
vnd ernst der tewer vnd werde Man Gottes D. Luther
vns trewlich gewarnet hat für der Hellischen Bestia, vnd
vngehewer monstro, dem Bapst, des Teufels Vorbotte
vnd Stadthalter, der spricht in dem Schmalkaldischen Ar=
tickel: So wenig wir den Teufel selbs für einen Herrn
oder Gott anbeten können, so wenig können wir auch seinen
Aposten, den Bapst oder Endichrist, in seinem regiment,
zum Heubt oder Herrn leiden, denn lügen vnd morden,
leib vnd Seele zu verderben ewiglich, das ist sein Bepstlich
regiment. Item er spricht: Odio perfecto debemus
illam bestiam (Papam) odisse, das ist, Wir sollen die
Römischen Bestien (den Bapst) mit gantzem ernst hassen,
fliehen vnd meiden. Es hat der Man Gottes, der Bapsts=
stürmer, aus rechtem eiffer gesagt, Wo jhr nicht von
gantzem hertzen dem Bapst feind seid, so kündt jhr nicht
selig werden. Item, er hat auch seinen guten freunde
von hertzen gewündscht: Dominus uos repleat odio
Papæ, Gott der HErr wolle euch mit has vnd abschew
des Bapsts erfüllen. Item er spricht: Irascatur, exe-

6.
Wir sol-
len auch
vnsere
Nachko-
men be-
dencken.

7.
Lutheri
eiffer vn
ernst sol
vns eine'
warnüg
sein.

Vber das
25. Cap.
des erste
Buchs
Mosi.

---

*) Text: sechten. **) Text: gnadt.

4

cretur, maledicat Papæ, qui poteſt, Es verfluche vnd
vermaledeie in rechtem zorn vnd eiffer den Bapſt, wer
nur kan vñ mag. Item: Pereat Papa in æternum,
& maledicāt omnes angeli ſancti huic PORTENTO.
Es mag der Helliſche Vater der Bapſt zu Rom, zum
Teufel jmmer hinfahren, Vnnd ſollen ſolche vngehewer grewel
vnnd vnflat alle heiligen Engel vnnd Prediger in abgrundt
der Hellen verfluchen, Dazu ſagen alle Chriſten: Amen.

M. Chriſtophorus
Irenæus.

3.

Die Zeugniſſe der Kirchenſchriftſteller.

Tileſius hat auf der Rückſeite des erſten Blattes und auf den
beiden Seiten zwiſchen dem Ende der Vorrede und dem Perſonenver-
zeichniſſe des Spieles über die Geſchichte der Päpſtin Jutta Zeugniſſe
aus Dichtern und Kirchenſchriftſtellern beigebracht, welche der Voll-
ſtändigkeit wegen mitgetheilt werden mögen.

Ioannes Pannonius.

Fœmina, Petre, tua quonda auſa ſc̣lere Cathedra,
  Orbi terrarū iura ferenda dedit.

. . . .

Cur igitur noſtro, mos hic, iam tempore ceſſat,
  Ante probet quod ſe quilibet eſſe marem.

Menradus Moltherus.

Fœmina Ioannes triplici praecincta corona,
  Pro Miſſa celebrat Papa puerperium.

IOANNES NAVCLERVS
volum. 2. Chronographiæ generatione 29.

ANno Domini 856. Leo Papa migrauit ad Dominum, cui ſecundum Mar-
tinum ſucceſſit Ioannes Anglicus ex Moguntiaco oriundus, ſedit annis
duobus (Hic vt aſſeritur) fœmina fuit, & in puellari ætate ab amatore
virili habitu Athenas ducta, ſic in diuerſis ſcientiis profecit, ut nullus
ſibi par inueniretur. Deinde Romam ueniens Trium legit, magnos ui-
ros, diſcipulos & auditores habuit, tantum quoque beneuolentiæ & auto-
ritatis ſibi comparauit, ut mortuo Leone in eius locum omnium conſenſu

Pontifex crearetur. Sed in papatu per familiarem ſuū impregnatur, & cā de S. Petro in lateranum tenderet, inter Eccleſiam S. Clementis & Coloſſeum peperit in uia publica, & in partu mortua, ibidem ſepulta dicitur, & quia Papa eandem uiam ſemper declinat cum lateranum accedit, creditur a pleriſque quod ob deteſtationem facti hoc faciat. Sed nec ponitur in Catalogo Pontificum. Sunt etiam qui ſcribant quod eiusdem vitandi erroris cauſa dum primum quis electus in ſede Petri collocatur ad eam rem perforata, genitalia ab ultimo diacono attrectari, et Platina patat ſedem illam ad id paratam eſſe, ut, qui in tanto magiſtratu conſtituitur ſciat ſe non Deum ſed hominem eſſe, & neceſſitatibus naturæ indigere, inde ſtercorariam ſedem merito appellari, Eſt etiam quoddam ſignum ſculpturæ marmoreæ in uia ubi parturiit, ob huius rei memoriam ut uulgo dicitur.

Volater. lib. 22. Anthropol.

Ioan. VIII. Anglicus, quem diſſimulato ueri habitu, dicunt fœminam, alioquin Doctiſſ. fuiſſe deprehenſamque in uia apud S. Clementem quando peperit.

D. Valerius Anſelmus Ryd.

Ioannes Moguntinus fœmina, Pontificatum Doctrinæ morumque præſtantia comparatum, infami partu defuncta reliquit.

4.

Sprachliche Bemerkungen.

Das Spiel von Frau Jutten und die Motive ſeiner Veröffentlichung zeigten uns einen außerordentlich mächtigen Umſchwung der Ideen. In ähnlicher Weiſe können wir auf kleinem Raume die völlige Umwandelung gewahren, welche in einer verhältnißmäßig kurzen Zeit in der Reformationsepoche die deutſche Schriftſprache zu erleben hatte. Wohl in keiner Periode der deutſchen Sprachgeſchichte hat die Entwickelung ſo ſprungähnliche Fortſchritte gemacht. — Gödeke erwähnt mit Recht in ſeinem Grundriſſe (1,93), daß unſer Spiel von Tileſius ungehörig interpoliert wurde. Offenbar war dem Herausgeber die Sprache der achtzig Jahre älteren Handſchrift nicht mehr völlig geläufig; bei dem Intereſſe, welches er bei der Bekanntmachung verfolgte, ſah er ſich genöthigt zu moderniſieren, doch vermochte er nicht eine jede Unebenheit zu glätten oder zu entfernen. So kommt es, daß wir trotz der neuen Gewandung, in welcher uns jetzt die Sprache des Stückes entgegentritt, ihre ursprünglichen Formen zum Theile hindurcherkennen. Es scheint nicht unanziehend, diejenigen Einzelheiten ins Auge zu fassen, in welchen der Dialect des Verfassers sich durchaus von der Sprache des Herausgebers unterscheidet.

Daß Theodoricus Scherenberg der Verfasser ist, das scheint als feststehend allgemein angenommen zu werden. Aus den folgenden Bemerkungen wird auch das Gegentheil nicht erwiesen werden können. Dennoch bekenne ich, daß mir bei Betrachtung des Wortschatzes, der Ausdrucksweise, noch mehr der Composition leise Zweifel über die jetzt angenommene Abfassungszeit (1480) aufgestiegen sind. Tilesius sagt auf dem Titel: Vor 80 Jahren „gemacht" vnd „geschrieben", und in der Vorrede: „Ist im jhar Vierzehen hundert vnd achzig, durch einen Meßpfaffen Theodoricum Schernberck, in einer Reichstadt „gemacht" vnnd „geschrieben", wie man mit des Anthoris eigen handschrifft in Originali darthun kan, vnnd zwar jederman auch leichtlich in der Composition sehen wird," allein diese Nachricht kann sich möglicherweise nur auf die Niederschrift erstrecken; ob Scherenberg auch das Stück wirklich „gemacht" habe, abgesehen von eigenen Zuthaten, die ohne Zweifel vorhanden sind, kann durch des Herausgebers Tilesius Versicherung nicht ohne Weiteres entschieden sein. Diese Frage über das Alter des Stückes wird noch einer eingehenden Untersuchung bedürfen, der ich vielleicht nachgehen werde. Für jetzt muß allerdings Scherenberg als der Verfasser gelten.

Im Folgenden soll einfach nach den Seitenzahlen des nöthigen Vorraths citiert werden.

In den Reimen tritt die thüringische Mundart des 15. Jahrhunderts hervor, wie wir sie in einer ganzen Reihe von Denkmälern und namentlich aus Rothes Gedicht von der heiligen Elisabeth kennen.

Die charakteristische Apocope der Infinitive ist durch mehrere Reime belegt, in manchen Fällen jedoch ist die Entscheidung nicht sicher. Anzuführen ist: geschwanze (n) : tanze 86. volende (n) : ende 89. geêre (geschr. geehren): mêre (= maere, geschr. mehre) 91. smücke : glucke (schmücken : glücke) 94. walde (n) : balde 95. 96. 98. entfli : hî (entpfliehn : hie) 116. tû : frû (thun : frue) 122. Am häufigsten tû (thun): zû 88/89. 93. 96. 98. 99. 100. u. s. w.

Die neuhochdeutsche Schriftsprache stellt sich mit dem späteren österreichisch=baierischen Dialecte in den Lauten ei und au dem mittel= hochdeutschen wie auch dem speciell thüringischen Vocalismus entgegen, welcher an deren Stelle î und û aufzuweisen hat. Der Verfasser des Spiels von Frau Jutten zeigt noch das alte Lautverhältniß, welches Tilesius vielfach zu verwischen suchte. Charakteristisch ist der Fall, wenn er dem modernen Reime zu Liebe in den Adjectiven und Adver= bien auf lich, lich den Vocal in ei umwandelt, wie es in der That im österreichisch=baierischen Dialecte geschieht, in der thüringischen Mund= art aber niemals vorkommt*). Deshalb sind für unser Spiel manche Reime beweisend, die es sonst nicht sein könnten. himelrich: sicher- lich (geschr. Himelreich: sicherleich) 103. 136. himelriche: si- cherliche 106. 138. riche: sicherliche 113: wissenliche (wif- fentleiche) 110. glich: grůlich (gleich: grewleich) 115. gewi- chen: sicherlichen (geweichen: sicherleichen) 91. Unbedingt maß= gebend sind aber andere Reime wie: wis (geschr. weiß): Paris 87. pris (preis): Paris 96. gesîn: Konegîn (gesein: Königein, wie Tilesius in Rücksicht auf den Reim geändert hat) 113. 120. mîn, sîn: konegîn (mein, sein: Königin) 123. 124. schîn: keiserîn (schein: Keiserin) 131. herîn (herein): Bepstîn 121. pîn: sun- derîn (pein: Sünderin) 131. 134. 135. 137. vlifze: verdrifze (fleisse: verdriessen, mhd. vlize: verdriezen) 91. Der Reim frî: hî (frey: hie) scheint zweifelhaft. Ferner sind beweisende Zusammen= stellungen von i und î: rich (reich): ich 93. vinde: entbinde(n) (feinde: entbinden) 107 (doppelt). Auch eine mundartliche Form kann zum Belege dienen: zît: sît (zeit: sehet) 105.

Das alte û (= nhd. au) ist weniger in den Reimen vertreten. gerûmen: frumen (geschr. gerhaumen: frommen) 123 scheint zweifelhaft. Dagegen ist sicher: wolůf: geschůf (geschr. woluff: ge= schuff, mhd. wolûf: geschuof, nhd. wolauf: schuf) 127. gebrû- wet: vernûwet (gebrawet: vernewert = gebraut: erneut) 129**).

----

*) Der Schreiber der Sondershäuser Handschrift der Rothischen Chronik hat i schon fast durchgängig zu ei werden lassen, in den Adjectiven auf lich und in den Eigennamen auf rich steht immer i. (Pfeiffers Germ. IV, 478.)

**) Mittelhochdeutsch wäre dieser Reim nicht beweisend: gebriuwet: verniuwet

In dem erwähnten Reime verdrîſze: vlîſze haben wir einen
Beleg für die der thüringiſchen Mundart ſchon frühe eigenthümliche
Vermiſchung von ie und î, und in vernûwet: gebrûwet ſehen wir
das mitteldeutſche û an der Stelle von mhd. iu und nhd. eu. Hieran
ſchließt ſich das gekürzte u in frunde: kunte (freunde: ründte) 85.
frund: mund 128. Auch die Bindung von u und dem mhd. uo
findet ſich: ſûs (ſuoze, adv., geſchr. ſüs): Nicolaús 135.

Der mitteldeutſchen Sprache verblieb bis weit in das 15. Jahrhundert hinein die Reinheit der Vocale (außer a und â). Wir ge-
wahrten ſie im Adverbium ſûs (ſüß), ſie wird ferner belegt durch die
Reime: ſunde (geſchr. ſünde): ſtunde 138. kunt (fündt, könnet,
2. Pers. Plur. Praes.): grund 123. ſchône (adj.): trône 85.
ſchôn (adv.) trôn 111.

Die Brechung von u und i zu o und e läßt ſich aus den Reimen faſt gar nicht nachweiſen. Es begegnet borden: worden (burden: worden) 112; einzelne andere Fälle ſind unſicher. Daß dieſes
Lautverhältniß noch um 1480 in der thüringiſchen Mundart herrſchend
war, iſt anderweitig bekannt. Scherenberg ſchreibt ſelbſt noch Mol-
huſzen (ſiehe unter 5.)

Der gekürzten Form frund (ſtatt ſrûnd, mhd. friund) ſchließt
ſich gehort (gehört, mhd. gehoeret) an, belegt durch dort 88, wort
ebend. — Eigenthümlich iſt die alte Betonung von hére (= herre,
vgl. Heinr. u. Kuneg. XXIV, Germ. III, 393), wie ſie unzweifel-
haft in den Reimen hervortritt: hére: ére (geſchr. Herre und Here:
ehre) 111. 131. 134: mére (maere, geſchr. mehre) 99. 107: ſére
103. héren: éren (dat. und inf.) (geſchr. Herrn, Herren, Heren:
ehren, ehrn) 94. 100. 102. 103. 107: kéren 126. 135. 136. Im
Reime Zweiffeler: Herr 117 iſt wohl zwifelére: hére anzunehmen.

Im Conſonantismus iſt das alte Verhältniß der Lautabſtufung
zu erwähnen, durch welches die Media ſich im Auslaute zur Tenuis
umwandelt: gſang, geſang: danc 85, 86: helletranc 121. lang:
helletranc 122: danc ebend.

Der mundartlichen Form ſit (= ſehet) kann möglicherweiſe eine
zweite ähnliche an die Seite geſetzt werden, nämlich geſchi: hî (ge-
ſchehe: hie) 106. Die ſowohl nieder- wie mitteldeutſche Form ſal

ift belegt durch nachtigal 125, durch quâl (gefchr. fol: quall)
134, falt (2. Pers.) durch manicfalt (gefchr. folt: mannich=
falt) 123.

Einzelne ältere der Sprache des (erften) Herausgebers gegenüber=
ftehende Formen find unter andern: was (= war): Sathanas 85.
90. mê: wê (mehr: weh) 130. volant 115, welches Gottfched feinen
Lefern in der Anmerkung als = „vollendet" erklärt. palas: has (Pal=
laft: has) 100. nân (= nähen, adv.): üferftân (gefchr. auffer=
ftahn: nahe) 92. brengen (= bringen): lengen 98 wird auch
noch von Tilefius wie von Jrenäus gebraucht. Die alten Formen
hân, ftân, gân, lân, flân, entpfân bedürfen keines Reimbeleges.

Aeltere Worte find z. B. beiten 104. 126, erbeiten 114. ge=
dagen 115. 124. 125 (hier erklärt Gottfched gedagen mit „erwar=
ten"). gemeit 88. Die adverbiale Zufammenfetzung zuhant 87. 94.
119 hat der Herausgeber unverändert gelaffen. Wahrfcheinlich aber
hat er die formelhafte Wendung funder wân in on argen wahn,
on allen argen wahn umgeändert 95. 98. 104. 105. 135.

Sehr häufig begegnet falde (Glück, mhd. sælde), welches Ti=
lefius bald falde, bald felde, auch einmal folde fchreibt. falde:
halde (n): balde, 98. 104. 106. unfalde: balde 136. unfalden
(gefchr. vnfalden) 128. Das alte Adverbium drâte, bisweilen auch
verdunkelt drôte finden wir im Spiele meift drotte, drotthe, ein=
mal drath gefchrieben. drât: rât 105. drâte: berâte, berâte (n)
86. 87. 97. 99. 100. 114. 127. drôt: got 115. drôte: gote
113. 127.

Schließlich fei erwähnt, daß im Spiel von Frau Jutten fich eine
Reminifcenz an eine Stelle im Spiel von St. Katharina findet (gedr.
in Stephans Neuen Stofflieferungen II, 160—173). Daffelbe fteht
in einer Mühlhäufer Handfchrift *), und fo ift es wahrfcheinlich, daß
Scherenberg bewußt oder unbewußt die betreffende Stelle verwerthete.
Die beiden Faffungen mögen hier gegenübergeftellt werden.

---

*) Diefe Handfchrift gehört übrigens nicht, wie auf Stephans Zeugniß hin
an verfchiedenen Orten bemerkt ift, dem 15. Jahrhunderte an, fondern trägt die
Schriftzüge der letzten Hälfte des 14. Jahrhdts.

Cathar. (Steph. S. 168)	Jutta. (Gottsch. S. 91)
Lucifer	Luciper
ich wel uch gebe czu lone	Doch solt ihr von mir haben zu lohne
eyne vurige cronen.	Eine sewrige Krone,
dy sal sy behangen	Die ist gar wol geflochten vnd behangen
mit nottern vn̄ mit slangen.	Mit nottern vnd mit schlangen.

5.

Theoderich Scherenberg, Kleriker und Notar zu Mühlhausen.

In Gödekes Grundriß ist es bestimmt ausgesprochen, daß Theo-
dericus Scherenberg aus Mühlhausen stammte oder wenigstens dort
seine Heimath hatte, denn es heißt 1,93 „Th. Sch. zu Mühlhausen.“
In des Herausgebers Tilesius Vorrede wird einer „Reichsstadt“ gedacht, in der das Stück gemacht und geschrieben sei. Tilesius war
zur Zeit der Herausgabe Superintendent zu Mühlhausen in Thüringen,
und so liegt die Vermuthung sehr nahe, daß unter jener Reichsstadt
nur das thüringische Mühlhausen verstanden sein könne. Bestimmter
hat sich Stephan in der Einleitung zu den von ihm zuerst edierten
kirchlichen Schauspielen von den zehn Jungfrauen und von St. Katharina (Neue Stofflief. II, 149) geäußert, in welcher er den Nachweis
zu jener Vermuthung zu liefern versprach: „Nächstens werde ich der
vormaligen Reichsstadt Mühlhausen den Ruhm vindiciren, in Theod.
Schernberg, dem Dichter des Spiels von Frau Jutten, ... Deutschland seinen ältesten bisher bekannten dramatischen Dichter gegeben zu
haben.“ Weiterhin erwähnt Stephan, daß er von Scherenberg eine
unzweifelhafte Urschrift besitze, von der er neben einer kleinen Probe des
Schriftcharakters des die beiden Spiele enthaltenden Codex eine Nachbildung geben wolle. Auf diese Urschrift beabsichtigte Stephan jedenfalls seinen Nachweis über die Heimath unseres Dichters zu stützen.
Auch ich besitze in meiner Autographen- und Urkundensammlung eine
unzweifelhafte Handschrift von Scherenberg, welche Stephans Nachricht
wenigstens einigermaßen zu bestätigen vermag. Es ist dies ein im Jahre
1489 ausgefertigtes Notariatsinstrument über den Verkauf eines jährlichen Zinses in der Reichsstadt Mühlhausen. Der Name der Stadt

kommt dreimal vor und zwar geschrieben molhusen, molhufzen und Molhufzen. Abgesehen davon, daß es heißt: . . . vir hermannus Volgwyn opidanus „Imperialis opidi molhusen maguntinensis diocesis". . . . und . . . sexaginta grossorum „landispergensium In terra Thuringie" et In predicto opido molhufzen communiter currencium . . ., würden wir schon aus der mundartlichen Form des Städtenamens schließen können, daß unter diesem molhusen nur das thüringische Mühlhausen gemeint sei. Hinsichtlich der Zeit stimmt dieses Document mit der Angabe des Tilesius über das Alter der von ihm aufgefundenen und benutzten Handschrift zusammen.

Scherenbergs Handschrift ist sehr deutlich, hat aber keinen besonderen Charakter, sondern trägt den traditionellen Ductus aller Notariatsinstrumente, welcher in etwas von der Schrift anderer gleichzeitiger Urkunden und Bücher abweicht. Unten links an gewohnter Stelle befindet sich das Notariatszeichen mit dem Namen, von welchem hier ein Facsimile mitgetheilt werden mag.

Daneben rechts steht die notarielle Confirmation: „Et Ego Theo-
dericus Scherinberg clericus. Maguntinenfis diocefis publicus
Sacra Imperiali auctoritate Notarius Quia predicti contractus
conferuacione ftipulacione promiffione Omnibufque aliis et
fingulis dum fic vt premittitur fierent et agerentur vna cum
prenotatis teftibus prefens interfui eaque fic fieri vidi et au-
diui Idcirro prefens hoc publicum Inftrumentum manu mea
propria fcriptum exinde confeci Subfcripfi publicaui et in hanc
publicam formam redegi Signoque ac nomine nec non cogno-
mine meis folitis et confuetis fignaui vocatus defuper et re-
quifitus In fidem et teftimonium omnium fingulorum premif-
forum.“

Die Urkunde enthält im Notariatszeichen wie auch im Texte den
Namen des Dichters, und danach möge er künftig angeführt werden.
Von Tilefius wurde im Texte Schernberck und in der Randbemerkung
Schernberg angegeben, und fo wird abwechfelnd in den Literaturge-
fchichten gefchrieben. Wenn wir ihn Scherenberg und nicht Scherinberg*) nennen, fo fehlen wir nicht gegen des Dichters eigene Ueber-
lieferung, denn das i im Namen ift das in den thüringifchen Denkmälern traditionelle Endungs-i, welches in jener Zeit gewiß nur noch
orthographifche Bedeutung hatte. Die der Ausfprache entfprechende
Wandlung von g zu k oder ck bedürfen wir nach dem Syfteme un-
ferer Rechtfchreibung nicht, um fo mehr in der vorliegenden Urfchrift
nicht Scherinberck, fondern Scherinberg gefchrieben fteht.

---

*) Ueber dem i fehlt in beiden Fällen der Punkt; an Schermberg = hoch-
deutfch Schirmberg ift wohl nicht zu denken.

III.

Stücke aus dem Bauernkrieg.

1.

Das Strafgericht in Franken und Henneberg.
1525.

Den zweiten Band unseres deutschen Museums eröffneten „Stücke aus dem Bauernkrieg", einfache historische Referate auf den Grund gleichzeitiger urkundlicher Quellen, hauptsächlich aus dem Lande Henneberg, deren Fortsetzung dort versprochen wurde und die nun hier folgt.

Die Bauern räumten damals die würzburgische Stadt Meiningen, und der Stadtrath daselbst leistete, nachdem er einen kurfürstlichen Geleitsbrief, den Güth†) mittheilt, empfangen, in Corpore vor dem Kurfürsten von Sachsen Abbitte, entsagte eidlich dem Bauernbündniß und gelobte dem Oberherrn, Bischof Konrad von Thüngen, aufs Neue Gehorsam und Treue an. Rath und Bürgerschaft bestätigten dieses Gelöbniß durch eine hernachfolgende Urkunde.

Kurfürst Johannes schrieb an den nach Schleusingen heimgekehrten Fürstgrafen Wilhelm von Henneberg diese wenigen Zeilen:

Vnnser freuntlich Dinst zuuor hochgeborner lieber oheim Wir obersenden euer lieb hiemit Copej des vertrages mit den von Meiningen aufgericht auch voneben welchernaß die andern wurtzburgischen stetlein von uns glait (geleitet) wordenn vnnd bitten freuntlich e. l. wollen vnns widderumb des suabels (Schnabels) vrgicht vnd aufsag bei diesem boten zuschicken vnnd des vnbeschwert sein Das wollen wir vmb e. l. widderumb freundlich verdienen Dat. ꝛc. zu Coburg am Sontag trinitatis ꝛc. Anno ꝛc. xxv.

Vonn gots gnaden Johanns Hertzog zu Sachsen des heiligen Romischen Reichs Ertzmarschall vnd churfürst landgraf zu doringen vnd marggraf zu meissen.

und übersandte ihm die Abschrift des Reverses der Meininger Bürgerschaft, die vom 5. Juni datirt ist. Das Dokument lautet:

---

†) Poligraphia Meiningensis S. 217.

Wir schultes Bürgermeifter rat vnnd gantze gemein der ftatt Meyningen bekennen mit diefem brief gegen mäniglich, Nachdem als vnnfer zum teil fich zu dem hauffen vnnd verfamlung fo zu bildhaufen vonn pauerfchafften verfammelt geweft, begeben, vnnd gethan haben vnder welchem hauffen, vil geweft vnnd noch feint die den durchlauchtigften vnd durchlauchtigen hochgebornen fürften vnnd herrn herrn Johanfen des heiligen romifchen reichs ertzmarfchalch Churfürften, herrn georgen geuettern hertzogen zu fachffen Lantgrafen zu doringen vnnd marggrafen zu meiffen vnd hern philipffen Lantgrauen zu Heffen grauen zu Catzenelnpogen ɔc. vnnfern gnedigft vnd gnedigen hern in iren churfürftlich vnd fürftlichen gnaden Landen vnd gebieten fchaden zugefügt vnnd mit einreiffung ihrer churfürfl. fchloffer heifer plünderung derfelben vnd zurbrechung der clofter vnd kirchen auch herausnemung was darinne geweft, gethan haben dergleichen denn Hochgebornen Fürften Hern Wilhelmen vnd hern Herman grauen vnnd hern zu henneberg von folcher verfamlung in ihren Herfchafften durch diefelben aus der ftatt Meiningen vnd wid' darein zugefügt, darumb hochgemelter churfürft zu fachffen vnfer gnedigfter Her fich mit herescrafft heraus vber waldt mit einem merglichen kriegs volck zu roß vnnd fuß gefügt vnd vor meyningen gelagert, in meinung die ftatt vnd diefelben aufrürer, vmb angezeigte handlung als die wider den ausgekündten Landfrieden gehandelt, vnd in die paur deffelben acht vnnd aberacht gefallen, zu ftraffenn. Dieweil wir aber folchen ernft vermerckt, haben wir von Meyningen fein churf. gnad Angefucht vnnd vntereniglich vmb gots willen erpeten, das fein churf. gnad vnnfer leib vnnd gut in gnad fchutz vnnd fchirm nemen wolt, Dieweil wir vnfern gnedigen hern von Würzburg diefer Zeit nit anzutreffen wuften, angefehen was aus der ftatt Meyningen vnd wider darein gefcheen das wir dazu von dem großen hauffen vnd dem gemeinen Volck gedrungen weren worden, Wollten vns nun hinfurt gegen feinen churf. gnad vnd meniglich in aller vntereniglkeit vnd pillickeit erzeigenn vnd halten, vnd darauf feinen gnaden huldung thun, Doch vns vnnerweislich der pflichten damit wir vnferm gnedigen herrn von Würzburg vnd den ftifft zugethann weren ɔc. Auff folchs haben ir churfg. vns allenthalben was befchwerlichs wider Romifche keiferliche majeftatt vnfern allergnedigften hern vnd das heilig

reich auch gegen seinen churf. g. derselben vetter vnnd ohemen von
sachssen vnnd hessen auch der fürsten von Henneberg sampt vielen des
adels gehandelt were vnnd das wir vnns wider vnsern gnedigen herrn
von würtzburg vngebürlich auffgeworffen hetten, nach der Lenge anzeigen lassen, Darumb aus solcher Verursachung ernste straff darzu ir
churf. gnab durch die gnad gottes zethun geschickt, vnnd des willens
fürzunemen were Dieweil wir aber so hoch bitten vñd erpieten gethan, So wollen sein churf. g. aufthen got den almechtigen, damit auch
christlich blut zu vergiessung gemieden vnnser leib vnd gut zu genaden
annemen Vnd also das wir erstlich absagen wollten alle punchtnüs
einigung die wir mit denn steten vnd pauerschaften aufgericht vnd gemacht hetten ferner darinne nit zustehen noch nimmer mer wider darein
zukommen Vnd ob wir derhalbenn angesucht dasselb von wem das geschehe seinen churf. genaden oder andern vnnsern oberhaupt zuuermelden
Zum andern, das wir was den vonn Henneberg vnd dem adel durch
die vnnsern abgedrungen vnd zu schaden zugefügt were doselbst pilliche
weisung was wir nicht mit aufrichtiger antwort verlegten, oder vns
des mit recht nit schützen vnnd vertreten konten zuleich vnnserm gnedigen hern vonn henneberg erstattung zetun, zum dritten wes seinen
churf. g. für schaden off diesem Zuge vnnd fürnemen gegangen, seinen
churf. g. darumb abtrang zethun, zum virden das wir wider sein churf.
g. auch der herschafft vonn Henneberg irer aller gnaden land vnd leut
in vngut nit handeln solten oder woltenn, sondern was wir spruch
hetten, an seinen churf. g. begnügen zelassen Als dann wo wir solchs
bewilligten auch zu gott vnd den heiligen zu haltenn schweren würden,
wolten sein churf. g. vns vnnser bitt nach in diesen jerigenn leufften,
Dieweil wir vnsern gnedigen hern vonn würtzburg nit anzutreffen
wusten in irer churf. g. schutz vñd schirm doch vnschedlich vnnserm
gnedigen hernn von wirtzburg vnd dem stiefft, an iren gerechtigkeiten
vnd obrigkeiten annemen, Vnd so der von wirtzburg bei seinen churf.
g. dieser sachen halben ansuchung thun würde, Wolten sich sein churf.
g. mit vnuerweislicher vnnd freütlicher antwortt vernemen lassen Dieweil wir dann also gnedige verhor gnad vnd antwortt bei seinen churf.
g. befunden So bekennen wir demnach genannten schultes burgermeister
ratt vnd gantz gemein der statt Meyningen das wyr off heut dato
für hochgenannten vnnsern gnedigsten hern dem churfürsten zu sachssen ꝛc.

gelobt zu gott vnd den heiligen geschworen haben, alle dise ebenge=
zeigte artickel vestiglich zu haltenn nimmer mer dawider ze thun,
dauonn nit zu weichen noch zu wanken vnd wo sich mer auffrür
Conspiration vnd entpörung in der statt erheben woltenn dieselben
souil vns müglich zuuerkommen die anheber desselben gesengklich an=
zunemen Vnd woluerwartt zu oberantwortenn des alles wir hirinne
verleipt zu warer vrkund habenn wir seinen churf. gnaden einen leip=
lichen eide stete vnd veste zuhaltenn, mit Hantgeber treuenn vnnd
mit aufgereckten fingern zu Gott vnd den heiligen geschworen, auch
diese vnnser verschreibung von wegen vnser des rats vnd der gantzen
gemein darüber gegeben Gescheen am montag nach dem heiligen
pfingstag Mit vnserm des rats hierangehangenem Jnsiegel wissent=
lich besigelt. Nach cristi vnsers lieben Herrn geburt Tausent fünff=
hundert vnnd im fünffund zweintzigsten Jare.

Diese schriftliche Demüthigung der Stadt Meiningen half ihr
sehr wenig, denn am andern Tage sandte, wie Güth erzählt, der Kur=
fürst den Grafen Albrecht von Mansfeld, den Ritter Friedrich von
Thum und einige andere seiner Räthe in die Stadt und ließ eine Con=
tribution von 3000 Gulden heischen. Mit Noth und Mühe ward
eine Ermäßigung bis auf 1000 Gulden erlangt, davon 500 binnen
14 Tagen, die zweite Hälfte aber Weihnachten baar bezahlt werden
sollte. Bevor der Kurfürst das Lager verließ und heimreiste, gab er
Stadt und Bürgerschaft in den Schutz des Fürstgrafen Wilhelm bis
zur Ankunft des Fürstbischofs von Würzburg und ließ sich den ge=
fangenen Bauernanführer Hans Schnabel ausliefern und denselben durch
den Profos in das Lager führen. Am Donnerstag nach Pfingsten
brach das kurfürstliche Heer auf; der Kurfürst selbst nahm mit dem
ganzen reissigen Zeug in imponierender Haltung den Zug durch Mei=
ningen, achthundert Rüstwagen folgten. Er übernachtete in Vachdorf,
2½ Stunden von Meiningen, und nahm von da den Weg über Hild=
burghausen und Coburg, von wo aus er den obigen Brief schrieb.
Eine Menge Kriegsvolk blieb zur Hülfe des Fürstgrafen und zur völ=
ligen Unterdrückung des Bauernaufstandes im Henneberger Lande zurück.

Fürstgraf Wilhelm begab sich auf den Weg nach Schweinfurt,
rastete in Neustadt, und schrieb von da an Bischof Conrad. Das Con=

cept ist sehr unleserlich geschrieben, doch ist der Brief wichtig, weil er eine Entschuldigung enthält, daß Wilhelm nicht dem Stift Würzburg zu Hülfe geeilt.

Vnnser onterdenig willig dinst zuuor hochwirdiger fürst genediger her, off onser schreiben ond anzeigung, welcher gestalt wir den hoch= gebornen fürsten onsern lieben hern ond oheymen herzog Johanßen von Sachßen ond Churfürsten die oncristliche wütende handelung der pawerschafft helfen zu straffen, zu erhaltung ond Retthung e. g. Stift auch onser herschafft vor Meiningen bracht ond vermögett hetten, ond das wir mit onsern gereisigen ond fusvolk, die wir in gutter Zall bey einander hetten für ons selbst e. g. ond derselben stifft zu gutten forttziehen, die ongehorsamen der oberlendischen des Stiffts Stett Flecken ond emptter in Zwangk ond vorigen gehorsam zu bringen rc., haben wir e. g. antwortt alles inhalts vernomen ond geben darauff e. g. zu erkennen, das wir füre ond füre, wie wir in anfangk der Pawerschen empörung off e. g. schreiben ond mundt= lich handtlung an ons gelangett, erbotten ond begeben mit allem onserm vermogen e. gn. zuzuziehen, bey onsern hern ond freunden auch sunsten bemühen ons omb gethan, in hoffenung gestanden, wollten e. g. ond derselben stifft stadtlich zu rettung ond zu hilff kommen sein. Aber nach dem bemeltte der Pawern entpörung bey ond omb ons, sich erweget ond gemeret, ond sonderlich bey onsern hern freunden ond bey denen wir ons mercklicher hilff ond bey= standts vertrostett, haben wir off emsigs verhalten ond bemühen, keinen Zeuge oder Rettung eher können oder wissen zu wege bringen, dan off diese Zeitt, Dieweill wir dan e. g. amptmann zur Newstad onter Saltspurg Siluester Forstmeistern welchermassen wir ons e. g. ond derselben Stiffts flecken ond ämpttern zu vergen e. g. pflich= ten ond gehorsam zu bringen, Sich in e. g. genade ond ongenade zuuerpflichten ond zu geben, nehesten vergangenen Sonnabent abents zu Mellrichstadt gefertiget, e. g. zu berichten ond zu erkennen zu geben, das niemals onsers versehens an e. g. gelangett, das onser fürnemen nicht in onsern muth noch gedehen stehett, sondern wie ge= meldett e. g. ond derselben stifft zugedehen ond gefallen beschicht, ond sonderlich auch off e. g. ons gegebenen schrifftlichen beuehl ond

5

Mandatt e. g. Stedt vnd flecken von wegen e. g. Zufordern vnd
einzunemen vnd das vnser lieber Her oheym vnd Schwager rc.
Marggraff Friedrich zu Brandenburgk Thumbprobst als oberster
Hauptmann off dem Schloß Frawenbergk nebend Würtzburgk e. g.
abwesens vns zu mermalen geschrieben vnd begerdt offs sterchst vns
zu bewerben vnd off zu sein so al vnd ieglichen der Pawerschaft
abzuk theten den zug off würtzburg zu nemen rc. Derhalben bitten
wir e. g. wollen vns des verczugks aus erzeltes versehen entschul-
bigett haben, vnd wollen demnach e. g. beuelghs vns auch Silvester
Forstmeister zukommen wyrdett, In Sweinfurtt erwartten, demselben
vergen vnserm erbitten nach was derhalben ferner e. g. gelegenheitt
wille oder meinunge sei, geleben vnd folge thun, wollen vns des
versehen, e. g. werden die vnser handelung gutt gnügen vnd gefallens tragen, wir in antwortt nicht wollen verhalten Datum New-
stadtt montag nach dem Sontage Trinitatis Anno rc. xxv.

Von. g. g. Wilhelm.

An bischoff Conradtt zu Würtzpurgk.

Mittlerweile war auch im Frankenlande die Empörung getilgt,
und das Strafgericht begann. Schweinfurt hatte sich im Bunde mit
den Bauern schwer gegen seinen Schirmvogt, den Fürsten Wilhelm,
vergangen, hatte das schöne Schloß Mainberg (1 Stunde von der
Stadt) ausgebrannt, und sah nun die Rache zitternd nahen, während
zugleich der Truchseß von Waldburg, ein gefürchteter Strafgerichts-
Executor, sich mit seinem Heere vor die Stadt lagerte. Es wurde jedoch unterhandelt, pater peccavi gesagt, und die Stadt mußte sich
zum vollen Schadenersatz und zum Neubau des stark beschädigten
Schlosses verstehen. Folgendes ist der darüber ausgestellte Revers:

Zu wissen Sy menigklichen, Als sich Bürgermeister raut vnnd ge-
meind zu Schweinfurtt, den abfelligen vngehorsamen, vnd offrurigen
purn, anhenig gemacht, Inen hilff rautt vnnd bystandt, gethan, vnnd
in solichem dem hochgebornen Fürsten, Herrn Wilhelmen, Graffen
vnd Herrn zu Hennenberg rc. Siner gnaden schlos Mainburg mit
sampt bemelten puren, geplindert, vßgebrant auch andern schaden zu-

gefugt haben, dadurch sie sich dan gegen als irem rechten vogt, vnnd Schirmherr, inen von romischer keyserlicher malestat, zugeordnet, vnd gegeben, zum hochsten verwirgt vnnd verschuldt habenn, auch dadurch de facto vnd mit der that als verbrecher des gemeynen landtfriden, in des heyligen romischen reichs aucht vnd aberaucht gefallen, vnnd deßhalben vnnd sunderlich, das sie wider den loblichen pundt im landt zu Schwaben gehandelt habenn, von dem durchleuchtigen hochgepornen Fürsten vnd herrn herrn Casimirn, Marggrauen zu Brandenburg, zu Stettin pomern, der Cassuben vnnd wenden hertzogen Burggrauen zu nuremberg, vnd fursten zu rugen auch dem wolgepornen herrn herrn Jorgen Truchsaffen Fryherrn zu Waltpurg, des bemelten loblichen Schwebischen punds, Obrister Veldhauptman, mit herscraft vberzogen, vnnd gestrafft sein rc. Das vnder solicher handtlung, zwuschent vorgemeltem Meinem gnedigen herrn von hennenberg, vnnd gedachter Statt Swynfurt beteydingt, vnnd mit ir baider fiß, wissen vnnd willen, abgeredt ist das dieselbigen von Swynfurt gedachtem meinem gnedigen Herrn von hennenberg das angezeigt Schlos meinburg, zu Stundan wiederumb in aller gestalt vnnd mass, das vorgewest ist, zum besten bawen, oder sich aber vmb ein bawgelt, mit seinen gnaden, zu den beugen, vertragen, auch alles das seinen gnaden von varender hab, durch sie entwert, vnd noch verhanden in der Stadt Schwynfurtt, vnd auch angezeigt werden mag, one enthaltung widerumb zustellen, vnd geben sich auch des allen, gleich hetzund, gegen seynen gnaden, vnder irem Statt Sigel mit nottürfftigen punkten vnnd angehenkten penen, genugsamlich vnd mit gutter sicherheit, verschriben vnd damit gericht, geschlicht vnnd vertragen sein sollen, alles getraulich vnd vngenerlich vnnd des zu vrkundt seint, dieser briff zwen in gleicher luttung gemacht, vnd mit vnser vorgemelter marggraff Casimirn vnnd Jorgen Truchsaffen von Waltpurg aygen Secreten versigelt, Geben im Veldlager vor Schwynfurt am zitij tag Junii anno rc. xxv.

Jorg Truchsess rc.

p. m. p.

Man scheint sich nicht dabei beruhigt zu haben, daß Schweinfurt diesen Revers ausstellte, sondern es mußte ein zweites Dokument gesiegelt werden, darin gelobt wurde, den Vertrag auch zu halten ynd vollen Schadenersatz zu leisten. Dieses lautet:

Wir Bürgermeister Rath vnnd ganntze gemeinde zu Sweinfurtt bekennen vnd thun kunth offenbar mit diesem brieue Als ynn dem vertrag von dem Durchleuchtigen hochgebornen Fürsten vnnd herrn herrn Casimirn Marggrauen zw Brandenburgk ꝛc. auch dem wolgebornen herrn herrn Jorgen Truchsessen, Freyherrn zw Waltpurg des punts zw Swaben Obristen Velthauptman vnnsern gnedigen hern fürsten vnd herrn zwuschen dem hochgebornen fürsten vnnd herrn herrn Wilhelmen Grauen vnnd herren zw Hennenbergk vnnserm gnedigen Schirm vnd vogtt herrn an einem vnd vnns am andern theil begriffen ist, Das wir vns vnter vnsernn Statt Sigell der punkten vnnd artikell inn dem selbigen vertrag verleibt, nach nottnrft vorschreiben sollen, So geredenn vnd versprechen wir bey guten trewen im Wort der warheit die bestimpten artikel zw halten Nemlich das wir gedachtem vnserm gnedigen Herrn von Hennenbergk das Schlos Mainburgk auff vngeuerlich Zeitt seiner gnaden ansinnes widerumb in aller gestalt vnd mass das vorgewest ist zum besten bawen, oder vns aber omb ein bawgeltt mit seiner gnaden zu dero benugung vertragen Auch alles das seinen gnaden vonn varender habe durch vns vnnd vnser mitverwanten entweut vnnd noch vorhanden, inn vnser Statt ist vnnd angezeigt werden mag one entgeltung widerumb zwstellen vnnd geben .sollen vnd wollen alles getrewlich vnnd vngeuerlich vnnd des zw vrkunt haben wir vnser der statt Sweinfurtt gemein Sigill in disen briff gedruckt, der geben ist am Mitwochen nach Trinitatis vnnd Christi vnsers lieben Herrn gepurtt funfftzehenhundert vnd ime funffundzwentzigsten Jare.

Nun erst erlangten die Unterthanen des Amtes Mainberg einen Schutzbrief von dem Feldhauptmann Truchses von Waldburg, dessen Inhalt folgender:

Ich Jörg Truchsass Fryherr zu Waltburg des loblichen punds im Land zu Schwaben Obrister Velthauptmann vrkund mit disem brieff als sich die vnnderthanen im Ampt Menburg den abfelligen vnge-

horfamen paurn auch anhennig gemacht inen hilff Raut vnd bystand
gethan vnnd sich aber widerumb in des hochgebornnen Fürsten hern
Wilhelmen Graffen vnnd herrn zu Hennenberg Meins gnedigen lieben Herrn gnad vnnd vngnad ergeben haben darauff mich sein gnad
gebeten hat Sie von gemains pundts wegen rhytters nit zustraffen
Sonnder zu sichern vnnd daby blyben zulassen ꝛc. So gebut ich
hierauff allen vnd iedem kriegsvolckh Sie daby blyben zulassen vnnd
verner nit zu beschedigen daran beschicht Mein ernstlich Meinung
geben vnnder Meinem handzeichen vnd Secret Mir vnd mein Erben
on schaden den achtzehenden tag Junij Anno ꝛc. im funffzehenhundert vnnd im funff vnnd zwaintzigsten Jar.

Jörg Truchses.

p. m. p.

Kurfürst Johann, der noch immer kriegsgerüstet umherzog, hatte
an den Kellner Wilhelm Pfnorr zu Meiningen schreiben lassen:

Vonn Gotts gnadenn Johanns

Hertzog zu Sachsenn Churfürst ꝛc.

Lieber getrewer Nach dem wir dir jungst vor Meyningen eynn
schrifft zustellenn lassenn, ann vnnserm freundtt vonn Wirtzburg
zuuberschickenn, weyl vnns aber darauff noch keynn anntwortt ge-
fallenn, ist vnnser beger, du wollest dieselbe anntwortt fürderlich
inn vnnser leger oder wo wir wesennтlich seyen werdenn, zuzubringen,
bestellenn, hierann nit erwindenn lassenn In dem geschicht vnnßer
genntzlich meynung Dat. zu Grefenaw Freitags Nach Corporis
Christi Anno ꝛc. xxv.

Ann Wilhelm Pfnor
kelner zu Meyningen.

und Pfnorr hatte den Brief an den Fürstgrafen von Henneberg ge-
sandt. Der letztere schrieb nun selbst an den Kurfürsten und sandte
ihm die Antwortschreiben des Bischofs, die uns nicht vorliegen, worauf
der Kurfürst antworten ließ, daß er nicht für nöthig erachte, einen
seiner Räthe nach Würzburg zu senden.

Wilhelms Schreiben lautet:

Unsere willige freuntliche dinst zuuor hochgeborner fürst lieber her vnnd Oheim Wir hetten uns versehen Ewre liebden were vorlengst von dem hochwirdigen fürsten vnserm herrn von Würtzburg 2c. vff das schreiben von e. l. von Meyningen ann ine außgangen antwort gefallen vnd zukommen, Diewehl vnns aber vff heut dato vom kelner zu Meiningen schrifft darinnen Copien wes e. l. jme solcher antwort halb geschrieben alhier zukommen, Daraus wir verstanden das e. l. von gemelttem vnserm herrn von Würtzbnrg bis anhero mit antwort verlassen Nuhn wollen wir e. l. nit bergen Das vnns vff das schreiben So wir nebend e. l. schrifft an denselbigen vnsern herrn von würtzpurg gethan antwort gein der Newstadt vnther Saltzburg zugeschickt, die wir e. l. hier inliegend zuuerlesen senden, Aber vff gemelts kelners zu Meyningen schreyben haben wir bey vielgemelttem vnserm Hern von Würtzburg derhalb anregung gethan, darauff vns die andere inliegende schrifftliche antwort gefallen, Nachdem wir nuhn aus derselbigen vermerken, Das e. l. mit statlicher antwort verzogen werden wollen, So sehen wir für gut an das e. l. einen irer Rethe zu oftermeltem vnserm Hern von Würtzburg, Mit beuelh derhalb handlung zupflegen, Wie e. l. wol zuthun wissen abfertigten, Was wir dan e. l. in sachen hilflich vnd fürderlich sein sollten oder konnten, Das erkennen wir vnns zuthunde schuldig vnd willig, Dan e. l. vnsers vermogens in dem vnd andern freuntlich zu dienen wir ganz willig sint Dat. Würtzburg am Montage nach Corpore Christi Anno 2c. xxv.

B. g. g. Wilhelm 2c.

An Hertzog Johannsen von Sachssen Churfürsten 2c.

Als nun das Gewitter der Vergeltung immer drohender am fränkischen Horizont hing, zagten Edle und Nichtedle, und die Vasallen, die sich theils freiwillig, theils genöthigt in das Bauernbündniß eingelassen, suchten sich zu rechtfertigen und wieder Gnade zu erlangen, zumal sich ein Ausschuß der freifränkischen Ritterschaft zu Schweinfurt versammelte, an dessen Spitze der Graf Wilhelm und Graf Albrecht von Schwarza standen. Von solchen Entschuldigungsbriefen sei hier nur

eine Probe gegeben. Der Briefsteller war Burkhardt von Erthal zu
Elfershausen (im Königl. Bayer. Landgericht Euerndorf); er hatte mit
den Bauern zuhalten müssen, war von ihnen zum Hauptmann er-
nannt worden, und suchte sich nun zu rechtfertigen. Man darf wohl
annehmen, daß seine Lage sich in der That so verhalte, wie er sie
darstellt:

Denn hochgebornnen fürsten vnnd herren herren Wilhelmen, vnd
herren Albrechten Grauen vnnd herren zu Hennenberg meinen gnedigen herren, vnd den gestrengen Ernvehsten von der Ritterschaft
itzo bei iren fürstlichen gnaden versammelt, Entbeut ich Burckhart
von Erthall zu Elffershausen, mein vnderthenig willig vnd freuntlich
dienst, vnd fuge ewern gnaden vnd freuntschafft zuwissen, das mich
warhafftig angelanget, wie ich gegen dem Hochwirdigen fürsten vnd
herrn herren Conradt Bischoff zu Würtzburg vnd Hertzog zu franken
meinem gnedigen herrn Ewern fürstlichen gnaden vnd freuntschafften
angegeben vnd versaget, wie ich muthwillig vnd one alle nodt zu
der versammelten pawerschafft zu Arwhra, begeben vnd gethan, Ir
Hauptmann gewest, seiner fürstlichen gnaden vnd der vom Adell
hewßer helffen verbrennen, zubrechen vnd sonsten schaden zugefugt
haben sollt An dem mir ye für Goth vnd der wellt wider alle warheit vnrecht geschicht, Das sich also mit hulff gotlicher gnaden vnd
keyner andern gestallt erfinden solt, vnd damit Ewer fürstlich gnade
vnnd freuntschafft gruntlich bericht, wie ich zw dieser sachen kommen,
empfahen, So hat es die gestallt, von der oben angezeigten versammelten Pawerschaft bin ich gefordert, beschrieben, mit der be-
trohe mich zu inen zu thun, woo nit, wollen sie mich mit gewalt
zu ynen bringen, wie das alles obgnanter mein gnediger Herre von
Würtzburg vnd seiner fürstlichen gnaden Amptmann zu Trimpergt,
bericht entpfangen, Meyns versehens gut wissenstragen, wie auch vor
vnd nach mein behawßung bei Nacht vnnd tage verwacht, alle furth
wege vnnd strassen verlegt, das ich on befahrung meins leibs vnd
guts von inen nit zukommen gewust, Derhalb wie andere vom Adell
zu ynen thun müssen, Vnd demnach aussonderlicher fürsorge, wege-
melt versamlung ichts tetlichs oder in vngut gegen obgedachtem
meinem gnedigen Herrn von Würtzburgt handeln oder fürnemen

würden, Vnd ich aus trankſal mit vnd bj ſein muſte, das es mir
fugs eren vnd meiner pflicht halben, nit gebüren vnd geziemen wollt,
Derhalb ſeinen fürſtlichen gnaden mein verwanthnus aufgeſchrieben,
zu dem hat mich ſonderlich bewegt vnd verurſacht, das ſich ſeiner
fürſtlichen gnaden Amptmann zu Trimperg Euſtachius von Thüngen
kürzlich dauer Reynharten ſteinrucken vnd hilprandt rydenhalben ver=
nemen laſſen, Sie hetten billich ſeinen furſtlichen gnaden zuuorge=
ſchrieben, Dieweyll ich nu zu ſolchem wie angezeigt ſchreiben ſonſten
ſeins Inhalts nach der pawern gefallen vnd willen ſtellen müſſen,
auch fürnehmlich obgenantem meynem gnedigen herrn denen vom
Adell oder ymandt anders keinen ſchaden zugefügt, mich auch dieß
falſch mit göttlicher hülff zu enthalten weiß, vnd an ſolcher auflage
ganz vnrecht beſchiet, Iſt derwegen an Ewer fürſtliche gnade vnd
freundſchaft mein vnterthänig dienſtlich vnd gannz freundtlich Bith,
mich hirynnen gnediglich vnnd freundtlich bedenken vnd demnach ent=
ſchuldiget zu haben, auch gemelter maſſen woe des gedacht wurde,
bis auf mein Zukunft entſchuldigen, In dem mit gnaden vnd freundt=
ſchaft gegen mir erzeigen vnnd halten, Das vmb ewer fürſtlich
gnaden vnd euch als meine lieben herren vnd freundt vndertheniglich
lich vnd mit allem vleis freuntlich zuuerdynen, bin ich ganz willig,
Vnd hab des mein eigen angeborn Inſigel ends der ſchrift in die=
ſem brieff gedruckt Der gegeben iſt ſontags nach Sant Johannes=
tag des Teüffers Chriſti Anno Fünffzehenhundert vnnd im fünff=
vndzweinzigſten.

  Der Sonntag nach St. Johannis war der zweite nach Trinitatis
und der 15 Juni.
  Biſchof Conrad von Thüngen hatte bereits am 8. Juni die Blut=
fahne ſeiner Grauſamkeit ausgehangen, und 60 Aufrührer auf einmal
köpfen laſſen. Sein ganzes Land wurde wehrlos gemacht, die Stadt=
mauer um Würzburg theilweiſe niedergeriſſen, und am 20. Juni be=
gann der fürchterliche Strafzug durch das ganze Hochſtift. Des Bi=
ſchofs Begleiter waren der alte Fürſtgraf Wilhelm von Henneberg und
deſſen Sohn Johann, Coadjutor zu Fulda. 300 Reiter und 400 Fuß=
knechte zogen mit, der Sache nöthigenfalls Nachdruck zu geben. Es
ſteht ein kurzes Diarium dieſer Reiſe, das gleichſam mit Blut ge=

schrieben wurde, in Ignaß Gropps Würzburgischer Chronik, (Würzburg 1748 fol. S. 136. uff.) Am Tage des Aufbruchs zog man
nur bis Dettelbach, Iphofen, Gerolzhofen, Haßfurt, Ebern, Seßlach,
Königshofen, und als der Zug am 30. Juni, Freitag nach Petri
Pauli gen Meiningen kam, hatte das Henkerschwert bereits wieder
62 Köpfe abgeschlagen. Alle Orte wurden als feindliche und förmlich tyrannisch behandelt. In Meiningen ritt Tags vor dem Einzug
der Präbendenmeister ein, nahm aus dem Rathhaus allen Wein, bis
auf 3 Fässer, und 3 Tonnen Einbeckisch Bier und ließ alles in die
Burg bringen. In den Bürgerhäusern wurde fouragiert und aller
Hafer weggenommen. Als der Zug ankam, umging das Fußvolk
sammt dem Geschütz die Stadt und lagerte sich vor dem untern Thor,
während der Bischof und die Reissigen durch das Oberthor ein-
triumphierten; neben dem Bischof ritt der Domprobst Markgraf Friedrich von Brandenburg. Die ganze Bürgerschaft, entsetzt durch die
Kunde von dem bischöflichen Blutgericht, ging ihm entgegen, warf sich
auf die Knie und flehte um Gnade. Ein Rathsherr rief: Bischöfliche
Gnaden wollen unsrer armen bedrängten Stadt vergeben. Da schrie
der Domprobst dem Volke die christliche Antwort zu: Ihr seid Sanct
Velten bedrängt! Ihr habt gethan als die treulosesten meineidigsten
Schälke und Bösewichter! Daß euch Gottes Marter schände! Der
Bischof winkte stolz den Knieenden aufzustehen, und bedeutete sie mit
kurzen Worten, daß sie ihre Antwort in der Stadt bekommen würden.
Traurig und wehklagend folgten die Bürger dem zürnenden Gebieter
nun nach; er behielt die ihm demüthig überreichten Schlüssel der Stadt,
auf dem Rathhaus wurde zugelangt und aus Truhen und Kisten genommen, was sich vorfand, so zwei Silberbecher, wie 215 Gülden
Spitalgelder. Rath und Bürgerschaft wurden am folgenden Tage vor
die Burg beschieden.

Dort hielt der tapfere Vertheidiger des Frauenbergs in Würzburg, der bischöfliche Hofmeister, Ritter und Doctor Sebastian von
Rotenhahn, eine strenge Strafrede, in der er alles Ueble, was geschehen, aufzählte und anführte, daß der Bischof zehnmalhunderttausend
Gülden*) Schaden erlitten habe. Hierauf mußten die Bürger sich

---

*) Gülden fränkisch ist nicht mit rheinischen Gulden zu verwechseln, so we-
nig, wie mit dem Kaisergulden. 1 Gülden war 1 Gulden 15 Kr.

verpflichten 1) die Stadtmauern einzulegen, wo es begehrt würde, 2)
jeder von seinem Vermögen den dritten Pfennig zu geben, 3) alsbald
3000 Gülden zu erlegen, 4) die Landwehre einzuziehen und alle
Schranken um die Stadt abzuthun, 5) lebenslänglich keine Waffen
mehr zu tragen, 6) auf alle alten Privilegien und Freiheiten zu ver-
zichten, 7) die aus dem Kloster zur Verschanzung genommenen alten
Leichensteine wieder an ihre Orte zu bringen, und für jeden zer-
schlagenen neue machen zu lassen.

Dieser Traktat mußte auch noch obendrein mit 12 Gülden und
2 Gülden Siegelgeld an die Edelleute bezahlt werden. Nach diesem
begann der beliebte Blutreigen. Es wurden erst sieben Aufrührer ge-
köpft, dann noch einmal acht, (Güth nennt alle Namen), die armen
Verurtheilten sangen auf ihrem Todesweg: In Gottes Namen fahren wir.
Damit war aber der Blutdurst noch nicht gestillt, es ward Befehl
gegeben fortzufahren, und man holte noch mehr Gefangene aus den
Thürmen, darunter war der Geistliche der Stadt; ein Greis, Namens
Michael Kellermann, schrie den Fürstgrafen Wilhelm flehentlich an um
Gnade und Fürbitte. Keine Gnade, auch diese drei würden gerichtet,
und die Leichname blieben bis gegen Abend offen im Burghof liegen.
Das Richtschwert, womit diese achtzehn Männer gerichtet wurden, ist
auf dem Meininger Rathhaus noch aufbewahrt*). Das Kriegsvolk
fiel in die Häuser der hingerichteten wie der geflüchteten Bürger und
nahm, was ihm beliebte und was es fand.

Schnabel saß im festen Schloß zu Maßfeld in Ketten und Banden.
Er und seine Mitführer, Hans Schaar und Heinrich Krummfuß, ein
Goldschmied aus Römhild, Schultheiß beim Bildhäuser Haufen, wurden dem Bischof nach Mellrichstadt, wohin er sich von Meiningen aus
wandte, nachgeführt und dort mit vier andern, darunter der Pfarrer
von Kissingen, ebenfalls hingerichtet. Die Köpfe der drei Führer steckte
man auf Spießen vor die Thore des Städtchens. Auch auf den Dör-
fern umher fanden Hinrichtungen Statt, so in Dreißigacker, in Maßfeld, in Sülzfeld u. A., deren Zahl man gar nicht nachweisen kann.
Daher ist es sehr wahrscheinlich, daß Gropps Relation über den Strafzug nicht die Hälfte der Opfer der geistlichen und weltlichen Rache

---

*) In Gropp sind bei Meiningen nur 14 Gerichtete angegeben, er hat mit-
hin nicht übertrieben.

anführt. Der Bischof zog von Mellrichstadt über Fladungen nach Neustadt, nach Bischofheim an der Rhön, von da nach Münnerstadt, nach Aschach, nach Arnstein, Werneck, Vollach, Schlüsselfeld, wieder nach Iphofen, Ochsenfurt, Aub, Jachsberg, Meckmühl, Röttingen und Leuba wieder nach Würzburg. Dieser Zug kostete 169 Köpfe und hatte dreißig Tage gedauert. Jetzt ruhte der Bischof ein wenig aus.

Würzburg wurde am Vorabend des Laurentiustages, Mittwoch den 9. August zu neuen Pflichten angenommen, und der angelobte Gehorsam mit dem Blute von 13 Männern besiegelt. Am Sonntag darauf brach der Bischof zu einer zweiten kleineren Strafreise auf, die er nur nach Gemünden und Carlstadt richtete, und wobei auch nur neun Opfer fielen. Im Ganzen soll dieser Bischof 300 Aufrührer haben enthaupten lassen.

Ziemlich spät gegen andere Ritter sandte Götz von Berlichingen seine Entschuldigung an den Fürstgrafen von Henneberg und die Hauptleute der fränkischen Ritterschaft.

Seine Vertheidigung ist auch anderorts bereits gedruckt, doch jedenfalls nach andern Briefen oder Concepten. Der Mann ist zu interessant geworden, so in das Bewußtsein der Nation getreten, daß unsere Leser wohl nicht ungern auch seinen Brief, treu nach dem uns vorliegenden Originale mitgetheilt sehen werden.

Hochgebornen Fürsten Wolgebornen gestrengen Edlen ernvesten gnedigen gunstigen Herren vettern ohem schwegern vnd guten freund Euern gnaden gunst vnd freuntschafft sind zuuor bereyt Mein vnderthenig freuntlich vnd gutwillig Dinst, Ich hab verschiner zeyt etlichen Meinen gnedigisten gnedigen Herren, den Fürsten, auch andern Meinen herren vnd freunden, geschriben, vnd in der eyl Mein vnschuld, welcher gestalt mich die trewlosen eerlosen bauren zu inen trengen vnd zwungen anzeygt, Dyeweyl Ich aber verstee, daß ytzund ein gemeiner tag der ritterschafft im land zu Francken zu Schweinfurt versamlet, Hat mich nit für vngut angesehen, solcheß Euern gnaden gunst vnd freuntschafft, alß Meinen gnedigen gunstigen Herren vettern ohem schwegern vnd guten freunden gegen denen Ich, wye Ich verstee, durch Meine müßginner verunglympfft sey, Mein vnschuld zuentdecken, Erstlich ist der grund vnd lauter warheyt,

daß Ich so vil mir müglich, mich gearbeytet, vnd mit andern rabt=
schlagt, hat dasselbig volg gehabt, war Ich guter hoffnung zu got,
der bauren hochmut solt nit alß weyt gereycht haben, kurtz nach
diser handlung, hat' eß sich begeben, daß sich die Herren von Hohen=
loe vnd andere grauen in der bauren vereinigung begeben, Darnach
etliche ritterschafft, Vnd alß bald haben sye die böse tyrannische vn=
christliche thatte zu Wenisperg an Meinen herren vnd guten freunden
begangen, Die bauren haben auch mich desselbigen orts gesucht, ire
vnchristliche thatte vnd mord an mir auch zu begeen, Whe sye mir
den selber vnder augen gesagt. Darnach sind den bauren etliche
Reychstat vffgangen, vnd die Teuschen herren vß iren heusern, die
wol besatzt vnd nach aller notturft versehen, gewichen, Da sye dan
allen vorradt in den heusern vnd Reychsteten funden, Nach disem
ist vast aller Abel vom Otenwald biß inß land Schwaben in der
bauren vereinigung komen, Whe Eur gnaden gunst vnd freunt=
schafft dasselbig von den ihenigen dye ytz vnd villeycht auch vff
disen tag versamlet, zu erkunbigen haben, Noch vber daß alleß, hat
Ich mich aber gern, so vil mir müglich, zu werhe gestelt, Aber der
vorigen handlung nach whe gemelt, hab Ich nyemandeß mögen be=
kennen, der sich zu mir in Mein hauß in besatzung het wöllen be=
geben, biß die bauren Gundelßheym, daß mir daß nechst vor der
thür ligt, eingenomen, Hab Ich in rabt gefonden, Dyeweyl sich
Fürsten grauen, herren ritter vnd knecht, auch Reychstet die im
Bund seind, in ire vereinigung begeben, Vnd zumthayl darumb
bitten vnd flehen, waß Ich mich dan zeyhen wöll, Solchem rabt
hab Ich gefolgt, vnd ain vertrag mit den bauren, whe ander ritter
vnd knecht, angenomen, Doch Mein verbündtnuß gegen dem Bund,
whe von nöten, vßgenomen, Auch inen vber solchen vertrag kayn
glübt noch verpflichtung gethon, Aber kurtz nach solchem obgemelten
vertrag, Haben mich die bauren bedrücklich vber all trawen vnd
glauben, vnd vber ire brieff vnd sigel, whe Ich das von inen ge=
habt, zu inen betrogen, vnd mich trongen vnd zwongen ir nar vnd
Hauptman zu sein, Hab Ich Mein leyb vnd leben wöllen redten,
hab Ich müssen thon, waß sye gewelt haben, Ich hab auch gut
kundtschafft, wo eß nit geschehe, mich tod zuschlagen, Whewol Ich
da Mein verpflichtnuß, whe Ich den fürsten vnd Herren Meinen

guten Freunden verwandt, Auch irer brieff vnd sigel ermane, vnd
mich versehen, eß solt bey inen angesehen sein gewest, Hat alleß
nit wöllen sein, Ich hab inen off solichs off die letst ain grosse
Sum geltz angebotten mich deß zuerlassen, Vnd zugesagt, off Mein
aygen kosten zum Bunde, Fürsten vnd Herren zu retten, vnd alda
nach Meinem vermögen zum friden vnd aller billigkayt helffen handlen, ist alß vmb kayn gewest, Da ich daß vermercke, Hab ich gesagt, so sye mich also dringen vnd zwingen, sollen sye wissen, daß
ich nichß anderß handlen wöll, so ferre mir got gnad geb, dan waß
eherlich redlich vnd christlich sey, vnd ceren halb zimpt vnd gebürt
Vnd wo sye nit eherlich vnd christlich handlung fürnemen, wölt ich
ee sterben, dan mich zu inen bewilligen, Hab daruf ain Monat bewilligt, Waß ich disen Monat Fürsten, grauen, herren, rittern vnd
knechten zu gutem oder bösem gehandlet, wissen sye zum thayl, wo
eß on got vnd mich, het der Styfft Meintz nit vil schloß im Styfft,
Deßgleichen ist kayn grauen noch edelman, kayn hauß, weyl ich bey
disem Hauffen gewest, verbrendt, Vnd wywol ich Irer vnchristliche
Handlung nach, Auch daß ich mich Meinß leybß vnd lebenß vor
inen nye kayn tag sicher gewist, vrsach genug gehabt, mich von den
_bauren zuthon, So hat mich doch nit vnbillich hoch behertzigt, daß
deßhalb Mein Fürsten grauen herren vnd vom Adel, wye auch
warlich geschehen, entgelten wurden, Dan ich acht, daß kayn hauß
wer im Styfft Maintz, noch off dem Otenwald biß inß land zu
Schwaben, eß wer verhört vnd verbrandt, vnd villeycht mancher
biderman vmb sein layb vnd leben komen, sye weren in irer ver-
ainigung gewesen oder nit, Das sind die bösen vnd guten stück,
die ich bey disen bauren gehandlet. Weytterß will ich anzeygen,
welcher maß ich böß vnd gutß, alß die bauren für Würtzburg gezogen, auch mit grund vnd warhayt anzeygen, Alß ich zu Amerbach
vermerckt, daß die bauren willens für Würtzburgk zu zyehen, Hab
ich Meinem gnödigen Herren von Würtzburgk alß ain lehenman,
geschriben, wo die bauren den Styfft vberzyehen, wye ich besorg,
So sey ich zu den bauren genöttigt, wöll ich doch, waß mir ceren
halb zimpt vnd gebürt Seinen gnaden vnentdeckt nit lassen, Dan
eß hat alß vil Mein verstandt ist, Mir alß aim lehenman gebürt,
solichs Sainen gnaden nit zuerhalten, Vnd alß die bauren vor

Würtzburgk gelegen, hat Mein gnödiger Herre von Würtzburgk ain
schrifft zwu an die bauren gethan, vnd sich darin aller erberkayt,
vnd billigkeyt erbotten vnd mer dan Sein gnad schuldig, Durch
iren dasselbig vmbgestossen, wüst ich auch von zusagen, Aber der
gemain Hauff, da ich bey gewest, hat solichß gern angenomen, Da
sye solichs abgschlagen, bin ich frey von inen gangen, vnd gesagt
daß ich weder darein verwilligen noch helligen wöll, Eß ist auch die
warhayt, daß die bauren deß Otenwaldß Rotenfelß aingenomen haben, Da ich solichs erfaren, hab ich den ihenigen so man dahin verordnet, beuolhen, vnd vffs höchst gebetten dem Hauß kayn schad zu
sein, auch nichs zuuerfenblen, Dan waß man inß leger notturfftig,
Darzu so hab ich ain geschweyhen, der Haußwürt sey Mein naher
vetter, Daß sye alß wol thün, vnd derselbigen frawen hülffrich seyen,
darmit ir nichs entwendt werd, eß sey Haußradt klaynot kleyder
nichß vßgenomen, für sich mich auch gantz eß sey geschehen, So wayß
ich auch nit anderß, dan das Rotenfelß von disem hauffen auch nit
beschedigt sey worden, Von den Frenkischen bauren, wayß ich nit
anderst von zusagen, Dan daß ich ainmal in irem radt gewest, hab
ich ire tyrannische weiß dermassen gespürt, daß sye keyn Hauß wöllen
lassen steen, Hab ich mich alß ain torichter dermaß mit inen ainge-
legt, daß mir Mein leyb vnd leben daruff gestanden ist, Dann ich
inen frey sagt, ich wölt lieber bay dem türcken sein, dan bey inen,
Bin auch seyderher ir müssig gangen, Deßhalb sye mir zugeschoben,
daß mich dise bauren solten zu tod schlagen vnd durch die spieß
iagen, vnd legten mir vff wye ich derthayl im schloß were, Vnd wo
ich auch zu Wurtzburgk het mögen raußkomen, wölt ich nit lenger
bey inen bliben sein, Aber ich het der vffseher so vill, die acht vff
mich hetten, daß mir nit müglich war, rauß zukomen, Das sind
die bösen und guten stück, so ich grauen herren rittern vnd knechten
zu nachtayl gehandlet, Hab ich darumb straff verdient, will ich alß
der dultig Job mich gern leyden, Hab ich aber deß gehandlet, alß
nach gestalt der sach billich, verhoff ich, daß gegen Fürsten grauen
herren rittern vnd knechten im land zu Francken, auch anderstwa,
zu geniessen, ich will mich auch hiemit deß erbotten haben, wer der
were, der vermaint Mein warhafftig verantwortung vmbzustossen,
vor Meinen gnödigen gunstigen herren vnd guten freunden den

hauptleutten vnd redten im land zu Francken, Deßgleichen vor der gemainen ritterschaft, zu verhöre vnd aller billigkeyt stillzusteen, eß treff an leyb vnd leben, eer oder gut, Bewer ich nit, wye in Meiner schrifft gemelt, will ich wye vor in der ritterschaft straff steen, Vnd darmit ich mich nit mit gemaynen worten verantworten möll haben, So will ich mich beß zum oberfluß weytter erbietten, Mögen yetz die gemaine ritter vnd knecht vff disen tag erkennen, mich weytter zu erbietten, Wil ich wye billich vnd recht vnd sichs gebürt, Eurn gnaden gunst vnd freuntschafft auch gehorsam sein, Vnd ob Eur gnaden gunst vnd freuntschafft vß Meinem oberflüssigem erbietten zufriden weren, Oder beßhalb etwaß mangel het, ist Mein vnderthenig dinstlich vnd freuntlich bitte, Mich mit gnödiger gunstiger vnd freuntlicher antwort schrifftlich zuuerstendigen, Bin ich erbittig vmb Eur gnaden gunst vnd freuntschafft vnd vmb ain gemaine ritterschafft, Mit vnderthenigen willigen vnd freuntlichen dinsten zuuerdinen, willig erfunden werden Dat. Dornstags nach Assumptionis Marie Anno 2c. im XXV Jare

Götz von Berlichingen
zu Hornbergk

Den Wolgebornen Fursten vnd Herren hern Wylhelm grauen vnd herren zu Hennenbergk, deß frenkischen circeß oberster Hauptman, gestrengen Edlen vesten hern Rargaß von Aufffetz, Hern Jörgen von Schaumbergk, Hern Ludwigen von Hutten, all drey ritter des Frenckischen circels Hauptmenner Auch gemeyner ritterschaft yetzo zu Schweinfurt versamlet Meinen gnödigen gunstigen herren vettern öheim schwegern vnd guten Freunden, sampt vnd besonder.*)

Ritter Burkhart von Erthal harrte auch noch seiner begnabigenden Resolution und bat aufs Neue um Lossprechung und Sicherstellung seiner Person, (wahrscheinlich war er flüchtig geworden, wie viele An-

---

*) Dieses Entschuldigungschreiben des Götz ist inzwischen nach dem Exemplare des Stuttgarter Archivs auch in dem großen Werke „Geschichte des Ritters Götz von Berlichingen mit der eisernen Hand und seiner Familie von F. W. Götz Graf von Berlichingen-Rossach" (Leipzig 1862) S. 239—241. aufgenommen worden. Die Fassung ist dieselbe, Orthographie abweichend. D. H.

dere) oder doch um Geleit, seine Sache vor der Ritterversammlung zu führen.

Hochgeporner furst e. f. g. sindt mein vntertenig willig dinst mit allem Bleis zuuor gnediger Herr 'e. f. g. schicke Ich hiemit ein suplication an e. f. g. sampt ander mein gnedig Herrn vnd freunde von der ritterschaft ytzo zu würtzburg versamlet gestelt, mit andern meinen entschuldigungen vnd schriften, so Ich ytzt auch zu Swein= furt an e. f. g. sampt andere mein gnedige herrn vnd freunden ge= than, vnd was diselbige e. f. g. sampt andern mein gnedigen herrn vnd freunden für mich in dieser sachen geschriben vnnd darauff für antwort gefallen, alles nach dem ABC verzeichent EFG gantz vn= terthenigs dinstlichs vleis pittende gnediglich zufürdern, vnd zum besten zu handeln, vnd anzuhalten, das sollichs vor gemeiner ritter= schaft, so ytzo zu Wurtzporg versamelt offentlich verlesenn vnd mir darauff schrifttlich antwort werdt, vnnd Ich widerumb bei dem meinen vnnd sunst allenthalb Ime Stifft wurtzberge sicher sein vnd zu wonen zulassen, So aber sollichs je nit sein wolt, das Ich dann zum fürderlichsten auff ytzigem landtage zuuerhore vnd darthuung meiner vnschult vergeleit werde. E. F. G. wollen sich hirinnen meinem sunderlichen vntertenigem vertrawen nach gegenn mir gne= diglichen ertzeigen, Das vmb E. F. G. Bin Ich vermogens leibs vnd guts trewlichen vnd vntertheniglichen zuuerdinen willig Datum off Montag nach sant Bartolomeustage Anno ꝛc. Im ꝛꝛv.

                    Burkhart von Erthall
                    zu Eilffershaußen.

Dem Hochgepornen Fursten vnnd Herrnn
Herrn Wilhelmen grauen vnnd Herrnn
zu Henneberg meinem gnedigen Herrnn

     Nächst der Zahlung der Verschuldung durch blutige Sühne wurden auch noch bedeutende Strafgelder von allen Orten, die in dem Bauern= bündnisse gewesen waren, erhoben; zu dem Ende wurden Namens= und Vermögensverzeichnisse der Orte und ihrer Bewohner angelegt, und eine Strafsteuer auf vier Jahre hinaus auferlegt. Der fürstliche

Befehl Wilhelms, namentlich im Betreff des Amtes Mainberg lautete folgendermaßen:

Von g. g. Wilhelm rc.

Unnsern grus zuuor Lieben getrewen Nach dem offenbarlich vnd am tage welchermassen gemeine bürger vnd Pawerschafft im landt zu Franken vergangenen Sommers sich in empörung vnd vffsehen begeben mit abbrennen verwüsten vnd plünderung, etliche alte Schlosser vbel gehandelt derhalben auch zu erstattung vnd bezalung der jenen sie beschedigt einem Jeden eine summe gelts zu bezalen vffgelegt, die weill wir dan einen mercklichen schaden mit blünderung vnd ausbrennen vnsers Schlos Meynburg erliden vnd vnsers ampts Meynburg vntherthan vnd angehörige auch ire gemelter wütterischen vffrür genossen sich derselben . theylhafftig gemacht vnd in der beschedigung mit begriffen derhalben sie auch aus billigkeit zu erstattung vnd bezalung vnsers erliden schadens mit einer anlage vns zu bezalen vnd zugeben belegtt werdenn vnd haben vns hierauff mit gehabtem Rath da wir die vnsern der arm bey dem Reichen, vnd der Reich bey dem armen bey Weib kindern vff iren gutter vnd in vnser herschafft seßhaff bleyben mogen endlichen entschlossen das Euer Jeder hausseß oder herttstedt insonderheit, vnd volgends ein Jedes dorff oder weyler in gemein eine summe gelts vff bie gutter vnd Jr vermögen zu setzen vns vff zetteln hernachbemeldet wyrdett on alles nachlassen zubezalen angelegt werden solle, also das sie zum theyll durchaus gleich burden vnd volgende die gutter auch mit tragen, aus vrsachen, das die reichen der mererteyll fürgehabt haben, die armen solten ine ire gutter aller zins geldt frondienst vnd dergleichen beswerde darauff herkommen helffen frey machen vnd gemacht haben Dieweyll sie dann also wider alle billigkeit vnd wider das ewangelium Freiheit Jrer gutter begerdt vnd barnach gestanden derhalben sie auch billig ein sonder straff geltten vnnd tragen vnd sonderlichen so soll ein Jeder Hausseß oder Herttstett nach bemeltter dorffer, weyler vnd hoff vnsers ampts meynburg vnterthan vnd angehörige vns in vierzehen tagen den nehesten nach ostern ein geld vnnachlessig bezalen vnd anbithen Mit Namen die Haussessen zu Schonungen Forst Greuffingshausen Waltsachsen Aberffelt Rertwertz Marktsteinnach Löffelstertz Reichmanshaußen

6

Ewertshaußen Ballingshaufen Hesselbach Hawßen Bichtelhawßen Dettelborn Heymbach Poppenlauer Reicheltshoff Wülffling Gedern Bnterwerheym vnd Meynburg.

Bber bemelte anlag sollen ein Jedes dorff oder weyler in ge= mein off eins Jeden gutter vnd vermogen angelegt die beigezeichentte Summe vier Jar die neheſten Martinj vnd Martinj nach Dato ſchierſt künfftig anfahen vns entrichten vnd zalen ſonderlichen Scho= nungen drey hundert ₰₰ glden vier Jar jeden Sant martens tag lₓₓₓ glden zu bezalen Forſt dreyhundert ₰₰ glden vier Jar Jeden Sant Mertenstag lₓₓₓ glden zu zalen

Greuſſingshawßen hundert gulden alweg martini vier Jar die neheſten ₰₰ᵥ glden zu geben

Waltſachſſen hundert ₰₰ glden jerlich wie gemeldett ₰₰₰ glden zu zalen Aberſfeltt zweihundertt glden jerlich off Zeith gemeldett funffzigk glden. Rertwertz ₰iiij fl. jerlich iij fl. zu zalen

Marktſteinnach ₰₰vj glden jerlich zu zalen vij glden

Löffelſtertz hundert ₰₰₰iiij fl. ſollen jerlich vier Jar martini ₰₰₰iiij fl. zalen Ebertshawßen hundert ₰l glden jerlichen off martini die neheſten vier Jahr ₰₰₰v fl. zu zalen

Ballings= vnd Sundingshaufen zweyhundert gulden jerlichen mar= tini funfzigh glden zu bezalen vier Jar die neheſten decemb der ſie fürnemſten der offrur im ampt geweſt auch irer ſchulteſſen entſatzt ꝛc.

Man nahm, was zu haben war: Geld, Vieh oder Wein. Wir theilen ein Fragment eines oben erwähnten Verzeichniſſes mit, es ge= währt einen Einblick in die damaligen bäuerlichen Verhältniſſe:

Zu Dittelbronn, die wollten ohn Laus zu den Bauern komm Iglichr petrj 1 fl. darnach vier ſant Martinstage ein iglicher be= ſunder der ₰₰ Gulden, geben kein Beth, ſint nit viel ſchuldig und thut in diſem jar Iᶜ· XII. fl.

Zu Poppenlawer ſind reiche bawer, iglicher 1 fl. petrj. danach wie oben bemelt der gut’ beſitzt off ein Ziel ₰₰ᵥ gulden faᶜᵗ· lXXX fl. Gochſem vnd Sendtfeldt (Gochsheim und Sendtfeld) dauchten ſich künne Heldt, die mag man wie mein g. h. von wurtzburg, die umb dorf belegt desgleichen mit Swanfelt vnd Obernvolkach auch halten. Meynburg off vier herbſt, und ein iglicher beſunder, iglich herbſtat beſitzer 1 gulden, macht in Summa ₰l gulden, dann ſie haben den

Vorhoff, kalter, stetel new Haws, pfaffenhewser vnd den kalter Hoff mit sammt dem Gesint erhalten ꝛc.

Waren die Ansprüche auf Entschädigung der Fürsten groß, so waren es die der Ritter, deren Burgen und Häuser verwüstet worden waren, nicht minder, und es währte lange, ehe man sich über dieselben vereinigte. Was endlich beschlossen wurde, enthält ein gedrucktes Ausschreiben Bischof Conrads, das mit einem mächtig großen gutgeschnittenen Initial an der Stirn prangte, vom 27. Oktober datiert ist und lautet:

Conrad von Gots gnaden Bischoue zu
Würtzburg vñ Hertzog zu Francken.

Vnsern grus zuuor, Lieber getrewer, Wyr haben hieuor gantz getrewer, vñ gnediger meynnung, mit den Hoch vñ Wolgebornen, Edlen gestrengen vnd vesten, Vnsern vnd vnsers Stiffts Grauen, Herren vnd Ritterschafft, der beschedigung halben, so Inen, von vnsern, vnd desselbigen vnsers Stiffts, vnderthanen, in der vergangen Beurischen entpörnng, mit blünder, brechen vnd brand zugefügt worden, vff dem Landtag, hie in vnser Stadt Würtzburg, vñ dañ in disen verrückten tagen zu Schweinfurt, zu vertrag handelen lassen, vnus auch mit allen den Jhenigen, vonn obgedachter vnnser Ritterschafft, so da zumal bey dem beschluß, daselbst zu Schweinfurt gewest, aynes Außtrags veraynigt, den bederseyts bewilligt, angenomen vnd zugesagt, In welchem außtrag, vnther andern begriffen, das ein yeder Beschedigter, võ vnsern Grauen, Herrn vñ Ritterschafft, vns sein scheden vor hye vñ zwischen Sant Andreas des Heyligen Zwölffpottentag schierst künfftig vbergeben, vnd wyr soliches den Jhenigen, so nit vff dem tag zu Schweinfurt gewest, des Wissens zu entpfahen, schrifftlich eröffnen, Vnd also darnach ferner zu fordern, nymant zugelassen werden solle, Dweyl nun nach vermöge, vnd außweysung, des obgemelten vertrags, die notturfft erfordert, der beschedigten Schlösser, Sytz vnd Heußer zu besichtigen, auch Ir yedes scheden furderlich messigen zu lassen, vnd die anlag, so den vnderthanen auffgelegt, dauon den ytzgemelten beschedigten, Ire scheden entricht werden sollen, vff benante zile einzubringen, Haben wyr damit derhalben, bey vns nit mangel erscheine, Vnnsere vnd vnsers Stiffts Ritterschafft, vff Mittwochen

G*

nach Leonhardi, schierst gein dem abend, In vnsere hernach benante
Stete, einzukommen, erfordert, Nemlich, das ort an der Baunach,
gen Ebern, Das ort vor der Röne, gein Münerstat, Das ort des
Steygerwalds, gein Schlüsselfeld, vñ das ort des Otenwalds gein
Lauden, Da wyr dann vnnsere geschickte auch haben, vnd vff vol=
genden Donnerstag, gedachten von vnnser Ritterschafft, den selbigen
vertrag, Inen vnd andern vnsern, vnd vnsers Stiffts, Grauen,
Herrn vnd Ritterschafft, zu gutem furgenomen, anzuhören, zu vn=
terschreiben, vnd endlich vff zurichten furhalten lassen wöllen, Ist
demnach an Dich vnnser gnedigs gesynnen, du wölleft vff eruannten
tag, In der Stat, dahin wir das ort, darein du gehörig bist be=
schrieben, dem vilgemelten vertrag, neben vnnd mit andern von
vnser Ritterschafft, desselbigen orts, also anzuhören vnd zu vnther=
schreiben, auch erscheinen, daran thust du dein, auch gemeynen Adels
wolfart, vnnd darzu vnns zu gnedigem gefallen, in gnaden wide=
rumb zu erkennen.   Datum in vnnser Stat Würtzburg, Freytag
am abent Symonis et Jude, Anno ꝛc. jm XXv.

Und so waren Anstalten getroffen, allmählig das vielfache Weh,
das der Bauernkrieg über das Land Franken gebracht, verklingen zu
lassen.   Ob das Land und die Unterthanen darüber verarmten, fragte
man nicht.   Zwischen Henneberg und Würzburg kam ein gütlicher
Vergleich zu Stande, der dem Herzen des Fürstgrafen die größte Ehre
macht.   Alle Hennebergischen Aemter sollten von der Anlage (der Ent=
schädigungscontribution) f r e i bleiben, dazu auch Schweinfurt und das
Amt Mainberg, dafür solle Wilhelm die gerechten Ansprüche an Würz=
burg auf Entschädigung der durch die würzburgischen rebellierenden
Bauern zerstörten Hennebergischen Schlösser und Burgen fallen lassen,.
mit Vorbehalt jedoch der Forderung des Bischofs an den Fürstgrafen,
nämlich jene viertausend Gulden Hülfsgelder (Museum II. S. 39.).
Der Beleg zu dieser Angabe ist auf einem einseitig beschriebenen Pa=
pierbogen von uns aufgefunden worden und lautet:

Der letzter furschlag der Vnterhandler von der Ritterschafft leudet
dahin, das Meinem gnedigen Herrn Grauen Wilhelmen von Henne=
berg Alle seiner gnade Ampt vnd derselben verwandte Auch die von
Schweinfurt vnd die Iren frey pleyben, Vnd in die Anlage nit ge=
zogen werden, vnd das dagegen Seine gnad Alle seine scheden von

den Aufrurischen burgern vnd Bauern begegent gegen Meinem gne=
digen herrn von Würtzpurg Grauen herrn vnd der Ritterschafft,
sollten fallen lassen, Das auch gefurste Andere Grauen vnd die
Ritterschafft Jrer zugefugten schebenhalben nichts thetlichs gegen
denen von Schweinfurt fürnemen sollten Doch Meinem gnedigen
Herrn von Würtzburg Seiner f. g. forderung gegen Jnen vorbe=
halten Das hat also Mein gnediger herr von Hennenberg bewilli=
gen, vnd nichts anders dan Jnen denen von Schweinfurt Als
ein Voigt vnd schutzher des heiligen Reichs Allein zum Rechten Wie
sein g. des verpflicht vnd uerschrieben, vorbehaltten wollen.

Die Verhandlungen über den Wiederbau des Schlosses Main=
berg zogen sich bis in das Jahr 1527 hinaus.

2.

*Sechs und zwanzig Artikel des Raths und der Bürger-
schaft zu Arnstadt.
1525.

Die Neuzeit hat über den deutschen Bauernkrieg mehrere werth=
volle Schriften ins Leben gerufen, allein erschöpft ist die Geschichte
dieser eigenthümlichen und mächtigen Volksbewegung noch gar lange
nicht. Tausendfache Einzelzüge sind noch verschlossen und vergra=
ben, noch nicht ans Licht der Oeffentlichkeit getreten, und erst der
Zukunft wird es gelingen, ein großes Totalbild des Bauernkriegs mit
seinen Verzweigungen in jeder Provinz, die er mit berührte, zu ent=
rollen. Es war ja kaum ein Krieg, es war mehr ein Weheruf der
gedrückten untern Stände, ein Bewußtwerden des Drucks, ein zorniges
Aufflammen des Volksgeistes, da und dort ein roher Ausbruch der
Gewalt gegen Gewalt, und in diesem die Bürgschaft sichern Unter=
gangs. Wären damals Männer des Volkes mit der Geisteskraft eines
Luther, Hutten und Sickingen ausgerüstet, an die Spitze getreten,
hätten sie die brausende Fluth geregelt, so wäre wohl ohne Blutver=
gießen mancher Frevel abgestellt, manche Unbill gesühnt, manche Last
abgenommen, manches viel, viel besser geworden. Auch Thomas
Münzer hätte vielleicht bessere Erfolge und keinen blutigen Tod erstrebt,

wenn er die Interessen des Volkes nicht mit denen der Religion und
des Glaubens vermengt und verwechselt hätte; glaubt doch selbst der
große Luther mit dem alten Sinaigewitter gegen die armen Bauern
andonnern zu müssen. Es war des Predigens kein Ende, und man
rief gegenseitig Gott und die himmlischen Heerschaaren an, um den
Feind todtschlagen zu helfen.

Die Zeit wollte Reformen, verstand aber unglücklicherweise noch
nicht, diese auf gesetzmäßigem Wege zu verlangen wie zu erlangen,
oder man hatte auch eben von der andern Seite keine Lust zu derlei
Zugeständnissen, bis Karst, Mistgabel und Dreschflegel anrückten, und
Noth und heillose Verwirrung hereinbrach.

Es erscheint fast befremdend, daß überall die Städte sich so
leicht und schnell in das Bündniß der Bauern begaben. Sie hätten
dies nicht zu thun gebraucht, wenn sie es nicht gern gethan hätten,
denn die Städte und Städtchen im Mittelalter waren allzumal gefestet
mit Wallgräben und Ringmauern, Thürmen und Zugbrücken; sie waren
voll wehrhafter Bürger, selbst Söldner fehlten oft nicht, die städtischen
Rüst= und Zeughäuser waren voll Wehr und Waffen, und die Bauern
waren des Krieges ungeübt, waren rohe schlechtbewehrte Haufen, die
oft kluger Führer entbehrten, und die mit Stückkugeln aus den Schieß=
scharten der Stadtmauern begrüßt, bald abzutreiben gewesen wären.
Denn die Burgen, welche die Bauern brachen, die Klöster, welche sie
in Brand steckten, waren meist unbemannt, und gar nicht oder schlecht
vertheidigt, wenige ausgenommen. Allein man sah sich nicht gemüßigt,
die Bauern abzutreiben. Die Bürger und Stadträthe hielten die
Bewegung des Landvolks und die Bedrängniß der Fürsten für ganz
geeignet, auch ihrerseits mancherlei Uebelstände zur Abstellung zu brin=
gen und ermangelten nicht, mit ihren Forderungen hervorzutreten, als
ihnen die rechte Stunde dazu gekommen schien.

Welcher Art diese Uebelstände waren, zeigen unter andern nach=
folgende Artikel, die Rath und Gemeinde zu Arnstadt ihrem Landes=
herrn, dem Grafen Günther von Schwarzburg übergaben. Die
Fassung war diplomatisch höflich im Eingang, aber das merkwürdige
„kurzumb“ am Schluß sieht einer Faust, die sich um einen Schwertgriff
ballt, ganz ähnlich.

Im 2. Band meines deutschen Museums für Geschichte, Literatur,

Kunst und Alterthumsforschung (Jena 1843.) habe ich unter dem Titel: Stücke aus dem Bauernkrieg besonders den Hennebergischen ins Auge gefaßt, und deffen Beginn, mit vielen Originaldocumenten belegt, geschildert. Während im Monat März im Lande Franken der Aufstand begann, gährte es auch jenseits des Thüringerwaldes schon mächtig, und auf dem Walde selbst, deffen Bewohner gen Arnstadt rückten. Daher konnte Graf Günther von Schwarzburg auch seinem Schwiegervater, dem Fürsten Wilhelm von Henneberg, keinen hülfeleistenden Zuzug thun.

Unterm 25. April erließen Rath und Bürgerschaft zu Arnstadt die nachfolgenden Artikel; ob dieselben angenommen und erfüllt wurden, darüber mangeln mir noch zur Zeit die Nachweise, jedenfalls erscheinen dieselben nicht unbillig, es wurde um Beherzigung gebeten, und des Fürsten Recht und Eigenthum wurden unangetastet gelaffen; man bat nur um einen evangelischen Pfarrer, um Erlaß einer neuen Steuer, um Steuerpflichtigkeit des Adels und der Geistlichkeit gleich der des Bürgerstandes, um Aufhebung eiserner Zinsen an Klöster, deren Heischung gar nicht documentiert war; um statutenmäßig dem Rath zustehende Rechte im Bezug auf das städtische Regiment, den Marktverkehr, die Zwinger, das Walperholz; um Abschaffung des Betriebes bürgerlicher Gewerbe durch Nichtbürger, Ermäßigung der Güterkaufsteuer, Abschaffung pfäffischer Afterlehnsherrlichkeit, der allzuhohen Erbzinsen und neuer beschwerlicher Auflagen. Man verlangte geordneten Gang der Rechtspflege, Unterstellung des eigenmächtig handelnden Spitalmeisters (zu St. Georgen, dem sehr wohlhabenden Spital der Stadt) unter die Rathsaufsicht; Rückgabe wiederrechtlich innehabender Gemeindegüter; Restitution mehrerer Siedelhäuser, die der Gemeinde zinsten; Erfüllung eines längst gegebenen Versprechens; Schirm und Aufrechthaltung der Statuten; Aufhebung einer der Stadt schädlichen Gewerkhütte, des muthwilligen Schadens an den Fluren durch Schiff und Geschirr, Jäger, Hunde und Pferde, des Erbgütergerichts und Aufhören der Schinderei von Klägern wie Beklagten durch Fürsprecher (Anwälte) und Schreiber, und endlich — (hier griff man freilich den Fürsten ans Herz) Minderung der Kostspieligkeit des Hofhaltes, die eine Schatzung nach der andern verursache. —

Dieße Nachvolgende Artickell, Bitten vnd begeren Ein Erbar Rathe vnd gemeine Burger zu Arnstadt von dem Edeln vnd wolgebornen

hern Gunthern Grauen zcw Schwarczburgk, herrn zw Arnstadt vnd
Sundershawßen, vnßerm genedigen Herrenn, genediglich zcu beherczi=
gen, Eines Erbarn Raths vnd gemeyne, Nucz, fromen, beschwerheyt,
vñd vngedeyeñ, möcht betrachtet, vnd der billigkeit nach dar Innen
gehandelt werden, Des sich ein Rathe, vnd gemeyne, etzlicher massen
beschwert empfunden.   Gescheen Dinstags Marcy, Anno rc. rrv.

1. Erstlichen das ein Rathe, sampt der gemeyne, Einen pfarherrn,
   Der das heylig Euangelium, dem Volke nach Christlicher Ordenung,
   möcht predigenn, vnd auß rechtem guten grunde, der heyligen
   schrifft möcht außgelegt, und vnderweyst werden, zcuerwelen zcu
   setzen vnd zcuentseczen macht haben, Also das nicht das volck, dar
   durch vorfurtt, adir irre gemacht werde, Wie dann byß here ge=
   scheen, Was einer vormittage predigt, durch einen andern nach=
   mittage wibberruffen, Das gedenct ein Rathe vnd gemeine, in
   keynen wegk senger zcuduldenn.

2. Zum Andern, das der vierde pfennig abgethan werde,

3. Zum Dritten, das von dem Adell, vnd den geystlichen Alle jre
   ligende grunde, Ecker, Wyßen vnd weyngarthen hawß hoff rc. ver=
   schossen vnd verwachen, wie ein ander gemeyner bürger thun muß
   außgeschlossen vnßer g. h.

4. Zcum Vierden, beschwert sich ein gemeine, Das sie vill gatter geld
   Dem Klofter vnd andern geystlichenn hir vnd zcu Erffurdt, Als
   awff wibberkawff, auff zcehn adir zwolff schog, eins, lange Zeit
   gegeben haben Also das etzlicher priester, Auch das Jungkfrawe
   closter jr gelt woll zcehenfach wibber auffgehoben haben, vormeynen
   Inen das fürder, nicht zugestehen, zuuoran, den geistlichen, der
   wir Inen senger zcugeben, nicht gesindt, Sie haben den des red=
   lichen schynn Jrer ankunfft, wie sie solche Erbzcynße, auf vnßrn
   güttern erlangtt, vnd wie sie auff vnßere gütter kommen, vnd sun=
   derlichen. der wibberkewfflichen zcinße, Adir gattergeld das lange
   gestanden, do sie Jr hewbtgelt, vorlengst hinwegk habenn, Mon=
   chen, Nonnen vnd pfaffenn, senger nicht zcugeben, Sundern begern
   das solchs, abgestalt wurde, Auß vrsachen ban sie pflegen e. g. Dar
   von gar nichts, So wissen wir vns Jrer, gar nichts zcutröften. Vnd
   vns jn wenigk, Adir vill hanthaben.   Aber verteyding tonnen.

5. Zum Fünfften, das der Probſt zw Jchterſhawſſen vngeuerlich bey vierzigk eckern wein wachs, Jn dem Flur zcw Arnſtabt ligen hatte, vnd nichts dar von gibt Gedenckt ein Rath ſampt der gemeyne auch nicht lenger zu dulden. Sundern gleich die mit vns verſchoſſen uud verrechten,

6. Zum Sechſten. Nachdem der Rathe vormals, die thörme vnd thorhewßer, zcubeſetzen macht gehabt, nach Jrem gefallen, Desgleichen auch, kirchner, Schulmeiſter, Stadtgeſynde, auch den Marckt, gewicht vnd alle feltſcheden. Zcu regyren, lauts vnßer Statuttenn des ſich vnſer genediger herre vnderſtanden. Bit ein Rathe, ſampt der gemeyne, ſolchs dem Rathe, vnd der Stabtt, Jn keynen wegl, Abir nicht zcu entzcyhn.

7. Zum Sibenden, Nachdem vnßer gnediger Herre etzliche gemeine, Als die weyden, vnd das ſchutzenhaus vnd gras, vor ſich oder ſeyner genaden geſinde gebraucht. Bitt auch ein Rathe, ſollichs abzuſtellen, desgleichen zwinger vnd grabenn, Jn Jrer gewalt zcu behalten. Nicht einſagen noch hindern,

8. Zum Achten, begert ein Rathe vnd gemeyne, des walper *) holzes Dem probſt mit ſeynem Vihe, Nicht alleyn dareyn zcu weyten geſtatten, Sundern frey vnd nach Jrer notturft zcu gebrauchen, Die weil doch der Probſt, mit ſeinem Vihe auff vnßere gutter vnd gemeyne treybett.

Vnd deſſelbigen holczes, Ein orth abgezeichnet, Dem Rathe vnd gemeyne Erblichen volgen, vnd bleyben zculaſſen, Das ander was bleybt, vnßerm g. h. wenn es ſein gnade eyhgendt, aber geben werden, auch volgen zu laßenn.

9. Zum Neunden, Nachdem der probſt mit ſeynem vihe, die Mawrn, zwuſſchen dem newen thore, vnd dem Rietthore, verterbet, vnd ſchyre Ellen tieff vnther den Fullemundt anßgetrett, Solchs wider von des cloſters gelbe, zu machen,

10. Zcum Zcehenden, das Barbara von Hawßen. Ein Hawß des gleichen Viechtenberg. Hawße, do folbe Jnnen, ſitzt, Schoßpar ſindt, vnd wollen die frey gehalten haben, Gedenken ein Rathe vnd gemeyne, auch nicht lenger nachzculaſſen, Auch brawet Barbara

---

*) Das Walperholz, noch heute ſo genannt, iſt ein ſchöner Bergwald, auf dem in frühen Zeiten ein Kloſter ſtand, das der h. Walpurgis geweiht war, daher Walperholz.

von Hawssen, kewfft vnd verkewfft, wie ein ander bürger, das auch ein Rathe vnd gemeyne, nicht lenger zcu dulden gesindt, Darzcu hat sie, (Ein tawben Rath*), vnd hat, wedder ecker noch wyßen, vor der Stadtt,

11. Zum Eylsfften, Wann das Lehn Corporis Christy. ledig stirbett, das sollich leheun, nicht forder vorlyhen werde, Sundern dasselbige Gelt. Einer gemeyne, zu nucz komen mochte, Desgleichen auch andere lehnn, die von einem Rathe zcu lehn gehenn

Zum Eilsften, Das vnßer gnediger Herre, eczliche hantwergk meyster. In der Stadt hat. Die In Schosbarn Hewßern siczen, Die sein gnade auch wollen frey gehalten haben, Das bitth auch ein Rathe vnd gemeyne abzustellen.

12. Zum Zwolfften, bitten Rathe vnd gemeyne, So burger hinfurtter gütter kewffen wurden. Tewr adir wolfeyle, Das man nicht mehr dann funff schneberger lawen geld. Zcu lehn gelde geben möchte, vnd der verkeuffer, Einen aufflaße schillingk vnd gedencken zcw vnßern güthern keinen andrn lehnhrn zu haben widder Monche noch pfaffen. Dan alleine vnßrn gnedigen Herren.

13. Zum Dreyzcehnden, Bith ein Rathe vnd gemeyne, Das sich vnßer gnediger Herre, mit dem Fischwasser, holcz vnd weydewergk. Wie ander Fürsten, Grauen vnd Herrn gegen Jren Stetten halten gegen vns seiner gnaden vnderthanen, auch genediglichen zuuerzcehgen.

Auch sindt etzliche gütter fast hoch mit erbzcinßen beschwerdt Das ein Arm man solcher großßen zcinße halben, der gütter, gar nichts genießßen kan, Sundern vmb sunst arbeyten. Begern solche Zcinße zcu lindernn.

14. Zum Vierzcenden, bitt ein Rathe vnd gemeine. Vnßern gnedigen Herren. Alle auffseczte, So auff die Stadt vnd gemeine gesaczt, vnd mit beschwerth So dermals die Stadt An die Edeln vnd Wolgeboren herschafft von Schwarzpurg komen, Sundern bey dem Alten herkomen, wie die an die wolgedachte herschafft komen, Bey bleyben lassen.

---

*) Ein Tauben Rath ist analog dem Wort Hausrath gebildet und heißt ein Taubenflug, den zu halten nach städtischen Rechten überall nur Feldgrundbesitzern von Alters her gebührt.

15. Zum Funffzcenden beclagt sich die gemeyne, so sie mit Jmande zcuthun haben, Das nymandts nichts erlangen magk, abir zcu recht komen, vnd bitten vnßrn gnedigen herren, genedigklich dar ein zcußehen, das Jnen rechts geholffen mocht werden.

16. Zum sechzcenden, begern Rathe vnd gemeine, Das ein Rathe Einen Spittelmeyster zcusetzen vnd zcu entsetzen Macht haben, Auß Vrsachenn, das der Spittelmeister, Dem Spittall, vnd den armelewthen, nicht gleich vorstehett, Sundern craczt vnd schirret, auff seinen kuchen. Vnd verkeufft was er magk zu gelde machen, Als korn, putter vnd keße, vnd brichts den Armen lewthen abe, vnd arbeitt mit den pferden ander lewthen vmb lohn vnd leßt sein ecker oder winther vnbesebet lyhen.

17. Zum Sibenzcenden, begern die gemeyne Alles das der gemeyne zcustendigt ist, wer das Jnnen hat, der gemeine widder heym zcu stellen.

18. Zum Achtzcenden, Sind auch etzliche Sedelhewßer Jn der Stadt gewest, Die zcw Scheunen, Schweynstellen vnd andern stellen, gemacht sindt, wöllen die gemeyne Alles widder zcw Sedelhewßern gemacht haben, lewthe darein zcusetzen, die Zcynße vnd geschöffe, mit tragen möchten.

19. Zum Neunzcenden, begert die gemeine, das, die, mehr dan ein hauß haben, dieselbigen zcuuerkeuffen, das auch burger dar ein möchten gesatzt werden, wie dan von vnßerm gnedigen Herren, vnd dem Rathe, vorlengst der gemeyne also zcu gescheen angesagtt, Solichs nochmals Also versagen,

20. Zum Zwenczigsten, das vns vnßr g. h. bey priuilegien, vnd Statutten, wolt bleiben laßen den Richtern vnd Andern. Jchtes da widder zcu handeln nicht gestatten.

21. Zum Einvndzwenczigsten. Beschweren sich die Gemeine. Vnd eczliche Arme lewthe, sampt dem Rathe ßehr, Der Hütten halben, das sie der Armen gemeyne, großen schaden thun, vnd zcusagen, mit Jren schlacken, und dar durch das waßer, Eczlichen, Jre ecker nymptt, Des gleichen die viehtryfft verterbet, Derhalben gemeyne Stadt, Zcynße vnd geschöffe, entperen müßen.

22. Zum Zewey vndzwenczigsten, Das die Schifferey So der probst vor Arnstadt hatt. Beschwert sich die gemeine, Des selbigen mergklichenn schadens, So Jn vnßern Fluren vnd Feld geschicht, daßel=

bige auch abzustellen vnd auff kunfftig Michelstag, gentzlichen von
der Stadt wenden vnd abthun.

23. Zum Drey vndzwenczigsten, wan vnßers gnedigen herrn Diener
mit pferden abir Hunden, Im Felde sindt. Mergklichen schaden.
In weyngarten vnd gedreybichen, mit den pferden, muthwilligk-
lich thun.

24. Zum xx iiij. Begern vnd wollen die gemeyne, das hinfurtter, kein
gericht sall gehallten werden vber Schult vnd Erbguther. Auff
das, das Arme volck, nicht in so grosße scheden, geschatzt vnd ge-
schunden sall werden, von den vorsprechen, vnd schreibern, vnd
mancher In Jaren vnd tagen nicht hat konth, zu seinen rechten
komen, Sundr wo einer den andern verclaget In einem amptt,
abir vorm Rathe, solt man sleyssig horen, vff clage vnd anth-
wurtt, vnd mit sleysse erforschen vnd welcher recht hatt, Das erß
genießße, Den Andern da hin weyßen, das er möchte nachlassen
vnd also cristlich vnd bruderlich zu lebenn, Damit solche Schyn-
derey verbleiben möchtt.

25. Zum xxv. Ist das auch ein vnleyblichs, Das sich vnßer g. h.
teglich mit vill grosßen Rechten belett, Die selbigen mit Jren ge-
synde, des Jars zwey moll kleytt. Auch den selbigen vber das,
mergklichen Jar solt, Dar zcu Erbliche Manlehn verschreyben,
dar zcw wir vnßer bluth vnd schweys geben müssen, vnd der halben,
vns Armen, Einschatzunge vber die andern auffgelegt wirt, welchs
der gemeyne schwehr, vnd hinfürder nicht leyden noch tragen kan,
Es were aber begebe sich dann, land nodtt,

26. Zum xxvj.*) Sagen die tuchmacher, das sie mergklich beschwert, mit
Zcinßen, von der mullen, Dar vber sindt etliche in der Stadt mit
namen wichman harthman, Der Schoßßr vnd hans tremer, die dy
wollen, auff vilen Schefferenen, bereit besprochen haben, vnd vber-
setzen dieselben, das wir Armen Tuchmacher, nicht hynnach komen
können. wan sie wissen bereyt wo sie do mit hyn sollen, vnd ver-
kewffen sie, awß dem lande.

Das mullen kurczumb Ein Rathe vnd gemeyne, abgestalt habenn.

---

*) Text: xxvij.

IV.

Weinkünste.

Die folgende Mittheilung ist einer fragmentarischen Papierhand-
schrift (in 4°) aus dem Anfange des 16. Jahrhunderts entnommen.
Der Abdruck geschieht urkundlich, die wenigen Abkürzungen sind aufgelöst. Ueber dem u steht gewöhnlich der in unserer Currentschrift
übliche Bogen, der offenbar auch manchmal den Umlaut bezeichnen soll,
da er sich ähnlich auch über dem o befindet. In diesem Falle wird
im Abdrucke ein e über den Vocal gesetzt.

Die Wendung auf Blatt 4b 3. Absatz: so ein Wein essiget
oder anzickt führte auf eine im deutschen Wörterbuche 1,526 unter
anzicken angeführte gleichlautende Stelle bei Tabernaemontanus. Eine
Uebereinstimmung unserer Handschrift mit dem Kräuterbuche ließ sich
aber bei dieser Wendung nicht entdecken. Nur an einer einzigen Stelle
stimmen beide im Inhalte fast ganz, in der Form annähernd zusammen. Daß Tabernaemontanus sich an die für die Weinbauern
bestimmten Regeln zur Aufbesserung der Weine bei Abfassung des
Kräuterbuchs gehalten hat, liegt von vornherein nahe. Wenn uns
auch leider nur eine sehr späte Ausgabe des Kräuterbuchs, die von
1620 zu Gebote steht, so ist doch eine Vergleichung insofern lehrreich,
als wir durch sie erkennen, wie frühere Aufzeichnungen theils ergänzt,
theils zusammengezogen, überhaupt umgearbeitet und modernisiert wurden.
Gleich der ersten Regel in der Handschrift: „Item wein der sein farb
verloren hat — Wan die milch bringt die farw vnnd der weitzen den
geschmack" entspricht folgende Stelle im Kräuterbuche:

„Dem abgefallenen Wein seine natürliche Farb wider zu bringen:
„nimb zu einem Fuder Weins XXIIII vntzen Weytzens, stoß den
„biß die eußerste Schœllen oder Rinden darvon kommen, darnach
„wäsche ihnen auß einem saubern Brunnenwasser, schütte darzu ein
„halb maß Milch, vermisch vnd geuß es in das Faß, bewegs vnnd
„rühre es wol durcheinander mit einem durchlöcherten Rührscheid,
„fülle das Faß vnnd schlage es zu, lasse den Wein also ziiij oder
„xv Tag ruhen, so hastu ein schönen klaren vnd kräftigen Wein."

Geändert ist hier vor allen verschoppen in zu schlagen. Der Ausbruck mit einem gespaltenn vnnd durchlöchertenn holtz ist durch mit einem durchlöcherten Rührscheid deutlicher zu machen gesucht.

Obwohl die Sprache im Allgemeinen das Gepräge des beginnenden Neuhochdeutschen trägt, finden sich einzelne dialektische Formen. Wenn der Umlaut bei o fehlt, wenn z. B. schon statt schön geschrieben steht, so ist hierauf kein Gewicht zu legen, anders bei a. Es findet sich laren statt lären (leeren) Blatt 1 a; bestanbig 2 a; verandern 5 a; sacklein 5 b. neben secflin 5 b. — e für i steht in schelffen (Rinden) 1 a und in der Verbalform send = sind 5 b. — Vocalverdunkelung findet sich hauptsächlich in müschen (= mischen), gemüscht, vermüschung 1 a. 1 b. 2 a. 3 b. mischen steht nur einmal 4 a. So heißt es auch wölich == welch 5 a. bör 3 a. (borlin 5 b). Neben lassen begegnet auch lossen 3 b. — Umgekehrt ist Erhöhung des Vocals wahrnehmbar in henig = hönig = honig 3 b; ferner in scheimen = scheumen 4 a. verscheimbt 4 b.

Im Consonantismus sind die niederdeutschen Formen vngepickt (sonst bech) 3 b und weßlen = wechseln 3 a zu erwähnen. — Neben bulver 5 b erscheint einmal pfulver 3 b. — Eigenthümlich ist das öftere Fehlen von r, was möglicherweise nicht in der Flüchtigkeit, sondern in der Mundart des Schreibers seinen Grund hat. So heißt es vegett statt vergett 3 a; vegen 4 a; hebst = herbst 5 a; nottüfftig = nottürftig 5 a. (nottürftige 4 b). Auch weyns statt weyns 5 b könnte mundartliche Form sein. — Haben alle Eigenthümlichkeiten Bestand, bann wäre die Heimath unserer Handschrift vielleicht nach dem Mittelrhein zu setzen. Daß sie aus dem Weinlande stammt, darf überhaupt angenommen werden.

In lexicalischer Beziehung finden sich beachtenswerthe Einzelheiten, die der Reihe nach erwähnt werden sollen.

Blatt 1.

gebrochen wein. gebrechlicheit. (ferner gebrochen wein Blatt 2 a. brechen 2 a. 5 a.) D. Wb. 1346. 28. unter brechen.

widerbringen, restaurare Frisch 2,139. (vgl. wiederkommen, sich erholen, vom Biere Fr. 1,535.)

schelfe = schilfe fehlt bei Frisch. vgl. Fromman 3,10.

kluppe (Bl. 2 a) ist hier jedenfalls eine Art Quirl, bei Frisch 1,525 „ein gespaltener Stock"; mhd. Wb. 1,846 forcipula. Das Verbum kluppen fehlt bei Frisch.

verschoppen, oppilare Frisch 2,220. Schmeller 3,376.

Blatt 2.

reben (part. gereben), sieben. Schmeller 3,53 unter reben, raben.

gesiblet, wohl kein Schreibfehler für gesibet. Infinitiv: gesiben.

ephaw Epheu (wohl mißverstanden als ep=hou, ep=heu) Fr. 1,228.

leybrung, eigenthümliches Wort, das sonst nicht nachgewiesen zu finden ist. Gemeint ist wahrscheinlich der Luftzugang.

naber, Borer. Bei Frisch 2,3 naber, Schmeller 2,669 neber, neiber, nopper.

Blatt 3.

wechalter, Wachholder. Bei Frisch 2,412 weckolter.

mittel holtz? Kiefernholz als in der Mitte stehend zwischen Tanne und Fichte in Hinsicht der Stärke und Härte?

irdisch, hier die sinnliche Bedeutung = erdig.

sayger, zähe, pendulus. Frisch 2,260. Schmeller 3,209.

Blatt 4.

yeren, gähren (auch jähren) Fr. 1,320.

essigen, zu Essig werden. D. Wb. 1,526. Frisch 1,233.

anzicken, ins Saure umschlagen. D. Wb. 1,526. Schmeller 4,223 (auch ein Substantiv der Anzick existiert).

balg, Hülse, Schale, gluma Fr. 1,57. Zu beachten ist die schwache Form balgen oder vielleicht: von „den" obern balgen?

Blatt 5.

kümich, Kümmel. Schmeller 2,299. Fr. 1,555 unter Kümmel.

virdung (vierdung), der vierte Theil. Schmeller 1,633 „ein gewisser Theil des Pfundes."

schnelblume, kann nur papaver roas gemeint sein, der rothe Feld= mohn, Klatschrose, wie die Pflanze an manchen Orten genannt wird. (Diefenbach 411 clapperosen). Das Wort fehlt in allen Wörter= büchern, auch bei Nemnich.

7

(1 a) **Nun** iſt zw ſagenn vonn denn gebrochenn wein vnnd vonn den vnterſcheybenn gebrechlicheit. Auch . Wie mann in künt vnnd müg widerbringenn.

Item wein der ſein farb verloren hat. denn ſol mann alſo wiberbringenn. Zu einem fuder trübs Weins ſol mann nemenn ein kopff vol ku milch vnnd ſo vil korner von weitzenn barauß mann brot macht. vnnd ſol die korner vor allein ſtoſſenn bis baß die auſſern ſchelffenn bauon kumenn. barnach in reinem waſſer waſchenn vnnd ſie alſo gantz vnber die milch tun. vnnd barnach in baß vaß weyns baß man wiberbringenn wil. ſo verr auß larenn bas man die matery barein giſſen müg. vnnd ſo die milch mit bem waitzenn hinein gegoſſenn iſt zehaut ſol man mit einem geſpaltenn vnnd durchlöchertenn' holtz in bas vaß geſtoſſenn denn hart vnnd vaſt bewegenn vnnd kluppenn. alſo bas es alles durch einander gemüſcht werdt. Darnach baß vaß füllenn vnnd verſchoppenn vnnd nach xv. tagenn vindet man den wein ſchön vnnd krefftig von geſchmack. Wan bie milch bringt bie farw vnnd der weitzen den geſchmack.

(1 b) Ein anders Zw einem fuder trübs vnnd mißfarbenn Weins ſol mann nemenn bas weys vonn xxiiij aeiern Vnnd daß vaſt burch einander ſchlahenn daß es lauter ſey vnnd ſol dan nemenn von dem beſtenn ſemel mel Vnnd von gelauttertem ſandt ober grieß yebes ein kopff Vol vnnd des ſelbenn weyns auch ſo vil vnnd baß alles durcheinander müſchenn vnnd dan in drey teyl teylenn. vnnd alweg ein teyl in das vaß giſſenn vnnd barnach mit einander kluppen *) oder gelochertenn holtz hart rürenn biß es gar. hinein kumbt. Darnach ſol man den wein vaſt rüren**) laſſen ſo wird er lauter.

Zu einem fuder trübs vnb ſchwachs wey[n]s. ſol man Nemenn ein pfundt manbelkern die wol geſtoſſenn Vnnd ſo vil vonn weyſſen weitzen mel bar zwthun barnach des ſelbenn Weins ein kopff vol nemenn Vnnd bas alles durch einander müſchenn vnnd in das Vaß giſſenn. barnach mit der kluppen als vor ge-

---

*) Wahrſcheinlich verſchrieben; es muß vielleicht heißen: „mit einer kluppen ober gelocherten holz.“ **) Vermuthlich „ruwen“.

fagt ift hart bewegenn. vnnd dan rürenn *) laffen fo wirdt er wol gefchmach vnnd fchonn.

Item das der wein lauter werdt. fol man zw ein fuder Weins (2 a) nemenn ein kopff vol rebafchenn oder mer die wol geredenn fey vnnd des felben weyns darunder tun vnd ein vermüfchung dar aws machenn als ein düns müfflein vnnd in trey teyl teylenn vnnd als yeho gefagt ift nach einander in das vaß giffenn Vnnd darnach als vor mit dem holh hart bewegenn Vnnd fo er ettwa lanng ruwet wirdt er frifch vnnd fchonn Oder man fol nemenn afchenn von eichenn Rindenn wol gefiblet ein kopff vol vnnd in das vaß tun wie vor gefagt ift Etlich zünden an Ephaw vnnd erlefchenn es in dem Wein oder moft. Etlich tund Vnangezündet ephaw in den wein fo wirdt er beftandig.

Item rindenn Vonn Efpenn in ein Vaß geworffenn Wieder bringt gebrochenn Wein.

Item das der wein nymer brech. noch an der farbe Verwandlet werdt als lang er weret. fol man ein leines tuch vber den fpundt des vaß breitenn Vnnd rebafchenn gefibenn zweyer oder breier Vinger dick daraufftun daß der Wein nit | Außrichenn (2 b) müg. Vnnd awff die afchenn fol man einenn grünenn Waffenn der auß der erden gefchnitten feye legenn vnnd mit einer fpindel drew oder vir locher darburch gegenn dem fpundt biß auff das tuch borenn daß es ein leybtrung habenn müge Der wein Verwannbelt fich Nimer wie lang er ligt Oder man fol denn fpundt des vaß verfchlagenn daß es wol befchloffen fey Vnnd fol obenn ein neues loch mit einem naber darein borenn Vnnd ein zapffenn darfür machenn vnnd alweg wan [man] wein auß dem vaß laffen wil **). fol man den zapffenn awff thun Vnnd fo der wein gelaffen ift wider alß vor Vermachenn. fo beleibt der wein vnuerwandelt bey feiner farbe.

Hie ift zemercken vonn anndernn gebreftenn des Weins ob ein wein ein vbelnn gefchmack hat fo fol mann nemenn ein handt vol falnayenn Vnnd fo vil hopffenn. Auch ein groffe galganbwurh | Mittenn entzwey gefpaltenn vnnd in einenn leinen fack tun (3 a)

---

*) Auch hier ift wohl beffer an „ruwen" zu denken.   **) Text: vil.

vnnd drey oder vir tag in dz vaß hencken ſo hort auff der
geſchmack.   Ob man aber erkennt Vnnd weyß das der geſchmack
kumbt Von dem bech Oder aber vonn dem Vaß. ſo muß man
den wein in ein ander Rein vaß abziehenn. vnnd darnach die
vorgenanten matery darein henkenn.

Item Zw dem ſelbenn ſol man Nemenn ein friſch girſtenn brot
ſo es erſt auß dem offenn genomenn wirdt Vnnd ſol es in
zwey ſtück brechenn. Vnnd denn einem theil awff den ſpunt
des vaß alſo heiß legen Vnnd denn anderm theil wider in denn
offen thun biß dz diſer theil ob dem ſpunt erkalt Vnnd denn
dz warm wider vber Legenn. vnnd alſo ettwa lang ymmer dar
weßlenn. Wann dardurch mag man allenn geſthanck awß dem
wein zihenn Etlich thun in vbelgeſchmack wein ſpan oder bör
vonn wechalter holtz Vnnd yſoppen Vnnd baſt von mittel holtz
do hartz an iſt.   So ve[r]gett aller boſer geſchmack yedoch
yedenn vbel ſchnecketenn wein iſt vor aller ertzney not verziehung
in ein ander Vaß.

(3 b) Item ob ein wein wer alß käßwaſſer Vnnd mann im gernn
ein weinfarw machenn wolt. ſol mann nemen henig ſamenn wol
in einer pfanenn geröſt. vnnd ein halb pfundt pfirſiſch lörner
vnnd die zw pfulner ſtoffenn. vnnd darnach ſeyhenn mit wein
durch ein leinenn thuch vnnd des weyns ein kopff vol darzw thun
vnnd es durch einander müſchen vnnd inn daß Vaß giſſenn. ſo
gewinndt er ein gute weinfarb.

Ob auch der wein ſo lauter iſt als ein waſſer vnnd nit Wein farb
hat. Sol man Nemenn ſaffrann als groß als ein ay vnnd in das
vaß hencken biß an denn dritenn tag, ſo hat man ſchonenn Wein.
Zu merckenn das ein wein der nach bech ſchmeckt alſo wider
bracht Wirdt. Mann ſol in auß dem vaß in ein groſſenn kübel
oder ander geſchir thun do der bechſchmack dauon antzrichenn
müg Vnnd darnach genug von reinem Eppich kraut darein thun
doch daß der eppich mit einem reinem leinen thuch vmbwunden
ſey das der wein vonn yme nit verwandelt werdt Vnnd es alſo
zwenn tag loſſenn ſtenn. Darnach denn wein wieder in ein vnn=
gepicktes vaß giſſenn Vnnd ob nun dennoch der geſchmack des
(4 a) bechs belib alſ das | Er vonn dem eppich gantz nit ve[r]geun

wil so sol mann in mit dornenn bedeckenn vnnd saluaßen vnnd
hopffen darein henckenn Des gleich mag man auch wein der
einenn irrdischenn geschmack hat der nit gut ist Widerbringenn.
Ob man saßgernn wein frisch machenn woll sol mann nemenn
ein kopff vol wol gestoffenns Weinsteins zw einem fuder vnnd
so vil reb aschenn Vnnd auß dem vaß zwenn kopff vol weins
laffenn Vnnd das wol durcheinander mischenn vnnd es dreß
mal in daß vaß giffenn vnnd in alweg vast mit einer kluppenn
bewegenn so lang biß er scheimenn Wirdt so sol man den schaum
awff samelnn vnnd wider in das vaß thun Mann sol aber das
vaß zw keinem mal gar sol füllenn es wirdt sunst des weins
von dem bewegenn vil außlauffenn Oder man sol nemenn ein
handt vol neffelnn mit den würßenn wol gereinigt vnnd in das
Vaß henckenn vnnd ob die neffeln zw der selbenn zeit samenn
hettenn. er wer zeittig oder nit. so sol man denn samen dauonn
thun oder es aber also mit dem samen in ein reines leines thuch
winden vnnd in den wein henckenn so wird er frisch.

Item ein kopff vol senffs wol gestoffenn drey tag in Wein ge=
hangenn machet in frisch).

Item man sol nemenn ein kopff vol des selbenn Weins denn (4 b)
man frisch machenn wil vnnd ein virteil so vil salß vnnd das
in ein neuwenn haffen siedenn loffenn Vnnd so es wol gesotenn
vnnd verscheimbt ist vast bewegenn. biß das er gleich ßerenn
werdt darnach sol man plech vonn stahel oder pleß in das vaß
henckenn so wirdt der wein frisch.

Item so ein Wein essiget oder anßickt sol man in ein fuder ein
kopff vol lauchsamenn henckenn so kombt er Wider vnnd wirdt
süß als vor oder ein kopff vol weißen Wol gereinniget von dem
obernn balgenn vnnd j ꝛ Neus frisch wachß vnnd daß in ein
vaß hennckenn so wirdt ir vor anzickenn behút.

So nun hie vor vonn dem verziehenn der wein oder vonn einem
vaß in ein annderß zeziehenn berúrt ist So hab ich für genomenn
ettwaß nußliches vnnd nottürfftigs dauonn zw sagenn Darumb
wer die wein in andere vaß thun wol der sol die schwachenn
Vnnd krankenn Wein ym winter abzihenn aber die starckenn in
dem lenß vnnd inn dem sumer.

(5 a) Ob auch die ſchwachenn wein awff beſſer heffenn gegoſſenn werdenut
ſy dauonn gekrefftiget.

Es iſt zemerckenn Wöliĉ wein zv vollem mon oder ſo der
monn waĉſet ſo der windt auſter genaut Waet daß iſt im
herbſt *) auß gezogen werden die brecĥen leiĉtliĉ Darumb vonn
geſuntheit wegenn ſol man die wein ſo der windt Boreas genant
daß iſt im Winder vnnd ſo der monn abnimbt auß ziehen. vnnd
das es zv ſĉoner Zeit geſĉehe daß nit der wein awß Ver-
wandlung oder trübung des weters oder windes auch Verann-
dert werd naĉ dem die obernn bewegungen die vndern regnierent
geſĉehenn daß nit daß weter oder windt den wein brüĉig maĉ
Diſe ding ſein nütz Vnnd nottü[r]fftig zv dem wein von einem
vaß in ein anders zeziĥenn.

Zv zeitten mag auch der wein durĉ etliĉ zuſatz in ander ge-
ſtaltenn des geſĉmacks vnnd der farbenn verwandelt werden
darumb ob ein wein ſĉwaĉ wär vnnd man in mer krefftig

(5 b) maĉenn Wolt ſol man nemen zv einem ſuder weins | kümiĉ
Zucker abſeylung von hirſĉ hornn yedes ein Virdung vnnd
ſol yedes beſunder in einem Leinem ſäcklein in den wein
henckenn ſo wirdt er vil mer krefftiger oder man ſol nemen
zv einem ſuder Weinß ein ʃ raudenn ſamenn vnnd es wol
zv buluer ſtoſſenn. Vnnd ein virdung zuckers Vnnd yedes
beſunders in dem wein henckenn ſo wirdt er ſo ſtarck daß die
ſo in drinckenn dauonn dru[n]ckenn werden wan auß eygenſĉafft
beſuĉt die rautenn dz haubt.

Wer einen **) Wein der von natur weyß iſt rot maĉenn wol der
nem korner oder borlin Von erbſiĉ holtz zv latein Berberiß
genant Wen ſie zeitig ſendt vnnd druckne ſi wol Vnnd wen
man wil †) ſo heuck man ſie in einem reinem leinnen thuĉ in
daß geſĉir darin der Wein iſt ſo ſiĉt man vber ein kleine weil
daß der wein rot iſt oder man nem die rotenn ſĉnelblumen die
in dem korn waĉ[ſ]enn die ſelbenn bletter ſol man dorrenn
vnnd zv buluer maĉenn Vnnd daß in einem leinenn ſecklein in
dem weinn thun.

---

*) Text: am hebſt.   **) Text: einem   †) Text: vil.

V.

Die Sache der Augsburgischen Confessions-Verwandten in Steyer, Krain und Kärnten in den Jahren 1582 und 1583.

*Was im nachfolgenden diplomatischen Briefwechsel mitgetheilt wird, mag als eine kleine Episode im Vorspiel zu jener großen Tragödie erscheinen, die dreißig Jahre lang Deutschland erschütterte und in Schmerz fast auflöste. Die protestantische Lehre hatte in den Oesterreichischen Erblanden tiefe Wurzel geschlagen, sowohl im Herren- und Ritterstand, als bei Bürgern und Bauern. Die Stände von Steyer, Krain und Kärnten waren größtentheils Protestanten, und hatten sich manigfache Rechte errungen, wenn sich solche auch nur, wie z. B. das freier Religionsausübung, auf die eignen Besitzungen der Ritterschaft erstreckte. Freie Religionsübung war aber das schöne Panier, dessen Entfaltung mit Sehnsucht von allem Volke erwartet wurde, was der neuen Lehre anhing. Da befleckte es der übertriebene und übelangewandte Eifer fanatischer evangelischer Prädicanten, welche mit wüthender Intoleranz die Katholiken anfeindeten, und darauf riß es die Gewalt der Gegenpartei mitten von einander und trat es mit Füßen. Mit gewaltiger Energie suchten Oesterreichs Herrscher die, alle Lebenskreise jener Aera durchdringende reformatorische Idee zu bekämpfen, denn diese mußte dem Kaiserhause vor Allem gefährlich erscheinen, weit gefährlicher als die Glaubenslehre, die Glaubensformen der Reformatoren. Der vom römischen Papst schier abhängig gemachte römische Kaiser konnte, durfte nicht die protestantische Lehre begünstigen, und am Ende hing nicht einmal mehr von des schwachen Rudolph II. Gunst oder Ungunst das Loos der streitenden Kirchen ab. Unermüdlich schürten dabei die Jesuiten das heimliche Feuer des Religionshasses, bis es zur verderblichen Lohe aufschlug, unterdrückten das gedruckte freie Wort, wo und wie sie nur

konnten, und ließen Bücher gegen dasselbe ausgehen, weil sie selbst sich
überall der Pressen zu bemächtigen suchten und wußten.

Der Reichstag des Jahres 1582 wurde mit aller Solennität
gehalten. Erzherzog Karl von Oesterreich begleitete mit seiner Ge=
mahlin und zahlreichem Gefolge den Kaiser nach Augsburg. Die
Khevenhillerschen Annales Ferdinandei zählen zur Genüge auf, wie
viele Geheime Räthe, Reichshofräthe, Hofcammerräthe, Cammerherrn,
Truchsessen, Vorschneider u. dgl. mitgezogen, wie die Couverts bei den
Banketten gelegen, und wie die glänzendsten Aufzüge Statt gefunden.
Es werden die zur Erledigung und Nichterledigung gekommenen Reichs=
tagsarbeiten in Kürze aufgeführt, die Einführung des neuen Kalenders
und viele Ereignisse in auswärtigen Ländern, z. B. der Tod des Her=
zogs Alba und Anderes. Die Stände in Inner=Oesterreich hatten
der Religion halber ihre Gesandten auf diesen Reichstag schicken wollen,
aber Erzherzog Karl verbot es, die Axt lag bereits nahe am Baume,
es war schon beschlossen, den Protestantismus um jeden Preis wieder
auszurotten. Die Verfolgung begann, und die bedrängte Landschaft
richtete Hülfe suchend ihren Blick nach den protestantischen Fürsten,
die mit Schreck und Besorgniß das Unheil über ihre österreichischen
Glaubensbrüder hereinbrechen sahen. Ein Schreiben der zu Gräz ver=
sammelten Steyerischen Herren und der Ritterschaft an einen Churpfälzi=
schen Rath schilderte den Nothstand der Bedrängten mit lebendigen
Worten. Kurfürst Ludwig von der Pfalz glühte für Luthers Lehre.
Sein Vater, Kurfürst Friedrich III. hatte die Augsburgische Confession
verlassen und die Lehre Kalvins in seinem Lande eingeführt; der Sohn
verjagte mit Härte die Kalvinisten wieder und zeigte sich als eifrigster
Lutheraner. Daher an ihn hauptsächlich die Bitten der Hülfesuchenden.
Ludwig entsprach diesem in ihn gesetzten Vertrauen nach Kräften, und
brachte es dahin, daß entschiedene Intercessionsschritte von den protestanti=
schen Fürsten geschahen. Man bot alles auf, den Erzherzog Karl zur
Milderung der Härte zu bewegen, mit welcher in Krain, Steyer und
Kärnten gegen die Augsburgischen Confessionsverwandten verfahren
wurde. Leider trug dies Mühen keine Frucht.

Unter den dem Pfalzgrafen befreundeten deutschen Reichsfürsten
war auch Fürst=Graf Georg Ernst von Henneberg, der letzte seines
Stammes, ein klarer und einsichtvoller Regent, der sich schon längst

zur Lehre Luthers bekannte. Die deutſche Geſchichte hat dieſen Mann
bis jetzt minder gewürdigt, als er es verdient hat. Wäre nicht ſein
Stamm mit ihm erloſchen, würde es wohl anders ſein. Er ſchrieb
an den Erzherzog Karl und ſandte dieſes, ſein Interceſſionsſchreiben
an den Pfalzgrafen, damit dieſer es mit andern nach Wien beförbere.
Georg Ernſts Schreiben an den Pfalzgrafen lautet:

V. f. w. d. vnd was wir mehr liebs vnd guts vermögen zuuor,
hochgebornner Fürſt, freundtlicher lieber Herr vetter, Genatter vnd
Brueder, Wir ſtellen inn keinen Zweiffel, Eld. ſeye durch Ihre,
zu jüngſt geendtettem Augſpurgiſchen Reichstagl, damahls abgeordt=
nete Geſandten vnd Rätthe vnterthänigſt informirt vnd vorgetragen
worden, was daſelbſten, der Interceſſion halben, ahn den durch=
leuchtigen auch Hochgebornnen Fürſten, Herrn Carl Erzherzogen zw
Oeſterreich ꝛc. vnnſern f. lieben H. vnd Öheim, vorg. vorhaben vnd
enderung deß Religionweſens, zuwid. hiebeuor deßhalben vffgerichter
Pacification ꝛc. inn den dreyen Fürſtenthumben, Steyer, Kernten
vnd Krain, vff derſelben Ständte daſelbſt hin abgefertigter Ge=
ſandten angebrachte Werbung vnnd flehntliches bitten, vorgeloffen
vnd ſich ferner durch die Churfürſten vnd andere Stende vnſer wah=
ren chriſtlichen Religion vnd Augſpurgiſche Confeſſion anweſende Ge=
ſandte vnd Räthe, vermöge eingefaßten Memorials verglichen worden,
die nemlich ober die inen damals mitgetheilte ſemptliche Interceſſion:
ferner jeden Standt inſonderheit ahn hochermelten Erzherzog deß=
wegen ſchreiben, vnd ſolches zu E. L. Cantzlei gegen Heidelbergt,
von dannen ſolche ſchreiben Sein, deß Erzherzog Liebben zugeſandt
werden ſollten ꝛc. vberſchickhen mochten Damit wir ehs auch vnß
hails ahn vnmöglich beförderung ſollcher ſo chriſtlichen vnd hoch=
nottwendigen ſachen ꝛc. nichts erwinden laſſen, Als haben wir mehr=
hochernants Erzherzog L. hierbeneben geſchrieben, vnd dieſelben Sein
L. neben gebührlicher Zuuer . . . vorbittlich erſucht vnd gebetten, in=
maſſen vorberürte geziemte Interceſſion vermag vnd mit ſych bringt,
vnd bitte demnach gantz freundtlich, S. L. wollen vnbeſchwerdt die
Verordnung thun, damit ſolch vnſer ſchreiben, beneben andern, ver=
glichenermaßen, ahn ſeinen gehörigen ort abgeſchickt werden Daran
beſchicht vns angenehmes gefallen, vnd E. L. ſeind wir hinwiderumb,

wir auch ahne dem vermögen fl. zuuerdienen jeder Zeit erbüttig vnd
willig. Datum Maßfeld, den 28. 8 bris Anno 82.

Georg Ernst ꝛc.

Ahn

Herzog Ludwig Pfalzgraf Churfürst.

Das mit diesem Brief zugleich übersandte Hennebergische Inter=
cessionsschreiben an den Erzherzog dadiert einige Tage früher; es bietet
Alles auf, den Erzherzog zur Milde gegen seine protestantischen Un=
terthanen zu bewegen. Georg Ernst wendet sich an das fürstliche Ge=
müth, führt die Segnungen des Religionsfriedens an, deutet auf die
Deutschland Gefahr drohende feindliche Stellung der Türken hin, be=
ruft sich auf die stets bewiesene Unterthanentreue der betreffenden
Länder; er verheißt für die Erfüllung seiner Bitte die Gnade und den
Segen Gottes, den Dank der protestantischen Fürsten und schließt mit
den besten Wünschen. Der Brief folgt hier:

V. f. w. D. vnd was wir mehr Liebes vnd Gutes vermögen zuvor, Durchlauchtiger Hochgeborner Fürst, fl. lieber Herr vnd Oheim.
Was in Eld. vnserer der wahren christlichen Religion Augsburgischen
Confession Verwandten Churfürsten vnd Stände, zu jüngst geord=
netem Augsburgischen Reichstag, damals abgesandte vnd hinterlas=
sene Räthe, Botschaften vnd Gesandte der vorhabenden Enderung
halben im Religionwesen in denselben Eld. Fürstenthümber, Steyer,
Kernten vnd Crain vff kegliches vnd bekümmerliches Anbringen vnd
Bericht derselben Fürstenthümber daselbst hingegen Augsburg, Ab=
gefertigter Gesandten, vorbittlich geschrieben, wohlmeinend erinnert
vnd gebeten, das würdet Eld. nunmehr vordem vnterthenigst einge=
antwortet worden sein.

Wann dann zum Beschluß solchen vorbittlichen Schreibens auch
dieses mit angehengt worden, das, wofern Eld. sollich wohlgemein=
ten Intercession, als nicht gezweifelt werden wöllte, stet geben vnd
die durch etliche anrührige Leüte, so im Lande wenig oder gar nichts
zuverliehren, angestiffte gantz geferliche mutationes im vorberürten
Religionwesen, einstellen, vnd es bey vordessen vffgerichter Pacifica=
tion, samt andern Herkommen im vorigen ruhigen Stande, genädigst

verbleiben lassen würden, das die Chur-Fürsten vnd andere Stände
solches auch Jhrestheils nicht sollen vor eine sondere Freundschaft
vermerken, sondern auch Eld. Jhr Gemüet hierinnen, vnd das sie
sich diese Intercession gelieben lassen, mit mehrerer Ausführung fer=
nerer sl. zuerkleren, nicht vnderlassen würden,

Vnd wir demnach durch vnsere zu solchem Reichstag abgeordneten
Rathe zu ihrer Zurückkunft, dessen neben andern referend. vnterthenig
berichtet worden seind, Als haben wir vnsertheils zu Bekräftigung
desselben, gegenwärtige Schreiben an Eld. zu thun, nicht vnterlassen
können noch sollen, Ganz sl. bittend Eld. wollen solches von vns
Ja anders nicht, dann sl. vnd aus gutherzigem Gemueth vnd ge=
treuer Wohlmeinung beschehen, vermerken.

Vnd nachdem wir in keinem Zweifel stellen, Eld. werden sich zu
dem heilsamen Religionsfrieden des Heyligen Römischen Reichs, als
ein vornehmer Stand vnd Mitglied desselben, nicht weniger als an=
dere Chur-Fürsten vnd Stände bekennen, auch dieser zeithere Auf=
richtung desselben, gespürt vnd erfahren haben, das derselbige im
Reich viel gutes gestiftet vnd dadurch allerhandt Vnruh vnd Wei=
terungen verhütet worden, Jnmassen wir dann, das durch dergleichen
Religions Pacification, in vorermeldeten Eld. Fürstenthümern vnd
Landen, durch Gottes genedige Verleihung auch beschehen, nicht allein
itzo, sondern auch vordessen mehrmals mit christlicher Frohlockung
vnd Angratulation angehört vnd vernehmen. Als machen wir vns
sovielmehr diese gewise Zuversicht, wollen auch darumb ganz freund=
lich vnd mit Fleiß gebeten haben, Eld. wollen vnd werden in Be=
trachtung dessen, vnd sonderlich auch der großen androhenden Gefahr
darinnen diese Landschaften des Erbfeinds christliches Namens vnd
Gelobens halben ohne das sitzen, vnd das durch solche vorhabende
beschwerliche mutationes dieselbige aus denen in Jhrer Chur-Fürsten
vnd Stände Räthe vnd Gesandte vorangemeldeten Schreiben, aus=
geführten Vrsachen, leichtlich noch viel größer werden vnd zu vnwie=
derbringlichem Verderben vnd Vntergang solchen Lands, gereichen
möchte, Do vorgedachte getreue Landschaften, welche bey derselben
Leib, Gut vnd Blut auffzusetzen, bereit willig vnd erbütig seind,
Jnmassen sie es dann auch biß dahero im Werk also rühmlich ge=
leistet, obberürten heilsamen Religionfriedens vnd vffgerichter Paci=

fication nicht wenig führten an, als biß dahero aus angeborner Fr.
Mildigkeit genedigst genießen vnd würklich sich erfreien, auch darbey,
vnd fonderlich dem hergebrachten öffentlichen exercitio Religionis,
daburch dann alle corruptelen vnd Sekten, fo sich fonsten vnder dem
Scheine Augsburgischer Confeffion einschleichen möchten, vorgebaut
vnd verhütet werben kann ruhig vnd ohne befchwerliche Conbuction
fo wol in Städten vnd Märkten, als fonften ꝛc. gnebigst verblei=
ben laffe.

Daran erweifen Elb. zuvörberst bem allmächtigen Gott, ein ge=
fälliges, angenehmes bero felbst fowohl als denfelben Fürftenthümbern
vnd Landen, zu diefen gefehrlichen Zeiten hochnothwendiges rühm=
liches Werk, auch allen Augsburgischer Confeffion Verwandten, Chur=
Fürsten vnd Ständen eine große Freundschaft vnd hochangenehmen
gefelligen Willen, welches beneben demfelbigen vmb Elb. wir hinwi=
berumb nach unferm Vermögen f. Zuvordienen jederzeit erbütig vnd
willig feind, Zuvörderst aber würde es die göttliche Allmacht, bo
alfo dem König der Ehre die Pforte vnuerschloffen vnd deffen heyl=
fertigen Evangelio fein starker Lauf vnverhindert gelaffen würde mit
allerhanbt leiblichen vnd geiftlichen Segen reichlich und milbiglich
vergelten,

Welches Elb. wir im gutem Hertzen vertrawen, f. nicht verhal=
ten mögen, dem wir hiermit glückliche friedfame Regierung vnd alle
zeitliche vnd ewige Wohlfahrt nicht weniger als vns felbsten vom
Hertzen wünfchen. Datum Schlenfingen, den 24. Oktobris
Anno ꝛc. 82.

Pfalzgraf Ludwig antwortete auf des Fürften Georg Ernft Schrei=
ben ziemlich fpät, erst am 6. Januar 1583. Sein Schreiben war
eine Kette trüber Nachrichten aus Oesterreich, und mit traurigen Be=
legen begleitet. Da die frühern Verwendungen der protestierenden Für=
ften nichts gefruchtet hatten, fo hatten die Steyerischen Herren und die
Ritterfchaft jene um eine befonbere Gefandtfchaft an den Erzherzog
gebeten. Der Pfalzgraf verfprach fich, entmuthigt, auch von diefem
Schritte keine Hülfe, bot aber gern die Hand, um jeden fpäteren Vor=
wurf, die Bedrängten hülflos gelaffen zu haben, von fich abzulehnen,
auch um baburch einen möglichen völligen Aufftand in Oesterreich zu

verhüten, der den Türken gerade recht kommen würde. Daher fragt
Pfalzgraf Ludwig den Fürſten von Henneberg um ſeine Meinung in
dieſer hochwichtigen Sache, um mit ihm gemeinſchaftliche weitere Ver-
mittlungsſchritte zu thun. Das kurpfälziſche Schreiben lautet:

Vnſern freundlichen Gruß zuuor Hochgeborner lieber Oheim, Schwager, Bruder vnd Geuatter, Euer verſchloſſen Schreiben, an den auch
Hochgebornen Fürſten vnſern freundlichen lieben Oheim Herrn Carlen
Erzherzogen zu Oeſterreich haltende vnd das Religionsweſen in Steyr
betreffend, ſo vns jr zugefertiget, haben wir vor diſem wol empfangen, vnd alsbald mit gewiſſer Bottſchaft, an gehörigen Ortt ver-
ſchafft, des verſehens, es ſolle nunmehr zu Recht gebracht worden
ſein. Wir mögen aber Euch freundlich nicht verhalten, das vor wenig
tagen die Verordnete des Herrn- vnd Ritterſtands in Steyr, ſo
zu Gräz verſamblet geweſen, an einen vnſerer Räthe ſchrifftlich
gelangen laſſen das gleichwol obangeregte vnſerer der Euangeliſchen
Stende Räthe zu Augsburg ausgangene Vorſchrift, gedachtem Erzherzogen gebürlich präſentirt, Jnen aber darauf abſchlegige antwortt
gegeben, darzu die Burgermeiſter, Richter, Stattſchreiber vnd der
ganze Rhat zu Gracz, als ſie nicht verſprechen wollen, ſich der Euangeliſchen Kirchen daſelbſt zu enthalten, der Statt mit allem Ernſt
verwiſen worden.

Nachdem dann die Sach hochwichtig, vnd es nun mer nicht allein
vmb die Bürgerſchafft in Stätten vnd Märckten, welche ſich zu vnſer
wahren chriſtlichen Religion bekennen, ſondern auch umb Verluſt der
chriſtlichen Grenntz gegen dem Erbfeind, dem Türken, zuthun, weren
gedachte Steyriſche Herrn vnd Ritterſtänd entſchloſſen, vns die
Euangeliſche Chur- vnd Fürſten vmb ein legation an vorge-
dachtem Erzherzoge Carlen, durch Jhre ſonderbare Abgeſandten
zuerſuchen, in Hoffnung dardurch die Sachen zu einer Milterung
zubringen, wie Jr auß beiverwarter Abſchrifft ferner zu vernemen,
wie wol nun die Vorſorge zutragen, es möchte villeicht, durch an-
gedeute Schickung, auch nicht vil zuerlangen ſein, Jedoch dieweil
diſe beträngte Mitchriſten, alſo zu Vns Jre Zuflucht vnd gute Hoffnung haben, ſolcher legation (die ſie gleich wol auf ihren Coſten

begeren) zugenieſſen, ſonſten aber keiner würcklichen Hilff begeren,
noch Ire Sachen mit Gewalt durch zuringen gemeindt ſeindt, da=
mit dann an Vns nichts ermangle vnd künftig einicher ſo Müſal
zugemeſſen werde, vnd wir in vnſerem Gewiſſen, wie es auch künftig
hinaus lauffen möchte, entſchuldiget, ſo weren wir vnſers theils, wo=
für Ihr gleicher meinung, nicht vngeneigt, den beträngten Landen
zu Troſt, mit begerter Schickung gutwilliglich zu wilfaren, vnd daß
auch weiter vß denen Vrſachen, dieweil wir bericht, waß dißhalb für=
gehe, allein Instinctu papae vnd ieglichen Antrieb ſeines Nuncij
beſchehe, vnd gute Hoffnung da des Erzherzogen L. hergegen die Ab=
manung der Euangeliſchen Chur= vnd Fürſten vermercken wurde,
das es zu milterm Wege gerathen möchte, wie es auch darzu dienet,
dieweil der Stand von Herrn vnd Ritterſchaft die große Fürſorge
wagen, da die perſecutio alſo continuirt, das der gemeine hauff
auß Vngeduld offſtehen, vnd zu vnordenlichen Wegen greifen mocht,
was dann vf ein ſolche Vngelegenheit der benachbarten Türcken halb
zu befahren. Habt Ihr verſtendiglichen ſelbſt zuermeſſen, dafur dann
alſo, ſowol des Erzherzogen L. als die Landſchaft zuuor -warnen.
Vnd haben es Euch zur Nachrichtung, vff den Fall Ihr vmb ſolche
legation erſucht werden ſollten, freundlich nicht verhalten wollen,
freundlich bittend, Jr wollent vnbeſchwert ſein, vns Euer Meinung
angeregter Schickung halb, auch fürderlich zu eröffnen vns ferner dar=
nach haben zugerichten, vnd wir ſeind Euch zu dienen geneigt. Datum
Heidelberg den 6. Januarij Anno ꝛc. 83.

> Ludwig von gottes genaden Pfalzgraf bei Rein, des
> Heiligen Römiſchen Reichs Erztruchſaß vnd Churfürſt
> Herzog in Baiern ꝛc.

Nun folgt ein an den Fürſten von Henneberg vom Kurfürſten
Ludwig von der Pfalz beigeſchloſſener ausführlicher, die Sachlage treulich
vor Augen ſtellender weiterer Bericht der Steyeriſchen Stände an einen kur=
pfälziſchen Rath. Aus dieſem Bericht erhellen die trübſeligen Zuſtände
der betheiligten Provinzen ganz klar, nicht minder welche große Hoffnung
die Steyeriſche Landſchaft auf die Interceſſion der glaubensverwandten
Fürſten baute, und welches Vertrauen ſie in die Perſon deſſen ſetzte, an

den ſie ſich ſo hoffend und vertrauend wandte. Dieſer Mann ſcheint
gleichſam die Stelle eines Reſidenten oder Conſuls jener Hülfe ſuchenden
Landſchaft am pfälziſchen Hofe bekleidet zu haben.

Edler Veſter Hochgelerter, beſonders lieber Herr vnd freund, dem
Herrn ſein vnſer willige Dienſt zuvoran. Vnd geben dem Herrn
zu vernemen, dß die allhie vor der Zeit angefangene Religions Per=
ſecution Augsburgiſcher Confeſſion ſeyt iungſtens der Frl. Drhl.
vnſers gnedigſten Herrn vnd Landfurſten von Augsburg veraiſens,
nit allein von Tag zu Tag zugenommen vnd gröſſer worden: ſon=
dern auch nuhnmehr laider, gar in den effectum der Geſtalt kumen;
dß ober vorige dem Herrn albereit, bewüßte vnerhörte der U. O.
Regierung, in der Fl. Drhl. abweſen aufgeſetzte Poenfall, Jhr Fl.
Drchl. ſelbſt, als ſie in das Landt kommen, vnd durch die Herrn
der Lande Religionsgeſandten, vermöge Jhres habenden Bevelchs vnd
Jnſtruction, Sein Fl. Drchl. zum Vberfluß in allem Gehorſamb
wegen Abſtellung dieſer fürgenommenen perſecution vnterthenigſt
gebetten, nit allein diſſen beyliegenden abſchlegigen Bſchaid erlangt:
Sondern auch Jr frl. Drchl. haben hernach ſelbs mit großem Ernſt
vnd bedrohter Vngnad die Vermeidung der Euangeliſchen Stiftkirchen
dem Bürgermeiſter Richter vnd Rath der Haupt Stadt Grätz auffer=
legt Vnd als ſolches (vnangeſehen des fürgewenten ſlehens, Bitten,
vnd geleiſten bimütigſten Fußfalls) nit helfen wöllen, durch neue auff=
geſetzte Poenfall: Item gefänklicher Einziehung des Bürg'meiſters
Richters vnd Stadtſchreibers, voriges Aüfferlegen vergiebt, vnd ob=
wol wir durch die Bittgeſchrift den 9. 9bris gantz gehorſambſt dar=
für gebetten, hat doch daſſelb nichts würcken wöllen: vnd iſt darauff
Jhr Fl. Drchl. weil durch gefenkliche Einziehung der furnembſten
Stadtobrigkeitten nichts gericht, letztlich zugefahren, vnd dem gantzen
Stadtrath ſammt vorgemeltem Bürg'meiſter vnd Stadtſchreiber, für
die geheimen Räth erfordert, vnd ihnen die Jrtt (?) fürhalten laſſen.
    Ob nun wohl gedachter Burg'meiſter Richter vnd Rath, abermals
gantz gehorſamſt darfür gebetten, vndt ſonderlichen für dieſes, das
Sie mittlerweil ihres Abzugs die Stift Kirchen vermeiden vnd der
heiligen vnd heilſamen Seelen exercitiorum embören vnd entratten
ſollen. So hat doch weder ains noch das ander ſtatt finden wöllen,

8

Sondern habens bey Ausschaffung vnd Abzug gentzlichen verbleiben laffen.

Nach folcher ,furgenommener verhörten schöff vnd Proceß, welche auch dem bewußten Religionsfrieden, deffen man sich doch ihres theils so hoch behelffen will, entgegen ist, haben diefe drey Lande Steyr, Kärnten vnd Crain, lenger nicht vmbgehn können, durch aigene Gefandte alhie zusammen zu kommen, von Sachen weitter trewhertzig zu reden, vnd die von denen Chur= vnd Fürsten auch anderen Reich= Ständen erlangte Religionsvorschrift Seiner Fl. Drchl. zu vbergegeben, vnd darneben auch durch ein fonderbahres gehorfambstes schrifftliches Anbringen den 22 verwichenen Monats 9bris vmb Ein= vnd Abstellung differ allgemainen vnd groffen Beschwerungen, wie auch mündlich Jr Frl. Drchl. vntertheinigst zu bitten, Darüber aber gar ein abschlegiger Bschaid, gedachten Herrn Gesandten ervolgt.

Also auch Denen von der Bürg'schafft auff ihr letztes dimütiges Bitten abschlegige Resolution zukommen.

Darauß man nun lauter am Tag vnd gründlich zuuerstehn geben, was die Religions . . . widderwertigs im sinn haben, vnd Vorhabens sein, vnd es nun an dem, daß sich die Bürg'schafft, mit groffem allgemeinen Landsschaden weckziehen muß, wie sich dann die Jhrigen, vnd also alle so das Land räumen wöllen fammt vnd fonderlichen vnderschrieben vnd gegen Jhr Frl. Drchl. dießfalls erclärt haben.

Hierauf nun obbemelte der dreyer Landtschaften Ausschuß die Sach weitter in Beratschlagung gezogen, vnd weil sie Jr mit befinden können das bey differ vortgesetzten persecution die Lande in die Lenge auffrecht stehen fondern eins mit dem andern zu Grund gehn vnd hiezwischen allerley Practik zu dem Lande Verderben furgenomen, darzu der Türcke so zunächst vereint, dem auch difses alles wolbewust, bald den garauß machen möchte, darneben auch erwägen, daß die schrifftlichen Intercesfiones, nit allerdings ein Ansehen haben, würcken, Nutz oder Frücht schaffen wöllen, sich entschlossen, also= bald die hochlöblichen Chur= vnd fürnembsten Fürsten difser Confesfion zugethan, durch fonderbahre Gesandte von neuem gehorfambst vnd alles höchstes Bleiß zu erfuchen vnd christlich zu bitten, das Jhr Chur= vnd Fürstliche Gb. aus hochbeweglichen Brfachen, vnd besonders von christlicher Liebe, Threw vnd Gnaden wegen, Sich

einer Legation hiervor vertröſtermaſſen gnedigſt vnd gnediglich aufs
aller eheſt auf der Landſchaften Vnkoſten entſchlieſſen vnd die Frl.
Drchl. vnſerm gnedigſten Herrn vnd Landesfürſten, vmb Ein= vnd
Abſtellung dieſer hochbeſchwerlichen Verfolgung chriſtlich vnd gut-
hertzig erſuchen laſſen wollen.

Wann dann uns für rathſam angeſehen, vorhero aller dieſſer ver-
ſchloſſener Handlungen vnd laidigen Prozeſſen Beſchaffenheit dem
Herrn auß der Vrſach zu berichten, vnd darbey zu bitten, das Er
dem vertrawen nach, ſo die Landtſchafften ſamentlichen, in des Herrn
Perſon ſtellen ohne Verzug, dieſes alles, denen andern abweſenden
Chur= vnd Fürſten oder auffs wenigſt derſelben Räthen, vnbeſchwerdt
fürderlichen zuſchreiben, vnd dieſes der Lande Vorhaben zeittlich erinnern, darneben auch bitten wollen, das ſie mittlerweil den Sachen
chriſtlich nachgedenken vnd wann nuhn die neuen Religionsgeſandten
bey Ihrer Chur= vnd Fürſtlichen Gnd. ankommen werden, welches
denn ſtraks, wills Gott, beſchehen ſolle, Ihre Gd. ſich vmb ſo viel
eher reſolviren die von Iren Chur= vnd Fürſtl. Gnd. gebetene Bot-
ſchaften, deſto fürderlicher mit der dreyer Landſchaften, Geſandten,
in dieſe Lande verreiſſen, vnd bey denen vorſtehenden . . . .
Landtägen, welche vngeverlich im Januario, ſich anfahen werden,
dieſer Sachen in Gottes Nahmen bey der Frl. Drchl. einen Anfang
machen möchten.

Wann wir dann dieſſes Mittel zu der Sachen Befürderniß vnſers
Verhoffens der Zeit am dienſtlichſten zu ſein erachten vnd vuß des
Herrn chriſtliches Gemüth Eiffer vnd Neuerung zu Fortpflanzung
Göttlichen Worts, nicht weniger auch ſein gegen diſſe Landen geneig-
ter Willen von denen Reichstag vnd Religions Herrn Geſandten
hochgerumbt denſelben auch albereith in mehr weg würcklich vnd in
der That ſpüren laſſen, alſo wöllen wir in keinen Zweifel ſtellen,
bitten auch den Herrn hiermit gantz freundlich, er wolle obbemelde
Ausſchreiben bey aigenen Botten auff der Landſchaften Vnkoſten je
ehe je beſſer, chriſtlich guttwillig vnd eiffrig furnemen vnd was er
ſonſten auch zu der Sachen dienſtlich vnd fürderſam zu ſein ſelbſt
erachtet, vorhero ehr die Geſanden ankommen, an die Handt zu nehmen nit vnderlaſſen,

Wie wir dann auch alles das jenige, ſo auff dergleichen Notturf-

8*

ten vber das was dem Herrn zuvor dargelegt, außgehn wurdet mit
Dank bezahlen wöllen.

Sonderlich aber bitten den Herrn wir freundlich, daß er bey dieſſem
vnſerm aigenen Botten vber diſſem Allem ſein getrewes vnd wohl-
meinendes Guttachten ſchrifftlich erinnern vnd communiciren.

Bevorab, da es ehe diſſen Weg der Chur- vnd Fürſten Botſchaf-
ten Abſendung erlangen ſollte, wo doch etwan im Wiederſpiel ver-
melte Churfürſtliche Herrn Geſandte, es ſey zu Regensburg, Nürnberg oder andern Orten zuſammen Kommen, vnd als dann haim
vortreiſen möchten, Daß alles vmb den Herrn zuverdinen, werden
ſich die Landſchafften ſampt vns alles dienſtlichen Fleiſſes bemühen,
Gott wirds auch hier vnd dort gewiſſlichen belohnen, Datum Gräz
den 6. octobris Anno re. 82 re.

N. Einer Erſamen Landſchafft
in Steyer Verordnete. re.

Fürſt Georg Ernſt äußerte nun brieflich ſein inniges Mitleid mit
den drangvollen Zuſtänden in Steyer, Krain und Kärnten, ſprach ſeinen
Unwillen darüber aus, daß die Interceſſionsſchriften gänzlich mißachtet,
gleichſam förmlich ignoriert worden, und theilte die Beſorgniß des Kurfürſten von der Pfalz, daß bei ſolchen Ausſichten auch eine Geſandt-
ſchaft nichts fruchten werde; gleichwohl wollte auch er nichts unver-
ſucht laſſen, was den bedrängten Glaubensbrüdern hülfreich werden
könne, und daher gern die Hand zu allem bieten, was die Augsburgiſchen Confeſſionsverwandten darüber in dieſer Sache beſchließen würden.
Sein Schreiben lautet:

Vnſer freundwillig Dienſt, auch was wir mehr Liebs vnd Guts vermögen zuvor Hochgeborner Fürſt. fr. lieber Herr Schwager, Bruder
vnd Geuatter, Auß E. L. ſeinem vnter Dato Heidelberg, den 6 In-
ſtehenden Monats Januarij, in Sachen, das Religionsweſen in Steyer
betreffenden, an vns gethanen Schreiben vnd mit vberſchickten Copien
des Herrn vnd Ritterſtandes In Steyer, ſo zu Gräz verſammlet
geweſen, im Eingang des verſchienenen Monats Decembris des nechſt-
abgelauffenen Jahres an einen E. L. Räthe gethanen Schreibens,

haben wir gleichwol nicht ohne beſonder in der bedrängten Steyriſchen Stände vnd Vnterthanen halben tragende Chriſtlich vnd gutherzig Mitleiden neben ſeinem Jnhalte vernohmen, das vnerwogen
alles ihres Flehens vnd Bittens, auch denen ihnen auf Jungſten
Reichstag von gemeiner der Augsburgiſchen Confeſſion Verwanten
des heiligen Reichs Churfürſt vnd Stände wegen mittgetheilten Jn-
terceſſionsſchrift einen Weg wie den andern gegen ſie mit der ange-
ſtellten Perſecution vnd Außſchaffung ohne alle Gnade fortgefahren,
vnd ſie dadurch, dieweil die ſach nuhr allein vmb ihr der bedrängten Burgerſchafft in Stätten vnd Märkten, welche ſich zu vnſerer
wahren Chriſtlichen Religion bekennen, höchſte Beſchwehrung vnd
äuſſerſter Gefahr Willen, ſondern auch wegen des daher beſorglichen
Verluſts der Chriſtlichen Gemeine gegen dem Erbfeinde dem Türcken
vnd andern Vntheils. ganz hochwichtig, bey vns den Euangeliſchen
Chur- vnd Fürſten vmb eine Legation, durch ſonderbahre Abgeſandte
an Ertzherzog Carl zu Oeſterreich zu erſuchen vnd anzulangen ge-
nottrungen wurden, Nun hatten wir vns gleich wol nicht verſehen,
daß ſolche Jhnen hiebevor mitgetheilte vnd nach aller Notturfft mit
Anziehung des heiligen Reichs aufgerichten Religionsfriedens, vnd an
derer dießem weit außehendem Werk anhengige beſorgliche Conſequenz
außgeführte Jnterceſſionsſchrifft, in ſo gar geringer Achtung geſtellt,
vnd auf dieſelbe nicht mehr Reſpect, dan wir auß obgemelter Copien
des H. vnd Ritterſtands Schreibens vernehmen, gehabt worden ſein
ſollte, vnd ob wir wol daher nicht wenig als E. L. die Vorſorge
tragen, das vielleicht auch die augedeute Legation vnd Schickung bey
Oſterreich eines ebenmäßigen geringſchätzigen Anſehens vnd verlaſſen
auch alsdann der Schimpf auf dieſem Theile, da man ferner nichts
dabei thun könne vnd ſie die beträngten Bürger doch ſtärken laſſen
müſſte, deſto größer ſein möchte Dieweil wir aber doch daneben auch
dafür halten, das auß dem in E. L. Schreiben vernünftiglich einge-
furten, hochwichtigen Motiven vnd Bedenken ihnen den beträngten
Steyriſchen Ständen vnd Vnterthanen auf ihr Anſuchen ſolche vor-
getragene Schickung nicht abzuſchlagen, ſondern ihnen in diſſer ihrer
äuſſerſten Bedrängnuß, baides zu ihrem Troſt vnd dann auch zu
nothwendiger Verwahrung vnſerer Perſon vnd . . . . . , wie ſich
auch künftig die Sache zutragen und hinausgehen möchte, damit zu-

wilfahren sein wolle, Als seindt wir demnach nicht gemeinet, vns
von diesem gemeinen Religionswerk abzusondern, sondern wollen auff
mehr berürtem Fall ferner ihres Ansuchens, vnsers theils gleich
andern der Augsburgischen Confession Verwanten Fürsten vns hierin
der Sache vnd Gelegenheit nach der Gebühr zuvor halten wissen,
Welches E. L. wir auf dero Begeren, zu vnsrer Resolution vnd Er=
klärung hinwider freundlichen nicht verhalten wollen, vnd seind dero=
selben neben Wünschung von Gott dem Allmächtigen eines glückseli=
gen friedlichen vnd gnadenreichen Neuen Jahres zu angenehmen
freundlichen Diensten erböttig vnd willig. Datum Maßfeld, am
23. Januarij 1583.

        Alle diese Briefe gingen durch expresse Fuß= oder Reitboten, da=
her nicht allzuschnell. Erst am 9. Februar gelangte der hennebergische
Bote mit Georg Ernsts Brief nach Heidelberg, und erhielt auf der
kurfürstlichen Kanzlei dieses Certificat richtiger Abgabe:

        Dem Durchleuchtigsten Pfalzgraf Ludwig Churfürsten 2c. hat Zeiger
dieß Pott vonn Henneberg 2c. ein Schreiben woleingeantwortet, Deß=
wegen Jhm dise Vrkundt mitgetheilt worden. Signat. Heidelberg
den 9. Febr. Anno 2c. 83.

                              Churfürstlich Pfalz
                              Canzlei Handschrift.

        Bevor noch dieses Schreiben an den Kurfürsten von der Pfalz
gelangte, war von seiner Seite schon ein anderes concipiert worden,
das fernere Nachricht vom Stand der Dinge in Steyer enthielt, und
dem eine Abschrift von der Antwort des Erzherzogs Karl beilag, nicht
minder die Copie einer Relation der steyerischen Landschaft an deren pfäl=
zischen Geschäftsträger über die Hergänge zu St. Veit und an andern
Orten. Der Kurfürst beharrte auf seinem Entschluß, durch eine be=
sondere Gesandtschaft fortwährend am österreichischen Hofe zu interce=
bieren, und hatte eine ausführliche Instruction ausarbeiten lassen, die
den Abgesandten zur Richtschnur dienen sollte. Das kurfürstliche Schrei=
ben lautet:

Ludwig von Gottes Gnaden Pfalzgraue bey Rhein des heiligen Römischen Reichs Ertztruchseß Vnd Churfürst, Hertzog in Bayern ꝛc.

Vnsern freundlichen Gruß zuvor, Hochgeborner lieber Oheim, Schwager, Bruder vnd Geuatter, Wir setzen in keinen Zweifel, Ihr werdet nunmehr vnser Schreiben, so wir vnterm Sechsten Januarij in der Steyrischen religionssachen an dieselb außgehen lassen sambt den Beilagen empfangen, vnd darauß vnser verursacht Bedenken einer Schickung halben an Ertzhertzog Carln zu Osterreich nach lengs freundlich vernommen haben.

Vff solches mögen wir euch ferner freundlich nicht bergen, das vnser Pot, so wir mit den eingebrachten Intercessionschriften nach Grätz abgefertigt, vnß dieser Tagen wiederumb eine schrifftliche Beantwortung von des Ertzherzogen L. eingebracht, darin sie Jr Vornemen mit Abstellung des Exercitij Augustanæ Confessionis mit dem Religionsfrieden zu bewerfen vnderstehen, Alß Jhr auß beigelegter Abschrift mit A. freundlich zu vernehmen, ob wir wohl darfür halten Jhr vff gleichmessige Meinung, sowol als wir beantwortet sein werden. Wiewol wir nun nicht gemeint mit seiner L. vnß in ein weitläuftige disputation einzulassen, benorab bey den Punkten versprochener Concession Welches die Vnterthanen selbsten am besten wissen werden, So stehen Wir jedoch auch nicht in diesem Gedanken, das darumb die gute Leut vom Herrn vnd Bürgerstand, die so herzlich nach der Euangelischen Lehr eiffern, vff dieß verweigerlich Schreiben allerdings zuuerlassen, sondern soviel mehr wir vnser Lehr für gerecht vnd in Gottes Wort gegrundet glauben, soviel weither achten wir die christliche Lieb erfordern wölle, mit desto mehrer vnnachleßlicher affection, denjenigen so sich darzu bekennen durch christliche Mittel die Hand zu bieten seye, bevorab weil die in vermelter Beantwortung ingefürte argumenta noch wol abzulenen, Sintemal diese Landschaften mehrentheils das freie Exercitium Augsburgischer Confession lengst vor Aufrichtung des Religionfrieden gehabt, dessen Meinung ja nicht dahin zu deuten, das dadurch denjenigen, so berürter Religion in Vbung albereit gewesen

derselben wiedter mit Betrangnus durch solchen Frieden, der doch
dem beschwerten Gewissen zu Gutem kommen beraubt vnd entsagt
werden sollen, Dann sunsten Vnserer religion Augsburgischer
Confeßion, vermeltem Religionfrieden wenig zu danken, Auch weilandt Keiser Ferdinands löblicher Gedechtnus gegebene declaration
denselben nicht recht interpraetiren thäte.

Wann dann ohne das die verordnete von der Landschaft, vnserer
Räthe einem besonder geschrieben vnd den Verlauff der Sachen
was sich seithero mit der Stadt St. Veit vnd sunsten zugetragen
mit mehrer Aufführung zu erkennen gegeben vnd noch umb die ob-
berürte Legation vnser der Chur- vnd Fürsten, so sich bißhero
mit schriftlicher Intercession ihrer angenommen, bitten, auch derwegen besonders herauß zuschicken vnd fernere Anzeig zu thun noch
im Werck seindt, alß Jhr hiebei auch zu empfahen, Alß halten wir
zwar auß obberürten vnd volgenden Vrsachen darfür, daß Jnen off
ferner angedeut ordenlich Suchen nochmalen mitleidenlich zuwilfaren,
bevorab, Weiln die von der Landschafften noch die Hoffnung haben,
das des Ertzherzogen L. als sunsten ein gütiger vnd milter Fürst,
dadurch mehr dan Schriefften von der aufländischen Teglichs wider-
wärtigem Antrieb abgemauet werden müge, off welche Nachbur-
schaften gleichwoln sein L. in Jhrem Schreiben selbst etwas deuten,
vnd achten wir das solche Schickung auch darumben nicht zu vnderlassen. Damit insgemein ein schweres Zuvorkommen vnd abzu-
wenden, Dann da die alten Jnwohner dergestalt außgeschafft, die
gleichwol irgend an andern Orten Vnderschleiff nach eines jeden
Beschaffenheit finden werden, ist zu besorgen der Türk sein Gelegenheit auch ersehen, vnd dem Vatterland daher leichtlich ein fernerer
vnd grösserer Last zuwachsen möchte. Welches alles wir dannochten
auch der Sachen weiter nachzudenken, in freundlichem Vertrauen
nicht vnberichtet nicht lassen sollen. Vnd weiln wir endtlich darfur
gehalten, Jhr euch eine solche Schickung auch belieben lassen werden,
Haben wir zur Beförderung der Sachen in Euentum ein Jnstruk-
tion verfertigen, vnd Euch, wie auch andern, so sich bißhero der
Sachen angenommen, zur Besichtigung zukommen lassen, freundtlich
bittend, Jhr solche erwägen, vnd was sie darein zureden oder zuerinnern vrnotig erachten, dabei bemerken wöllen, Vnd seind euch

freundlichen Willen zu erzeigen geneigt, Datum Heidelberg den
12 Februarij Ao ꝛc. 83.

Ludwig Pfalzgraf Churfürſt.

Ein dieſem Schreiben beigefügte Nachſchrift gibt Kunde, daß
mittlerweile das Schreiben des Fürſten von Henneberg einlief, was
beim Concipieren des erſteren, wie aus deſſen Eingang erhellt, noch nicht
der Fall geweſen. Die verſchiedenen Copien verzögerten die Abſendung, bei der man erſt das obige Datum hinzufügte. Folgendes iſt
die Nachſchrift:

Vnß iſt auch euer Beantwortung vff vnſer vorig Schreiben in dieſer
Steyriſchen religionſachen, darin Jhr euch eine ſolche vorſtehende
legation an Ertzherzog Carln ꝛc. mit thun zu helffen erbiethen,
wol einkommen, welches wir zwar gern verſtanden, ſeint auch gemeint, da Jemants von der Landſchafft derwegen zu Vns kommen
wurt, euch ſolches ebenmäſſig zu berichten. Dathum in literis.

Das Schreiben des Erzherzogs Karl enthält eine entſchiedene Ab-
lehnung des Anſinnens der Interceſſenten, mit Vernunftgründen belegt, gegen die ſich, ſofern ſie haltbar waren, freilich wenig einwenden
ließ. Der Erzherzog widerſpricht der Behauptung der proteſtantiſchen
Fürſten, daß den öſterreichiſchen Unterthanen insgeſammt volle Religions-
freiheit und freie Religionsübung zugeſichert worden ſei. Dann führt
er zu Gemüthe, wie es dem Pfalzgrafen gefallen würde, wenn jemand
eine Religion (oder vielmehr einen Kult), die ihm zuwider, in ſeinem
Lande allgemein einführen wollte, zumal wenn ohnehin die Freiheit der
Gewiſſen unverkümmert gelaſſen werde. Er nennt das Suchen ſeiner
Unterthanen nach Hülfe von außen unbefugt und bittet, daſſelbe,
wenn es andaure, abzuweiſen, und allenthalben den heilſamen Religionsfrieden aufrecht zu erhalten.

Es folgt das Schreiben des Erzherzogs:

A.

Vnſer freundlichen willig Dienſt, was wir auch ſonſten Liebes vnd
Gutes vermögen zuvor, Hochgeborner Churfürſt freundlicher lieber

Oheim vnd Schwager Wir haben E. L. Intercessionschreiben, so
sie vnserer dreyer Fürstenthümern, Steyer, Kärnthen- vnd Crain
Burgerschaft vnd Vnderthanen, die sich zu der Augsburgischen Confession bekennen vom 25 8bris jüngst hin an vnß ertheilen vnd
vnß darinnen, das wir Sie die Burgerschaft, sowol als die vom
Herrn vnd Ritterstand bei solcher ihrer Confession exercitio, vnbetrübt verblaiben lassen wollten, angelangt vnd gebetten, wol empfangen, vnd seines außführlichen Inhalts nach lengs freundtlich
angehört vnd verstanden, Nun könnten wir gleichwol nit anders abnemen vnd vermercken, als daß es E. L. dießfalls, gegen vns treuherzig wohl vnd gut meynen, aber daneben auch diesses in Sachen
darum vorbemelter vnserer Dreyer Lande Steyer, Kärnthen vnd
Crain Abgesandte, E. L. verordnete Räthe, auf jüngst gehaltenem
Reichstag, bemühet vnvermeldet nicht lassen, daß weilandt Kaiser
Ferdinand, vnser geliebter Herr vnd Vatter, gottseligster Gedächtnuß
einigen seiner Vnterthanen, in den U. O. Landen der Augsburgischen Confession Exercitium mit wissen vnd willen, niemalen bewilliget oder nachgesehen, Noch wir selbs solches in Aufnehmung
vnserer Abhuldigung im wenigsten nie gedacht, vielweniger gethan,
sondern nur soviel gegen einer vnd der andern Landschaft vermeldet,
daß wir vns in den strittigen Religionssachen, aller vätterlichen
Sanftmüthigkeit erweisen vnd verhalten wollten, welches wir auch
die ganze Zeithero vnserer Regierung gethan, als aber hernach er-
meldete Landschaft an solchen nit ersättigt sein, sondern die Frei-
stellung der Religion absolute vnd außdrücklich haben, auch eher
wieder dem Erbfeind, dem Türken, zu noch längerer Aufenthalt des
geliebten Vaterlandes nichts verwilligen wöllen, ist nit weniger, daß
auf solches ihr so starkes Anhalten vnd importuniren, wie im verschienenen 78 Jahr vnter dem dazumal in vnserer Stadt Brugg
gehaltenen Vniuersal Landtag obbemeldten vnsern dreyen Landen
ingemein diese gnädigste Vertröstung gethan, daß wir sie in ihrem
Gewissen gleichwol vnbedrängt lassen, vnd denen von Herrn vnd
Ritterschaft, samt ihren Angehörigen in ihren Schlössern vnd Herrschaften, wie auch in den vier Stätten Gräz, Judenburg, Klagen-
furt, vnd Laibach, doch allein für sie vnd die Ihrigen, ihrer Confession exercitium auß sondern Gnaden gestatten.   Aber sonsten

vnserer Burger vnd anderer Vnterthanen halben in vnſern eigen=
thümlichen Stätten, Märkten vnd Herrſchaften vns der Religion
disposition in allweg vorbehalten, auch dieſes darzu gemeldt vnd
lauter bedingt haben, daß ſie die Burger vnd andere itzt gehörte
Vnderthanen keine Predicanten, ſo vnſerer catholiſchen Religion zu=
wider, in ſolche vnſere Städt vnd Märkte einfüren ſollen, aber im
vorigen wir ſie ſonſten in ihrem Gewiſſen vnbekümmert und vnbe=
drängt laſſen wollten, biß Gott der Herr etwa mehrer Vergleichung
in Sachen ſchicket ꝛc. Weil dann E. L. fürs erſte nit in Abred
ſtellen können, daß der Religions Beſtellung in vnſern Landen ver=
möge des im H. Römiſchen Reich heilſamlich ausgedichten Religion=
friedens allein vns als Herrn vnd Landsfürſten, zuſtehet vnd ge=
bühret, Dann zum andern E. L. zweifelsohne ſelbs ſagen vnd be=
kennen werden, daß Sie ihre ſolche praerogatiuam von Niemand
gern nemen, vnd alſo dieſe oder jene Religion die E. L. zuwider
ſein, mit Willen nit einführen laſſen; Noch weniger aber zum Drit=
ten, ſolches von ihren Vnderſäſſen, zu gutem aufnemen, vnd vermer=
ken würden zumal, da ſie ihren vornemen Ständen der Herrn vnd
der Ritterſchaft ihrer Confeſſion exercitium, ex ſpeciali gratia
nachgeſehen, gegen der Bürgerſchaft aber vnd andern ſich dahin er=
klärt hätten, daß Sys ſonſten in Irem Gewiſſen unbekümmert laſſen
wollten, ſo weit ſie E. L. in dero bekennenden Religion in ihren
Stätten vnd Märkten keinen Eintrag thäten, ſo wöllen wir vnß
hierauf vielmehr freundtlich vnd ſchwägerlich für entſchuldigt halten,
als vnß vnſer fürnehmen im wenigſten vnbillicher, oder in ander
Weg deuten vnd in deſſen Erwägung oftgedachte vnſere Vnderthanen
wenn ſie etwa weitter bey E. L. fürkommen würden, ſie von ihrem
vnbefugten Suchen abweiſen, und die Sachen allenthalben dahin
richten helfen, damit der vorberürte heilſame Religionsfrieden im
Hl. Reich erhalten vnd Niemands Vrſach vnd Anlaß gegeben werde,
demſelben zuwider, das wenigſte fürzunehmen, vnd ſolches vmb ſo
viel mehr, weil E. L. vnſſ wohl glauben vnd trauen müigen, daß
wir nichts anderſt auff der welt wünſchen noch begehren, als vnſern
getreuen Vnterthanen allen vätterlichen gnädigen Schutz vnd Willen
andern aber jedem nach ſeinem Stand Liebes vnd Gutes beſter
Einiglichkeit nach zuerzeigen. Inmaſſen dann E. L. hiebeizu vnſerer

mehrer Entſchuldigung, auch diſſes wiſſen ſollen, daß wir mit ſolcher
Nachtbarſchaft vmbgeben, berohalben wir in dieſen ſowol als in an=
bern Fällen ein groſſ Aufmerken haben müſſen, welches wir E. L.
auf berürtes Interceſſion Schreiben zu freundlicher kundwerbung
nit wöllen verhalten vnd ſeind derſelbigen alle annehmige Freund=
ſchaft vnd ſchwägerliche Dienſtwilligkeit zu erweiſen, jederzeit fürder
wohlgeneigt.

Datum Grätz den 28 10bris Anno ꝛc. 82.

Daß ſich durch dieſe bündige Zuſchrift der Kurfürſt von der Pfalz
dennoch nicht abhalten ließ, weitere Schritte in Vorſchlag zu bringen,
macht ſeinem Eifer für die proteſtantiſche Sache große Ehre. Die
Klagen der Steyeriſchen Landſchaft mußte ihm tief zu Herzen gehen.
Ihr Schreiben lautete:

B.

An N. Churfürſtlichen Pfalz Rath ꝛc.

Edler, Veſter, hochgelerter Herr Doctor, beſonders lieber Herr vnd
Freund. Dem Herrn ſein unſer willige Dienſt zuvor bereit, vnd
geben dem Herrn zuvernemen, das der Both, welcher die Chur=
vnd Fürſtlichen Interceſſions Schreiben getragen, den fünfzehenden
dieß hieher gar wol vnd zwar zu gewunſchter Zeit ankommen iſt,
dann wir kurz zuvor den zehenden gegenwärtigs Monats einen
eigenen Fußbotten, eben in dießer materi zu dem Herrn abgefertigt
vnd was maſſen die Fl. Drchl. vnſer gnädigſter Herr vnd Lands=
fürſt ein Weg wie den andern, vngeacht der hievor vberantworten
der Chur= vnd fl. Reichstags Herrn Abgeſandten Interceſſion mit
der leidigen perſecution vortfahre ꝛc. dem Herrn außfürlich zuge=
ſchrieben haben.

Wie wir nun darfür halten wollten, gedachter vnſer Bott werde
inner wenig Tagen bey dem Herrn ankommen ſein, als bedanken
wir vns gegen den Herrn hiermit ganz dienſtlichſt vnd freundlich,
ſeiner in dieſer Sachen chriſtlichen treuherzigen vnd wilfarigen viel=
fältigen gehabten Bemühungen, Fleiß vnd ſondere Sorgfältigkeit.

Ob wir nun gleichwol solches alles ganz treuherzig zuverdienen, in kein Vergessen stellen vnd zwar auch nichts liebers wunschen wollen, als daß eben diese christlichen, wohlmeinenden vnd ansehnlichen Vorschriften zu Gottes Ehre vnd seiner lieben Kirchen Aufbauung viel Frucht vnd Nutz schaffen möchte, also klagen wir dem Herrn hiermit ferner gar treulich, das der Landschaften Steyer, Kärnten vnd Crain Ausschuß, stracks des andern Tags hernach, die wol gemeldeten Chur- vnd fürstlichen Vorschriften, der Fl. Dl. vnserm gdn Herrn mit beiverwarten schriftlichen sonderbaren Anbringen zu vberantworten sich angemeldet, Ihr Fl. Dl. hat aber ehe vnd zuvor durch einen Cammerherrn zuwissen begert, was doch die Sach antreffe, dann da es Religionssachen wären, so wußte der Landschaften Ausschuß hievor, daß sich Sein Fl. Drl. lauter erklärt vnd vernemen lassen, in solcher materi nichts mehr anzunehmen, das sie aber jüngst der Chur- und Fürsten Reichstags Gesandten, Räthe vnd Bottschaften Intercession angenommen, das sei zu allem Vberfluß beschehen, vnd Ihr Fl. Dl. hab albereit ein Bescheid darauf geben, darbei sie es allerdings bleiben laß. Als man aber vermerkt, gegenwärtiges Schreiben wäre von denen Chur- vnd Fürsten selbs hat Ihr Dl. der Landschaften Ausschuß gleichwol fürgelassen aber einen onverhofften müntlichen vnd abschlägigen Bescheid alß bald geben.

Darauß dann nun die hochlöblichen Chur- vnd Fürsten gnädigst vnd leichtlich abzunehmen haben, das dergleichen schriftliche Intercessiones nichts wirken thun, vnd die hohe große der Landschaften Noth in alweg erfordert, das die hochlöblichen Chur- vnd Fürsten sich dieser Lande, alß ihrer Glaubensgenossen vnd Vormauern, welche auch ein Schutz des Römischen Reichs sein, mit mehrern erbarmen vnd annemen, vnd die in jüngsten an den Herrn gethanen Schreiben vermelbete vnd hierbei zu Augsburg vertröstete eigne Chur- vnd Fürstliche Gesandten, zu der Fl. Dl. ehest in das Land hierher schicken, welche sowol eines als des andern theils behelff vernemen vnd darauff auch vmb soviel grundlicher, durch Gottes Gnad vnd Beystand die Intercession vnd Vnterhandlung anstallten vnd fürnehmen mögen.

Wie wir dann auch genzlichen entschlossen, vnd Vorhabens sein,

Ihr Chur= vnd Fl. Gn. aufs aller eheſt, ſolcher aigenen Ge=
ſandten Schickung halben, wiederumb Gehorſamſt vnd alles Fleiß
zubeſuchen,

.   Dieweil wir dann dem Herrn hievor alß gemelt wie alle Sachen
ſtehet, zuwiſſen gemacht, vnd gar in keinen Zweifel ſtellen, er werde
albereit gebettenermaſſen, zu einer guten Vorarbeit den Chur= vnd
Fürſten, die Notturft bey aigenen Potten zugeſchrieben haben.

·Alſo bitten wir Ihne hiermit abermals ganz freundlich vnd fleiſſig
weſſen ſich Ihr Chur= vnd Fl. G. hierüber reſoluirt haben möch=
ten, darneben auch was des Herrn Gutachten, in dem allen iſt vns
bey der Poſt oder aigenen Potten vfs aller eheſt zu wiſſen zu
machen.   Vnd ſich in dem allem bißhero vielfältig beſchehen, alſo
auch·hinfüran chriſtlich vnd eifferig zu bemühen.   Welches alles der
Allmächtige Gott gewiß belohnen, die Landſchaften aber mit beſon=
derm Dank erkennen, vnd wir fur vnſer Perſon, jeder Zeit zuver=
dienen befliſſen ſein wollen, Was auch auf das alles, es ſey Pot=
tenlohn oder dergleichen auflauffen vnd angewendet werden möchte,
das ſein wir auf erſt beſchehene Erinnerung baar vnd mit.Dank zu
erſtatten erbietig. Göttlicher Bewahrung vnd Beiſtand uns alle
bevohlen.

Datum Grätz den 17 Decembris Anno ꝛc. 82.

Deß Herrn
Dienſtwillige.

N. einer Erſamen Landſchaft
in Steyer Verordnete.

Post scripta.

Den Herrn berichten wir, daß zwiſchen der Zeit der Churfürſtl.
Pott alhie ankommen, vnd wider abgefertigt worden, die von Grätz
abermals eine Schrift dem Fl. Dhlt. vberreicht vnd einen Beſcheid
darauff erlangt, die beide hierbei verwahrt liegen, Welche dem Herrn
wir aus der Vrſach communiciren, daß Er ſich vmb ſoviel mehr
darnach zu richten, vnd ſambt anders, welches Ihm zugeſchickt, den
andern Chur= vnd Fürſten ꝛc. mit Gelegenheit zu erinnern, vnbe=

ſchwert ſein würdet, auß dem allem auch wol abzunehmen hat, was
die Widerſacher im Sinn haben, vnd biß merklich gemeiner Land=
ſchaden beſchicht mit äuſſerſtem Widerwillen.

Datum Grätz den 19. 10bris Anno ꝛc. 82.

N. Einer Erſamen Landſchaft
in Steyer Verordnete.

Die Beilage enthält die in Folge einer der proteſtantiſchen Bür=
gerſchaft zu Gräz abgeforderten Erklärung: wer von der Bürgerſchaft
ſich in Gehorſam fügen und bleiben, oder zu Weihnachten von Haus
und Habe in das Elend ziehen wolle — überreichte flehentliche Bitte
um Gnade und Schonung, geſtützt auf frühere Verheiſſungen, und
mindeſtens um Aufſchub der Austreibung mitten im ſtrengen Winter.

Durchleuchtigſter Erzherzog zu Öſterreich, gnädigſter Fürſt vnd Herr,
demnach E. F. Drl. auf vnſern den ſechſten dieſes Monats ge=
horſamſt vbergebenen Bericht, auch durch Gott äuſſerſt Flehen vnd
Bitten gſt vns anzeigen wie Euer Fl. Drchl. nicht können noch
wiſſen von Jhnen hiervongenommenen Reſolution zuweichen, ſondern
wie ſie vns bei demſelben auch vns zu vnſer Liberation vnd Ab=
zug aus Gnaden geſetzten Termin ohne fernere Erſtreckung aller=
bings verbleiben laſſen, alſo ſollen wir vns nachmaligen vorigen vnd
jüngſten Aufferlegen nach eheſt erklären, welche auß vnſerm . . . .
alhier verpleiblich, vnd den Schuldigern gehorſamb zu leiſten oder
aber zu der beſtimmten Zeit Weihnachten ihren Abzug zu nehmen
vorhaben.

Hierüber E. Fl. Drl. in allem demütigſten chriſtlichen Gehorſam
vnderthänigſt wir abermahl anbringen daß wir ſament vnd ſonder=
lich auſſer äuſſerſter beſchwerlicher vnd ängſtlicher Betrübnus, auch
unaufhörlicher Bekümmernis vnſers Gewiſſens vnd innerſter jäm=
merlicher Aergernis des nächſten in dieſem nun ſtündtlichen vor Aug
ſtehendem Elend, Jammer vnd Noth, vns anderſt nit können noch
wiſſen zuerklären, dann wir hiervor zu vnderſchiedlichmalen ſchriftlich
vnd mündlich, beſonderlich aber jetzo vom andern Tag dieſes Mo=
nats vnderthenigſt vnd gehorſamſt, vnd alſo iſt beſchehen, daß Euer

Fl. Drl. zuförderst aber Gott dem Allmächtigen, wir liebers nichts
wünschten, dann daß wir vnd alle vnsere Erben vnd Nachkommen,
so lang nach dem allmächtig gnädigen Willen Gottes diese zergäng=
liche Welt, würde in ihrem Thun vnd Stand beruhen, in allem
vnserm bürgerlichen Wesen vnd Thun die Zeit vnsers Lebens fürnem=
lich aber (wie verstanden) sowol in Religions als anderer politischen
vnd prophansachen vnd E. Fl. Drl. vnd allen derselben geliebtesten
jungen Erzherzogen vnd Erzherzogin, auch deren Erbs=Erben vnd
Nachkommen sollten vnd mochten zubringen, inmassen dann vnder
Euer Fl. Drl. geliebtestem Herrn vnd Vatter d. Röm=Kay. M. ꝛc.
Kayser Ferdinanden, Gottseligster, Christlichster vnd aller hochlöb=
lichster Gedechtnis erstlich vor hernach aber dem Allemeinen im hey.
Römischen Reich zwischen der Augsburgischen Confession Reli=
gion Verwandten vnd dann den andern allen hochlöblichsten, auch
löblichsten vnd löblichen Ständen berürtes Röm. Reichs, im zwei
vnd dann im fünff vnd fünffzigsten Jahres bewilligten, aufgerich=
teten vnd beschlossenen vnd publicirten Religionvertrags vnd Friedens.
Wie auch nicht minder zu Zeit E. Frl. Drl. hochlöblichster Regie=
rung, vber mehr vnd vnderschiedliche Landtags=Versammlung für=
nemblich aber im 78 Jahr zu Brugg an der Murr, sowol vnser
also an derer Burg vnd allen denen halben, so sich zu der Augs=
burgischen Confession haben begeben nun vber ein fünfzig Jahre
hero allergnedigst, alles vermöge angeregts Religionfriedens, vnd
darüber (wie vermerkt) zu Brugg an der Murr beschlossenen Re=
ligionstractation, beider glaubwirdigen Copien hierbei sub litera A.
vnd B. die wir dann alle vnd jede Art gnädigst vnd ganz väterlich
zuvernehmen durch die Allmächtigkeit Gottes auch seines Sohnes
Jesu Christi vnsers innigen Heilands vnd Seligmachers für vns
beschehen leiden vud sterben vnd des jüngsten Gerichts Willen vn=
derthenigst vnd gehorsambst Flehen vnd Bitten thun.

Demnach wir dann aber ja nit vnchristl. sondern gleich Erben.
Wie vnsere Eltern vnd Vorfahren selig der Religion sein, so aller
hochlöblichster, christlichster vnd Gottseligster Gedächtnus E. Fr. Drl.
Herr vnd Vatter vermöge angehörtes Religionfriedens nicht allein
zu endlicher Beruhung des Heil. Röm. Reichs, sondern auch der
ganzen Christenheit für die Röm. Kayf. M., selbst auch den aller=

hochlöblichsten Nachkomen, sampt andern hochlöblichsten, auch löblichsten vnd löblichen Ständen mehrangezogenes Heyl. Reichs beschlossen, aufgericht vnd publicirt, besonders aber für das hoch-
löblichste Haus Oesterreich damahls durch Jhrer M. hochlöb-
liche Räthe, die Wohlgeborne Edlen gestrenge, auch hochgelehrte vnd
veste Herrn Herrn Wilhelm den jüngern, des Heyl. Röm. Reichs
Erztruchseß vnd Freiherr zu Waldtburg, Georg Jlsing von Drasper
Landvogt zu Ober= vnd Niederschwaben vnd Johann Ulrich Za-
sium, der Rechte Doctorn, confirmirt, bestatt vnd vnterschrieben ist
worden. Wie dann vnter andern auch dieser Act darinnen verleibt
vnd seines Jnhaltes also stehet.

Wo aber vnsre, auch der Churfürsten, Fürsten vnd Stände
Vnterthanen der alten Religion oder Augsburgischen Confession
abgängig von solcher ihrer Religion wegen, auß vnsern, auch der
Churfürsten, Fürsten vnd Stände, des Heyl. Reichs Landen,
Fürstenthümern, Stetten oder Flecken, mit ihren Weibern vnd
Kindern an andere Orte ziehen, vnd sich nieder thun wollten,
denen soll solcher Ab= vnd Zuzug, auch Verkauffung ihrer Hab
vnd Güter gegen zeitlichen billigen Abtrag vnd Leibeigenschaft
vnd Nachsteuer, wie es ein jeder Ort von Alter anhero vblich
herbracht vnd gehalten worden ist vnverhindert meiniglich zugelassen vnd bewilliget, auch an ihren Ehren vnd Pflichten allerdings vnentgolten sein, Doch soll den Obrigkeiten vnd Nach=
kommen der Leibeigenen halber, dieselbigen ledig zuzählen oder
nit, hierdurch nichts abgebrochen noch benommen sein,

Vnd dann aber, vnsers demütigsten, Christlichen vnd vnderthänigsten Erachtens, dieser Religionsfrieden ingemein den Vnterthanen
soviel giebt, daß dieselben vmb berürter Religion Willen, mit Ver-
weißung deren Vaterlandes, noch sonsten in andererwegen nit sollen
beschwert werden, sondern vielmehr das Widerspiel vermag vnd aus-
weist, vnd insonderheit den Vnterthanen den Abzug, im Fall sie
um der Religion Willen an andere Orte hinziehen, lauter vnd ledig
haimgiebt, vnd waß nur auff freie Willkühr gestellt, daß schließt
allen Gewalt auch Macht vnd coarctationes gänzlich auß. Neben
dem daß die Bekennung der Augsburgischen Confession Religion-

friedens res licita et publica sanctione permifsa Ideoque nullam poenam merens.

So ist es zwar, vnd laider Gott in Himmel erbarms, nicht ein geringe Straff, (Wie etliche Ihnen das möchte einbilden,) da ein ehrlicher Mann, der sich sonsten in allen politischen vnd prophanen Sachen, gegen seiner geliebtsten Obrigkeit alles vnderthänigsten Gehorsams befleisset, aus seinem Vaterland, oder da er mit leiblicher Nahrung versorget ist, verstossen wird, vnd sich an fremde Orte begeben muß, ja es wird in allgemeinem Recht die Verweisung dem Tod verglichen, vnd trägt ihn allwege auf den Rücken, So doch der Religionsfrieden außdrücklich vermag, daß es den Vnterthanen an ihren Rechten vnd Ehren vnentgolten sein sollte, vnd also vnter diesem allen, so sah auch Euer Frl. Drl. ganz Fürstliche mildreichste, allergnädigste vnd väterliche Vertröstung vnd Zusage in angeregter Brüggerischer Traktation neben andern dahin,

Also will ich die Bürger auch nit beschweren, in ihrem Gewissen, wie ich ihnen dann bißher vonwegen der Religion nit ein Härte gekrümt, das will ich hinfüro auch nit thun, Aber daß sie ihres Gefallens in Stätten vnd Märkten Prädikanten auffnehmen, das kann ich auch nit leiden, aber so will ich sie in ihrem Gewissen vnbekümmert lassen,

Nun haben wir zu dieser Euer Fl. Drl. gnädigste vnd väterliche Erklärung biß dahero in allwege gehorsamst vnd vnterthänigst vns getröst, trösten vns auch derselben in allwege, wie dann auch eheberührtes Religionfriedens, die ganze Zeit vnsers Lebens, also daß wir allda vnter dem Angesicht Gottes, vnd vor Euer Fl. Drl. also nach demselben of dieser Welt vnser ainige genad, Trost, Schutz vnd Schirm mit aufgereckten Händen knieend, in vorstehendem vnserm Elend, Jammer vnd Röthen, fürnemblich aber dieser schweren harten Winterszeit, meistentheils vnter vns noch blossen vnd leren Händen (indem wir diese vns bestimmte kurze Zeit dann nichts können zu Geld machen,) auch noch in starken wichtigen Amts= vnd Privat-Rechnungen, vnd andern Handlungen, an denen dem gemeinen vnd Privatwesen auch nit wenig gelegen verhaftet liegen, vnd je noch nit wissen, wie vnd wo auß, vnd aber E. Fl. Drl. Inhalt obbestimmtes derselben Decrets von deren Vorhaben gnädigst nit ver-

meinen zuweichen, vnd vns den Kirchgang in die Stift allhie inmaſſen hievor gnädigſt vnd ganz väterlich beſchehen nit willigen,

So iſt demnach an E. Fl. Drl. durch mehrangeregte Allmächtige
Barmherzigkeit Gottes vnd deſſen ainigen Sohnes Jeſu Chriſti für
vns beſchehen bitter leiden und ſterben vnd vmb des jungſten Gerichts willen vnſer vnaufhörlich äuſſerſt Flehen vnd Bitten, ſie geruhen ganz gnädigſt vnd vätterlich, vmb angeregter oberzehlter vnd
Euer Frl. Drl. hievor in mehrerlei Wege angebrachter Vrſache
willen, die vns in ein und andern wege angedeuteten vnd vorhabenden
Straffe ganz gnädigſt vnd vätterlich ab- vnd einzuſtellen, und hievor vnterthänigſt, gehorſamſt vnd demüthigſt gebettenen Termin vns
ganz vätterlich zu bewilligen.

Das wollen vmb Euer Fl. Drl. alß vnſers gnädigſten Erbherrn
vnd Landsfürſten, auch Ihre geliebſte Gemahel, vnſer gnädigſten
Frau vnd Landsfürſtin, vnd derſelben geliebten jüngern Erzherzog
vnd Erzherzogin lange leben, glückliche Regierung vnd alle zeitliche
vnd ewige Wohlfahrt gegen Gott dem Allmächtigen, in vnſerm armen
Gebet zu bitten die ganze Zeit vnſers vnd der vnſrigen auch vns
vntergebene Bürgerſchaft vnd der Ihrigen Lebens, neben Darſtreckung
äuſſerſten Vermögens, auch Leibes, Gutes vnd Blutes nimmermehr
in Bergeß ſtellen, Euer Fl. Drl. zu deren landsfürſtlicher Gnade
auch Troſt, Schutz vnd Schirm, Chriſtliche Demuth, vnterthänigſt
vnd gehorſamſt, mit Fußfallenden, innerſten Seufzen, Flehen vnd
Bitten. Wir vns bevehlen thun.

    Euer Frl. Dhlt

               Vnterthenigſte vnnd ge-
               horſambſte,

                    R. Bürgermeiſter,
                    Richter vnd Rhat allhie.

Auf dieſe demüthige Supplik war nichts erfolgt als eine derbe
ſchriftliche Strafpredigt und die Demonſtration, daß eben nur den
Fürſten der Religionsfrieden die Gewalt einräume, auch in Religions-
und Glaubensſachen zu thun und anzuordnen, was ihnen beliebe. Es
wurde den Supplicanten mit dürren Worten geſagt, ſie verſtänden den

Religionsfrieden nicht, der ihren Wünschen weit mehr entgegen sei, als
sie glaubten, daher ihre Berufung auf ihn nur eine haltlose Stütze.

Von der Fürstlichen Durchleuchtigkeit, vnsers gnädigsten Herrn wegen,
N. Bürgermeister, Richter vnnd Rath auff Jhr den 12. dieß aber=
mals vberreichts bittliches Anlangen, wegen Ertheilung des hievor,
durch sie gebettenen Termins gnädigst anzuzeigen, Jhr Fl. Dht
hätten sich vber sovielfältige Erclärungen, daß sie von Jhrer hievor
genomenen wohlbefugten gnädigsten Resolution in dem wenigsten
nicht weichen könnten, keines solchen Cunctirens oder Importuni-
rens, so mehres einer Widersetzlichkeit vnd vngehorsam, weder an=
derm gleich, zu Jhnen mit nichten versehen aber wohl des widrigen,
daß ist der Vbergebung deß so oft an sie begerten Berichts welche
nemblich aus Jhrem mittelen itzo Weihenachten, die schuldig ge=
horsam zu leisten, oder ihren Abzug zu nehmen vorhabens, inn allweg vnd gnädigst versehen, wie dann auch Jhrer Fl. Drht vast
fremd fürkommen, daß sie von Gräz vber alle verloffene Handlung
an itzo, da es gleich zum Treffen, vnd Abziehen kommen, die sachen
erst von neuem vnd auf solche Weg zu disputiren anfangen, der
doch mehrers wider sie, weder zu Erhaltung Jhres Jntents dienst=
lich. dann soviel erstlich ihre angezogene Religions pacification
vnd was derselben anhängig, belangt, haben sie vor Gräz Jhr höchst=
ermelter Jhrer Fl. Dht gnädigste Erklärung, wie nemlich solche
Pacification im Grunde geschaffen. Auch welchermaßen Jhr Fl.
Dht nicht allein dazumahl, sondern auch davor vnd hernach in
allen Religions Tractationen vnd Resolutionen ihro die völlig
Religions disposition in allen ihren eigenthümblichen Stätten,
Märkten vnd Herrschaften, lautter vnd ausdrücklich vorbehalten. Wie
sie dann auch von solchem nochmals nicht weichen können, zu mehre=
malen ganz vberflüssig vnd also vernommen, daß von denselben
ferner zu tractiren ganz vonnöten sein wolle. waß aber vnd fürs
andere den Allegirten Religionsfriden, dessen sie von Gräz sich so
hoch zu helffen vermeinen antrifft, ist aus dem leren Jnhalt deßelben
soviel abzunehmen, daß ein jeder Reichsfürst in seinem Fürstenthum
Land vnd Herrschaften, entweder die alte katholische oder die neue
Religion, so man die Augsburgische Confession nennet, anzu-

ordnen völlige Gewalt vnd Macht hat. Alſo daß auch kein Fürſt
oder Stand den andern eine ſeiner Fürſtenthume, Land oder Herr=
ſchaft darwider trengen, oder durch Mandat oder einem andern
Weg beſchweren, vilweniger einer dem Andern noch deßelben Vnter=
thanen zu ſeiner Religion tringen, abpracticiren oder wider ihre
Oberkeit in Schutz vnd Schirm nehmen, noch vertheidigen ſoll noch
kann, dahero dann auch volget, daß einem jedem Unterthan, ſo nicht
ſeines Herr vnd Landsfürſten Religion zugethan ſein will, aus
ſolchem Land zu ziehen geboten werden mag, wie dann ſolches auch
die tägliche Erfahrung vnd Praxis ſelbſt bei allen Reichsſtenden,
mehr denn zumal bezeugt vnd allein derjenige Fall daß iſt wo etwa
ein Landsfürſt oder Reichsſtand der Allten oder neuen Religion zu=
gethan einer oder mehr Vnterthanen, ſo nicht ſeine Religion haben
vnd dieſelben gleichwol nicht ausſchaffen, ſondern tolleriren, aber ſie
wegen Mangel ihrer andern Religion Exercitij unter ſolchen Fürſten
nicht verpleiben, ſondern ſambt ihren Weib vnd Kindern an andere
Orte zu Erlangung Jhrer Religion Exercitiums ziehen vnd ſich
nieder thun wollten, Ob ſolcher Abzug ihnen den Vnterthanen zu=
mal denjenigen, ſo nicht leibeigen, durch derſelben Oberkeit alſo zu=
geſtattet oder verwehrt werden möge, inn ihr der Vnterthanen Will=
tühr geſtellt iſt, aus welchem dann ganz clärlich abzunehmen iſt,
waß ſolcher fremder Anzug … von Gräz wider Jhrer Dht gnä=
digſt genommene Resolution fürtragen könne oder möge. Sinte=
mal in krafft derſelben ſie von Gräz zu einigem Abzuge praeciſé
nicht benöthigt, ſondern Jhnen allein in krafft ihrer ſelbſt allegirten
Religionfriedens die Stift allhie vnd deren Religions Exercitium,
ſo Jhrer Fl. Drht als Herrn vnd Landsfürſtens, Catholiſchen Re=
ligion ſtracks zuwider, mit gutem Fug inhibirt, aber das Uebrige,
ob ſie alba verpleiben, oder an andere Orte, da ſie ſolch ihrer Re=
ligion frei Exercitium haben können, vnd mögen, in ihren freien
Willen geſtellt worden iſt, alſo daß ſie ſelbſt, oder ihre Rathgeber
nicht wiſſen, noch verſtehn, waß ermelter Religionfriedens rechter
Jnhalt vnd Meinung, auch wie ſogar zuwider ihnen derſelbe ſei,
Vnd ſodann einem vnd dem andern hierobvermelt ein Grund alſo.
So wollen demnach Jhre Fl. Dht ohne ferne Aufſpürung ihnen
von Gräz hiemit abermals mit ſonderm Ernſt auferlegt vnd be=

vohlen haben, solches Alles wohl zu Gemüth zuführen vnnd in krafft
solches ihres selbst allegirten Religionfriedens, höchstermelter Ihre
Fl. Dht als Herrn vnd Landsfürsten, die Disposition der Re=
ligion, wie sie es dißfalls machen, vnd gegen Gott zu verantworten,
ihro getreuen, frei vnd vngehindert lassen, oder wo ihnen solches
so hochbeschwerliche fallen, vnd wieder ihr . . . . . gewießen
sein wollte, Als dann ihr Gelegenheit in anderweg hievor ange=
deutermaßen suchen, bevorab diese oftbegerte Erklärung derjenigen
Personen, so also die schuldige Gehorsam zu leisten, oder aber ihren
Abzug zu nehmen vorhaben, Alsbald vnd vnverzüglich namhaft
machen, vnd sich ferner daran nicht vermahnen lassen wollen. An
solchem erstatten sie Ihrer Fl. Dht ganz gnädigsten auch ernstlichen
Willen vnd Meinung.

Decretum P. Arch.
17. Septembris Ao. 82.

Primus Wanzel.

(Dieser Primus Wanzel oder Wantzl erscheint später als Land-
pfleger zu Wolkenstein auf Grebening.)

Die Zustände in St. Veit, wo ganz besonders gewaltsam gegen
die Protestanten zu Werk gegangen wurde, erhellen aus der folgenden
Zuschrift des Ausschusses der Stände in Kärnten an den Erzherzog,
davon ebenfalls Abschrift an den Kurfürsten von der Pfalz gelangt
war, der sie dem Fürsten von Henneberg communicierte. Die Sprache
der Stände in dem nachstehenden Memorial ist sehr ehrerbietig, aber
dabei doch freimüthig, ernst warnend, prophetisch in die Zukunft blickend,
ein wahres Muster kernhafter Gesinnungsäußerung ohne Menschenfurcht.

Durchleuchtigster Erzherzog, gnädigster Herr vnd Landesfürst. Euer
Fl. Dt seien vnsere vnterthänigste Dienst zuvor, vns ist in Vnserer
. . . . . Versammlung, bei dem gegenwärtigen Hoffthaiding allhie
glaubwürdig fürkommen, wie E. F. Dt abermals mit starken
ernstlichen vnd Penebefehl durch derselben Rath vnd Vitzthum in
Kärnthen, Herrn Hansel Gaseir ꝛc. N. Bürgermeister Richter vnd
Rath vnd ganzer Stadt . . . . zu St. Veit bei höchster Vngnad

vnd Straff auch Verlierung aller Jhrer Freiheiten auflegen vnd
gebieten lassen, ihren Prädicanten samt deren exercitio Religionis
(welches sie nun über 30 Jahr vnd noch bey Keiser Ferdinanden
hochlöblicher Gedächtnuß, Zeiten, und hernach bißher gehant) gäntzlich
ein vnd abzustellen, vnd da sie solches nit thäten, der Bürgermeister,
Richter vnd Stadtschreiber daselbst alsobald sich persönlich für E. F.
Dt gen Grätz zustellen, verschafft wären worden, darüber dann die
guten Leut wie billig hochlich bekümmert, daß sie also, wider alle
bißher getroffene Religionspacificationen zum höchsten vnd äussersten
geistlich im Gewissen beschwert, dann auch bei allem ihren in weltlichem erzeigten getreuesten vermöglichen Gehorsam bei E. F. Dt
in so vnverdiente Vngnade fallen, vnd alsogleich zum höchsten bedrängt sein sollen, wie dann vnß vnd vnßern christlichen Glaubensgenossen, dieses Alles ingemein und sonders nunmehr gleich betrüb-
lich zu Herzen gehet, daß sie so gar nit bedacht, gehört noch erhört
werden wöllen.

Es werden sich zwar E. F. Dt gnädigst zu erinern haben, was
wir etwan hievor von Landtägen vnd sonst sonderlich aber Jhr deren
von St. Veit wegen, den 23. Martij nächsthin dießes Jahres, auch
in vnser vnterthänigsten Fürbittschrift fürgebracht, wie daselbst also
jederzeit die Nothturft, dennoch einfältig vnd soviel mit Wahrheit,
Grund vnd Eigenschaft außgefürt, daß wir verhoffen, es solle doch
bei E. F. Dt mehrer Ansehens, Würkung vnd Bedacht haben, wie
es aber nit beschehen, sondern nur je längere stärkere schärffere vn-
gewönliche vorher in diesen Landen nie erhörte Bevehl auf fremden
Rathschlag vnd Trieb erfolgen, vnd nunmehr thätlich zu Vollziehung
deren gegriffen werden will, also müssen wir es zwar auch geschehen
lassen, vnd wird vnserer dreier Rathschlag Bitte vnd Flehen auch
erworbene Intercession vnd Erwegung allerlei Vmständt, gleich erwarten, was doch endlich für ein leidiges, betrübtes schädliches vnd
verderbliches Wesen auf dießem Weg darauß werden und folgen will,
vnd vns darunter in Beständigkeit des Glaubens vnd götlicher Wahrheit vnsers aufrechten getreuen Herzens vnd Gemüets gewesen, daß
wir daran die wenigste Schuld tragen, sondern jederzeit mit Treue
dießes Alles eifrig und gutherzig widerrathen, darfür gebetet vnd
geflehet haben, wie es etlich Jahr herumb aller dreier Lande Steyer,

Kernten und Crain Augsburgischer Confession Verwandter, viel=
fältiger Religions Handlungen, schriftliche und mündliche vnterthä=
nigste Fürbringen, Intercessionen vnd Fürbitten, mehrers vnd also
Außweiß, daß nunmehr schier Worte mangeln, etwas ferneres vnd
weitlauftigeres außzufüren, wie wir vnß dann Kürze halber dahin
referiren vnd es E. F. Dt ganz vnverborgen ist, der Allmächtige
Gott geb nur Gnad, daß sie es einstmals selbst gnädigst besser er=
wegen, bedenken, vnd sich nicht fremde Rathschläge darinnen zu weit
einnehmen vnd bewegen lassen.

Wir vernehmen auch, daß sie die guten Leut, vnangesehen dieses
scharfen neuerlichen Prozeß, weiln sie bei erkannter Wahrheit des
reinen purlautern Wort Gottes durch Trieb des heiligen Geistes
beständig zu verharren gedenken, nichts wenigers zu schuldigem Ge=
horsam für E. F. Dt sich zu stellen, vnterthänigt geneigt, vnd
allbereit an der Straffe sein. Weiln aber daneben die leidige Ge=
fenknißß vnd Außschaffung der Bürger zu Gräz, die vnlängst von
E. F. Dt gevolgt bei menniglich vnd fürnemlich in den Stätten
vnd Märkten auch in diesem Lande erschollen, so gehet das gemeine
Geschrei, mit viel selzamen Reden hin vnd wieder, wie wohl wir
vns bei E. F. Dt dieses Orts keines solchen vngelinden vnd schar=
fen Proceß wie auch sie vnterthänigst nicht versehen, sondern viel=
mehr getrösten, sie werden alle vor vielmals erzelte Vmständte gnä=
digst erwägen, vnd nichts so beschwerliches fürnemen, befehlen, viel=
weniger sie gefenknussen oder außschaffen, jedoch kann man nicht
Jedermann mit Gedanken genug thun. vnd wann einmal solches er=
schollen, wurdet es hart aus des gemeinen Manns, sonderlichen aber
deren Herzen vnd Sinn, die hierunter bemeint, oder dergleichen zu
gewarten haben, gebracht, inmassen es anderer Land eigene exempel
bezeugen, da man etwan hernach schon oft einer vnzeitigen angefan=
genen Sachen gern helfen wollt, da es doch zu spat, vnd dasselbe
nicht mehr zu Ruhe gebracht werden kann, welches gewißlich in die=
sem Land in den Gebürgen bei den Gewerk vnd Knapschafften, dar=
unter vnd damit fast alle Städt vnd Märkte verwanndt leider folgen
würde, zu was elendem Wesen es endlich gerathen müßte, würden
etwa E. F. Dt vnd wir die dabei auch das meiste zu wagen vnd
verlieren hätten, mit zu später vngeholfener Reu innen werden.

.

Dann einmal giebts leider der Augenschein, vnd wissentliche Er=
fahrung, daß auch sie die Städt vnd Märkt vmb der lang conti=
nuirten großen Gaben, Erliegung der Handel vnd Gewerb willen
nun schier bei 20 Jahren hero in solches Abnemen kommen, daß
vast der dritte Theil Häuser leer vnd vnbewahrt stehen vnd das
one das ihr viel hin vnd wieder vmb der Feinds Gefahr vner=
schwinglichen Jährlichen Gaben, täglichen Beschwerungen vnd Auf=
lagen willen, aus dem Land sich herziehen, ja nunmehr auch schier
vnverholen hören lassen, daß man sie nicht außschaffen dörffe, dann
sie selbs bey diesem ellenden zerrütteten vnd häßlichen Wesen vnd
vorstehenden Feinds Verderben, geschweige der Religions vnd Ge=
wissens Beschwerung, ihr theuere Wehrung anderstwo suchen müssen,
weiln sie doch kein Gewißheit ihres vnbetrübten Gewissens, neben
der zeitlichen Beträngnuß haben würden mügen, sondern jederzeit
wieder getroffene Religionspacification vnd Vergleichungen (darinnen
E. F. Dt sie sowol als die Herren vnd Landleuth in ihrem Ge=
wissen vnbetrübt bleiben zu lassen, gnädigst versprochen) frembder
Nationen Rathschlag vnd Glossen vnterworfen, vnd mit ihrer höch=
sten Gefahr vnd Schaden gewärtig sein müssen, waß nun endlich
hierauß volgen würde, vnd ob man auch an deren statt, so außge=
schafft oder sonst auß der Furcht sich selbst anderstwohin verziehen,
wieder so gute treue Leut vnd Innwohner, darauf sich zuverlassen,
gehaben würden mügen, darunben ist dennoch nicht Vnnoth zu fra=
gen, weil es etwan hernach zu spat sein würde, dann gibts denen
zu schaffen, welchen diese Land von vndenkbaren Zeiten, ja von
etlich hundert Jahren hero, das Vaterland ist; vielmehr würde es
Andern schwer fallen, die sich erst sollen niederrichten, vnd dieser
Landnoth vnd Bürden gewöhnen, darüber abermals um Abkürzung
willen, verloffene Zeiten vnd Historien zu besehen, vnd zu betrachten
sein. Wir wollten geschweigen, was für ein ansehnliches Gut hiemit
auß den Landen entzogen vnd gefürt würde vnd waß für harte vnd
schwere Vngelegenheiten darauß gewißlich volgten, die man jetzt nicht
achten will, ja nicht weiß vnnd ersinnen kann.

Zu dem ist Ihr F. Dt selbst gnädigst auß eigner Erfahrung
Mühe vnd Arbeit bewußt, wie es leider an allen Orten der Welt
der Zeit stehet, was es für ein Gelegenheit mit des Erbfeindts be=

schwerlicher vnd verderblicher Nachbarschaft hat, wie hart die Lande
außgefeiget vnd alles darinnen erliegen, sich oberall sperren vnd
spreizen thut, was sich hergegen auff die Reichs Hülfe zuuerlassen,
wie zweifelhaftig vnd vngewiß darauf zufussen, wo will man denn
in der Noth, wann die Landt= vnd Innwohner, zusammt ihrer
wissenden Erarmung noch wieder die Religionspacification also beträngt, beschwert, vnnottürftigerweiß durcheinander in das höchste
Mißtrauen gesetzt, vnd ihnen mit dergleichen neuerlichen Processen,
nachgestellt würde, hilf lieber Gott, daß E. F. Dt doch einsmals
die Sachen besser bedenken, vnd wahrnehmen, ob es also gehn vnd
bestehen würde mögen, denn man darf warlich der Augsburgischen
Confession vnd ihren wahren Zugethanen die Schuld nicht geben,
so begehren wir jederzeit vnd allweg mit menniglich schiedlich
vnd friedlich zu leben, der Obrigkeit in allen weltlichen Sachen den
schuldigen Gehorsam aufs äusserst zu leisten, also vnd in den geist=
lichen allein bei dem wahren reinen vnd vnverfälschten Wortt Gottes
zu bleiben, ihre Gewissen darinnen zu beruhigen, vnd in diesem Allem
nach dem Evangelio, dem Kaiser zugeben, was des Kaisers ist, vnd
Gott, was Gottes ist, wenn man sie nur darbei bleiben ließ, wie sie
geberzeit gehorsamst bitten vnd flehen, weil es aber nicht geschicht,
sondern sie in ihrem Gewissen gesperret, mit scharfen Befehlen, vnd
Peenen, auch Bedrohungen, angefochten, betrübt, vnd beträngt wer=
den, so ist nun leicht darauß zu entschließen, wer Vrsach dieses
elenden Wesens vnd der perturbation des gemeinen Vatterlandes
ist, der barmherzige Gott wolle denselben davon abzustehen, vnd es
zu bereuen, aber E. F. Dt einst zuerkennen vnd wahrzunehmen
geben, auf daß sie Ihrer getreuen aufrichtigen Landleut, Bürger
vnd Vnterthanen (die bey ihren löblichsten Voreltern, soviel hundert
Jahr hero rühmlich mit Leib, Gut vnd Blut, wider ihre Feindt,
zu Erhaltung dieser vnd anderer Ihrer Königreiche Land vnd Leut
zugesetzt) vielmals gethanes gehorsamstes Bitten vnd Flehen, besser
als bishero wahrnehmen, vnd keine so gefährliche vngewöhnliche Prozeß
anfangen viel weniger exequiren lassen.

Wie wir dann hierauf E. F. Dt nochmaln in Erwägung dieses
allen vnterthänigst bitten, sie wollen nicht allein gegen Ihnen denen
von St. Veit ihre so scharfe Befehle vnd execution deren, gnä=

digst wieder einstellen, vnd sie wie bißhero bei Ihrem Religions
exercitio, das sie noch bei Keiser Ferdinandt E. F. Dt gelibten
Herrn, vnd Vatters hochlöblicher Gedächtnuß, Zeiten vnd bißher
gehayt vnterhalten, bleiben lassen, wie E. F. Dt dasselbe in Ein-
tretung ihrer landsfürstlichen Regierung also gefunden, darüber von
ihnen so wol als den Herren vnd Landleuten die Erbhuldigung
aufgenommen, vnd hernach sonderlich aber in der 78jährigen Brüg-
gischen Religionspacification sowol die Bürger als Landleut vnd
also männiglich in seinem Gewissen nicht zu betrüben, gnädigst versprochen, vnd sonst Niemands nichts beschwerliches wider gemelte
pacification zufügen lassen,

Dann E. F. Dt haben selbst gnädigst zu erwägen da sie etwan
verfahren wollten, was es etwan zu künftigen Landtag für Sperr
vnd Hinderung geben würde, weiln nunmehr fast menniglich sich nit
wenig sondern zum höchsten, sowohl in Religions vnd Gewissen, als
in zeitlichen weltlichen Sachen beschwert, bekümmert vnd beträngt
befindt, vnd Niemand weiß, wo es bei dissen geschwinden gefährlichen Läufften vnd Zeitungen noch hinauß will, es wollen sich doch
je einmal solcher Gestalt die Religionsachen mit Gewalt, Ausschaffen
Gefängnuß vnd dergleichen Mitteln nicht richten vnd schlichten lassen,
dessen hat man vom Anfang der Welt her bei allen Nationen lai-
dige Exempel genug, nicht allein in der Schrifft vnd Historien,
sondern dieselben noch in vielen Orten augenscheinlich mit Laid vnd
Betrübniß zu jetzigen vnsern Zeiten anzusehen,

Wie nun wir es abermals getreu eiffrig vnd gutherzig meinen,
vnd je gern diesem elenden Wesen ein Endschaft gemacht, auch zu
künftigen Landtägen alle Verhinderung, Sperr- vnd Weiterung aus
dem Weg geräumt sehen wollten, als getrösten wir vns vnd hoffen
vnterthänigst E. F. Dt werden vnß vnsere gehorsamste Bitt gewähren, so die von St. Veit wie auch sonst allermänniglich der
wahren Augsburgischen Confession zugethan, desselben würklich genießen vnd ferner Niemant solcher Gestalt beschweren oder beträn-
gen, sondern die Sache einsmals bei den hier vorgetragenen Religionspacification bewenden, vnd das Uebrige biß zu seiner bessern
Zeit vnd Gelegenheit Gott befohlen sein lassen, erwarten also hierüber bei vnsern Mitgliedern vnd Glaubensgenossen, denen wir die

Vberantworttung E. F. Dt in aller Demuth zu thun und zu
sollicitirn befohlen, solches gnädigsten Bescheidts damit sowohl Herrn
vnd Laubleut als die Bürger in Städten vnd Märkten vnd männiglich der Augsburgischen Confession zugethan, nunmehr forthin vn-
zertrennt vnd vngesondert, bey der Religionspacification vnbetrübt
vnangefochten, im Friedt ruhen vnd weltlichen treuen, hohen Gehorsam gelassen, dessen allen würcklich vnd thätlich ohne gefährliche
glosierung frembder Nationen geniessen, vnd theilhaftig bleiben, vnd
künftig dergleichen vngnädigen Bevehlen, vngewöhnlichen gefährlichen
neuen Processen nicht gewärtig sein dörfen, vnd thun dero Vnß zu
Landesfürstlichen gn. vnterthänigst befehlen. Datum Clagefurth den
1 Tag Decembris Anno ꝛc. 82.

E. F. Dt

vnterthänigste
gehorsame

N: einer Ersamen Landschaft in
Kärnthen verordnet Ausschuß, auch
andere Herren vnd Laubleut bei gegenwärtiger Hoftheiding versamlet
der Augsburgischen Confession
Verwandte.

Bald nach der Uebergabe dieses Schreibens an den Erzherzog
waren die Intercessionsschriften der protestantischen Fürsten eingegangen
und von dem nachfolgendem Schreiben der Stände der betheiligten
drei Lande begleitet überreicht worden.

Durchleuchtigster Erzherzog gnädigster Herr vnd Landfürst. E. F.
Dhr. haben sich gnädigst zu erinnern, waß massen derselben gehorsamste Landschaften Steyer, Kärnten vnd Crain jüngst allhie anwesende Gesandte, die von den Chur- vnd Fürsten, auch andern Reichs-
Ständen in Augsburg hinterlassener Räthe vnd Botschaften erlangte
Religions-Intercession. E. F. Dhr. ganz gehorsamst überreicht
haben.

Wiewol nun gedachte der Landschaften Gesandten, sich eines sol=
chen gewährlichen, gnädigsten Bescheids, daran ihre Principal billich
erfettigt vnd erfreut hätten mögen werden, gehorsamst sich in aller=
weg getröstet, so ist doch derselbe alß geschaffen, daß sie die Sach
den ihrigen anbringen müssen.

Hiezwischen nun als die Chur= vnd Fürsten selbst verstanden,
wie denn die in Augsburg die ihren Gesandten dieser Landschaften
angebrachten Glaubens Peträngnus, nicht ablassen wollen, haben sie
aus eigener Bewegnus theils ihrer selbst schriftliche vnd mehrere
Intercessionen bei einem eigenen Silberboten an gestern allher ge=
schickt, die E. F. Dhr. wir hiermit gehorsamst überantworten, vnd
E. F. Dhr. als vnsern gnädigsten Herrn vnd Landfürsten abermals
ganz vnterthänigst vnd vm Gottes Barmherzigkeit willen bitten, E.
F. Dhr. wöllen vätterlich vnd gnädigst erwägen vnd berathen, nicht
allein die gegenwärtigen vnd fast allenthalben ganz kümmerlich er=
zeigenden gefährlichen Zeitten gleichermassen, waß doch E. F. Dhr.
ihre selbst vnd derselben Lande, für einen merklichen großen Scha=
den, Abfall vnd Verderben erzeugen vnd zufügen werden, daß sie
soviel guter Leute, welche E. F. Dhr. liebsten vnd löblichen Vor=
fahren, mit Gut vnd Blut treulich vnd beständig zugesetzt, selbs
auch E. F. Dhr. in der Zeit ihrer Regierung allen schuldigen Ge=
horsam in vielweg geleist. Im Lande sich ehrlich vnd wolverhalten
also vnschuldiglichen allein vm des Herrn Christi vnd seines Euan=
gelij beständigen Bekantnus willen von hinnen, sammt vnschuldigem
Weib vnd Kindlein vertreiben.

Sondern auch vor eingeschlossene der Chur= vnd Fürsten so Christ=
liche treuherzige wohlmeinende vnd eifrige ansehentliche eigene Vor=
schrift allso zu Gemüth führen vnd gehn lassen, auf daß Ihr Chur
vnd Fl. G. spüren vnd vermerken mögen, daß dieselben bei E. Fl.
Dht ein Ansehen gehabt, vnd E. Fl. Dht sambt derselben erarm=
ten vnd ohne daß in großer Gefahr schwebende Land vnd Grenzen
solcher Gutwilligkeit in anderweg würcklich vnd empfindlich bey
Ihnen hernach genießen mögen, vnd also auch hierüber einen solchen
gnädigsten vnd gewerlichen Lands gewünschten Bescheid derselben
Landschafften vätterlich vnd gnädigst ertheilen. Auf daß sie sich
desselben von Herzen erfreuen. Gott vnd E. Fl. Dht demüthigen

gehorsamsten vnd ewigen Dank sagen mögen, die es auch die Zeit
ihres Lebens ganz vnterthenigst zuverdienen gehorsamst sich befleißen
werden. E. Fl. Dht vnns vnterthenigst bevehlendt Datum Gräz
den 16. 10bris ꝛc. 82.

N. der dreier Lande Steyr, Kärn=
ten vnd Krein allhie anwesende
Aufchuß.

Die Resolution des Erzherzogs auf dieses, wie auf die Inter-
cessionsschreiben der protestantischen Fürsten wurde schon oben mitgetheilt. Sie beschleunigt den Entschluß einer persönlichen Gesandtschaft
an den Erzherzog, deren Instruction die folgende war. Dieselbe erscheint ausführlich und wohlüberdacht; die Gesandten sollten keine ver-
nünftige Vorstellung sparen, sollten zu bedenken geben, wie die Lande
sich bisher lange Jahre hindurch bei freier Religionsübung so wohl
befunden, wie die gewaltsame Vertreibung der anders Glaubenden
allgemeine Zerrüttung herbeiführen müsse, wie der benachbarte Erbfeind der Christenheit nur auf die Gelegenheit laure, feindlich in
Oesterreich einzufallen. Die Gesandten sollten warnen, sich doch nicht
eines edlen Gliedes freiwillig zu entäußern, und bezüglich darauf hin-
deuten, daß die Stände augsburgischer Confession bei Türkeneinfällen
minder Hülfe leisten würden, wenn sie sähen, daß ihre Religion als
eine höchstschädliche betrachtet würde. Die Gesandten sollen mit allem
Fleiß anhalten, die Sache günstig zu wenden; wäre aber alles Mühen
und Bitten umsonst, so sollen sie die Stände der drei Lande zu christlicher Geduld ermahnen und mindestens das zu erhalten suchen, daß
die dem Herren= und Ritterstand bisher zugestanden gewesene freie Re-
ligionsübnng nicht auch verloren gehe.

Instruction was der Augsb. Confession Verwanten Chur-
vnd Fl. abgesandte Räthe, bey Erzherzog Carln zu Oesterreich, in Sachen vermelter Confessions exercitium in den
dreyen Fürstenthümern Steyer, Kärnden vnd Crain betreffend
werben vnd verrichten sollen ꝛc.

Nach dem der Chur= vnd Fürsten Abgesandten allerseits, dahin das
sie off 12 Tag zu Regenspurg ein vnd zusammen kommen mögen,

ſich zu befürdern beſchieden, als haben ſie ſich daſelbſten, wie vnd
welchermaſſen ein jeder inſonderheit abgefertigt, gegen einander zu=
ercleren, auch ob diſſer Instruction vnd fernern Vortreiſens halber,
gegen Grätz mit einander zu vnterreden vnd zu vergleichen, vnd da ſie
dabei höchſt gedachtes Ertzherzogen höffliches Ankommen, nach er=
langter Audientz auch oberreichter Credenzſchriften vnd gewöhnlichen
der Chur= vnd Fürſten freundlichen Zu= vnd Dienſterbieten, welches
die Geſandten nach Gelegenheit der Umſtände zu richten wiſſen, in
der Hauptſache vorzubringen

Sein Fl. Dht würden ſich ſonder Zweifel in friſchem Ange=
denken zu erinnern wiſſen, was der Augsburgiſchen Confeſſion ver=
wanter Stände, Räthe, Bottſchafften vnd Geſandten, bey jungſt
verſchienenen zu Augsburg gehaltenen Reichstag, auf gemeinem ge=
habten Befehl Ihrer gſten vnd gn. Herrn vnd Obern, an ſeine Fl.
D. vm weittere Verſtellung vnd Conceſſion des freyen Exercitij
Religionis, der Augſp. Confeſſion gemelts in den dreyen Ihrer
Fl. Dl. Fürſtenthümern vnd Landſchaften, von weiland derſelben
geliebten Herrn Vatter, Kaiſer Ferdinanden hochlobſeeliger Gedechtnus
auch hernach von Ihrer Fl. Dl. ſelbſten gnädigſt zugelaſſen vnd
vergünt, und bißher geübt worden, intercedendo vnterthenigſter
Wohlmeinung gelaſſen laſſen.

Wasgeſtalt auch hernach die Chur= vnd Fürſten berührter Augſp.
Confeſſion ſelbſten in ziemlicher Anzal auß treuherzigem Gemüth,
ſo ſie zu Ihrer Fl. Dl. getragen, wie noch deroſelbe gehorſame
getrewe Landſchaften von Herrn, Ritterſchaft vnd Bürgerſtand vor=
bittlichen vorſchriben, alles dahin gericht, das ſein F. D. angeregten
deren Vnterthanen die freie Vbung vnd Predigten Göttliches
Worts vorbemelter Confeſſion wie ſie die bißhero in Stetten vnd
Märkten gehabt noch lenger verſtatten, vnd vmb derſelben willen
vnausgeſchafft in ihrem Vatterlande gnädigllchen pleiben laſſen
wollten.

Wiewol nun Ihre Chur= vnd F. G. in der endlichen Zuverſicht
geſtanden, es würden vnd ſollten bei ſeiner Fl. Dl. ſolche ausge=
führte Interceſſionen tieffer erwogen, vnd etwas gewürcket haben,
bevorab dieweil Ihre Chur= vnd Fl. Gd. nichts zeitliches oder etwas

das ihnen oder den ihrigen zu Gutenn kommen möchte, gebetten,
sondern allein dasjenig gesucht haben, so zuvörderst zu Gottes Ehr,
dann deren getreuen Vnterthanen betrübtem Gewissen zu Trost vnd
dabei seiner Fl. Dl. zu Ruhm, Erhaltung deren herbrachtenn milten
Namens, auch derselben Land vnd Leute Wohlfart vnd Nutz ge=
langen müge, inmassen ihre Chur= vnd Fl. Gd. darfür gehalten,
das ihnen solches der Verwantnuß nach zu thun gebühren wollte.

So hetten aber jedoch Ihre Chur= vnd Fl. Gd. auff erfolgten
schrifftlichen Wiederbeantwortungen nit ohne Beschwerdung deren Ge=
müther vermercket, daß Ihre Fl. Dl. nicht allein nicht gemeint,
derselben Vnterthanen von Stetten vnd Märkten das freie exercitium vnd Predigt göttlichs Worts sambt dem Gebrauch vnd
Niesung der heiligen Sacramenten, nach Inhalt Augsburgischer
Confession lenger zu gestatten, sondern auch mit harten Bestraffungen
vnd Ausschaffungen, daß sie alles das Ihrige begeben, vnd auff
ihrem Vatterland in das Elend ziehen müssen, gegen sie verfahren
ließen, allein darumb, daß sie ihre angenommene Religion öffentlich
an Orten, da es andern zugelassen zu bekennen vnd wie sie nun
viel Jahr lang vnverwehrt gethan noch fürder zu vben begehren.

Da nun wol Ihr Chur= vnd F. Gd. nicht gemeint seiner Fl.
Dl. in deren Regierung Maß oder Ordtnung vorzuschreiben, jedoch
vnd dieweiln sie dann eben befunden, daß S. Fl. Dl. fürnemlichen
von andern ausländigen verwegenen Leuten zu solchenn scharfen Processen wider ihre Religion Augspurg. Confession bewegt werden,
welche bißher an seiner F. D. alls einen friedferttigen milten Fürsten
nicht gespürt worden, darob sie leichtlich die Rechnung zu machen,
da sein Fl. Dl. vff solchen Antrib also mit ihrem Vorhaben be=
harrlich vortfahren würden, daß dieselbe nicht allein sich selbs von
gehorsamen getreuen Vnterthanen vnd allen Land Leuten mit der
Zeit entplössen, sondern auch dasselb zu besorgen ohne innerliche vnd
benachbarte Vnruhe nicht abgheen, auch dahero dem H. Reich ein
mehrer Last von denen Orten, da man doch mit dem vorigen gnug
zuschaffen, zuwachsen werde, hätten die Chur= vnd F. nicht vnter=
lassen mögen, der Sachen Wichtigkeit nach noch weitter Ihre Fl.
Dl. aus wohlmeinendem treuherzigem Gemüth, denen auch deren

Ber . . . . . nach Ihrer Fl. Dl. vnd derſelben Land vnd Leut,
Ehre, Wohlfahrt vnd Gedeihen mehr, als fremden, ſo das ihrig
ſuchen, angelegen, durch dieſe Schickung freundlich zu erſuchen, angelegen der Zuverſicht ſein Fl. Dl. ſolches dann anderſt nit als
wohlgemeint vermerken vnd den Chur- vnd Fürſten als derſelben
Befreunden mehr als andern folgen würden.

Wehre derwegen der Chur- vnd Fürſten nochmaln freundliches
Erſuchen vnd bitten, ſein Fl. Dl. wollten nicht allein vorangeregte
vnterſchiedliche Interceſſionſchriften mit ihren Vmſtänden nottürftig
erwegen, ſondern auch noch ferner bei ſich ſelbſten bedencken, da
ſchon weiland ſeiner Fl. Dl. geliebter Herr Vatter Kaiſer Ferdinand, hochſeeliger Gedechtnuß, wie in dero beanttwortlichen Schreiben
begriffen, deroſelben Erbvntertthanen in den Niederöſterreichiſchen
Landen der Augſpurgiſchen Confeſſion exercitium ſo expreſſe
mit ſonderer Solennität nicht zugeſagt noch verſchrieben, daß dannochten Ihre Mat daſſelbe in ſolchen Landen einzuführen vnd öffentlich zu oben löblich geduldet vnd niemand derwegen, ſo ſich ſonſten
in allem politiſchen Weſen gebürlichen Gehorſams verhalten mit
ſolcher Scherfe verfolget, wie denn an mehr Orten ſolcher Landen
berührter Confeſſion exercitium, längſt vor Auffrichtung des
Religionfriedens vnaußgeſchafft gelitten, vnd haben Ihre Mat auß
hocherleuchtem Verſtande bei ſich ſelbſten wol ermeſſen konnen, daß
in Religionſachen, gewahrſam zu gehen vnd die Verwante gewiſſen,
ſo Gottes Wort bedürffen, mit weltlichem Gewalt ſich nit ſtillen
laſſen, darumben Ihre Mat auch zu Erhaltung friedlicher Einigkeit
im Reich teutſcher Nation den Religionfrieden befürdern vnd auffrichten helffen, auch durch ein ſondere declaration das Original,
in der Churf. Sächſiſchen Cantzlei zu finden, interceptiren (?) laſſen,
auß welcher beiden Wortten vnd Meinung je nicht zuerzwingen,
daß diejenigen, welche das Exercitium Augſpurgiſcher Confeſſion
Religion albereit zuvorn gehabt, derſelben hierdurch wiederumb ver-
luſtigt vnd entſetzt, auch off den Fall ſie ihres chriſtlichen Gewiſſens
halben auß Gottes Wortt gefangen, dauon nicht laſſen konnten, mit
harten Beſtraffungen vnd endtlicher Außſchaffung vnd Verjagung
verfolgt werden ſollen, ſondern vielmehr das Wiederſpiel darauß,
vornehmlich aber auß jetztberürter declaration lauter zu vernehmen.

10

Dann sonsten der Religionsfrieden hierdurch seines eigenen Namens
beraubt vnd kein heilsamlicher Gewissensfrieden auch der Augsbur=
gischen Confession nicht zu Gutten außgericht were, dafür er doch
gehalten werden auch sein vnd bleiben soll.

Dieweiln dann auch ohne das die Augsburgische Confession
keine solche Religion, die den Vnterthanen, als ob sie Gott vnd der
Obrigkeit zuwider wäre, zuuerbieten vnd nicht zu dulden, in Erwe=
gung seine Fl. Dl. sonder Zweiffel biß her im Werk selbst erfah=
ren, daß derselben Landstände vnd Vnterthanen, so sich zu solcher
Religion bekennen höhers nichts angelegen, dann Gottes Ehre nach
Prophetischer vnd Apostolischer Schrifft, darauff die bemeldte Con=
fession gegründet, zu befürdern, vnd seiner F. D. alß der welt=
lichen Obrigkeit nach ihren äusserstem Vermögen gebührenden Ge=
horsam zu laisten, vnd also disse Confessions Religion nicht der=
massen geschaffen, wie sie von dero widerwärtigen mit Vngrundt
angezogen, daß sie eine Zerrüttung politischen Wesens sein sollte,
sondern mehre das Widerspiel offenbar, vnd auß den benachbarten
Königreichen vnd Fürstenthümern leidige Exempeln genugsam be=
schienen daß welcherenden man solche Religion mit weltlichem Gewalt
außzutilgen vnterstanden, dieselben Obrigkeiten sich hefftig daran ver=
griffen, vnd anstatt gehabter Ruhe vnd gehorsamer Vnterthanen,
nichts dann jämmerliches Wesen vnd Widersetzen auß gerechtem
Vrtheil Gottes empfinden thaten.

So es nuhn Gott Lob noch zur Zeitt in seiner Fl. Dl. Fürsten=
thümern also geschaffen, daß sie mit einer gehorsamen Landschaft von
Gott begabt, die in Einigkeit ghern beisammen leben vnd zu der=
selben alls ihr Vermögen zu setzen geneigt, allein daß sie in ihrem
bißhero gehulten exercitio der Augsp. Confessions Religion vnbe=
trangt bleiben mögen, als theten die Chur= vnd F. seine Fl. Dhl.
gantz freundlich erinnern, bitten vnd ersuchen, Sie wollten bei sich
selbst erwegen, wiewol sich nicht allein derselben geliebter Herr Vatter
weilandt Keiser Ferdinandt hochseeliger Gedechtnuß sondern auch seine
Fl. Dl. bißhero selbsten, so lang sie berürte freie Vbung vnd Ge=
brauch der Religion menniglich concedirt, bey ihren Landschaften be=
funden, vnd was hergegen, da sie vff ihrem Vorhaben, der Auß=
schaffung beharren würden, für eine Zerrüttung verderben vnd

Alienation der getreuen Vnterthanen Gemüther inmaſſen an andern
Orten ervolget, ſehr leichlich zu gewarten, vnd wie ſchwerlich ſie
alsdann eine ſolche einhellige getreue Zuſammenſetzung wider den be=
nachbarten Erbfeind der ſeine Gelegenheit ſonder Zweiffel auch nit
verſäumen würde, künfftig widerumb gehaben vnd offbringen möge,
dann habe es ſich in verſchienen 78 Jahr off gehaltenem Landtag
zu Brugge, da ſeine Fl. D. noch ſolche ſtarke Proceß nicht ange=
fangen, an ſolchen ſtoſſen wöllen, hetten ſeine Fl. D. wohl zuerach=
ten, was itzo vnd mit der Zeitt mehr geſchehen werde, beuorab weiln
ſolche Grenntzbeſchwerungen nit aufhören, ſondern für vnd für ge=
tragen ſein wöllen vnd ſich hergegen auch in Jhrem Gewiſſen an=
gefochten, vnd der Predigten Göttliches Wortts der ſolchen Troſts
ermanglen ſollten ꝛc. vndt derowegen von andern Leuten, denen nur
angelegen, Königreich vnd Fürſtenthum in einander zuhetzen vnd ins
Blutbad zu ſetzen, vnd das einhellige vertrauliche Weſen der Ober=
keit vnd Vnterthanen gegen einander nicht gern ſtehn, ſich nicht zu
viel einnehmen vnd wider ihre bekannten getrewe Landſchaften be=
wegen laſſen, ſondern ſolche wie bißher in chriſtlicher Sanftmuth
regieren, vber die Gewiſſen aber dem allmächtigen Gott das Re=
giment nicht auß der Handt nehmen, ſondern ihnen ohne Vnterſchied
der Perſonen die concedirte Freiheit vnd Vbung Augſp. Confeſsion
noch länger miltiglich vergönnen, vnd es endlich darfür achten, da
ſie vermeinen auß anderer Leute Antrieb, durch Ab= vnd Ausſchaf=
fung vorgeſetzter chriſtlicher Religion Angſp. Confeſsion vnnd deren
Vnterthanen, ſo ſich dazu bekennen, ein friedlich Regiment vnd ge=
neigte Nachbaurſchaft, welche ſie, wie in deren Beantworttung zu
ſehen Refform zu erlangen, auch dero Landſchaft wol mit andern
Vnterthanen zu beſetzen, daſſ gleich der Liebe Gott auch den Ver=
triebenen anderſtwo vnterhelffen, aber ſeine Fl. Dhl. das vorgeſetzte
Ziel nicht erreichen vnd in ſolchem ihr ſelbſten dero beſte Glied dar=
auff ſie ſich bißher im Fall der Noth zuuerlaſſen gehabt, abſtoſſen
vnd die neue Einſetzung dem alten nicht zu vergleichen ſein werden,
wie auch off ſolchen vnverhofften Fall ſeine Fl. Dhl. in künfftigen
Nothfällen gegen dem Erbfeind die Stände Augſp. Confeſsion zu
mitleidenlicher Hülff geneigt befinden werden, da ſie ſehen ſollten,
das nit allein ihr chriſtliche Religion dermaſſen vnleidenlich, als

10*

höchstscheblich ausgeschafft, sondern auch die alten Landleut, so den
Last gegen dem Erbfeind tragen helffen, vnd sich in desselben Ge=
legenheit zu schicken gewußt, verfagt vnd gleichsam die Thür zu noch
mehr dem Unheil geöffnet, das würde seine Fl. Dhl. selbst zuer=
messen haben, welches dann die Chur= vnd F. Augsp. Confeßion
der Verwantnuß nach damit sie derselb zugethan, je nicht gönnen
theten 2c.

Dieweil dann ihre F. Dl. auß noch längerer freier Zulassung
des Exercitij vnd öffentlicher Bekanntnuß vielberührter Religion
(welche dero getrewe Landstende mit den intercedirenden Chur= vnd
Fürsten gemein haben.) sich einiger Vnruhe vnd Weitterung im Ge=
genspiel aber wohl allerhand Nachtheil vnd Schadens, wie voran=
geregt, zubefahren, so wollten die Chur= vnd Fürsten sich um soviel
desto mehr um disse wohlmeinende Beschickung vnd Jntercession
freundlicher Willfahrung getrösten, weren es hinwiederumb freundt
vnd schwägerlich zuuerdienen erbütig.

Da nuhn hieruff gewirige Antwortt vnd Resolution erfolgt, ha=
ben die Chur= vnd Fl. Räthe sich daran gepürlich zu bedanken, were
sie aber abschlegig, dunkel, vngewiß oder offzunglich, sollen gemelte
Gesandten auff eine außführliche Replick mit besserer Außführung
voriger, vnd Vorbringung weiterer dienstlicher Argumente vnd Mo=
tiven verdacht vnd darüber, wie auch des ersten Anbringens halb
der dreier Landschaften Verordneter, (als denen die Vmbstende disser
Sachen am besten bekannt.) Meinung vnd Bedenken auch vernehmen,
vnd was also replicando vnd triplicando der Sachen zum besten
ferner zusuchen, vor gut angesehen, bestes Vleiß befürdern, vnd in
Somma nichts verursacht lassen, dardurch viel gedachter Ertzhertzog
zu christlicher gnediger Willfahrung zu bewegen 2c.

Sollte aber über allen angewenten Vleiß solches nit zu erlangen
sein, vnd die Chur= vnd Fl. Gesandten bey den Landstenden von
Herrn= vnd Ritterstand ein grössere Vngedult, darauß vielleicht Auff=
ruhr des gemeinen Manns, oder in anderweg zu besorgen vermercken,
sollen sie berürte Landstände zu christlicher Geduld vermanen mit
Erinnerung, daß die Kirche Christi in vnd allweg vnter Creutz sei
vnd dieweil die Zeit itzo schwer vnd vast alle Land vnd Christen=
heit schwierig, daß dahin zu sehen, das nit das Exercitium der

Religion in dem Herrn= vnd Ritterſtand nicht ſtrittig gemacht, vnd
alſo das Letzte ärger dann erſte werde 2c.

Was nuhn in ſolchem die Chur= vnd Fl. Räthe verhandeln, vnd
bei einem vnd dem andern Theil in Antwort erlangen werden, da=
von ſollen ſie ihren Herrſchaften vnd Obern fürderliche Relation
zu thun 2c.

Der Fürſt von Henneberg willigte gern in alle Vorſchläge des
befreundeten Kurfürſten, der es ſo überzeugungstreu mit der lutheriſchen
Kirche meinte. Sein Schreiben beſchließe die Reiche dieſer Mitthei=
lungen.

Vnſer freundlich willig Dienſt, vnd was wir Liebs vnd Guts ver=
mögen zuvor, hochgeborner Fürſt, fl. lieber Herr Vetter, Schwager,
Bruder vnd Gevatter, E. Ld. ſchreiben in der Steyerſchen 2c. Re=
ligionsſachen, haben wir neben den Beilagen, wohl empfangen
vnd daraus, ſonderlich aber aus Ertzhertzog Carln zu Oeſterreich
E. Ld. überſchickten Beantwortungsſchreibens Copie, das Seiner Ld.
D. vngeachtet der anſehnlichen Chur= vnd Fürſten, ſchrifftlichen In=
terceſſionen, auch darinnen zu Gemüthe geführten ſo hochwichtiger
Motiven, durch Anſtiftung vnd Verleittung Anderer, nicht allein
vnſrer wahren chriſtlichen Religion Augsburgiſcher Confeſſion, ſon=
dern auch gemeiner Ruhe vnd Wohlfahrt des Reichs deutſcher Na=
tion widerwärtiger Leute, ... vornehmen mit Abſtellung des
öffentlichen Exercitij erſtberürter Augsburg. Confeſſion in Stetten
vnd Märkten zu beharren, auch mit dem Religionsfrieden zu ver=
theidigen vermeinen wollen, ihr der armen hochbeträngten Lande
vnd innwohnenden gutherzigen Euangeliſchen Chriſten halben, mit
ſonderm chriſtlichen Mitleiden vernohmen,

Vnd wie vns ſolliche abſchlägige Beantwortung, vnd die dagegen
bieß noch continuirte vnd allerdings vngemilderte Ausſchaffung gantz
befremblich, alſo auch ſeind mit E. Lbn wir das zu ſchuldiger Ver=
theidigung berürter vnſerer Chriſtlichen Religion, vnd zur Befrie=
digung allerſeits dieſes theils chriſtlicher Gewiſſen, ſowohl auch zu
Troſt der guten redlichen Leute, zumahl aber auch vmb deren vff
ſolchem vorgefaßten Werk ſtehender höchſter Gefahr, Nachtheill vnd

Schadens willen, die Abschickung der Gesandten, do dieselbige ordentlich gesucht würde, nicht zuverwaigern seind, Jnmassen wir vns
dann auch vnd daher, vnd aus diesem Grundt, die in euentum
vnd zur Vorberaitung gefaste gemeine Instruction als christlich vnd
vernünftiglich bedacht, gantz wohl belieben vnd gefallen lassen, Wissen
auch dabei vor vns ferner nichts zuerinnern, oder zuverbessern, sondern halten es darfür, daß derselben Genoß durch die Gesandten
künftig in dieser hochwichtigen gefährlichen Religions vnd .....
..... durch die Nachvolger auch ...., vnd verfahren werden mögen. Sonsten ist vns von obgedachtem Ertzherzog ꝛc.
vnserthails nichts einkommen. Nichts destoweniger aber do wir hierunter künftig ordentlich ersucht werden sollten, wollten wir vns gleich
andern vnser der Augsburg. Confession zugethanen Fürsten hierinnen den ...... Leuten nach, inmassen E. Ldn wir vnterm Dato
den 23. Januarij dießfalls auch freundl. zugeschrieben, die Gebühr
zuerzeigen wissen.

Wellches E. Ldn wir zu begerter Wiederanttwortt, fr. nicht verhalten wollten vnd seind denselben vermögens fr. Dienst zuerzeigen
jeder Zeit gewillt. Datum Kündorf den 6. Martij Anno ꝛc. 83.

Ob die Gesandtschaft zu Stande kam, wissen wir nicht. Den
redlichen Bemühungen des Kurfürsten von der Pfalz und des Fürsten
von Henneberg setzte noch in demselben Jahre der Tod ein Ziel.
Ludwig starb am 12. October, Georg Ernst am 24. December 1583.
Vieles vom Unheil, das beide prophezeit, erfüllte sich in dem fernen
Lande, dem ihre Sorge galt. Lange Jahre spannen sich die trüben
Religionswirren noch fort, 1585 erhoben sich die Salzburger Bauern.

VI.

Zur Hans Sachs=Literatur.

Mit Facsimile der Vorrede zum sechsten Buch der Sprüche
und Comödien.

1.

Das sechste Buch der eigenhändig geschriebenen Sprüche und Comödien von Hans Sachs.

Die Leipziger Stadtbibliothek besitzt zwei Bände eigenhändig geschriebener Gedichte von Hans Sachs, welche in dem Handschriftenkataloge dieser Bibliothek S. 35. Num. CXV. und CXVI. nach ihrem Inhalte beschrieben sind. Weitere Nachricht gab von ihnen R. Naumann in einer Einladungsschrift der Nicolaischule (1843) S. 19. Diesen beiden Handschriften schließt sich eine dritte an, welche sich ebenfalls in Leipzig und zwar im Besitze der Verlags= und Antiquarhandlung von Otto August Schulz befindet. Sie ist in ihrer äußeren Gestalt jenen beiden durchaus ähnlich: im Formate, im Papier und Wasserzeichen, in der Schrift, in der Einrichtung des Registers, im Einbande u. s. w. und gehört somit in die von dem Dichter selbst veranstaltete handschriftliche Sammlung, über deren Motive er sich auch in der Vorrede zu diesem Buche ausgesprochen hat. *)

Die Handschrift enthält 318 paginierte Blätter, auf der Rückseite des 309. Blattes beginnt der Nachtrag zu den dramatischen Gedichten, über welchen sich Hans Sachs, am Schlusse des Registers erklärt. Auf der Stirnseite des 1. Blattes oben steht als zusammenfassende Inhaltsangabe:

*) Die Zwickauer Handschriften wurden von Dr. F. C. W. Hertel im Jahresberichte des Gymnasiums zu Zwickau 1854 beschrieben. Sie sind nicht von Hans Sachs' eigener Hand, sondern nur von ihm durchcorrigiert.

„Das Sechst puech mit Spruechen vnd Comedien hab ich mit hilff
„gottes Volendet im 1550 jar vnd meines Alters im 55 jar vnd
„in dem 9 manat got Sey die Ere.“

Das 2. Blatt wird durch die Vorrede ausgefüllt, die beiden fol=
genden Blätter enthalten das Register, über deſſen Einrichtung ſich der
Autor ebenfalls in der Vorrede äußert.

Unſere Handſchrift hat eine verhältnißmäßig nicht unbedeutende
Anzahl Stücke aufzuweiſen, welche in der Nürnberger Geſammtaus=
gabe fehlen. Aber auch im Einzelnen fanden ſich mehr oder minder
Abweichungen in den Titeln, in der Faſſung, in der Datierung. Bei
der immer noch nicht vollſtändigen Ueberſchau über Literatur und
Bibliographie der Werke von Hans Sachs ſchien es geboten, dieſen
Einzelheiten einmal genauer nachzugehen, als es der Natur der Sache
nach in einem Bibliothekskataloge möglich war. Während nämlich
Naumann in dem erwähnten Handſchriftenkataloge der Leipziger Stadt=
bibliothek bei den einzelnen Anführungen des Regiſters einfach auf die
Nürnberger Ausgabe hinweiſt und die ungedruckten Stücke durch ein
Fragezeichen andeutet, konnten hier die wichtigen Einzelheiten näher ins
Auge gefaßt und von den ungedruckten Gedichten die Anfangszeilen ſo=
wie die Datierung angegeben werden. Darin beruht auch die Ab=
weichung von jenem Kataloge in der äußeren Einrichtung der Hin=
weiſe; dort ſteht zu einer jeden Zeile des Regiſters die betreffende
Stelle der Geſammtausgabe oder beziehungsweiſe das Fragezeichen, hier
würden die ausgedehnteren Anmerkungen der Ueberſichtlichkeit des Re=
giſters Eintrag gethan haben, und ſo fanden die Verweiſungen unmit=
telbar hinter dem Regiſter ihre Stelle, welches deshalb gegen die Hand=
ſchrift fortlaufende Zahlenbezeichnung erhalten mußte.*)

Eine umfangreichere Nachbildung der Handſchrift von Hans Sachs
iſt, ſoviel wir wiſſen, noch nicht geliefert worden, darum wird das von

---

*) Buchſtabenbezeichnung (a, b, c) würde von den Ziffern, welche in der
Handſchrift zu Anfang der Regiſterzeilen ſtehen, allerdings mehr abſtechen und ſich
darum empfehlen, wenn ſie nicht bei einer über 100 reichenden Anzahl von Stücken
ſich als unpraktiſch erwieſe.

dem Herrn Verleger in liberaler Weise beigegebene Facsimile der Vorrede mit Dank aufgenommen werden. Dasselbe ist in der lithographischen Anstalt von A. Werl gefertigt und kann als recht gelungen bezeichnet werden. Mit Rücksicht auf dieses Facsimile wurde im Abdrucke der Vorrede das Ende jeder Zeile durch den üblichen Strich angedeutet.

Hans Sachs' Handschrift hat einen sehr kräftigen, entschiedenen und einheitsvollen Charakter. Wenn auch der Grundzug der Schrift der allgemeine des 16. Jahrhunderts ist, so sind doch im Einzelnen Besonderheiten zu berühren. Daß über dem i der Punkt abwechselnd gesetzt und fortgelassen wird, daß das u den Bogen erhält oder nicht, daß dieser dem e ähnliche Bogen auch den Umlaut ausdrücken soll, darin folgt der Dichter dem Gebrauche seiner Zeit, und doch finden wir bei ihm, wenn auch jene Willkürlichkeiten und Zufälligkeiten nicht selten sind, bei weitem mehr Princip in der Schreibart als bei vielen seiner hervorragenden Zeitgenossen. Eigenthümlich ist bei ihm der Buchstabe o gestaltet, er ähnelt dem e des 16. Jahrhunderts und unserem v in der deutschen Currentschrift. Unter den Consonanten ist g besonders merkwürdig, das sehr oft aussieht wie z. Während sonst die Schrift sehr markig gehalten ist, hat der Buchstabe j im Anlaute meist nur Haarstrich. Beliebt ist bei Hans Sachs die Anwendung eines dem runden kleinen Schluß-s ähnlichen großen S im Anlaute, wie es noch heute in unserer deutschen Currentschrift vorkommt. Oefters begegnen Buchstaben, bei denen man nicht recht weiß, ob sie als große oder als kleine gelten sollen, weil sie eine Mittelgröße haben. Hauptsächlich ist dies der Fall bei v und w, wie schon in der Schrift des 15. Jahrhunderts. Auch f hat öfters eine unentschiedene Gestalt.

Das Register ist vom Dichter genau zusammengestellt, nur selten begegnet ein Irrthum in der Angabe der Versanzahl und in der Blattbezeichnung. Die Titel sind im Texte naturgemäß weitläufiger, öfters entsprechen sie aber auch genau denen im Register. Hierauf wurde in den Anmerkungen bisweilen Rücksicht genommen.

Zu den Verweisungen auf die Nürnberger Gesammtausgabe ist ferner noch folgendes zu bemerken: Citiert wird nach derselben Aus-

gabe wie im Handschriftenkataloge der Leipziger Stadtbibliothek, näm=
lich nach der von Leonhard Heußler (Bd. I 1590. Bd. II 1591. Bd. III
1588. Bd. IV 1578. Bd. V 1579). Da der erste wie der fünfte
Band fortlaufende Paginierung haben, so war die Anführung der ein=
zelnen Theile nicht geboten. In Gödekes Grundriß (I, 339—358) ist
inzwischen eine sehr sorgsame, chronologisch nach fortlaufenden Nummern
geordnete Bibliographie der Gedichte von Hans Sachs gegeben, auf welche,
soweit sich aus den Titeln die Uebereinstimmung mit den betreffenden
Stücken erkennen ließ, der Vollständigkeit wegen hingewiesen werden
mußte. Auch Emil Wellers fleißige Bibliographie der Einzeldrucke (Serapeum Jahrg. 1861, Nr. 1—13) wurde einigemal angezogen. Gödeke
hat nach den drei ersten Bänden der früheren Ausgabe von Christoph
Heußler citiert, deshalb stimmen seine Angaben in Hinsicht der Seitenzahl
nur bei den beiden letzten Bänden mit den unserigen zusammen. —
Es bedarf keiner Versicherung, daß bei der großen Anzahl Gedichte,
bei der nicht seltenen Verschiedenheit ihrer Titel und Versanfänge der
Nachweis der gedruckten Stücke schwierig, zum mindesten sehr langwierig
ist. Sollte es mir trotz meiner Bemühung dennoch begegnet sein, ein
schon gedrucktes Stück als ein ungedrucktes bezeichnet zu haben, so
bitte ich um gütige Nachsicht und belehrende Mittheilung. — Was die
Anführung von Stellen aus der Handschrift anlangt, so wurde nur
im Anfange und bei einigen wichtigeren Gedichten eine größere Anzahl
von Versen und der Wortlaut des Schlusses mitgetheilt, später genüg=
ten nur einige Zeilen und die einfache Datierung in Zahlen. Das
einfache Citat ohne weitere Angabe deutet auf völlige Uebereinstimmung
der Handschrift mit der Nürnberger Ausgabe. Auch hier soll das
Fragezeichen nach N (Nürnberger Gesammtausgabe) bezeichnen: „un=
gedruckt."

Besonderes Interesse verdienen diejenigen Stücke, welche sich bei
gleichem Inhalte in verschiedener Bearbeitung und aus verschiedener
Zeit stammend in der Handschrift und in der Ausgabe vorfinden. Ihrer
sind es zweierlei. Gewöhnlich hat die Handschrift die frühere und
zugleich die kürzere Fassung aufzuweisen, ist aber die kürzere Fassung
die spätere, wie bei Nr. 32, 33, 34, 83, 85, so fehlt sie doch in der
Ausgabe. Das Resultat ist also dasselbe: Hans Sachs hat immer

der umfangreicheren Bearbeitung in der gedruckten Sammlung den
Vorzug gegeben.

Eine vollständige Mittheilung der ungedruckten Gedichte in der
Handschrift mag für die Zukunft vorbehalten sein, hier sollen als Probe
nur zwei Stücke verschiedener Richtung zum Abdrucke gelangen, eine
Historie und ein Schwank. Der unbekannt gebliebene Spruch auf die
Schlacht von Mühlberg ist um des willen interessant, weil er kurze
Zeit nach dem Ereignisse gedichtet wurde. Sehr poetisch scheint uns die
Bearbeitung des Stoffes allerdings nicht, sie ist chronikenartig, im Zeitungs-
stile gefertigt, wie der Dichter sich denn auch nachweislich einer prosaischen
Darstellung der Schlacht angeschlossen hat. Frischeren Eindruck macht
die Behandlung des Märchens vom Gevatter Tod; die aus Ernst und
Humor gepaarte Wendung am Schlusse ist allerliebst. Ein drittes Gedicht „Pritschengesang für ein Büchsenschießen" findet eine geeignete
Stelle im Artikel „Deutsches Schützenwesen der Vorzeit." — Was den
Abdruck dieser Gedichte betrifft, so ist derselbe urkundlich, doch wurde
von dem willkürlichen Wechsel der großen und kleinen Anfangsbuch-
staben abgesehen, Uncialen sollen nur im Anfange des Verses und in
den Eigennamen stehen. Der leichteren Lectüre wegen hat sich Einführung der Interpunktion empfohlen.

Die Zusammenstellung der Lesarten von drei Recensionen des
Meistergesanges „der Jungbrunn" soll im Einzelnen ein Bild gewähren von der Art und Weise, wie Hans Sachs seine Werke verän-
derte und umarbeitete, und die Vergleichung des Spruches von der
Schlacht bei Mühlberg mit einer dieses Ereigniß behandelnden Zeitung
mag das Verhältniß des Dichters zu seinen Quellen anschaulich
machen.

2.

Vorrede und Register.

(Bl. 2 a)   Vored in das Sechste puech

[S]eneca der weis haid Spricht das | Das Der aller schentlichste Schad |
Sey der ans versamnus vnfleis | Vnd varleßikeit geschech Solichs |
zw fur kumen pin ich hans Sachs pewcget, | Das nicht mein lang=
wirige Arbeit meiner | gedicht mit der zeit in ain zerstrewung vnd |
Verlierung kömen aus meinen vnfleis | So hab dis mein 6 puech mit
Spruchn | Wie ich dis gedicht hab ich dis auch mit | Fleis zwsamen
geschrieben ob das auch | Auf meine nach kumen zw peßerung raich = |
En möcht, wan dis gegenwertig mein 6. puech helt inen 107 stueck vnd |
materj, doch mancherley Art nemlich | Schriftlich vnd gaistlich Spruech,
Comedj, | Dragedj, Fasnacht Spil, kampf gesprech, | Poetische, Hoffliche,
moralia, Frey vnd | gemain Spruech, Histori, Fabel, stampaney |. Vnd
kürczweillige schwenck, Auch pey ainen | iden werck vast Selnen Aütorenn
angezaigt | Weil aber nun dis puech in kain ordnung | Der materj zw-
sam gesezet ist, Sünder ain | iglich werck So pald das abgefertigt ist |
Den nechsten in das puech mit aigner hant | Eingeschrieben Wie
den zw Ent ains iden | Wercks mit der ziffer zal angehangen ist |
jar monat vnd tag Derhalben ich ain ab= | taillung der materj in das
register ge | Stelet hab vnd ain igliche art der | gedicht zwsamen Auf
das ein ide | materj in diesem puech des | leichtlicher zw finden Sey |
wie den folget (Bl. 2 b) Das register ist also zw mercken Erstlich |
Ain ide zeil im register czaigt an den | Anfang aines iden wercks oder
Seinen | thittel Aber die forder ziffer zal ainer | ieden zeil zaigt an wie
viel das Selbig | in der Sum vers oder zeil hab das ganz | werck,
Aber die hinden angehenckt zal | zaiget An welchem plat das Selbig
werck | zw finden Sey, Vnd Solichs puech hab | ich angefangen zw
dichten vnd schreib= | en Anno Salutis 1547 am dem | 1 tag may
vnd hab das mit | hilff gottes volendet Anno | Salutis 1550 am 31
tag | julj meins alters im 55 jar vnd 9 monat | Vnd in diesem
all | en hab ich allein | gottes Er ge= | Suecht das | lob der | thuegent
vnd | Straff der laster kunst vnd frolikait des nechsten | wie mir das
ain ides werck in Sun | Derheit zeugnus giebet got dem | Sey lob
von Ewickeit in | ewikait Amen amen

Das verzi[...]
ain ich [...]
Anfang am
[...] Abe[...]
vden Ini[...]
in der [...]
vorst / Abe[...]
Zaiget an [...]
Iro finden
uf ange[...]
su Ann[...]

1 tag
Helt
Palm
1 ut
55
w
4

...r ist also der meister Erstlin
...ist ... register zaigt an ihm
...r über ... oder ...
...r die förder ziffer zu der ander
zaigt an vor viel das ...
...r ... oder zeit ... das ...
...r die stunden ... zu...
...welchem ... lat das ... werk
tag/ ... welche ... hat
...zen der ... und schreib
...m anno 1547 am dem
may ... hat das mit
gutter ... Anno
... 1550 am 31 tag
... meines alters im
jar und 9 monat
...d in diesem alt
...n hab ich allen
gotter ... gr...
... hab
... der

Hinden Sint zw ent des puchs Etlich reumen an gehangen So herfuer in die Comedj der genura vnd in
die tragedj der 6 kemper Vnd in die Comedj der kunigin
aus franckreich gehörn wie die den mit den zaichen vnd
A B C hinein verzaichnet Sein.

3.

Verhältniß der Handschrift zur Nürnberger Gesammtausgabe.

1) N(Nürnberger Gesammtausgabe). I, 49. Die beiden letzten Verse
fehlen in Hs(Handschrift).
2) N. I, 224. N. u. Hs. 96 Zeilen.
3) N. I, 49 b.
4) N. I, 49.
5) N. I, 47 b. 114 Zeilen. Anfang gleich, sonst andere Fassung.
N. 31/1. Hs. 31/7 1550.
6) N. I, 41 b.

7) N. II, 1, 1. (Gödeke Nr. 154.) N. 19/11. Hs. 9/11 1547.
8) N. II, 2, 19. (G. 156.)
9) N. III, 2, 8. (G. 157.)
10) N. I, 1, 1. (G. 158.) N. nur 1548, Hs. 17/10 1548.

11) N. II, 1, 21b. (G. 161.)

12) N. II, 3, 11. (G. 163.)

13) N. II, 3, 66b. (G. 146.) N. 27/11 1544. Hs. 17,12 1549 „gepeffert vnd gehaltn."

14) N. I. 14. (G. 165.)

15) N. III. 2, 13. (G. 167.)

16) N. II. 1, 16b. (G. 180.)

---

17) N. II, 3, 1. (G. 160.)

18) N. III, 1, 140b. (G. 164.)

19) N. II, 3, 6. (G. 168.) Als Hiftorie behandelt N. V, 321.

---

20) N. III. 3, 8b. (G. 162.) „Der Teufel mit dem kaufmann vnd den alten weibern."

21) N. III. 3, 11. (G. 166.)

---

22) N. I, 295b.

23) N. I, 233.

24) N. I, 186b.

25) N. I, 324b. (G. 152.)

26) N. II. 2,76b. (G. 360.)

27) N. ? (in der Gefammtausgabe fehlend). Hs. im Texte: Die voll=
kumenlich Conftellacion Der Planetten vnd ander gotter zw haideck
eins nachts gefehen worden.

[A]ls man zelt funfzehundert jar
vnd Sieben vnd virzig jar vurwar
am Sieben vnd zwainzigften decembris
War ein Conjuncio gewis
in angender nacht von planeten
. . . .
Die Conftellacio ein Ent
got geb das als glueck draus erwachs
Das wünfchet von nürnberg hans Sachs
Anno Salutis 1547
Am 27 tag Decembris.

11*

28) N, I, 219. (G. 155. Weller Nr. 130.) N. 88 Zeilen, auch sonst im Einzelnen von Hs. abweichend, N. 1/1. Hs. 10/1 1548.

29) N. I, 296 b.

30) N. ? Hs. im Texte: Der Interim.

> [A]ls ich pekumert lag
> Eins nachtes frue vor tag
> ob gottes claren wort
>
> . . . .
>
> Das vns nach dem Elent
> Ewig freud auferwachs
> Wu..scht vns allen hans Sachß
> Anno Salutis 1548
> am 21 tag awgusti.

31) N. I, 297. In Hs. fehlen 8 Zeilen im Eingang, sonst im All-gemeinen zusammenstimmend.

32) N. ? N. I, 172 b. ist ein Gedicht „Tabula Cebetis" enthalten von großem Umfang, deshalb heißt das kleinere „die kurtz tabula Cebetis." N. 28/6 1531.

> [C]ebes philosophus hat eben
> Abgemalt das gantz menschlich leben
> Auf ein Dafel auf die entwarff
>
> . . . .
>
> Darin er in rue mag Erlich leben
> Da alle wolfart im erwachs
> Durch die Duegent das wunscht hans Sachs
> Anno Salutis 1548
> Am 5 tag nouembris.

33) N. ? N. I, 214 (G. 127. W. 90. ?) „die vnterdrückt Fraw Warheit." 30/4 1537. In Hs. im Texte: „Die kurtz verjagt fraw Warheit." Gegenstand derselbe, Anfang ähnlich.

> [A]ls ich ein Jüngling war erwachsen
> Da ich want zu lübeck in Sachsen
> thet mir die hitz eins tages weh
>
> . . . .
>
> 13/11 1548.

34) N. ? N. I, 241 (G. 303.) enthält ein längeres Gedicht „Die böß Geſellſchaft mit jren Neun Eygenſchafften." 27/9 1533. Inhalt derſelbe, einzelne Verſe zuſammenſtimmend.

[J]m traum Sach ich ein weiplich pild
Ein ſchön helmleim het auf die mild
Die recht hant ihr abghawen was

. . . .

16/11 1548.

35) N.? Hs. im Texte: Der kampf zwiſchen dem got vulcano vnd Bacho.

[A]m Firmament vor kurzer zeit
Hetten zwen götter ainen ſtreit
Bachus mit dem Vulcano ſtrit

. . . .

29/12 1548.

36) N. ? In Hs. Bl. 291., nicht wie im Regiſter ſteht, 292.

[W]er hie vürge fraw oder man
Der ſchaw mich fraw ghrechtikait an
wie mir mein augen Sind geplent

. . . .

22/4 1550.

37) N. ? Hs.: [J]ch die natturlich gerechtikeit
Sitz am gericht zw aller zeit
Verhör all antwort vnd die klag

. . . .

22/4 1550.

38) N. ? Hs. im Texte: Der wunderlich verporgen traum von den göttern.

[E]ins nachtz ich im October lag
gantz mued weil ich den ganzen tag
geratzet het an alle rw

. . . .

24/4 1550.

39) N. ? Hs.: [E]s peſchreibet ouidius
von aim künſtner hies Dedalus
Der in Creta der inſel macht

Ein labrint haus gar hoch geacht

. . . .

25/4 1550.

40) N. II. 2,77. „Das Tugentlich leydent Hertz". Anfang zusammenstimmend, sonst bisweilen abweichend. N. 90 Zeilen 16/4.
Hs. 26/4 1550.

41) N. II. 2, 78 b. „Was das sterckest auff Erden sey." (W. 28. ?)
Hs. im Texte: Fama oder geruch das Sterckest auf erden. Inhalt gleich, andere Fassung. N. 130 Zeilen 26/4 1549. Hs.
29/7 1550.

     N. Z. 35. [E]ins nachz ich in dem schlaff entrücket
         Vnd wart in einem traum verzücket
         Von genio der füret mich
         in die luefte hoch ueber sich

     . . . . . .

       ———

42) N. IV. 2,77. „Sechserley weiser Antwort deß Königs Agesilaj
zu Sparta." Trotz der veränderten Fassung im Einzelnen vielfach gleicher Ausdruck. N. 158 Zeilen 29/12 1562. Hs. 3/5 1547.

43) N. ? Hs. im Texte: Ein gancze gereimbte karten Durch aus alle
pletter.

       Der durckisch herczkünig
       ich hab Das herz zum krieg
       Durch das glueck ich gesieg
         Herz oberman
       ich ein geporner Duerck
       im krieg vil vnratz wuerck.

      . . . . .

    . . . .

      6/5 1547.

44) N. I, 317 b.

45) N. I, 289 b. Andere Fassung, im Einzelnen gleiche Wendungen,
Datierung dieselbe.

     [A]ls esopus erzelt bey leben
     Emmum thet er die lere geben

46) N. I. 305 b.

47) N. V, 326. Andere Faſſung. N. 172 Zeilen 1/8 1563. Hs. 16,10 1547.

48) N. I, 338. (G. 159. W. 135.)

49) N. ? Hs. im Texte: Ein lobſpruch der Stat Salczpurg.

[B]on jugent auf So het ich guenſt
Zw druckerey der lobling kuenſt
Die ich lert in mein jungen tagen
Vnd ir pegirlich nach det fragen

. . . .

Salczpurg So haiſt mit nam die Stat
Die gar ein alten vrſprung hat

. . . .

gedacht ich mir gleich da zw pleiben
Die kunſt der druckerey zw treiben
Dem Hochwirdigſten fürſten verpflicht
Dem Sey zw eren das gedicht
Sambt der gemain vnd ainem rat
Salczpurg· der piſchofflichen Stat
Das ir lob, preis vnd Eren erwachs
von herczen, Das wünſcht ir hans Sachs.
Anno Salutis 1549
am 9 tag Aprillis.

50) N. I, 138 b.

51) N. ? Der Anfang lautet wie der im Gedicht „Vrſprung des Böhemiſchen Landes vnd Königreichs." N. I, 140. (Vgl. W. 152.)

[E]ins tags pat ich ein Erenholt
Das er mir gruentlich Sagen Solt
Den Vrſprung wie doch wer erwachſen
Das mechtig Edel volck der Sachſen

. . . .

Alſo Sprach er haſtw vernumen
Des haus zw Sachſen Erſt herkumen
Aufs aller kuerzt vber Sumirt
Den wünſch ich aus herczen pegirt

Das ir lob grün pros vnd wachs
im romischen reich wünscht hans Sachs.
Anno Salutis 1547
Am 28 tag marcj

52) N. ? Hs. im Texte: Die Niderlag vnd gefencknus Herzog Hans
Fridrichs zw Sachsen im 1547

[Als] man zelt fünfzehundert jar
vnd Sieben vnd vierczig fürwar

. . . .

4/8 1547.

Ist unten vollstänbig mitgetheilt.

53) N. I, 139. (G. 308.) Andere Fassung. N. 120 Zeilen 11/5
1557. Hs. 19/10 1547.

[Zu] purgund ein ritter Sas
Dem trueg ein ritter neib vnd has

. . . .

54) N. V, 3, 315. „König Carl mit den zweyen Ritters Töchtern.“
Hs. im Texte: Der ritter mit den zweyen schönen Döchtern.
Anfang derselbe, die Fassung sonst abweichend. N. 188 Zeilen
26/8 1563. Hs. 17/11 1547.

55) N. II, 3, 137 b. in erweiterter Fassung. N. 124 Zeilen 11/8
1559. Hs. 17/3 1548. Eine dritte Behandlung N. V, 298 b,
150 Zeilen 12/5 1563.

56) N. ? Hs: [Z]w Florencz ein junckfraw mit man
Agnesa züechtig vnd lobsam
Schön vnd gancz adelicher art
vmb die heftig gepuelet wart

. . . .

7/4 1548.

57) N. ? Als Tragödie behandelt N. III, 2, 1. (G. 32). Hs. im
Texte: die keusch romerin lucrecia Erstach Sich Selber ir Er
zw retten.

[L]ucrecia das romisch weib
gancz schön vnd keusch von gmuet vnd leib

nach dem Colatinus ir herr
· von Seinem Weiller gar vnferr
vor arbea zw felde lag

. . . . .

22/10 1548.

58) N. ? Hs.: [A]ls achiles der held
von troja war gefeld
verprant vnd pegraben

. . . . .

28/10 1548.

59) N. ? Hs.: [A]ls Artaxerses Sas
in persia vnd was
mechtich im regiment
im alter Sich erst went
Sein glueck pey Seinen kinden

. . . . .

7/2 1550.

60) N. ? Hs. im Texte: Hunulffus der getrew kemerling Des kunigs
in lamparten.

[N]ach dem aripetus gestarb
Der lamparter kunig erwarb
giundipertus Sein Sun die kron
Den grimoaldus der Hauptman
Vereterlich erwuergt am Strang

. . . . .

8/2 1550.

61) N. ? Hs. im Texte: Der ongelucklich kampff kunig Colerus aus
Norwegen.

[A]ls Collerus regirt
norwegen gubernirt
Da raubet auf dem mer
herwendillus gar Ser
Stathalter in island

. . . . .

9/2 1550.

62) N. ? Hs.: [G]esta romanorum mit nam

Sagt als der kaifer herfcht zu rom
Aurelianus Stolczer art

. . . . . .

9/2 1550.

63) N. I, 101 b.
64) N. I, 110. Anfang verfchieden, Datierung diefelbe.
65) N. I. 110 b. Desgleichen.
66) N. I. 111. Desgleichen.

67) N. I, 373. (G. 306.) Anfang verfchieden.   Datierung diefelbe.
68) N. ? Hs.: [A]ls zantus het ein weib
    Ser poshaftig vom leib
    Als Sie ein mal hin lof
    Zu irem vatter fchloff
    vnd auf acht tag war aus

. . . . . .

5/8 1547.

69) N. I, 131 b. (G. 153.) Anfang verfchieden, Datierung diefelbe.
70) N. I, 396 b. (G. 344. W. 34.) N. „Der Bawren Aderlaß
    sampt einem Zaubrecher." Hs. im Texte=Regifter.
71) N. II, 4,80 b. (G. 430.) Verfchiedene Faffung. N. 130 Zeilen
    14/4 1559. Hs. 25/8 1547.
    [E]in múnich alt fragt ich der mer
    Wo der erft múnich kem doch her
    Er antwort in Egipten frey

. . . . . .

72) N. I, 139 b. Verfchiedene Faffung, doch ift feltfamer Weife die
    Datierung diefelbe. N. 88 Zeilen. Hs. im Texte: Die 30 kauf-
    lewt im fchiff 15 Criften vnd 15 Durcken.
    [E]ins dages furen auf dem mere
    Aüf robis dreyßig kauflewt here
    Funfzehen waren Criften vnd
    Funfzehen durckifche pluthund

. . . . . .

73) N. V, 382 (G. 530.) Andere Faffung, Einzelheiten überein-
    ftimmend. N. „Die drey nützlichen vnd Heußlichen Bewrin." 136

Zeilen 20/7 1563. Hs. 16/10 1547. Als „Lied" angeführt bei
W. 101.

> Hs.: [D]rey pawren Safen bei dem wein
> iglicher lobt die frawen Sein
> Der erst Sprach mein fraw dúr vnd gfund.
> Vertrit mir in mein haus ein hund

74) N. IV, 3, 109. Andere Faffung, Anfang gleich. N. 122 Zeilen
30/8 1563. Hs. 21/10 1547.

75) N. V, 381b (G. 539.) Andere Faffung, im Einzelnen gleiche
Wendungen. N. 150 Zeilen 7/9 1563. Hs. 5/9 1547.

> [Z]w Straspurg war ein Sprecher
> Ein gueter foller zecher
> Was er das tagß gewonne
> Das war zw nacht vertonne
> . . . .

76) N. ? Hs.: [E]in pauer wolt gwinn ein gfatern
> Da pekam im vor Seinem gatern
> vnfer hergot . . . . . .
> . . . .

20/11 1547.

Die vollständige Mittheilung f. u.

77) N. II. 473. (G. 413.) Andere Faffung. N. 124 Zeilen (gerade
doppelt fo groß) 11/8 1558. Als Meistergefang im 4. Bde
der Zwickauer Sammlung, gedruckt bei Hertel S. 34. Datiert
29/2 1552. Hs. 1/1 1548. (Text Bl. 51, nicht wie im
Register 81.)

> [Z]w erffurt waren zwen pachanten
> ganz ellent als die vnpekanten
> . . . .

78) N. ? Hs. [Z]w regenspurg ein maler Sas
> Der het ein weib schön vber mas
> war doch an iren Eren Stet
> Vmb die der thumprobst pulen thet
> . . . .

30/1 144X.

79) N. ? Hs.: [D]rey schreiber zogen vber felt

> gar wolpeklaid, doch on par gelt
> Die kamen in ains pfaffen haus
> Der erst stübent der thet sich aus
>
> . . . .
>
>   30/1 1548.

80) N. ? Hs.: [E]in Edelman in francken Sas
>   Der ein Ser gueter Waidman was
>   Der het ein fraw schon vnd zart
>   Die mit eim pfaffen puelen wart
>
>   . . . .
>
>   8/2 1548.

81) N. ? Hs.: [Z]w leypzig im Colegium
>   Acht studenten in ainer Sum
>   Die purschten mit einander gleich
>   Einer war arm der ander reich
>
>   . . . .
>
>   21/2 1548.

82) N. V, 404. „Drey abenthewrische Waidwerck zu Wildschwein,
Wolff vnd den Bären." Hs. im Texte: Das Abentewrisch
waidwerck. Nur Datierung verschieden: N. 12/2 1559. Hs.
20/10 1548.

83) N. ? (W. 85. ?) In Hs. weitere Fassung. N. I, 397, darum
das spätere Gedicht in Hs. der „kurz" Nasentanz. In N. heißt
das Dorf „Gümpelsprunn." 12/8. (Als Faßnachtspiel behandelt
in Hs. Nr. 21.)

>   [E]in Dorff haist Wandelstein mit nam
>   Dahin ich auf ein kirchweich kam
>   Die pauren waren alle vol
>
>   . . . .
>
>   26/10 1548.

84) N. ? Hs.: [Z]w florenz war ein Edel weib
>   Sinreich jung schon grad von leib(e)
>   Die hett ein alten reichen man
>   mit dem Sie Selten frewd gewan
>
>   . . . .
>
>   30/10 1548.

85) N. ? (W. 94 ?) Hs. im Texte: der kurcz krieg mit dem Winter, das vorhergehende längere Gedicht N. I, 317, 10/1 1539.

    Hs.: [H]ort ains mals an Sant Clemens tag
    kam von dem winter ein absag
    Wie er pekriegen wolt das lant

    . . . .

            1/11 1548.

86) N. ? Hs.: [A]uf einem weg drey frawen frey
    Funden ein porten alle drey
    nun wolt ide ben porten han
    Die Erst Sprach welche iren man
    Am aller Serften mag betóren
    Der Selben Sol der port gehóren

    . . . .

            7/11 1548.

87) N. ? Hs.: [E]ulenspigel noch jung
    nach aller schalkheit rung
    Der lert gen auf dem Sail
    Vnd pand an das ain Dail
    in Seiner mueter haus

    . . . .

            7/11 1548.

88) N. ? Hs.: im Texte: Eulenspiegel mit dem Schalcksnaren im lant zw polen.

    [E]ulenspigel mit nam
    ins lant zw polen kam
    hin an des künigs hoff
    Da er eben an drof
    Des küniges schalcksnarren

    . . . .

            8/11 1548.

89) N. ? Hs.: im Texte: Die plaben Huet.
    [S]chwaben, payren vnd francken
    Detten vor jaren zancken
    ider Dail in den dagen

Die plaben huet wolt tragen

. . . . . .

10/11 1548.

90) N. ? Als Faßnachtspiel behandelt N. II, 4, 16.
Hs.: [E]in weib lang iren man vmb trieb
Wie er het frembde weiber lieb
gehabt on Sie in Seiner Ee
Der eyffer thet ir also we

. . . . .

Sie Sprach dörfft das hals eisen tragen

. . . . .   .

11/11 1548.

91) N. V. 404. (G. 588.) Nur Datierung verschieden. N. 14,2
1559. Hs. 20/11 1548.

92) N. I, 348 b. (G. 356) ohne Datierung,. in der früheren Aus-
gabe v. J. 1558: 5/11 1557. Die Faffung in Hs. kürzer.
Datierung 31/12 1548, dieselbe in der Dresdener Handschrift.
Die Lesarten der drei Recensionen s. u.

93) N. ? Hs. im Texte: Etliche pritschen gsang in ein gsellenschißen
zw prawchen erstlich ein pößen Schueczen.
[W]olauff, wolauff, zumb pritschengsang

. . . . . .

20,5 1549.

Vollständig mitgetheilt im Artikel „Deutsches Schützenwesen der
Vorzeit.“

94) N. ? Hs.: [H]ört zw ein wünder listing possn
Ein mesner het ein raiger gschossn
Den trueg er Seiner frawen haim

. . . .

6/2 1550.

95) N. ? Hs.: [W]eil Sant peter auf erden ging
Ein arme pewrin in empfing
Zw herberg als er dranck vnd as

. . . . . .

7/2 1550.

96) N. V, 390b. „Die zwen rauffenden Gefattern". (Als Faßnacht=
spiel unter dem Titel „Die zwen gfatern mit dem zorn" be=
handelt N. V. 360b.). In N. erweiterte Fassung, einzelne Wen=
dungen dieselben. 166 Zeilen 6/10 1563. Hs. 7/2 1550.

[E]in man Sein frawen schlueg
Pey dem har Sie vmbzueg
Die schrie als wer Sie töret
Als das ir gfater höret
Da kam er zw geloffen

. . . . . .

97) N. ? Hs.: [E]in gertner het ein frawen
Die det im schalckfperg hawen
Als der ging in die stat
Einkauffen wolt mit rat
Da kam ir jüngeling

. . . . . .

8/2 1550.

98) N. I, 362b. (G. 383.) Erweiterte Fassung, im Einzelnen Ueber=
einstimmung. N. 204 Zeilen 28/12 1557. Hs. 8/2 1550.

[D]ie Spin vnd auch der zipperlein
kamen zwsamen in gemein
ides Sein not dem andern Sagt
Der Zipperlein
Der Zipperlein der Spinen clagt

. . . .

99) N. V, 327b. Anfang und sonst im Allgemeinen gleich, N. er=
weitert, 84 Zeilen 28/8 1563. Hs. 9/8 1550.

100) N. I, 382b. (G. 255.) Anfang verschieden, in der Fassung öfters
zusammenstimmend. N. 88 Zeilen 26/1 1555. Hs. 10/2 1550.

[E]ins mals frue an dem lichtmes tag
Da hört ich dreyer frawen clag
oder ir hausmaid alle drey
Die erst Sprach mit wortten frey
ich hab ein maid die ist stuedfaul

. . . .

101) N. II. 4,91 b. (G. 446.) Im Eingange zwei Zeilen mehr als
Hs., überhaupt hie und da erweitert, sonst aber übereinstimmend.
N. 104 Zeilen 10,7 1559. Hs. 10/2 1550.

102) N. V. 280 b. „Der Jüngling mit den sterbenden." Abweichende
und erweiterte Fassung. 140 Zeilen 12,3 1563. Hs. 11·2 1550.

> [E]in jüngling het Ser lieb
> vnd vil hoffirens trieb
> vmb ein zart schöne frawn
> Die doch glauben vnd trawen
> hilt an irem Eman
>
> . . . .

103) N. IV, 3, 82. (G. 510.) Erweiterte, im Einzelnen gleiche Fassung.
Als Ort der Begebenheit wird Landshut genannt. 172 Zeilen
10,3 1563. Hs. 12·2 1550.

> [Z]w Vlm ain schuster Sas
> Der gar Ser neckisch was
> All Sein knecht die er het
> gar vast vexiren det
>
> . . . .

104) N. II, 4, 70 b. (G. 409.) (In N. im Register fehlend.) Erweiterte, vielfach zusammenstimmende Fassung. 126 Zeilen 14·7
1558. Hs. 13·2 1550.

> [E]s Sind drey frölich dot auf erden
> Darob die lewt erfrewet werden
>
> . . . .

105) N. ? In N. I, 285 b. „Ein vergleichung deß Bretspils zu
dem Menschlichen Leben, Durch Platonem Philosophum."
Hs.: [H]erodotus in kriechen lant
> Erstlich das Spiel im pret erfant
>
> . . . .
>
> Auf das ander spilpret
> Plato der weis Spricht menschlich leben
> Vergleicht Sich dem pretspil eben
>
> . . . .
>
> Auf das drit Spilpret
> Wer in dem pretspil wünschet vil

Der hat gewis ein pöses Spil

. . . .

21/4 1550.

106) N. I, 377 b. (G. 169.)

107) N. I, 329 b. (G. 333. W. 16.) Anfang abweichend, im Einzelnen nur an zwei Stellen erweitert. 78 Zeilen 28/6 1557.
Hs. 28/6 1550.

[E]ins mals fragt ich ein alten man
Ein weib ich mir gen[o]men han
ich pit Sag wie es mir auf erde
im elichen stant ergen werde.

. . . .

Zwischen Nr. 94 und Nr. 107 steht in Hs. (Bl. 301) ein kleines
im Register nicht angemerktes Stück:

Ein kurz priamel zw einem
gaistlichen Sprüech

[H]ail vnd genad wünsch ich euch alln
Aus Sunder gunst vnd wolgefalln
pin ich zw euch kumen herein
pit wölt ein klaines stiller Sein
Vnd horen ain kurzes gedicht
Aus heiliger schrifft zw gericht
Der Sol zu ainer gaistling Speis
Nun hört vnd mercket auf mit fleis.

4.

Spruch auf die Schlacht bei Mühlberg.

Bl. 13a

Die Niderlag vnd gefencknus
Herzog Hans Fridrichs zu
Sachsen im 1547 [iar]

[A]ls man zelt funfzehundert iar
Vnd sieben vnd virzig fürwar
Am suntag nach sant Jorgen tag,
Als herzog Hans zu felde lag
5 Pey Menchsen vnd ein potschaft hat,
Das kaiserliche mayestat
Mit seim kriegsfolck im lande wer,
Mit sein retten ratschlaget er,
Mit seinem volck da zu vorrücken,
10 Prent hinter im ab die schiffprücken,
Die er üebert Elb het geschlagen,
Auf das man im nit nach kunt jagen;
Ruckt an der Elb nab auf Muelperg.
Des kaisers volck det ueber zwerg
15 Von Seim lager an die Elb straiffen
Vnd sach die feint da jenset schwaiffen.
Da detten(s) sie mit halben hacken
Vbert Elb an einander zwacken.
Als herzog Hans kamen die mer,
20 Des kaisers volck ankumen wer,
Als er im feld gleich predig hört,
Glaubt ers noch nit, vermaint entpört
Etlich straiffende rot da weren,
Als wer Spanier vnd Huesern

Bl. 13b.

25 Kamen ant Elb aus kaisers her,
Schosen mit feltgschüez nueber seer.

Nach dem der ganze vorzueg kam,
Erst herzog Hans den ernst vernam,
Rüest sich auf Witenberg zw fliehen
30 Vnd lies den droß vor an hin zihen
Vnd etlich fueßfolck mit dem geschos,
Siebn gschwader rewter phielt zw ros
Pey im vnd zehen fenlein knecht.
Nach dem etlich Spanier schlecht
35 Schwamen nacket am pawch vnd rüeckn,
Auf zw halten die primmet prüeckn,
Der etlich gar hin veber schwamen,
In der Elb ir auch vil vmbkamen.
Des fuersten raising zeug der hat
40 Gehalten an der Elb gestat,
Das der abzueg sicher geschech.
Etlich Spanier von der spech
Wider herüber sint geschwummen.
Als kaiserlich mayestat vernumen
45 hat(,) gwis den fuerstlichen abzueg.
Zw seinem glueck sich auch zw drueg,
Das ein pawer gefunden wuert,
Der durch die Elb zaigt einen fuert,
Den kaiserlich mayestat von weiten
50 Durch ringe pferde lies pereiten.
Nach dem schickt er auf dawsent pfert
Uebert Elb(,) durch den fuert pewert,
Die zerstrewten sich auf dem laut.
Die doch pald wurden wider waut,
55 Von raising an das waßer jagt,
Da wurt scharmuezelt vnferzagt,
Doch wichen die Sechsischen wider.
Also das gstat inhilten nider
Des kaisers zeug, zw haut da wuert
60 Der ganz raißig zeug durch den fuert
Gefuert veber die Elb hinan,
Auch zog mit durch aigner person

Die keiserliche mayestat.
Nach dem nach gecillet hat

65 Den kuerfuerstlichen gar mit eil,
Eraicht sie etwas auf drey meil
Vom fuert, dardurch man ueber kam,
Vor einem wald, der haist mit nam
Die Locher haid, da machten pald

70 Die Sechsischen vor diesem wald
Ir schlachtordung zw fus vnd ros.
Die kaisrischen hetten kain gschos,
Das fuesvolck grieff au die Huesern,
Paidail detten einander schern.

75 Nach dem der raisig zeug auch draff
Mit dem Sechsischen zewg zw straff
Des obersten, vnd die hawptlewt
Pesorgetten der iren hewt,
Haben in dieser not der masen

80 Das volck vnd den Fuersten verlaßen,
Sich mit dem raißing zeug gewent,
Fluchtig durch ir knecht ordung grent,
Dar durch sie aus der ordung kamen
Vnd gar erpermlich schaden namen.

85 Der raißig zeug doch in der fluecht
Wart auch gar ernstlich haimgesuecht,
Als volck auf drey dawsent erschlagen.
Auch thet man in dem wald erjagen
Auf redern etlich (etlich) guet geschos,

90 Plündert wurd wegen vnd der dros.
Nicht weit von dieser niderlag
Wurt erst ereilt vor ainem hag,
Welches der Schweinart ist genent,
Herzog Hans von viln angerent,

95 Da wert er sich, doch hart petrengt
Von seinen veinden obermengt,
Wart er wunt in ein packen neben,
Wolt sich doch kein gefangen geben

Den eim Deutschen herrn Thil von Drot,
100 Dem er zwen ring zw zeugnus pot.
Nach dem wurt er gefueret spat
Für kaiserliche mayestat.
Alba er auf gen himel sach,
Mit einem grosen sewfzen sprach:
105 „O herre got erparm dich mein!
Sint wir iz hie." Als er allein
Kam vür kaiserlich mayestat,
Demüetig gnad pegeret hat, .
Ein furstlich gfencknus zwoerwalten.
110 Der kaiser sprach: „wir woln euch halten,
Wie irs verdient habt, fürt in hin!"
Da hat man ueber antwort in
Zw pewarn dem maister de Campo,
Doch sint im zw gelassen do
115 Etlich diner, die sein verpflagen,
Fert also mit auf seinem wagen
Mit Spanischen schuezen verwart.
Dis ist aüfs kürzt fürm, weis vnd art
Des frumen tuerfuerstn gefencknus.
120 Got der wol wenden all pezwencknus,
Das frid im Deutschen lant erwachs:
Das wünscht von herzen vns Hans Sachs.
Anno Salutis 1547
Am 4 tag augusti.

5.

Gevatter Tod.

Der pawer mit dem dot

[E]in pauer wolt gwinn ein gfatern,
Da pekam im vor seinem gatern
Vnser hergot vnd sprach: „wo hin?“
Er sprach: „ein gfatern ich gewinn.“
5 Der herr sprach: „gewin mich, mein man.“
Er sprach: „Das selb wil ich nit thon,
Wan dw dailst dein guet vngeleich,
Machst ein arm vnd den andern reich.“
Nach dem pekam im auch der dot,
10 Der sich zw eim gfatern erpot,
Wo er in nem zw diesen sachen,
Wolt er ein arzt aus im machen,
Das er wuert reich in kurzer zeit.
Die gfaterschaft er im zw seit.
15 Der dot hueb aus dem tauf das kind,
Lert sein gfatern die kunst geschwind
Vnd sprach: „wen dw gest zw eim kranckn,
So hab nur auf mich dein gedanckn,
Wen ich ste pey des krancken haubt,
20 So mues der kranck sterben, gelaubt,
Ste ich aber peis kranckn fuesen,
So mugt ir in sein kranckheit puesen.“
Im dorff lag kranck ein reicher pawr,
Zw dem der arzt kam vnd sach saur.
25 Der kranck den arzt hies willig kumb,
Der sach pald nach seim gfatern vmb,
Der dort peis krancken fuesen stund.
Der arzt sprach: „wiltu werden gsund,

So gib mir zwelff gulden zw lon."

30 Er sprach: „das wil [ich] geren thon."

Pald er den francken det gsund machen,

Wurd er pernemet in den sachen.

Pald er ging zw eim franck[e]n ein,

Sach er auff den gefatern sein:

35 Stund er peim ha[u]bt, der kranke starb,

Pein süesen gsuntheit er erwarb.

Nach im man schicket in die stet,

Vil geldes er verdienen det.

Als dis weret auf zehen jar,

40 Kom der gfater dot zw im dar

Zum haupten, sprach): „hört gfater ir,

Macht euch palt auff, ir müßt mit mir!"

Der arzt sprach): „thut mich nit verspeten,

Laßt mich ein vatter vnser petten,

45 Wenn ich das gar aus pettet hab,

So wil ich mit euch schaiden ab."

Der dot sprach: „dis wil ich auch thon."   Bl.48a.

Der arzet fing zw petten on,

Pet doch nit mer den das erst wort,

50 Der arzt den dot weist an dem ort

Vnd pet also daran sechs jar,

Das vatter vnser pet nie gar.

Der dot gar oft kam in sein haus,

Sprach): „habt ir noch nit pettet aus?"

55 Der in doch lenger noch aufzueg,

Der dot zw lezt praucht ein petrueg.

In eines kranken menschen gstalt

Legt er sich vur das hause bald

Vnd schray: „her arzet helffet mir *)

60 Mit einem pater noster mir!"

---

*) Zwei Punkte über dem Worte und ein Verbindungsstrich nach dem m i r zugewendet in der folgenden Zeile, jedenfalls um anzudeuten, daß der Reim nicht richtig und zu verbessern sei.

Der arzt loff rab, sprach sein gepet,
Der bot im pald sein hals vmb dret,
Sprach: „nun hilft eüch kain liste zwar.“
Darumb ist das alt sprichwort war:
65 Kain krawt sei für den bot gewachsen,
Wirt auch verschonen nit Hans Sachsen.
Anno Salutis 1547
Am 20 tag nouembris.

6.

Drei Recensionen des Meistergesanges
„Der Jungbrunn.“

Das Gedicht „der Jungbrunn“ ist schon deshalb merkwürdig, weil es als Meistergesang von Hans Sachs in die Gesammtausgabe aufgenommen wurde. Aus diesem Grunde wurde es auch von Naumann in der erwähnten Einladungsschrift (S. 22) aus einer Dresdener Handschrift (M. 11 fol. Bl. 335) mitgetheilt. Diese Handschrift (s. Einladungsschr. S. 15 u. 16) enthält Stücke verschiedener Verfasser, die von Hans Sachs herrührenden wurden vom Dichter im Jahr 1552 mit eigener Hand in die Sammlung eingetragen. Wir haben somit in der Dresdener Handschrift die zweite uns bekannte Niederschrift, das Schulzische Manuscript, geschrieben von 1547—1550, bietet die erste unter der Abtheilung „Fabel, Stampaney vnd Schwenck (Nr. 92).“ Die letzte Recension haben wir in der Gesammtausgabe (I, 4, 348), nach der es von G. W. Hopf im 1. Bändchen seiner Auswahl aus den Werken von Hans Sachs (Nürnberg 1856) wiederholt wurde.

Aus den Hinweisungen auf die Nürnberger Ausgabe wird im Allgemeinen, bisweilen auch im Einzelnen ersichtlich geworden sein, welche Umwandlungen die Gedichte unter der Hand des Verfassers erfuhren. In noch höherem Grade können wir durch eine Betrachtung

der Lesarten von sogar drei Recensionen einen Einblick in die geistige
Werkstätte des Meisters thun.

Eine Ordnung der Bearbeitungen nach ihrer Abfassungszeit war
nicht thunlich. Die Lesarten der Schulzischen Handschrift (Hs.) mußten
als unbekannte zuletzt stehen und die der Nürnberger Ausgabe (N.) vorange=
stellt werden, weil diese einmal die umfangreichste Fassung enthält und
weil sie zweitens selbst oder durch den Hopfischen Abdruck am zugäng=
lichsten ist. Der Dresdener Handschrift (Dr.) gebührte jedenfalls der
Platz in der Mitte. — Daß sich die Uebereinstimmung von Hs. mit
N. oder mit Dr. im Folgenden nur auf Worte und Wendungen, und
nicht auch auf die Rechtschreibung erstreckt, versteht sich von selbst.

N. hat im Eingang 14 Verse, die in Dr. und Hs. fehlen.

15, 16. N. Mir traumbt wie ich kem wolbesunnen, | Zu einem grossen
runden brunnen. Dr. Eins nachts traumbt mir gar wolbesunen ¦
Wie ich kem zw aim grofen prunen. Hs. = Dr.

19. N. Warm vnd kalt wol auß zwölff Rörn. Dr. Warm vnd kalt
aus zwölff gulden röen. Hs.=Dr.

21. N. so grosse kraft. Dr. so eble kraft. Hs. = N.

24. N. Wann er ein stund im Brunnen saß. Dr. Wen er ain stund
darinnen sas. Hs. = N.

28. N. darzu kam. Dr. dahin kam. Hs. = Dr.

34. N. Vol zog es zu auff steg vnd strassen. Dr. Vol ging es zw
auf allen strafen. Hs. = N.

35. N. Auß allen Landen nah vnd ferren. Dr. Aus allen landen weit
vnd feren. Hs. = N.

36. N. wegen vnd kerren. Dr. wegen kerren. Hs. = N.

39. N. Vnd jr vil trug man. Dr. Vnd etlich trug man. Hs.=Dr.

40. N. giengen herzu. Dr. gingen daher. Hs. = N.

42. N. endtisch. Dr. entig. Hs. = Dr.

47. N. pogrucket vnd krumb. Dr. pegruecket. v. k. Hs. = N.

50. N. Ein ächtzen. Dr. achizen. Hs. = Dr.

53. N. Die sie kunnen. Dr. so sie kunnen. Hs. = N.

54. N. Solten helffen in den Jungbrunnen. Dr. Halffen steigen in
b. J. Hs. = N.

61, 62. fehlen in Dr. 62. N. darnach. Hs. als pald.

63, 64. .N. Da dacht ich mir im schlaff fürwar, | 'alt bist auch zwey vnd sechtzig Jar. Dr. Dacht ich mir im traumb vurware | Alt pist auch vier vnd funffzig jare. Hs. 63 = N. 64 = Dr.

65. N. an Ghör vnd Gesicht. Dr. an ghör vnd augsicht. Hs. = N.

69, 70. N. Abzoch ich alles mein Gewand, | Daucht mich im schlaff allda zuhand. Dr. In dem deucht mich wie ich zw hant | Auch abzug alles mein gewant. Hs. = Dr.

70. N. Ich stieg in Jungbrunnen zu baden. Dr. In dem Junck-prunn mich zu baden. Hs. = Dr., abweichend: junckprunen.

74. N. Meins verjüngens ich selber lacht. Dr. Meines verlangens ich s. l. Hs. = N.

75, 76 fehlen in Dr. und Hs.

77. N. Weil kein kraut auff Erd ist gewachsen. Dr. Dacht kein krawt ist auf erd gewachsen. Hs. = Dr.

78. N. Heut zu verjüngen mich H. Sachsen. Dr. Mich zu verjungen vnd Hans Sachsen. Hs. = N., doch nicht Heut, sondern heint.

7.

Hans Sachs' Spruchgedicht und Hans Baumanns Zeitung von der Schlacht bei Mühlberg.

Für die völlige Erkenntniß des „reichsten" Dichters der Refor=mationszeit, wie Hans Sachs von Gödeke mit Recht genannt wird, bleibt noch viel zu thun übrig. Eine abschließende Bibliographie mit Rücksicht auf die benutzten Quellen ist noch nicht geliefert, seine Sprache wurde noch nie im Zusammenhange dargestellt, auch die ästhetische Seite seiner Dichtungsart, in wie weit er sich seinen Quellen anschloß und im Interesse seiner Leser sich von ihnen entfernte, was in seinen

Schöpfungen der Zeit anheimfällt und was das freie Eigenthum seiner dichterischen Persönlichkeit ist, wird noch mehr im Einzelnen geprüft und gewürdigt werden müssen. Wenn ihm bei Abfassung der geistlichen Sprüche und Historien, der Tragödien und Comödien Quellen aus ältester und älterer Zeit zu Gebote standen, so mußte er bei solchen historischen Darstellungen, welche Ereignisse der nächsten Gegenwart behandeln und somit das Gebiet der politischen Poesie berühren, sich nicht minder an Vorlagen halten, falls er nicht einer lebendigen Tradition folgen oder aus eigener Anschauung schöpfen konnte. Diese Vorlagen können entweder Gedichte anderer Verfasser, ob nun Lieder oder Sprüche, sein oder Zeitungen in ungebundener Rede. Ueberhaupt darf nicht außer Acht gelassen werden, daß die historisch-politische Poesie nie von den in Prosa geschriebenen Darstellungen der Zeitereignisse getrennt werden darf, wie Weller in seiner Bibliographie der deutschen Zeitungen des 16. Jahrhunderts (Serapeum, Jahrg. 1859. S. 218) mit Recht betonte. *) Zu diesem Sinne wurde eine Vergleichung des Spruchgedichtes von der Schlacht bei Mühlberg, über dessen Mittheilung vorher längst entschieden war, mit einer Zeitung des Hans Baumann (angeführt von Weller im Serapeum, Nr. 20, S. 268) vorgenommen, und es ergab sich, daß Hans Sachs diese Zeitung benutzt haben muß. Die Ergebnisse im Einzelnen, wie einfach und naturgemäß sie auch sein mögen, scheinen mir für die Mittheilung nicht ungeeignet, einmal wegen der angedeuteten allgemeinen Beziehung der Zeitungen zur historischen Poesie, dann wegen des Interesses an der Dichtungsweise von Hans Sachs. Da der Verfasser der Zeitung ein politischer Gegner des Dichters ist, weil er der kaiserlichen Armee angehört, so ist es nicht allein anziehend zu sehen, was Hans Sachs aus dessen Schlachtberichte benutzt hat, sondern auch was er nicht benutzt hat.

---

*) Bei der gewaltigen Aufgabe, welche sich die historische Commission durch eine Sammlung der deutschen historisch-politischen Gedichte bis zu Ende des 30jährigen Krieges gestellt hat, würde es als ein ungerechtfertigtes Ansinnen erscheinen, von ihr selbst durchgehends die Berücksichtigung der Zeitungen zu verlangen, aber wenn jene Arbeit fertig vorliegen wird, dürfte es eine sehr dankbare Aufgabe sein, die Wechselwirkung der dichterischen und prosaischen Bearbeitungen zu belegen.

Der Verfasser der Zeitung, Hans Baumann, ist zugleich der Autor eines Liedes über dieselbe Begebenheit (Gödeke Grundriß 1, 268, Nr. 208). Die Titel, sowie die Angabe des Verfassers über seinen Stand lauten in beiden Schriftstücken ähnlich. Das Gedicht kann nur nach Gödeke angeführt werden. „Ein new Lied Wie Hertzog Johan Friderich vonn der Römi: Kayserlichen Mayestat den 24. tag Aprilis erlegt vnd gefangen worden ist... Anno salutis. 1547. Hans Bawmann von Rottenburg auff der Tauber, hetzund Duco de Alba Trabant. o. O. 4 Bl. 8.“ Die Zeitung *) hat folgenden Titel: „Newe zeyttung. Ware vnd gründtliche anzeygung vnd bericht, in was gestalt, auch wenn, wie, vnd wo Hertzog Johans Friderich, geweßner Churfürst zü Sachsen, von der Röm. Key. vnd König Mai. neben Hertzog Moritz zü Sachssen ꝛc. am sontag Misercordia Dni, der do was der ꞃꞃiiij. tag Aprilis, Erlegt vnd gefangen worden ist. Anno Salutis. 1547.“ Bl. 2 enthält die Widmung der Zeitung an Bürgermeister und Rath der Stadt Rothenburg auf der Tauber. Am Schlusse derselben Datierung und Unterschrift: „. . . Datum den 12. May. In der Key. Maye. Feldleger vor Wittenberg, Anno Christi. M. D. Xlvij. E. E. W. Williger Hans Bauman von Rotenburg auff der Tauber büchtrücker gesell, hetzo des Durchleüchtigen hochgepornen Fürsten vñ Herrn, herrn Ferdinanden, Hertzog zu Alba Marggraff zü Coria, Graff zü Salua terra ꝛc. Romi. Kei. Mai. Großhoffmeister, stathalter vñ öberster Feldhauptman, seiner F. G. diener vnd Trabant.“ Am Schlusse: „Datum den ꞃij. tag Maij, auß Kay. Maye. Feldleger, vor Wittemberg. O Gott, erlöß die gefangenen.“ 8 (beziehungsweise 7) Bl. 4. **)

Hans Baumann war Augenzeuge der Schlacht und konnte in seiner Stellung die getreuesten Berichte erhalten. Seine Schilderung ist sehr objectiv gehalten, eine gehässige und schadenfrohe Erbitterung

---

*) Das aus dem Nachlasse L. Bechsteins stammende Exemplar dieser Zeitung hat deshalb besonderen Werth, weil es ohne Zweifel in den Händen des enttrohnten Kurfürsten während dessen Gefangenschaft war und von ihm glossiert wurde. Nähere Mittheilung mag für einen künftigen Band des Museums vorbehalten sein.

**) Weller citiert eine andere Ausgabe, ebenso die Curiositäten I, 280.

gegen die Besiegten tritt nicht hervor, höchstens an einer Stelle, eben=
sowenig wie großmüthige Bemitleidung.

Das Spruchgedicht ist jedenfalls von Hans Sachs bald nach
dem Empfang der Zeitung niedergeschrieben worden. Am 24. April
fand die Schlacht statt, vom 12. Mai datiert der Druck, d. h. ohne
Zweifel das Manuscript für den Druck. Von da ist es bis zum
4. August für die damalige Zeit kein allzugroßer Zeitraum, in welchem
das Büchlein gedruckt und verbreitet wurde. Der Dichter sagt selbst
V. 118: „Dis ist aüffs kürzt fürm, weis vnd art Des frumen kur=
•fuersten gefencknus." In der That wäre das Gedicht von bei weitem
größerem Umfange geworden, wenn Hans Sachs auf alle Einzelheiten
der Zeitung Bedacht genommen hätte. In manchen Dingen mag die
Uebergehung einzelner Züge zufällig sein oder mit der beabsichtigten
Kürze zusammenhängen, anderes ist sicher mit Bewußtsein verschwiegen.
So fällt es auf, daß Herzog Moritz und Herzog August mit keiner
Silbe erwähnt werden. Herzog Alba verzögerte die Vorlassung des
Kurfürsten vor dem Kaiser, im Glauben „jre Majestat möchte sich
etwan inn der ersten hitz vnd zorn etwas vngnedigers gegen disem ge=
fangnen erzeygen." Hans Sachs sagt nur V. 101,2: Nach dem
wurt er gefueret spat Für kaiserliche maieftat. Die den Kurfürsten
demüthigende heftige Anrede des Kaisers ist im Gedichte sehr ge=
mildert, die Worte der königlichen Majestät, d. h. des Königs Fer=
dinand, sind ganz unbeachtet geblieben. Im Allgemeinen hält sich der
Dichter au den Gang der Erzählung in der Zeitung; die Einzelheiten,
in denen sich Uebereinstimmung findet, wollen wir jetzt ins Auge fassen,
und zwar wird es zweckmäßig sein, wenn die besonders wichtigen Worte
durch gesperrte Schrift ausgezeichnet werden.

Im Gedichte entspricht V. 10—13: folgende Stelle in der
Zeitung: ... vnd die brucken vber die Elb hinter jm abgebrandt,
auff das er von der Key. May. nicht vbereylt solt werden,...

V. 14—23: Wie man nun das Leger geschlagen, haben etlich
der vnsern bis an den Elbstrom gestreyfft, ... auch mit halben
hacken, die vnsern vnd sie zusammengeschossen, ... Welches dann dem

feind, Hertzog Johañ Friderich, der eben zu der selben zeyt Predigt gehört hat, so gar frembd gewesen, das er vnser ankunfft erstlich nit hat glauben wöllen, Sonder vns nur für ein gesamblet fürlauffend volck geacht, . . .

V. 24—27: Nach dem aber die Husseren noch neher zum seynde sind koñen, auch die Spanischen hackenschützen, die im vorzuge waren, . . .

V. 30—33: . . . darauff er von stund an den Troß, sambt dem geschütz, vnd etlichem fußvolck vorhin geschickt, Dañ er nit mer deñ zehen Fenlein, vnd siben geschwader Reuter damals starck gewesen.

V. 34—40: Jn dem haben sich etliche Spanier nackend außgezogen, . . . vnnd hinüber geschwommen, vnd die bren= nende Schiffprucken auffgehalten, . . . vñ den seinen best mer raum zum abzug gegeben, . . . Haben sich aber die seinen . . . an jrem gestatt nicht mehr sehen lassen, . . .

V. 46—52: . . . einen iungen Baursman antroffen, welcher einen furt durch das wasser gewüst, vnd angezeygt. Darauff jre May. etliche (H. S.: ringe) pferd . . . ordinirt, vñ den angezeygten furt bereyten vnd besichtigen lassen, Vnd darnach biß in taufent pferd vber die Elb geschickt, . . .

V. 54, 55: . . . Aber kürtzlich (H. S.: pald) von den seynden wider an das wasser geia'gt worden, . . .

V. 56, 57: . . . vnnd mit inen zu Scharmützeln, . . . Jnn dem haben sich die seynd gar von dem wasser begeben, vnd den vnsern gewichen . . .

V. 58: . . . die Rei. Majestat gesehen, das die vnsern das gestad jhenseid des wassers inne hielten, . . .

V. 62, 63: Aber die Keyser. Mayestat . . . persönlich durch den Furt der Elb gezogen.

B. 64—71: Aber inn solcher eyl vnd nachziehen sind die Feynd drey meyl von dem ort, do man vber das wasser kummen ... Neben eynem wald, die Locherheyd genant, aldo sie jre ordnung gemachet ...

B. 91—100: Aber nicht fern (H. S.: weit) von der Niderlag, neben einem Holtz, der Schweynart genant, haben ettliche gewesnen Churfürsten angetroffen, vnd ein yeglicher gewölt, er sol sein gefangner sein, ... Aber Er ... sich in gegenweer gesetzt, manulich vnd dapffer gewert (darüber Er auch ein wunden in lincken backen empfangen hat) vnd gesprochen, Ich will mich keynem gefangen geben, dann den Deudtschen, Vnd sich eynem jungen Deudtschen Edelman, Thill von Trodt ... sich ergeben, vñ dem selbigen ... zum warzeychen vnnd gezeugnuß zween seyner eygener Ringe ... zugestellet ...

B. 103—106: Aber der gefangne Fürst redet vnter wegen gantz erbermlich mit eynem grossen seufftzen vnnd augenplick gehn hymel, Miserere mei Domine, nos sumus iam hic. Ach Gott erbarme dich mein, wir sind yetzund hic. (Die Wendung im Gedichte könnte man ohne die Vorlage für eine Frage halten.)

B. 111, 12: Die Keyser. Mayestat antwort, Ja, wie jr verdienet habt, fürt jn hyn, wir wissen vns wol zu halten.

B. 112—115: Darnach ist gedachter von Sachssen ... dem Meyster de Campo vberantwort, vnd jm zugelassen, nach etlichen seynen dienern ... zu schreyben, die auch zu jm kommen sind vnd sein warten (H. S.: verpflagen).

B. 116, 17: Er wird inn seynem wagen ... Key. Mayestat nach gefürt, vnd mit Spanischen hackenschützen verwart ...

Auf die Frage, weshalb Hans Sachs sein Gedicht nicht in die Gesammtausgabe aufgenommen habe, liegt die Antwort nahe: die Niederlage seiner Freunde verherrlicht man nicht öffentlich. Daß der Dichter überhaupt das Ereigniß zu einem Gedichte benützte, ist in seiner Natur begründet, indem sich alles bei ihm wie von selbst in die dichterische Form schmiegte, was seine Aufmerksamkeit erregt hatte. Er nahm Theil mit seinem Herzen an den politischen Kämpfen, welche sein Vaterland bewegten, da erhält er durch eine Zeitung genaue Kunde über die unglückliche Schlacht; er kann nicht anders, er muß dieses Stoffes sich bemächtigen, aber nur für sich und für seine nächsten Freunde. Wäre der Kurfürst siegreich aus dem Kampfe hervorgegangen, so hätte das Gedicht sicher eine Stelle in der gedruckten Sammlung gefunden, es wäre aber auch eben so sicher inniger und schwungvoller gehalten, als die vorliegende einfache Erzählung einer Niederlage.

VII.

Handschriftliche Zeitungen.

1.

* Eldorado.

1534.

Gleich einer Wundersage durchflog die Kunde von der Entdeckung Perus Europa und gelangte bei alledem recht spät nach Deutschland, wo sie wie ein phantastisches, unglaubliches Märlein des Orients von Munde zu Munde lief.

Nach Spanien war schon 1513 durch Vasco Nuñez de Balboa, einem kühnen Abenteurer, unter dessen Schaar der grausame Pizarro, der spätere Eroberer Perus, war und sich bildete, die erste Nachricht von diesem goldreichen Lande gekommen, aber Jahre vergingen, bevor Pizarro mit Almagro und dem Priester Hernando Luccues seinen Erobe= rungs= und Raubkrieg in dem Lande begann, dem er zur Gottesgeisel wurde.

Erst 1534, während schon Pizarro seine Frevelsaaten in Peru ausgestreut und mit überreichen Schätzen nach Spanien zurückgekehrt war, finden wir ausführlichere deutsche, aber immer noch schier fabel= haft erscheinende Nachrichten über das neuentdeckte Land, das auch in Spanien selbst die Phantasie der Bewohner mit unzählbaren Wundern belebte, die Habgier zahlloser Abenteurer aufstachelte und neue Träume von Glück und unermeßlichem Reichthum in allen Ständen weckte.

Da schrieb unter andern ein Botschafter an einen deutschen Fürsten:

E. F. G. schick ich hiemit etliche Zeitungen. Daraus vernehmen E. F. G., daß vnserm gnädigsten Herrn Kaiser mächtig groß Gut zukommt, vnd ist nit ohn, daß diese Zeitung vor der Zeit in einen Zweifel gestellt worden, aber es wird jetzo von glaubhaften Leuten, die solches zum Theil selbst gesehen vnd erfahren haben, dermassen

13*

geschrieben, das etwas am Handel sein muß. Damit thue Ich
mich E. F. G. Als meinem gnedigen herrn Vndertheniglich Bincßen.
Vnnd womit Ich E. F. G. vnderthenig dinst vnd gefallens kan er=
weisen. pin Ich alle Zeit geneigt vnd willig. Dat. 7. Marz. 1534.

Cristoff Kretzer.*)

Nene Zeitung aus Rom geschrieben: Wißt, daß der Kaiser ein
Jnsel funden hat, die ist, als die Spaniolen fürgeben, über das
Schlaraffenland, da man die Leut in güldnen Salen zu schlafen,
bezahlt ꝛc. Aber einmal ist war, das der Kayser ein Jnsel mit
weissenn Leuthen gefunden hat, die sol grosser sein als man auß
yspania dem Babst hieher schreibt dan gantz Europa Vnd hat von
yspania zehen tausendt welscher meyl dar ein Zu schiffenn, da ist
golt Edelgestein der Wein ist darin da sein die Heusser von Silber
golt vnd Edelstein gepaut, Vnd da die spaniolenn darein khomen
sein, haben sie so ein köstlichen Sal oder palast gepaut funden,
das sie sich verwundert haben Vnd abprechen wollenn, da hat der
selb könig gesagt, was sie sich so vil heraus nemen wollen sollichs
abzubrechen, solches könnte er nicht gewaren, so wolle Er´Jm gantz
peru haim Zu furen geben vnd Jn Jr schiff lodenn lassenn, das
dem kayser sein theil, dem man Jm pracht hat ober Zehenmal
Zehenmalhundert taußendt ducaten Werdt ist vnd getroffenn hat.
Was haben dann die andern gehabt. Also habenn Kay. May. Ver=
ordnung geben fortalicias darein zu machen dieß landt Zu befestigenn
vnd mit dem könig daselbst vmb tributos convenirt auch hieher zum
Babst geschickt vnd wil auß ihnen Christhen machen vnd begert das
Jm der pabst Vier Erzbistum darin auffricht, damit er auch zu=
frieden gewest ist, doch dieser gestalt, wol der keyser temporal dar
Jn auffrichtenn, so wol er sein Jura spiritualia auch haben Con=
venirt, das der Babst so Vier Erzbischoff darin comuniren, dieselben
sollen decimas habenn, das gar ein mechtig Ding sein wurdt magnum
expediens also habt Jr description des schlauraffen landts, da man
Decher mit golt Vnd prabt Wurstenn deckt, Aber endlich ist daran

<hr>

*) Dieser Brief scheint an den Bischof Konrad v. Würzburg gerichtet zu sein,
und der Schreiber war der nachherige Anhänger Wilh. v. Grumbachs.

wie obenn, mocht Wol als nit so gar groß sein wie die spaniollen
alter gewonheit nach vurgebenn.

Der naive Schluß dieses Berichts deutet mit ächtdeutschem Humor
auf die Prahlsucht wälscher Völker hin, und äußert sich, indem er das
Unglaubliche treuherzig berichtet, mit ironischem Lächeln halb ungläubig.

Allein die Nachrichten gingen weiter und wurden bestimmter. Die
erste nächstfolgende lautet:

Die erst neu Zeitung von einer neu gefundenen Insel,
Peru genannt.

1534

Außzug aus einem brieff der dat.
10 December aus Sevilla aus Spanischer
Sprach verdeutscht.

Es sein grosse Newe Zeittung aus den Antillder Insulen herkomen
Nemlich das die unsere Spangarten alda aber einest durch ein newe
fart ein newes lanndt endeckt vnnd funden haben, das soll in desselben
Landtssprach peruw genannt, vberflüssig vol golds vnnd sylbers
dermassen, das etliche Schieff, die sich die vergangen Zeit von den
Insulen der Antyllas dem Mehr, nach dem mittag ebentenr vnnd
lanndt Zusuchen, mit etlichen Schiffe vnnd ongeferlich 300 Mann
an ein Vest Lanndt, das kein ynsel ist Vber 900 meil von den
Antyllas nicht gelegen, ankomen Vnnd dahin eingedretten sein, groß
volck da funden vnnd bezsonders mit Jrem Herrn oder konig der
Provinz, den sy auff der sprach Cacique nennen, die vnsern mit
dem geschütz das volck von vil tausent erschreckt vnnd auff die flucht
gejagt, wolten sich in ein gebirg erheben, doch ward Jn der weg
durch die Vnsern verschlossen Also das sy der vil erschlugen vnnd
den Cacique gefennglich vberkamen, haben die vnnsern darnach das
lanndt eines teyls vberlawffen vnd gar bald einen grossen rawb von
schüsseln vnnd anderm geschirr, Als des Lanndts metal nemlich
von gold gemacht, vber 300 tawsent ducaten werd vberkomen, So
die Vnnsern darnach solches mit sich dester bequemer tragen mochten,
Zerprachen sy es, Sprach der Cacique oder gab es Jn zuerkennen,
warumb sy solches theten, Sy soltens nymer thun, er solt Jn anzeigen das sy vngemachts gold so vil nemen solten, das sy sich er-

fettigen folten Bnnd fo fy in ledig geben, folt er Jn pringen groß
gewicht golds, das nach vnnferm gewicht ob die 10 mal hundert
taufent Ducaten wirdig ift. Jn funna gemelt gefunden Lanndt foll
das reichft von gold fein, das vnder dem himmel gelegen, der
Hauptman hat mit einem fchiff die Zeittung vnnd ergengknus auf
den Antylla Zurück gefchickt. Alba des keyfers Stathalter picarro
genannt etlich fchieff mit 500 frifch man, fich zu den andern zuthun, gen perw gefertigt, gemelter picarro hat folches als der key.
Mj. herausangezeigt, So ruft man ytzo hie auch etlich fchiff, die
man mit lewten Bnnd vilerley ... dahin fchicken wurdt, des
man notig da fein mag, man fchreybt fol mit den erften von dann
ein mechtig Summa goldts pracht werden, das man acht der key.
Mj. für fein Recht des quinto ob die 200 taufent Ducaten komen
wurdt. Demnach fein Mj. mit den marganten vnnd kriegern, die
fich dahin wagten den vertrag hat, Was Landt gefunden werden
die Oberkeit vnnd alle Jurisdiction feiner Mj. pleybt vnnd den
kriegern die viertahl des Rawbs, dem kayfer ein tayl das ift der
fünffte theyl, Man fchreybt, das das gold da vberflüffiger fei, dann
das eyfen in Piftayn fein foll, desgleichen vil Edelgefteins, befon-
ders fchmaraten, mit der Zeit vernimbt mans eygentlich, was die
Experientz erzeigt, wollen wir auch nit verhalten.

Wie ungefchminkt wird hier mit dem einfachen Worte Raub
die ganze Unternehmung beim rechten Namen genannt! *)

Eine weitere Nachricht und zwar von einem Augenzeugen der
nach Spanien durch Pizarro felbft übergeführten Goldfchätze Perus
ift überfchrieben:

Die ander neu Zeitung vom neu gefundenen Lande
Peru genant.

1534.

Auszug aus einem Brief aus Antyllas gefchrieben auff Civillien. **)

Lieber herr, folt ich euch anzeigen des wunders vnnd Zeitungen aus
dem Newen gefunden land Perw genant, vorhanden, Jch bedorfft

---

*) [Sollte Raub hier nicht die harmlofere und allgemeinere Bedeutung
Beute haben?]
**) Sevilla.

wol eins ganntzen Rieß papiers ich hab euch durch andere meine
briff vorangezeigt, das biß daselbst vorhanden war, Ich wil euch
doch vff ein Newes anzeigen von dem Landt peru, vnnd große
wunderbarliche Reichthumb sich daselbst hat finden lassen, das ich euch
bekent, ich im anfang ein also onglawbiger gewesen bin, als keiner
im landte, aber jetzt findt ichs souil voraugen vnnd weiß eigentlich,
das man nie souil dauon schreybt, es sey dann vil mer dauon, Ich
schwere es euch für eine gantze warheit, das ich persönlich mit vnserm
Gubernator, In den zweyen schiffen, so dauon herkomen sein, gewesen bin, das ein von 100 vaß groß vnd das ander von 50 die
bede ganntz außgeladen komen mit goldt vnnd Sylber, So tief man
es hat mogen lasten, Nemlich also tieff das die abdrupff das bedeck
der schiff, dem wasser aufwendig gleich gehanngen seindt das goldt
alda obereinander gelegen, das wunder gewesen ist anzusehen,
Manncher solt mainen es wer Zawberey, Es sein alda in peru
noch vorhanden die vnnder dem kriegsuolck vnd marhanten verteylt
seint 30 mal tausent gewicht goldts, ein gewicht ist 1¼ Ducaten.
Ich wolt euchs gern rechtschaffen vnnd auffs warhafftigste anzeigen,
ich forcht nur, Ir werd meinen Ich träums, Ich sage euch es ist
vil mer daran, dann ich schreyben darff, die drupffel golds so man
sy da Im land findt von 13. 14. vnd 15 C. schwer vnnd fein,
vnnd zu warer zeugknus, werd Irs sehen an den 800 tawsent
gewicht golds die man von hinnen auß vff Cinyllie key. Mj. Zugeschickt."

Diesen Berichten war noch die Cargo (Liste der Ladung) der im
letzten erwähnten in Sevilla aus Peru angekommenen beiden Schiffe
hinzugefügt. Diese lautete:

Laus deo 1534 Ad. p⁰ febrer In Lion

Carg von eim Schieff das In Sybillia ankomen ist im Jener
aus Terra ferina von aim lannd peru, das die Castillianer entdeckt
haben pringt 354401 possa *) fein gold dauon 100400 possa seindt
für key. Mj. den rest den possgern oder poßgesellen **) hat man
pracht 10453 marck Sylber dauon 5000 für key. Mj. Rest den

---

*) Pesos, Petto d'Otto, Stück von Achten, 8 Realen.
**) [= Bootsgesellen. D. Wörterb. 2, 270.]

paſſagerro oder poßgeſellen noch 8 Sylbrin krugen vnnd ſonnſt vil ander ding das Ins Regiſter vnder Zeil mit ſtet,

Corgo vonn ein ſchieff das In Sybillia ankommen iſt aus
ſant domingo

Im Jenner hat pracht 12246 poſſa goldt

Nach 90 tſ° 7nt 6 octave gemein perlein

Nach 7 tſ 7 nt 4 octave gelbe perlen

Nach 7 tſ Runde vnntz perlen

Nach 7 tſ 4 ort. berachon die man heiſt pedorie

Solches alles gehort den kaufflewten vnnd den poſſagores oder poßgeſellen. *).

Daher war es kein Wunder, wenn die Phantaſie ſich ein Land ſchuf, was ſie mit all ihrem eigenen Reichthum verſchwenderiſch ausſchmückte und ausſtattete, das alle Herrlichkeiten eines erträumten Utopien und einer luſt= und wolluſtvollen Cucagna oder eines Schla= raffenlandes weit hinter ſich zu laſſen ſchien.

Dieſe Nachrichten bereiteten den Boden für die Saat der wun= derlichen Reiſeberichte Franz Orellanas, eines jungen Abenteurers und Officiers Pizarros, der vorgab, auf ſeiner 1541 unternommenen Reiſe abwärts des Napo, ein Reich entdeckt zu haben, deſſen Bevölkerung ſeine Tempeldächer mit Gold decke, ein Reich, das er nach ſeinem Goldüberfluß El Dorado nannte, abgeſehen von ſeinem ſelbſt erfun= benen Märchen der Entdeckung eines Amazonenlandes, von der noch bis heute der Amazonenſtrom den Namen trägt. Dieſe Fabeln fanden vollen Glauben, es vergingen faſt einige Jahrhunderte, ehe die Zeit ſie völlig zu berichtigen vermochte, und bis auf den heutigen Tag iſt der Begriff Eldorado eine ſchöne poetiſche Methapher geblieben, wenn es gilt, ein fernes Wunderland voll Pracht, Reichthum und Ueberfluß zu bezeichnen.

---

*) [In dem Verzeichniſſe der Koſtbarkeiten ſcheint nicht alles richtig geleſen zu ſein; da das Original nicht zu Gebote ſteht, muß der Abdruck auf gut Glück ge= ſchehen.]

2.

* Zeitungen aus Frankreich.

1567.

Die vorliegenden handschriftlichen Zeitungen aus Frankreich fanden sich im Nachlasse ohne Einleitung. Sie bedürfen einer solchen auch nicht, da sie dem Leser selbst ein Bild jenes unheilvollen Bürgerkriegs geben, der Frankreich durch das ganze Jahrhundert hindurch erschütterte. Interessant ist die im Briefe des Gesandten kundgegebene Beziehung der Krone Frankreich zu den deutschen Fürsten. In dem von Emil Weller im Serapeum (Jahrgang 1859 u. 1860) gegebenen biblio= graphisch-chronologischen Verzeichnisse der deutschen Zeitungen des 16. Jahrhunderts finden sich mehrere Stücke über die französischen Bür= gerkriege, und zwar aus dem Jahre 1562 (resp. gedruckt 1563) Nr. 191, 194, 195, 197; 1563: Nr. 198; 1564: Nr. 202. Von da eine Lücke, erst aus dem Jahre 1567 liegt wieder eine Zeitung vor, die unter andern auch einen Bericht enthält „von einem Schar= mützel vor der Stadt (Antdorff) zwischen dem Marggrafen und den Geusen gehalten" (Weller Nr. 239). Häufiger werden die Zeitungen im Jahre 1568, die auch an die Ereignisse des vorhergehenden Jahres anknüpfen. Deshalb sei es mir gestattet, die Titel hier nach Weller zu wiederholen.

255. — Zeitung aus Franckreich betreffend das Edict Carl IX von wegen der fridhandlung vnd hinlegung der Empörung, so zwischen Königlicher Würden vnd dem Printzen von Conde eingerissen. Zusampt angehenckter Schlacht, so vor Paris gehalten worden. o. O. 1568. 4.

256. — Newe Zeitung. Warhafftige Beschreibung des gesprächs, so sich zwischen dem Durchleuchtigsten vnnd Hochgebornen Fürsten von Conde, vnnd denen von der Königlichen Maiestat in Franck= reich darzu verordneten Herren begeben. Darein auch die vrsachen

warumb jetzgemelter Fürst von Conde vnnd seine Mitverwandten
zur wehr gegriffen, angezeigt werden. Aufs Französischer sprach
Verteutschet. Anno 1568. o. O. 20 Bl. 4.

257. — Dreyerley newe Zeitung aus Franckreich vnd dem Nider=
landc, von zweien Schlachten, so sich in beiden Orttern in nechst
vorgangenen tagen verlauffen hat. Anno 1568. o. O. 4.

258. Newe Zeitung, was sich in gegenwärtiger französischen Empörung
bis im April zwischen (zwischen?) dem Printzen von Conde vnd
den Königischen zugetragen etc. o. O. u. J. (1568)

Aus den späteren Jahren sind ferner anzuführen: 1569: Nr. 259,
260. — 1571: Nr. 288, 289, 292. — 1573: Nr. 306, 311.
— 1575: Nr. 320, 322. — 1576: Nr. 333, 342. — 1577:
Nr. 349. — 1585: Nr. 447, 448. — 1587: Nr. 475, 476, 477,
478. — 1558: Nr. 488, 499, 500, 501, 502. — 1589: Nr. 503,
504, 505, 506, 507. — 1590: Nr. 514, 515, 516, 517, 518, 520,
526 (Lied). — 1591: Nr. 529, 530, 531. — 1592: Nr. 535,
536, (541). — 1593: Nr. 546.

---

*Durchleuchtiger hochgeborner Fürst, genediger Herr, den 14 Novemb.
bin ich zu Pariß ankommen, vnd desselben Tags zwischen 4 vnd 5
hore die Königin angesprochen, vnd was von e. f. G. ich in Befehl
gehabt vnterthenig fürgebracht, welches ihr Mat gantz genedig an=
genommen, vnd mich volgende Meynung beantwortet, nemlich daß
J. Mai. e. f. G. sonderer genaigter Wille gegen dem König vnd
der Krone Frankreich vnnerborgen, zu dem den Herrn Linevollen,
als der Königl. Legat. vnd ihren Gesandten dargegeben, vnd daß
seine Brief vnd Werbung auß empfangenem Befehl hergeflossen,
volgends haben J. Kön. Mat mir den gantzen Handel von der
itzigen Empörung zu Frankreich ordentlich erzählt, nemlich daß der
Printz von Conde mit seinen Verwandten ohne alle gegebene Vrsache

auß eigener Bewegnuß heimlich, als er ohne vorgehende ainige Klag
vnd Begeren, sich in Rüstung begeben, vnterwegs den König selbst,
auch Ihre Mat vnd des Königs andere Brüder feindtlich angewendet
haben, welcher vnerhörten vnd vngebürlichen That sich wohl zuver=
wundern, Als aber J. Kön. Mat des Tags zuuor gewarnet, hab
dieselbe die Schweitzer, denen sie erlaubet, vnd albereit of dem
Heimziehen gewest, von dem Schloß Tiern wieder erfordern lassen,
Mit denselben Schweitzern hätte sich der König gen Pariß in Ge=
wahrsam gethan, vnd in 24. Stunden weder gessen noch geschlaffenn,
die Condischen aber vnterdessen die Statt Sancti Dionisij einge=
nommen, Darauf der König von Stund an ettliche fürnehme Herrn
des Königreichs zu dem Printzen von Conde, vnd seinen Consorten
geschickt, Nemlich den Connestabel, Canzlar, Marschall rc. vnd andere
mehrere ansehnliche Herrn abgefertigt, welche mit dem Printzen von
Conde handeln, daß er von der Kriegsrüstung abstehen, vnd was
sein Begeren wer, anzeigen sollte, so wollten Ihre Kön. Mat sich
willferig erzeigen, allein daß sie solches gütlich vnd ohne Kriegswesen
suchen wollt rc. Als nun solches gehandelt wurde, hab der Herr
von Andelott zu Mitternacht 16. Mühlen vor der Stadt anstossen
lassen, ob welcher nächtlichen Brunst die ganze Nacht zum höchsten
erschrocken, also daß Niemand wissen mögen, waß daraus werden
wollt, des Königs Gesandte haben aber nichts außrichten können,
obwohl ihrer noch mehr zu ihnen kommen sein, indeß haben die
Condischen alle Strafen verlegt vnd alle Pönienden offgehalten, vnd
ettliche Wochen ihren ordentlichen Herrn vnd König belogen, vnd
allerhandt feindtliche Thaten gebraucht, aber gantz ohne, daß ihnen
der König für sich selbst oder durch andere, zunn Waffen zugreifen
sie gemüssigt hab, aber dessen alls vngeachtet sey der König allweg
des Gemüths gewest, wann sie von der Rüstung abstünden, vnd
sich ein Jeder anheimb in seinen Gewahrsamb thet, so wollten J.
Mat alles, so biß anhero fürgelauffen, den Frieden vnd Ruhe zu
Gutem, gerne verzeihen, vnd sich also erzeigen, das alle Fürsten be=
finden sollten, das Ihr Mat. an ihr nichts erwinden lassen, damit
des Königreichs Wohlfahrt gepflantzt würde vnd J. Kön. Mat
hätten sich gar nicht gegen den vngehorsamen vnd rebellischen Vn=
terthanen, wie dieselbe wol machen gehabt, sondern wie ein Vater

gegen seinen Kindern erzaigt. Vnd das noch mehr ist, do J. M.
mit gewaltigen wenigen, dann sie . . . zu thun gehabt, so hett J. M.
nicht glimpfiger handeln, noch sich mehr demütigen können, damit
man allein die Craften hingelegt, aber doch nicht erhalten können,
darauff man bederseits zur Schlacht kommen, vnd als auch die
Schlacht geschehen, hab der König dem von Condj wieder anzeigen
lassen, es sollte sich ein jeder anheim in seinen Gewahrsam begeben,
so wollen Ihre Mat ihnen auch noch alles verzeihen.

Solches haben S. M. noch lange, vnd auch weitleufftig, biß vff
Zukunft des Königs, welcher nach Sancti Dionisij spatziren geritten,
erzählet, vnd darauff, auß der Königin Befehl der Herr Mornta=
larins vnd Bischof von Lemonilen, mich für den König gebracht,
demselben ich die Brieff vberantwortet, vnd dharauff meinen Befehl
außgerichtet, vnnd alß J. M. mich gehört, haben dieselb anfenglich
von Gelegenheit e. F. G. Gesundheit mich vleißig gefragt, vnd
mich darauf beantworttet, J. M. hetten den Linwollen mit Briefen
vnd Befehl abgefertigt gehabt, was aber meine andere Werbung
belangte, zweifelte dieselbe gar nicht, E. F. G. würden albereit ver=
stenbigt worden sein, wer die Verursacher dieser Empörung gewesen
weren, Was aber J. M. belangt, wären dieselbe wol geneigt, ihr
zuverschonen, wann Ihr nur allein derselben vnterthan, wie fromme
Vnterthanen ihrem ordentlichen König zu thun schuldig, gebührlichen
Gehorsamb leisteten, S. Kön. M. wäre auch e. F. G. sondern ge=
neigter Will gegen derselben vnd deren Königreich wol bewußt, vnd
getröste sich zu e. F. G. alles das, das sie von einem löblichen
benachbarten Fürsten, Freund und Bundesverwandten zu hoffen
hätte, Was aber sonsten gehandelt vnd wie es alles ergangen, würde
ich vorlängst von vielen verstanden haben,

Als ich nun solche Antwort bekommen, hab ich nach Wunschung
guter Nacht meinen Abschied genommen.

Am 13. Tag Novembr. hat mich die Königin erfordert vnd vff
einen Wahl hinter das Schloß geführt, vnd den König vngeschrlich
mit solchen Worten angesprochen, Nemblich ich wer der Herr Vergerys
so von dem Hertzogen zu Wirtemberg zu ihm geschicket wer, vnd
würde wiederumb zu E. F. G. kommen, darauff sagte der König
zu mir, ich sollte Ihren Mat e. F. G. getreulich befehlen, vnd

anzaigen, daß J. M. e. F. G. vnd andern deutschen Fürsten zu
willfahren wol gewillt wer, als nun der König vnd die Königin
offen Wahl spatziren giengen, fing die Königin an mit mir auf die
Meinung zu reden, ich würde auß der vorigen Antwort genugsam
verstanden haben, waß sich biß anhero zugetragen hätt, endich sollt
von wegen des Königs, vnd ihres Sohns, so gegenwertig, vnd auch
ihr, e. f. G. gleichergestalt, derselben geneigten Willen vnd Freund=
schaft anzeigen, vnd do sich Gelegenheit zutragen würden, sollten
e. F. G. im Wergk befinden, daß der König J. F. G. beständiger Freund
vnd guter Nachbar were, vnd wer J. M. Vitt e. F. G. wollten, wie
die vor ihnen angefangen, in Lieb vnd Zuneigung gegen diesem
Königreich beständig vnd vnaufhörlich verharren, Ihre bede Mat
hätten ihnen aber nie inn Sinn genommen, das sie nichts wider die
Teutschen Fürsten vnterstehen oder fürnehmen wollten, weder mit
dem König auß Hispanien, noch dem Papst oder mit Jemandt andern,
sondern do irgend ein Fürst sie beläftigen wollt, weren sie bereith
allen möglichen Vleiß fürzuwenden, damit die teutschen Fürsten be=
schützt vnd erhalten werden möchten. Vnd dieweil dann dem also
so weren sie mit sonderm bekümmerten Gemüth in Erfahrung kommen,
daß etliche Teutsche Fürsten, als der Churfürst am Rhein vnd der
Landgraf mit versamleten Raisigen Zeug vnd Fußvolt das König=
reich Frankreich zu überfallen Vorhabens sein sollten, solches hetten
der vorige vnd auch der itzige König vmb die Teutschen Fürsten nicht
verdienet, vnd solches wer nicht gebührliche Vergleichung der Treu
vnd alten Verwantnuß der Könige zu Frankreich, vnd die deutschen
Fürsten konnten keinen billichen Schein, auch der Religion halber nicht
haben,

Vnd do gleich dieselbe die ware vnd ainiche Vrsach dieser Em=
pörung sein sollt, so gebührt ihnen doch gar nicht die Maaß der
Ehrbarkeit zu überschreiten, dann einmahl wer der König von
Frankreich von Gott dem Allmächtigen verordnet, dem als der ordent=
lichen Obrigkeit seine Vnterthanen zu gehorsamen schuldig, welcher
auch mit Gottes Gnaden sein Königreich selbsten regieren vnd be=
schützen könnte: Aber der Churfürst am Rhein, noch kein anderer
teutscher Fürst weren nicht ..., daß sie den rebellischen vnd ihrem
König vngehorsamen Vnterthanen, welche aus lauter Vnsinnig-

keit sich wider ihren König zu Rüstung begeben mit gewehrter Handt
Beistand, Hülff, Fürderung thun vnd sie beschützen sollten, Vnd ob=
wohl der Churfürst am Rhein wider seiner Vnterthanen willen eine
andere Religion angenommen, so sey doch der König auß Frankreich
davon weg nicht mit gewehrter Hand in die Pfalz gezogen, Dann
als billich, daß ein jeder seine Haußhaltung seines Gefallens anstelle,
so ist auch billich, daß eine igliche ordentliche Obrigkeit ihr von
Gott befohlnes Fürstenthumb oder Reich, nach seiner Gelegenheit
beschütze vnd regiere, Dann sonsten wollt eine große Zerrüttung in
der gantzen Welt darauß entstehen, wann einer dem andern in sein
Regiment greiffen wollt, so sey auch itzige Zeit von der Religion
kein Streit, dann vil vom Adel auß den Hugenoten (wie man sie
nennet) seind des Königs theils, welche auch in verloffener Schlacht
für den König gestritten, so ziehen auch vil von den Condischen
teglich wiederumb heimb, der König lest zu, daß ein Jeder im freien
Gewissen friedlich anheimb leben möge, Derhalben so verwunder sich
J. M. gar sehr, daß von den Teutschen Fürsten, die zwischen
ihnen vnd dem König in Frankreich vergangene alte Freundschaft
vnd Verwantnuß, sonderlich aber von dem Churf. am Rhein in
Vergessen gestellt werden soll, als denn J. Mat sonderlich werth
vnd hochgehalten vnd von ihnen wider · den König, so ihr Freund,
Nachbar, vnd vm sie wol verdienet ist, feindlich Waffen brauchen
sollen, do viel mehr in so guter vnd gerechter Sach der Churf.
am Rhein, sowol auch alle andern Fürsten, dem König zu Hilff
kommen sollten, vnd also itziger vnd künftiger Welt hierinnen ein
löblich vnd ewig Exempel geben, dan allen Regimenten daran vil
gelegen, das der Obrigkeit vnd den Fürsten schuldiger Gehorsam
gelaistet werde.

Ihre Mat ließen aber der alten Verwantnuß vnd Freundschaft
nach, vnd auß sonderer Zunaigung zu den Regierungen biten e.
F. G. wolten gedachten Churf. vnd andern ihres Amptes erinnern,
damit der gemeine Nutz, Fried vnd Ruh bedacht vnd gefürdert werde.

Wo sie aber von ihrem Fürnehmen nicht abstehen wollten, so
wolt sie hochgeschworen haben, das sie diesse grosse vnd zum höchsten
beschwer Injurien, in waß wegen sie könnte, rechen, vnd hetten
Macht, Freundschaft vnd Blutsverwante genug hierzu, vnd zu

Summa das äusserst versuchen wolten, das es die gereuen müst, so sich waß feindlichs wider den König vnterstehen würden, ben welche sich nicht anheimb erhalten, die würden Verursacher großen Buraths vnd Zerstörer des Friedens vnd Ruhe in Teutschland sein, vnd wer vil besser sich zu gutem Frieden zu halten, vnd mit beständiger Freundschaft vnd Verwanthnüß in der alten Fustapffen zu treten, dann durch Tumult sich vnd seine Verwante in höchste Beschwerung vnd grausamen Krieg zu führen. Vnd e. F. G. weren des Verstands vnd Erfahren, die weitter sehen, dann itzo dauon geredt werden könt, derhalben wolten Ihre Mat diesen Handel e. F. G. hohem Verstande bevohlen haben, dann der Fried, gemainer Nutz gedachts Churfürsten vnd dann des gantzen Teutschen Lands bedacht werde.

Solchs genediger Fürst vnd Herr, hat die Königin in Gegenwart des Königs mir mit mehren vnd wiederholten Worten zum hefftigsten fürgehalten, vnd mich gebeten, solchs e. F. G. auch aigentlich also anzuzaigen, solches ich mich auch zu thun erboten, vnd darauff meinen Abschied genomen.

Ich hab auch, Inhalts e. F. G. Befehls mit dem Herrn Canzler gehandelt, das er mir vertraulich vnd vngescheucht anzaigen wolte, ob nicht einn Weg zu finden, damit solche Zwietracht beizulegen, welcher mir mit der Kürz vertraulich geantwortet, das er kein Mittel gedenken könnt, denn er spürte, das die Gemüther beederseits zum hefftigsten verbittert weren, anfangs hätte Hoffnung des Friedens sein mögen, aber dieweil es nunmehr zur Schlacht gelanget, sowere alle Hoffnung auß.

Ich hab auch bey dem Herrn Valentino, vnd Bischof von Lemonilen angehalten, die sich erclärt, es würde dem König nicht angenehmb, sondern vielmehr verkleinerlich sein, wo sich fremde Fürsten damit zwischen ihm vnd seinen Vnterthanen Friede gemacht, in die Handlung schlahen solten. Sie möchten aber Vorbitt thun, damit der König dem gantzen Reich vnd auch der Ritterschaft zu gutem, so sonsten zu Boden gehen würde, waß nachgeben sollte, vff das nit, wan das ganze Reich verwüstet, er allein den Namen eines Königs haben würde, solchs hetten die Teutschen Fürsten, als Nachbarn, Freunde, vnd die Ihrer Mat vnd der Kron Frankreich alle

Wollfahrt gönneten, denselben zu Gemüth zu führen nicht vnterlaffen wollen, vnd dadurch mochte etwan zur Beilegung der Zwitracht ein Weg gefunden werden, aber diefer Handel müfte zum fürderlichften vnd vleiffigften fortgeftellt werden, dann weil beide Theil zu Rüftung weren, fo begerten fie nun mehr der Schlacht.

Als ich folchs außgerichtet, hab ich die Originalia, fo ich mit mir genommen, nemlich des Königs Brief, welche er bey dem Linwolli vberfchickt hat, fampt feiner Inftruktion vnd des Herzogs von Alba Schreiben wiederumb gefordert, vnd e. F. G. überfchickt.

E. F. G.

Vnntertheniger
Dhiener

Aurelius de Vergerijs.

Der König ift faft wol verfehen, vnd wirt der fchwarzen Reutter Ankunft gewißlich nit erwarten, alfo daß fie vielleicht zu fpat kommen möchten, wie wol wir Zeitung haben, das fie allenthalben faft eilen, die Englifchen follen fich auch vnnutz machen, was nun in dem allen volge, gibt die Zeit zu erkennen, Actum 7. Decemb. auß Prußll ꝛc. 67.

Von Zeitung haben wir nit fonders, weder das der von Arnberg vff 20. Paffato gen Paris kommen, vnd mitler Zeit fein Gefellfchaft zu Poify gelaffen, er ift vom König, Königin, vnd ingemein von allen Herren, vnd vom Adell ganz herrlich vnd mit groffen Freuden des gemeinen Volks zu Pariß empfangen worden, aber alsbald darauff wiederumb gen Poify zu feinen Leuten verrücket, vnd wie das Gefchrey geht, foll Condj vnd fein Anhangt fich vff Orliens begeben, Datum Antorff 6. Decemb. Aō 67.

So ift vergangens Montags der Feldherr Pfalzgraff Johan Cafimir auch von Heidelbergt augeriten, nach Creützennach, alba den 14. diß des Obriften von Stigling 12. Fänlein follen fchweren vnd gemuftert werden.

Mann wil fagen, es fey nit vbrig Geld vorhanden, fo fetzen die Reutter in des Königs Namen geworben worden, alfo auch vngeschworen vnd vngemustert geführt, ist vermuthlich nicht lang gut thun, sondern eine Meuterei vnter sie die Reutter kommen werde, Gott helff denn ihnen, an den sie gerathen, es ist mehr denn gewißlich, daß ein solche Anzahl, deren in 7000 Pferde, ohne mercklichen Schaden nicht zühent werden mögen.

Heut auff den Abend sollen Marggraf Philiben von Baden hieher kommen, vnd zuvor geschriebenen Raisigen rücken, Datum Speier den 11. Decemb. 67.

Der von Conde ist nach Orliens zogen, wird daselbst vmb seine Reuter auß dem Reich erwarten, darnach den König suchen.

Der Herzog von Naners, des von Mantua Bruder liegt mit 12000 zu Fuß vnd 2000 Pferden von des Königs wegen vor Marten im Herzogthumb Burgundj; Actum Augspurg 14. Decemb. 97.

Noch schreibt man von Anndorff, der König vnd Conde nur ein Meil von einander geweßt, wird geacht, schon geschlagen haben, ehe die teutschen reutter zu ihnen kommen, vnd soll gewiß seyn, des Condj Schwiger mit vier seiner Condj Kinder vnd 16 in 18 geladener . . . . mit Gold vnd Silber gefangen.

Neues anders ist nichts, dan das Herzog Hannß Casimir Pfalzgrafen itzt geworbene Reutter in starkem Anzug sein, nemblich der von Barbj mit 1500 Pferden, Dietz von Schönberg mit 1500 Pf. zu Oppenheim vnd Nerstein, deßgleichen Christoph von den Molsperg auch mit 1500 Pf. Wolff von Ring. So dann die vbrige Rittmeister, als nemlich Ditz von Rosenbach, Conrad Schonstadt, Johann Brendl, Friedrich von Wallo, vnd ein Jeder mit 300 Pf. of wehren, vnnd alle obgemelte Reutter in dieser Wochen vber Rhein seczen, vnd sich vmb Creutzennach samlen werden, ist ein auserlesen Volk, nit waiß ich, wie die Anschleg gerathen werden, der Muster-Platz hat sollen vmb Verdin sein, aber nun gewendet,

Ditz von Schonberg hat von dem Rath zu Frankfurt ein Paß durch die Stadt erlangt, disen Abend kombt mir Zeitung, das noch im Nay. Mandaten gen Frankfurt kommen, das sie da kein Kriegßvolk sollen durchziehen lassen, derwegen sie Schonbergk den Paß wieder abgekunth, hab hiemit in der Nacht, dessen Gewissen zu haben, außgeschickt.

14

Ferner ist mir heutigs Tags von einem stattlichen vnd glaub=
haften Mann zugeschrieben, das verschienenen Sambstags dem Herrn
von Verstein, so itzt zu Coblenz, Geld von Metz ankommen, seine
geworbenen Reutter, dem König in Frankreich zum besten fortzu=
führen, mit welchem Johann von Reiffenberg mit einem Geschwater
Reutter fortzeugt, Datum off Cronberg in grosser Eil, den 1. De=
cemb. Ao. 67. Post scripta. Komt mir Zeitung, das die von
Frankfurt auß angezeigten Vrsachen niemand durchlassen wollen,
also so besorg ich, die Schonbergische mein Ampt auch betreffen
werden.

Lieber Vetter, ich hab durch Brieffs Zaiger Aurelio Vergerio ver=
standen, den geneigten Willen, so Ihr zu vns vnd dem Frieden
vnserer Reich tragen thut, welches wir dann in der That allzeit bey
Euch befunden, vnd gespürth, auch ferner vns zu geschehen ver=
hoffen, mit mehrerm Vertrauen, alß sonst zu keinem andern Po=
tentaten, dan Ihr auch zu jeder Zeit in allen Sachen zu Wohl=
farth der Chron Frankreich befliffen, vnd gebrauchen lassen, welchs
wir auch, es sey in was weg es wolle, vnd Ihr bey vns zu be=
geren, vnabschleglich wollen geniessen lassen, das sollt Ihr vns
glauben.

Vnser Vnterthan, hat sich ober vns, als seinem von Gott einigem
vorgesetzten Herrn vnd Obrigkeit, wider alle Billigkeit, in einen
bösen Rath eingelassen, vnd sich gantz rebellisch mit Kriegsrüstung
gegen vns offgelainet, vnter dem Schein, solchs der Religion halben
geschehen soll, vneracht sie mehrmals von vns verwarnet worden,
wider die Conservientz nicht zu handlen, vnd auch noch in Zeit der
fürgenohmen vnd rebellisch angefangenen Empörung, vns allen
Gnaden, vnd einen jeden bey seinem Gewissen in Religionssachen
bleiben zu lassen, erboten, Solchs mögt Ihr zu vnserer Entschul=
digung andern euern benachbarten Herrn vnd Fürsten vermelden,
vnd halten einen jeden, insonderheit Euch als Principaln des Ver=
standes, in Bedenckung Euerer Vnterthan, ob solches zu verstatten,
vnd zu solchem bösen fürnehmen zuuerhelfen, jemands statt haben
soll, sonder vns vil mehr versehen wollen, das die Fürsten Teutsch=

lands zusammen thun werden, vnd solcher Vnbilligkeit helffen steuern, in sonderlicher Zuuersicht, die Fürsten Teutschlands, die mit vns befreundet, vnd alle Zeit mit der Cron Frankreich in Verbuntnuß gewest, werden vnsere erwiesenen Zuthaten nit entgegen haudlen, dann wir begeren die gehabte Freundschaft ferner zu erhalten, so lang wir leben, vnd Briefs zaiger haben wir Befehl geben, euch aller Handlung entlichen zu berichten, mit Bitt, ihm als vns selbst gentzlich glauben zu geben — hiemit lieber Vetter in Gottes gnädigen Schutz empfohlen. Datum Pariß den 16. Nouembr. Anno 2c. 67.*)
Charles

De lambefpimo.

———————————

Vonn Pariß 26. vnd 28. Octobris Anno 67.

Der König hat in Pariß, ohne der Mytgenossen Zeugk, wenig recht Kriegsvolk, doch wartet er alle Stund stattlicher Hilff von vielen Orten her. Duca de Alba hat ihm zugeordnet 800. Pferde vnd 2000 Hispanier zu Fueß, die sollen durch das Pikardi, vff Pariß ziehen, Aber der Prinz hat ein starken Zeugk dem entgegen geordnet. Pariß stehet in solchem Mangel vnd Hunger, das nit wol lang kan vnd mag anstehen, man muß schlahen oder vffgeben, vnd die Parißer halten fest an vmb Friede zu werben, Der Prinz hat daruor 6000 Pferdt vnd ober 12000 zufueß, vß Normandj vnd andern Landen sollen ihm zukommen 3000 Pferdt vnd 15000 zu Fueß, vß Britania 1500 Pferdt vnd soviel Fußvolk 2c. Ein Condischer Hauptmann Bugelff hat kurtz die Stadt Turß mit dem Sturm gewonnen, hat vil Bluts kostet, Es ist aber in Frankreich kein Stadt grimmiger wider das Euangelium bißher gesinnt, dann diese. Der Regent in Britannia Martingo, wolt gern dem König zuziehen, dieweil aber die Condischen drei Port innenhaben vnd die englischen Armada hoch auf dem Meer schwebt, darff er sich nicht heraußlassen.

———————————

*) Hierauf folgt eine Zeitung aus Liefland, welche die Berichte aus Frankreich unterbricht vnd deshalb am Schlusse mitgetheilt werden soll.

Bonn Mason den 4. Nouembr. ꝛc.

Ein edler vom Printzen von Condj ist gen Mason kommen, von dannen geeilet in Prouintza, das Volk, so sich daselbst versamlet mit einander dem Printzen zuzuziehen.

Bonn Genff den 10 Nouembr. ꝛc. 67.

Der Herr von Pensanet, der zu Mason gelegen, ist da dannen vfbrochen mit 800 Pferdt vnd 7000 zu Fuß, ist kommen etwan 3 Meil von Mason, für Stadt vnd Schloß Sant Johan, vnd als man zu beiderseits da sprach gehalten, hat ein Pfaf abgeschossen vff den Herrn Pentzenot, da ist der Sturm angangen, die Condischen haben Stadt vnd Schloß erobert, vnd darinnen den Zusatz vnd die Pfaffen erschlagen, darzu gewonnen 6. grosse Stück, 17. Veldgeschütz, vnd 36 klein Geschütz oder Ringestück, auch viel Harnisch, das hat der Herr von Lasines Gubernator in Burgund dahin georduet, dann er die 4000 Nuwer Mitgenossen belaiten sollen, wie er den schon gerüstet 1000 Pferd vnd 2000 zu Fuß, Aber gewiß ist es, das dieses Geschütz vnd Rüstung verloren ist, itzunder sagt man auch, das der nachgehenden Tagen der Herr von Tassenes sich selbst mit den seinen obgemeldet hinzugethan habe, sie aber von den Condischen geschlagen worden, vnd sein itzunde belagert in einer Besten N. vnd so das Gered von dem geschlagenen Tasanes wahr were, würden die 4000 Mitgenossen schwerlich hineinkommen. Vorda der Gubernator im Delphinat hat in 2000 Kriegsvolk dem König versamblet, zu diesem sollen die Italiener kommen, wo die hinauß prechen wollen, werden wir bald hören, vnd zu Tamberj in Sophoj seind in die 24. Fendlen durchzogen, haben ungevehrlich 2000. Die führt einer von Mantua, Gantzaya, vnd dem König zuziehen, ettlich achten vff Leon vnd Vienne.

Für gewiß vnd erfahren haben wir, das dem Printzen zuziehen 6500 schwarzer Reutter, die führen Herzog Casimirj, der junge Pfalzgraff vnd der Landgraff von Hessen, mit denen ziehend 3000 Landsknecht, fast Hackenschütz, deren Obrister ist Marggraf Philipert. Der Bischof von Reimes zeugt im Teutschland bey dem Kaiser vnd jednau den Printzen vnd die seinen zum höchsten zuuerklagen.

Zu Leon wird grosses verwettet, es werde bald einen Frieden geben, dann Pariß mög sich länger nicht enthalten, Gott geb einen guten Frieden Amen.

Pß Basel den 17 Nouembr. 67.

Die Stadt Metz wird von einem Condischen Herrn geregirt, der hat bey ihme 9. Fenlen bracht, vnd zwo Meil von der Stadt 700 Raisige, vnd 500 Hackenschützen, die verhüten den Paß, damit kein Hilff denen in der Stadt zukomme.

In der Veste sind nit mehr denn 500 Mann, aber gar wol mit Geschütz verwahrt, vnd baß dann die in der Stadt, sie halten sich zu beiden Theilen gantz still, vnd warten zu beiden Theilen mehr Hilff.

Bei Metz ist ein Teutscher gefangen, welcher mit Briefen vom König vnd dem Cardinal von Lottringen, vßgeschickt zu dem Herzog August zu Sachsen, Herzog von Zimern, auch den Bischofen von Trier vnd Meinz, vmb Hilff zu werben, der wird gefenglich erhalten, biß vff weiter Beschaidt.

Vnd als der König dem jungen Rheingrafen befohlen, Knecht anzunehmen, haben die von Metz dem Rheingrafen erboten, so er was wider die Euangelischen fürnehme, wollendt sie ihm sein Land Rouille in Lottringen gelegen verbrennen, vnd verheeren.

Schalon vff der Schambay. Jung von Guisa und der Cardinal von Lottringen, nehmen Knecht an, haben schon 3 Fenli vnd 500 Pf. wollen als man achtet, die Feste Metz ent ...

Pariß ist belagert vom Thor Sauthonorj bis zu Sant Martinsthor, vnd liegt der Printz von Condj, die Herren Admiral, Andelot vnd Widame de Carlpers mit 25000 zu Fuß vnd 8000 zu Roß, darunter gar viel vom Adell zu Sant Donis, vnd erstreckt sich ihr Lager biß an die Vorstadt Pariß, vnd haben ein Flecken gegen dem Wasser Pleß ingenommen also das derselben Seiten man nit mag vf Pariß zu kommen, vnd haben in dem Paß Pondergeele 2. Meil von Pariß gelegen. Der junge Printz von Nauarren hat mit 4000 stark viel Fürnehme mehr statt in Gorschgonien eingenommen.

In Langenbock ist der Herr Tercesset mit 12000 stark, vnd soll in kurtzem bey dem Printzen von Conde ankommen. Die Condischen haben Bälonger Orliens, sampt der Veste Satzung, Mondilor,

Lumgon, Mason, Vienna vnd andere vielmehr Stetten, vnd halten sich allenthalben so starf an den Pässen, das man hofft, es werde nicht leichtlich frembd Volk hineinkomen.

Es haben sich bisher ettliche Herrn in Frankreich beyderseits inngelegt, ainen Frieden zu machen, aber vergebens.

Gott layte es alles zu einem guten Endt.

Den 28. Septembris ist die Empörung in Frankreich angangen, vnd als die Königin solchs innen worden, hat sie die Schweitzer so in dem Schloß Tierj gewest, vnd 10 Meil Wegs von Pariß gelegen, erfordern laffen, mit denselben ist der König vnd sein Hofgesindt vierondzwantzig Stundt aneinander gen Paris gezogen, doselbst hat er die Schweitzer zusamen gefordert, vnd ihnen durch eine tapfere vnd zierliche Rede gedankt, das sie sowol bei ihme gethan, vnd dadurch den Veindten die Schantz gefellet, das sie sich dazumahl nichts weitters hetten vntersteen durfen, vnd sie gebetten, das sie inn der alten Treu vnd Verwantnuß bestendig verharren wollten,

Darauf der Schweitzer Oberster, Hauptmann Pfufer genant, geantwort, das er neben seinen bey sich Habenden deß Königs auch den äuffersten Blutstropfen zu Wolfahrt vnd Nutz der Kön. Mjt nicht sparen wollt.

Dergleichen Rede hat der König zu den fürnehmbsten Herrn, vnd denen vom Adell gethan, Darauff der Conestabel gleiche antwort, wie von den Schweitzern gescheen, auch gegeben, vnd das meer für sein Person gemeldet, das ihme hochbekummerlich, das seine Ennicklein sich in so beschwerliche Verwurckung begeben, soviel aber seine Person vnd Vermugen belangt, were er bereit, sein großes Alter mit allen seinen Guetern vmb seines Herrn Königs Wolfahrt willen darzustrecken.

Zum Dritten hat der König die Burger zu Pariß gleichergestalt angesprochen, von derselben wegen der Oberst zu Pariß gleichergestalt antwortt gegeben, vnd auß den Bürgern zu Pariß hat der König 5000 Mann genommen, aufferhalb der 4000 Mann, welche dem König oben der Statt zu Pariß oncosten dienen, von dannen hat der König Gesandte auß den furnembsten Herrn des Königreichs, als den Conneſtabel, Cantzler, Marſchalk ꝛc. vnd andere abgefertigt, welche den Printzen von Conde vnd ſeine Verwandten bewegen ſollten, das ſie das Kriegsweſen abſtellen wollten, vnterdeß hat der Herr von Andelot, des andern Tags vor Mitternacht ſechzehn Mühlen vor der Stadt anſtoſſen laſſen, welche nächtliche Prunnſt die gantze Stadt Pariß irre gemacht, dann darauß eine ſolche Forcht entſtanden, das man nicht gewuſt, waß darauß werden wollt, Es haben aber die Königl. Geſandten nichts außrichten mugen.

Der Printz von Conde hat begert, das er vnd andere, welche das Euangelium angenommen, mit rainem vnd freiem Wiſſen anheimbß ſicher wohnen möchten, ſolches hat der König zugelaſſen, ſie haben aber den bloſen Worten nit trauen wöllen, ſondern begert, der König wollte ſie deſſen genugſamb verſichern, damit ſie nicht, wann ſie von der Rüſtung abgeſtanden, anheimbß vmbgebracht wurden, ſolchem Begeren iſt auch gemainer Reichs Obligen von den vertreglichen Pfflagen vnd Zöllen, ſo neulich in Frankreich eingeführt, mit angehangkt worden, als ſie aber angeſprochen worden, was ſie für Verſicherung begehrten, haben ſie zu Antwortt gegeben, das nicht ihnen hierin Maß fürzuſchreiben, ſondern dem König gebürt genugſame Verſicherung zu thun, Dadurch nun der Handell biß off den Abend Martinj vffgezogen, aber des Tags zunor von dem Printzen von Conde etliche Grafen neben dem Herrn von Andelot mit dem groſſen Theil ſeines Heeres gen Dioniſſi geſchickt worden, Als man aber ſolchs innen worden, hat man auß Rath des Herrn von Omala, das Geſchütz, alles Fußvolk vnd Raiſigen, deren eine groſſe Anzahl geweſt, auß Pariß geführt, vnd als man die Schlachtordnung gemacht, haben die Condiſchen, nachdem ſie ſich geförcht, ſie mochten zu Sant Dioniſj belagert werden, gleich wider ihren Willen zur Wehr geſtellt, vnd auß Verachtung des Geſchützes, welches doch wol verordnet geweſt, mit ſolcher Gewalt in den Veindt gerückt, das ſchier nicht zu glauben, mit waß Ernnſt vnd Freidigkeit ſie den Veindt angegriffen, Der Conneſtabel welcher die Hauffen Kriegsvolks in Ordnung pracht, als er vmb das Heer etwo mit 18 oder 20 Pferd ſeiner Leute geriten, iſt vaſt am erſten durch einen Schuß am Rucken verwundet, zum andern am Backen, zum

Dritten an der linken Hand, vnd zum vierten mit einem spitzigen
Fausthamer am Haupt verwundet. Drei Fahnen Raisigen schwerer
Rüstung haben auß Forcht die Flucht geben, vnd eilends nach Pariß
getrachtet, dergleichen haben auch 4000 Fußknecht von Pariß gethan. Die Herren Omalins vnd Ramorlins haben ihr Hauffen zusammen gestossen, vnd die Schlacht verneuert, darauff mit grossem
Ernst zum hefftigsten gestritten worden, also daß beyderseits bis
ihm 500 vnd mehr treffenliche Menner vmbkomen, vnd auch etliche
gefangen. So sagt man daß dem Printzen von Conde drei Pferde
erschossen, der Herr von Str. (dessen Bruder auch gefangen) hat
viel Wunden empfangen, vnd ist daran zu Pariß gestorben.

Vnd haben der König vnd Königin viel Vleiß fürwenden lassen,
damit er hett bey Leben erhalten werden, Vidame de amiens ist
auch vmbkommen, vnd dann auch viel vom Adell zum Theil todt
blieben vnd zum Theil verwundet worden. Vnd wo nicht die Nacht
die Schlacht verhindert, so wer es mit den Condischen außgewest,
dann sie den sechsten Theil nicht so starck geweft. Es ist vast vmb
10 Uhr zu Nacht geweft, als man das Geschütz, welches den Condischen den grösten Schaden gethan, widervmb heimbgeführt hat.
Zu derselben Zeit hat sich ein gemainer Knecht off die Mahlstadt
der Schlacht verfügt, damit er ein bruch holn mocht, vnd sich begeben, das er ohn Gefahr den Connestabel gefunden, vnd als er
denselben plündern wollen, hat er vernohmen, das er sich den Conestabel genannt, vnd ihne gebeten, solchs seinen Leuten anzuzeigen,
damit er heimbgeführt wurde, welchs auch geschehen ist, vnd er nach
zwein Tagen gestorben. Welches Tode die Guisischen, als sie sich
itzo vernehmen lassen, vor 25 Jahren gerne gesehen hätten. Volgenden Morgens sind die Condischen an die Mauer von Pariß gerückt, vnd haben geschrien, herauß, herauß, ihr Feldflüchtigen von
Pariß. Am Freitag zu Mitternacht hat der Printz von Conde Sant
Dionisi verlassen und ist gen Montereo gezogen, Viel haben dafür,
das er seine Macht zusammenbringen, zu den 8000 Caßlanieren,
die zu Orlientz ankommen, stossen, vnd den Printzen von Guiso angreiffen werden, welcher Printz den 9. Nouembr. mit 2000 Raisigen vnd 4000 Fußvolk gen Troia kommen, doselbst er des Herrn
von Tauanes wartet, dann derselb hat auch 2000 Raisige mit ihm

pracht vnd hat den Printz von Conde einen großen Vorrath an
Getraide hinter ihm gelassen, also das der von Pariß das gebacken
Brot von dannen gen Pariß geführt, do sonsten (gleichwol wenig
Tag) grosser Mangel an Getraide gewest. Am Dienstag den
xi Nouembr. Am Tag Martini ist das veste Schloß Plandj, so
gleich in der Mitt zwischen Troia vnd Pariß zwo Meil Wegs von
Meluno gelegen, durch den Herrn von Tertiala durch List eingenommen, vnd des Printzen von Conde Schwiger vnd zween Sohn,
doch ausserhalb des ältesten gefangen, vnd fürder mit grosser Anzahl Kriegsvolk gen Pariß geführt worden, welche Schwiger ein
Marggräuin von Rotlina, den 29. Nouembr. neben dem Herrn
Cantzlar vmb Friede willen zu dem Printzen von Conde hat ziehen
sollen.

Volgenden Sontags den 16 Nouembr. hat der König sein Raisigen Zeug an schweren vnd leichten Pferdten, deren in die 5000
vnd mehr gewest, gemustert, vnd ist auch des Herrn von Martinga
mit der grossen Anzahl Raisigen vnd Fußvolks auß Britania ge-
wertig gewest vnd sobald derselb kommen wird, ist der König entschlossen, den Veind anzugreifen. Indeß hat er den Herrn von
Omala mit 1500 Pferden, zum Printzen von Guisa geschickt, welcher
Herr von Omala den 9. Nouembr. zufrue zwischen 4. vnd 5. hore
nach grossen Tagreisen in das Schloß Tierj kommen, vnd von dannen
den Weg off Bronj genohmen.

Denn Andern Nouembr. vergangen ist der Muscouiter in eigner
Person zu Therbt in Lieflanndt ankommen, mit viermalhundert-
tausend Mannen, darunter hat er hundert tausend Catten vnd
Cerenisen, darzu hat er eine vnsegliche Argkoley auch allda anprin-
gen lassen, vnd sein beide Stett Pige vnd Pessel in großen Sorgen,
Was die Poln vnd Littauen thun sieht man woll, vmb Faßnacht
mag man erfahren, wie weit diß Volk gestraifft wirdt haben, Gott
woll sich des Jammers erbarmen, man sagt auch, das er den gefangenen Herr Maister, deßgleichen allen Liflendischen gefangenen
Adell vnd Bürger vonn Therbt bey sich haben, diese Zeitung ist
von 10. Nouemb. auß der Nauue hieherkommen, schriftlichen vnd

mundtlich, wol mit 8 Schiffen nach einander, Gott erbarmß, Herman
Pißping ist noch zu Nanua, vnd er wart Beschaidt, das er nach
Therbt meins Schreibens halben soll erfordert werden, das ist Herr
Caspar Eberfeld auch, Was volgt, gibt Zeit. Der große Fürst ist
9. Meil Wegs von der Nanue fur vber gezogen, der Pestlenz halben
nit zu ... kommen ist.

Ich trag Sorg, der Großfürst werde diß Jahr Littauen vnd
Preussen mit dem Straiffen besuchen. Nun sieht man obs von
Nöten ist, das man den Fürsten besuchen soll, oder nicht, Gott
woll sich des erbarmen in Ewigkeit.

Will man noch nicht fort, so wird man in bald weitter im Reich
haben, in einem Jahr oder zweyen, Gott woll das ich lieg, aber
es ist ein Jammer davon zu hören, Hans Preudis sagt mir Wunder, was ihm sein Schwager schreibt, von diesem graufamen Haufen
Volks, so man itzt ein Legation wolt an ihn schicken, konnte die
Naiß bald vollendet werden, dann dort ligt nicht mehr als 50. Meil
Wegs von Rigo, diß ist ein kurze Naiß vnd wann die Röm. Kay.
Mat gar kein Vrsach hette, an den Großfürsten zuschicken, so solls
doch geschehen vmb deß willen, das Jhre Mat des Großfürsten
Macht vnd Kriegsordnung ettlichermassen besichtigen lassen, etwan
durch einen wolerfahrnen vnd bekannten Kriegsmann, Die Stadt
Pasell hat 1000 Pauren in die Besatzung eingenommen, dann sie
fünden kein ander Volk bekommen, deßgleichen hat die Stadt Rigo
auch gethan, Gott woll sie beide erhalten, Man wird vmbs Neujahr
Zeitung genug vernehmen, sie sein gleich gut oder bös, waß der
Muscouiter fürnehmen wirt. *)

—————   —————

*) [Die Moscowiter-Kriege haben auch in der Tagesliteratur des 16. Jahr-
hunderts eine nicht unbedeutende Stelle gefunden: s. Weller im Serapeum: Nr. 185.
285. 353 (1577). 351 u. 350 (1574). 389 (1580). 400. u. 408 (1582). 441
(1584, Lied). 945 (1593). 557 (1595). Gödeke verzeichnet im Grundriß I, 271
u. 273 mehrere hierher gehörige Lieder.]

—————   —————

VIII.

Deutsches Schützenwesen der Vorzeit.

Mit Facsimile der Schießstatt aus Tobias Stimmers Holzschnitt:
Straßburger Armbrustschießen. 1576.

Einer der großartigsten und zugleich wohlthuendsten Lebens-
äußerungen unserer Vorfahren, dem Schützenwesen der deutschen Vorzeit, hat sich das wissenschaftliche, ja selbst nur das beschränktere antiquarische Interesse noch recht wenig zugewandt. Dies könnte fast befremdend erscheinen, wenn es nicht Hand in Hand ginge mit der
geringen Aufmerksamkeit, welche man der Kulturhistorie überhaupt bis
jetzt geschenkt hat. Bezeichnend genug waren es die „Curiositäten",
welche zuerst eine kleine Abhandlung über „die Vergnügungen des
Stahl- und Armbrust-Schießens" (Band 9, Seite 231—245) brach-
ten,*), die recht lehrreich und lesenswerth ist, zumal sie auch literarische und historische Nachweise bietet. Weitere Beiträge zur Geschichte
des deutschen Schützenwesens wurden meines Wissens nur in den
beiden Bänden des deutschen Museums und in Haupts Zeitschrift gegeben. Es kamen in jenem drei Schützenbriefe, darunter ein geistlicher
in lateinischer Sprache, zur vollständigen Mittheilung, berichtet wurde
ferner über das Schützengesellschaften-Bündniß in Mittel- und Unterfranken, und zwei Schützenkleinode wurden beschrieben und abgebildet. Im
dritten Bande der Zeitschrift gelangte H. H. Grobs Lobspruch der
Schützen (v. J. 1602) zum Abdrucke. — Ludwig Bechsteins Sammel-
neigung erstreckte sich auf dieses Gebiet der Alterthumskunde, und
es gelang ihm auch, eine kleine Collection von Schützenbriefen zu-
sammenzubringen, die im Folgenden beschrieben und benutzt ist. Diese
Schützenbriefe befinden sich (zusammengefaltet) in chronologischer Reihen-
folge zusammengebunden, ihnen schließen sich eine Anzahl Bildblätter
(Durchzeichnungen mit der Feder, zum Theil illuminirt) an, welche
nicht unwerth sind, namhaft gemacht zu werden, wenn die Zeichnungen

---

*) Ueber den Pritschenmeister Ferber insbesondere im 1 Bd. S. 46.

auch nicht so correct gefertigt sind, daß sie selbst einmal als Vorlagen zur Copirung dienen könnten.

1) „Armbrust aus dem Mittelalter, mit erhabener Elfenbeinverzierung."

2) [Schilde vom 11.—16. Jahrhundert]. — „In den ältesten Zeiten dienten bei Lustschießen die hölzernen, bemalten und zum Theil mit Leder überzogenen Schilde der Ritter als Zielscheiben, daher erhielten noch im 15. Jahrh. die Scheiben Schildesform. Die runden Scheiben kamen später erst auf." —

3) „St. Sebastian, Patron der Schützen, nach einem Holzschnitt von Lucas Cranach."

4) St. Hubertus, Patron der Jäger, nach einem Gemälde der alt= deutschen Schule."

5) „Schütze im 12. Jahrhundert. (nach einem alten Handschriftbilde.)"

6) „Schütze im 16. Jahrhundert, nach einem Holzschnitt."

7) [Desgleichen.]

8) „Lustschießen im 15. Jahrhundert. (nach einem Holzschnitt des Narrenschiffs.)"

9) „Berittener Armbrustschütze im 16. Jahrhundert."

10) „Kaiserlicher Gardeschütz Karls V., in der Mitte des 16. Jahr= hunderts, in römischer Tracht, nach einem Holzschnitt."

11) „Schützenfahnenträger der Reichs=Stadt Ulm, im 16. Jahr= hundert. (nach einer Handschrift von 1556.)

12) „Schütze gegen das Ende des 16. Jahrhunderts. (nach einem Holzschnitt.)"

Auf dem Vorderblatte des Bandes befindet sich die Bemerkung: „Es war eine Idee von mir, über das deutsche Schützenwesen von dessen Anfängen an, etwas zu schreiben. Die Ausführung unterblieb, wie so manche andere. Das Material, welches hier gesammelt vor= liegt, ist aber gut." —

Erst in jüngster Zeit hat das deutsche Schützenwesen wieder eine aufmerksame Betrachtung gefunden. Gustav Freitag gibt in seinen neuen Bildern aus dem Leben des deutschen Volkes (Leipzig 1862, 1. Band, Seite 116—161) unter dem Titel „der deutsche Bürger und seine Waffenfeste" eine zusammenfassende historische Schilderung der großen Freischießen, welche sich durch reichen und sachgemäßen In= halt wie durch eine höchst ansprechende Darstellung in gleicher Weise auszeichnet. In der That ist es überraschend, wie der Verfasser bei dem schwer zugänglichen und zerstreuten Materiale eine solch genaue Kenntniß der Einzelheiten sich verschaffen konnte. Erschöpfend ist die Darstellung freilich nicht, einzelne Behauptungen mögen noch der Modification bedürfen, im Ganzen aber und trotz ihrer poesiereichen und im besten Sinne populären Form wird Freitags Schilderung künftiger Forschung und weiterer Ausführung zur Grundlage und zum Ausgangspunkte dienen müssen. Daß in Zukunft für dieses Gebiet der Sittengeschichte noch mehr zu thun übrig bleibt, nachdem einmal dem Gegenstande seine wissenschaftliche Seite abgewonnen ist, wird jeder Freund und Kenner unseres Alterthumes zugestehen. Und nicht blos um der Erweiterung, sondern auch um der Vertiefung unserer Kenntniß willen. Denn wenn auch schon sichere Ergebnisse gewonnen sind, so darf bei dem Mangel an Vorarbeiten doch das Einzelne, das rein Stoffliche nicht übersprungen werden. Freitag bezieht sich wohl öfters in den Anmerkungen auf seine Quellen (auf die Curiositäten niemals), ein gelehrter Apparat aber konnte ja bei der Tendenz seines ganzen Buches nicht geboten werden. In der Voraussetzung also, daß auch die einzelne Erscheinung als solche des Interesses gewiß ist, mögen hier im Anschlusse an die ersten Bände des deutschen Museums „Stofflieferungen" für die Geschichte des deutschen Schützenwesens folgen, und falls dem Unternehmen die zu hoffende Beachtung und Theilnahme wirklich geschenkt wird, scheint mir das deutsche Museum ganz das rechte Organ für fernere antiquarische Mittheilung zu sein.

Zunächst sei immer bibliographische Anzeige von Schützenbriefen unsere Sorge, damit wir gewissermaßen die Regesten zu dem vorhandenen urkundlichen Materiale gewinnen. Der völlige Wiederabdruck wird sich auch dann nur bei solchen verlohnen, welche hervorragend merkwürdig sind. Von gereimten Schützenfest = Beschreibungen der Pritschenmeister*) gedenke ich künftig einzelne ganz oder in größerem Auszuge mittheilen zu können, und auch der Beihülfe der zeichnenden und bildenden Kunst zur Verherrlichung der Feste soll ebenfalls unsere Aufmerksamkeit zugewendet bleiben.

---

*) Eine Anzahl verzeichnet Göbeke im Grundrisse I, 293, 94.

1.

Eine Sammlung von Schützenbriefen.
1468 — 1592.

Die vorliegende Sammlung alter Schützenbriefe stammt zu größtem Theile aus Schleusingen, *) einer ehemaligen Residenz der Fürst-Grafen von Henneberg. Zwei dieser Schützenbriefe (II und XIV) sind schon durch Wiederabdruck bekannt geworden. Die ganze Sammlung auf diese Weise mitzutheilen, wird wegen der vielfach sichtbaren Uebereinstimmung in Inhalt und Form nicht nothwendig sein, nur fünf der interessanteren Stücke schienen noch der vollständigen Wiedergabe werth. Ein bibliographisches Verzeichniß mit Berücksichtigung des Inhaltes der ungedruckten Briefe dürfte genügen. **) — Mit Ausnahme zweier Manuscripte, des 1. und 9. Stückes sind sämmtliche Briefe gedruckt und zwar einseitig in Placatform.

I. Schützenbrief von Ulm 1468. Handschrift. — „Dem wolgebornen herrn herrn Jörgen Grauen zu Hennenberg ... Embieten wir der Burgermeister vnd Rate Auch Schutzenmeister ... der Stat Vlme — (Armbrustschießen) — Der geben ist am Mittwoch Jn der heyligen Osterwochen Anno dñj M°CCCC° lxviij° 2c." — 92 Zeilen, langes Folioformat, 3 Blätter zusammengestoßen. Das Siegel fehlt, der Brief also nicht Original, sondern eine der Abschriften, wie sie dem Hauptschreiben (und später den gesiegelten Drucken) zum Zwecke der Vertheilung und zum Placatgebrauche in mehrfacher Anzahl beigegeben wurden. Auf der Rückseite oben befindet sich der Zirkel abgebildet, von dem es im Briefe heißt: „man wirt auch schissen jn einen zirckel als hierauß vff diesem brieff verzeichent ist."

---

*) In Schleusingen befindet sich auch das im 2. Bande des Museums (S. 297) beschriebene und im Bilde mitgetheilte Schützenkleinod.

**) Eine Zusammenstellung der terminologischen Ausdrücke, welche für das Lexicon nicht ohne Gewinn sein wird, gedenke ich später zu geben.

Dieser Schützenbrief ist aus verschiedenen Rücksichten des vollständigen Abdruckes werth. Zunächst ist er der älteste in deutscher Sprache, der meines Wissens bekannt gemacht worden ist, sodann haben wir in ihm nicht allein ein Einladungsschreiben, sondern zugleich ein Bittgesuch an einen Landesherrn, seinen Unterthanen die Betheiligung an dem bevorstehenden Schießen zu gestatten. Von Interesse ist ferner die Anführung der für jene Zeit überaus zahlreichen und kostbaren Preise, die ausführliche und umständliche Darlegung der Lotterie, das mit dem Schießen verbundene Wettrennen. — Der Abdruck geschieht urkundlich mit Auflösung der wenigen Abkürzungen. Der übliche geschwungene Strich über dem Worte wird nicht als Vertreter des m und n berücksichtigt, wenn jenes die vollständige Form in der Niederschrift schon gewährt. In den Fällen, in denen der Anfangsbuchstabe die Mitte hält zwischen groß und klein, wird letzteres bevorzugt. Das sz ist deshalb gesetzt worden, weil ß noch nicht vollständig entwickelt ist. z und cz wechseln; auch hier ist eine Mittelform häufig, für welche das einfache z gewählt wird. Die Punkte und e über dem w sind gleichgültig.

II. Schützenbrief von Volkach 1523. — „Den Ersamen vnd weisen Burgermeistern vnd Rath zu (ausgefüllt: „Meyningenn“) ... vnnd schißgesellen der handtbuchsen ... Entbieten Wir Schultehs Burgermeistere vnd raht der Stat Volckach — (Büchsenschießen) — Geben vnnter der S[t]at Volckach ... Insigel Am montag noch miā dñi Anno. ꝛc. XXiij.“ — 17 Zeilen, Siegel abgefallen. Adressiert: „Meiningen.“ Darunter: „landtkleynott.“

Gedruckt im deutschen Museum 1, 279 nach dem Exemplare des hennebergischen alterthumsforschenden Vereins.

III. Schützenbrief von Schleusingen 1532. — „Vnßere freundwillige dienst zuuor, (leerer Raum bis zu Ende der ersten Seite) | aus gunst ... des ... Herrn Wilhelms, Grauen vnnd Herren zu Hennenberg ..., Haben wir Burgermeyster ... vnd Schiesgesellen zu Schleusingen — (Büchsenschießen; *) bester Gewinn: 10 fl.; 8 Schüsse; Stand: fünffzig gerten; Einlage ½ fl.; „Siebender“ (Siebener, nicht

---

*) Die Ordnung in den kurzen Inhaltsangaben richtet sich am besten nach der Erwähnung im Briefe.

15

Neuner); geschworne Schreyber, Zeyger, Ziler; Spiel „vmb Zyne, vnd Kandel vnd andere kleinot") — Des zu warer vrkund haben wir vnser Secret Jnsigel ... drucken. Datum Montags nach Viti, nach Christi ... geburt, Fünffzehunndert vnd ym zwey vnd dreissigsten Jhare."— 39 Zeilen, kein Siegel. Auf der Rückseite ein Maß gezeichnet, darüber „Ein halbe Elen lang."

IV. Schützenbrief von Themar 1534. — „DEn Ersamen, vnd Weysen, Schulthes, Dorffmeystern, vnd Heymrichen, zu (leerer Raum) Vnnd gemeynen Schützenn, ... der Handtbüchsen doselbst ... Entbieten wir Bürgermeyster vnd Rath der Statt Themar ... mit vergünstigung des ... Herrn Wylhelms Graffen vnd Herren zu Hennenberg, — (Büchsenschießen „vmb das landtkleynat"; Sten vom zyl: Fünffzig gerten; 2 Schüsse; Nachschießen; bester Gewinn: 10 fl.; Einlage ½ fl.; 10 Schüsse; Schreyber, Ziler; Neun Person.) — Geben vnder der Stat Themar außgedrucktem Jnsigell, auff Donnerstag nach dem Sonntage Jubilate zu Latein genandt. Nach Christi ... gebürt Fünfftzehen Hundert, Vierunddreyssig Jaren." — 43 Zeilen, kein Siegel. Schöner Druck.

V. Schützenbrief von Schleusingen 1541. — „AVß gunstigem bewilligen erlaubtnis vnd gnediges zulassen, Des ... Herrn Wilhelm ... zu Hennenberck, Wir Richter Burgemeyster ... vnnd Schießgesellen zu Schleussingen, Entpieten den Erbaren..., vnd gemeinen Schießgesellen der Büchsen vnd Handtrhoren zu (ausgefüllt: „Meyningen") Vnsern — (Büchsenschießen; drei *) Scheiben; 12 Schüsse; bester Gewinn: 12 fl; Stand: 52 gerten; Einlage: 12 schneberger; Siebener; Ziler, Zeyger vnd Schreiber; Spielen „vmb allerley zynwerck, vnnd andere Kleynodt.") — Zu vrkund haben wir Richter ... vnser gewönlich Pitschafft zu ende dieser Schrifft auffgedruckt | Geben auff den Sonabent Nach Laurentij. Nach der geburt ... vnd Seilgmachers. ꝝꝝꝝj." — 45 Zeilen, 4 Absätze, Siegel abgefallen. Lettern ziemlich groß. Adressiert: „Meyning."

VI. Schützenbrief von Großengottern 1544. — „WJr Kleynothsmeyster Schützen vnd Schießgesellen zu grossen Guttern, Entbieten — (Armbrustschießen) — Vnd ander bey gewin mehr." — 42 Zeilen,

_____

*) Wenn nicht die Zahl der Scheiben ausdrücklich erwähnt wird, handelt es sich immer um zwei Scheiben, falls in dem Briefe davon die Rede ist.

4 Absätze, Siegel im Brief nicht erwähnt. Guter Druck. Unten in der Quere das Längenmaß (½ Elle) mit der Feder gezeichnet. Adressiert: „DEnn Erbarn vnd achtbarnn Cleinatsmeistern schutzen vnd schießgesellen zu gotha vnsernn guthen freywonden." Darunter von anderer Hand: Schützenhoff Zu großen Guttern.

Dieser Brief, von dem sich eine Abschrift im Nachlasse vorfand, verdient aus mehreren Gründen die vollständige Mittheilung. Zunächst ist es anziehend, daß überhaupt ein so kleiner Ort wie Großengottern (im Kreis Langensalza) einen Schützenbrief erließ. Auch weicht derselbe in der Form von den meisten anderen dadurch ab, daß in ihm kein leerer Raum für die betreffende einzuladende Stadt ausgespart ist, dann sind die Preise für das Glücksspiel übersichtlich der Reihe nach aufgeführt. Die ausgesetzten Preise und Gewinnste sind von Interesse, weil sie meist Dinge gewähren, die auf das praktische Bedürfniß gerichtet sind, wie Tuche, Leder, Schleier u. dergl. Die Zahl der „Verordneten" ist nicht angegeben.

VII. Schützenbrief von Schleusingen 1546. — „DEn Erbarn, . . . Bürgermeistern, Rathe, sambt kleinots vnd Schützenmeistern . . . der Armbrost vnd Stehelin bogen zu (ausgefüllt: „Fladingenn") Entbieten wir Bürgermeistere . . . zu Schleusingen, . . . aus gnediger bewilligung . . . Herrn Wilhelms . . . zu Hennenberg, — (Armbrustschießen; Siebener; Bolzenprobe: „loch, so vff diesen Brieff gestembt;" sitz vom Zweck: 140 Ellen; Schreiber, Zeiger, Zieler; bester Gewinn: 30 fl.; Einlage: 1 fl.) — Des zu Vrkunt haben wir vnser Secret Jnsigl . . . thun offdrucken. Der geben ist, am Montag nach . . . Judica, Nach Christi . . . Geburt, funffzehenhundert, vnd im sechs vnd viertzigsten jaren." — 40 Zeilen, Sigel wohl erhalten. Unten gleich nach der letzten Zeile über dem Sigel das Längenmaß (½ Elle) aufgedruckt; in der rechten Ecke darunter der Pergamentring. Auf der Rückseite der Zirkel gezeichnet.

VIII. Schützenbrief von Landshut 1549. — „DEn Edlen, . . . Burgermaister . . . vnnd Schießgesellen beder geschoß, Stahel, Armbst vnd Püchssen, (ausgefüllt: „Der Stat Schleising") Embieten wir Bürgermeister . . . vnd Schießgesellen der Stadt Lanndshut — (Armbrust- und Büchsenschießen) — Geschehen pfintztags den sechsten Junij

15*

Anno ⁊c. X Lviiij. — 59 Zeilen, 2 Absätze; großes Folioformat, dabei ziemlich breit; zwei Bogen zusammen gestoßen. Das Siegel wohl erhalten. Gleich nach der letzten Zeile über dem Siegel das Längenmaß in einem dicken Striche aufgedruckt, darüber „Das viertl der Eln." Links neben dem Siegel der Zirkel gedruckt mit schwarzem Mittelpunkt. Rechts ist der Glückshafen abgebildet und durch Schablone illuminiert: großer Topf in bräunlicher Farbe, darauf das Wappen von Landshut, grüne Eisenhütte mit rothen Bändern; aus dem Topfe schauen sieben kleine rothe Fahnen mit gelben Stielen hervor, 3 nach rechts und 4 nach links geneigt. Unter dem Siegel, etwas nach rechts befindet sich der Pergamentring. Der ganze Brief ist umgeben mit einer im Renaissance-Stil gehaltenen und nicht geschmacklosen Holzschnittbordure, grün und gelb mit Schablone illuminiert.

Dieser Brief ist unter allen typographisch am schönsten ausgestattet. Er wird vollständig mitgetheilt, weil er der älteste ist, in dem zugleich zu einem Armbrust- und Büchsenschießen eingeladen wird. Die Preise und Gewinnste sind natürlich höher als die der kleinen Orte, doch für eine Stadt wie Landshut nicht gerade beträchtlich. Auch in sprachlicher Beziehung bietet der Brief manches interessante.

Im Abdrucke wird das häufige ů durch ü ersetzt, und a und o mit Circumflex durch å und ö.

IX. Schützenbrief von Meiningen 1549. Hdschr. — „Wir Jheronimus Marschalg Amptman ⁊c. Schultheis Burgermeistere vnd Rathe der Statt Meyningen, Entbiten den Erbarn . . . Richter . . . vnd schieß-gesellen der handbüchsen der Statt Schleusingen vnsernn — (Büchsenschießen; Bewilligung des Grafen Wilhelm zu Henneberg; bester Gewinn: 12 fl.; Einlage: 12 schneberger; Siebener; 12 Schüsse, Stand: 52 gertten; schreyber, ziler.) — Zu vrkundt hab Ich vorgenenter Amptman mein rück pitschier vnd wir Schultheis . . . der Statt Meyning Jnsigill wissentlich hieran druckenn lassenn Datum Dinstags nach Exaltationis C[r]ucis Anno ⁊c. Jme xlviiij." — 59 Zeilen auf 2⅓ Seiten, beide Siegel wohl erhalten. (Längenmaß nicht äußerlich angegeben.) Adressiert: „Schleusingen."

X. Schützenbrief von Schleusingen 1556. — „DEN Erbaren . . . Burgermeistern . . . vnd Schisgesellen der Handbüchssen oder Handroer,

zu -(leerer Raum) Entbitten Wir Richter, ... zu Schleusingen —
(Büchsenschießen; Bewilligung der Grafen Wilhelm und Georg Ernst
zu Henneberg; drei Scheiben; Siebener; 15 Schüsse; bester Gewinn:
30 fl.; Stand: 52 Gerten; Einlage: 1 fl.; Schreiber, Zeiger, Zieler;
Ritterschuß, bester Gewinn: 2 fl.; Einlage 12 Pfennig; Spielen „vmb
zihne Kandel vnd andere Kleinot") — des zu warer Vrkund, Haben
wir vnser Stadt Secret Insiegel ... lassen auffdrucken, der geben ist
am Dienstag nach Bartholomei..., Nach Christi ... Geburt, Fünffzehen hundert vnd im sechsvndfünfftzigsten Jare." — 45 Zeilen,
6 Absätze, Siegel nicht vorhanden.

XI. Schützenbrief von Schmalkalden 1558. — „Den Gestrengen
Edlen, ... Amptmannen, Schossern, Verwaltern, Vögten, Rentmeistern,
Schultehsen, Burgermeistern, vnd Rathmannen. (leerer Raum) Auch
Cleinots oder Schützenmeistern vnd gemeinen Schiesgesellen, des ge-
schos der Armbrust vnd Stálinbogen, ... Entbieten wir, dieser zeyt
deren ... Fürsten vnud Herren, Herrn Philipsen, Landgrauen zu
Hessen, ... Vnd Hern Wilhelms, ... zu Hennenberg ... verordnete
Amptleute, mit namen Veltin von Baumbach vnd Johan Steitz, Auch
wir Bürgermäister ... der Stat Schmalkalden, — (Armbrustschießen;
Verwilligung der beiden Landesfürsten; stand vnd weite vom wahl
vnd blat: 130 Schmalk. Ellen; Zirkelblatt mit drei großen und einem
kleinen Zirkel; 24 Schüsse; Schreiber; Siebener; erste Gabe oder Gewinn: 20 fl.; Einlage: 1 fl.; kurzweilige Spiel.) — Des zu vrkund
haben wir die Amptleute, auch Burgermeister ..., vnser angeborne
vnd gewönlich, auch der Stat Insigel wissentlich hieran getruckt, Geben
am ersten tage des Monats Septembris. Nach Christi ... geburt,
Fünffzehenhundert vnd in dem Achtvndfünfftzigsten Jare." — 51 (beziehungsweise 55) Zeilen. Die drei Siegel nicht vorhanden. Nach der
letzten Zeile das Längenmaß ($\frac{1}{2}$ Elle) aufgedruckt, darüber „Die
Halbe Eln." Unter dem Strich noch 3 Zeilen: „Hierbeneben wirdt man
auch allerley angenerliche kurtzweilige Spiel mit der kugel, vmb das
Hostuch, Parchent vnd anders auch sonst vmb allerley Zynwercgk, vnd
dergleichen Kleinot vnd wahr, in zimlichem gelde auffgesetzt, angericht
befinden, wollen wir auch hiemit freundlicher ineinung vermeldet haben."
Unten in der rechten Ecke befindet sich der Pergamentring.

Dieser Brief zeichnet sich dadurch vor den bisherigen aus, daß es Amtleute sind, von denen zunächst die Einladung ausgeht. Darum weicht auch die Begrüßung im Anfange von der üblichen Weise ab, daß vor dem Rathe und den Schützen Amtleute, Schosser, Verwalter u. s. w. genannt sind. Schmalkalden war damals unter hessischer und hennebergischer Herrschaft, weshalb es der Erlaubniß zweier Landesherren bedurfte. — In der Form ist in diesem Briefe ungewöhnlich, daß die Erwähnung der Glücksspiele als Nachtrag nach der Datierung folgt und das Längenmaß nicht am Schlusse aufgedruckt ist.

XII. Schützenbrief von Halle 1560. — Unser freundtlich dienst zuuorn: (ausgefüllt: „Ersame Weyse besondere gunstige freunde", bis zu Ende der Zeile) Auff des . . . Herrn Sigißmundi Ertzbischoffs zu Magdeburg . . . zulassen, haben wir — (Armbrust- und Büchsenschießen) — Datum Halle Dienstags nach Laurentj, Anno, etc. ɛc. | Rathmanne Meistere der | Innunge vnnd gemeinheit | der Stadt Halle." — 40 Zeilen, Unterschr. 3 Zeilen. Das Längenmaß (¹/₂ Elle) ist nicht wie bei allen andern Briefen unten der Breite nach angegeben, sondern befindet sich auf dem linken Rande der Länge nach aufgedruckt.

Unten nach der letzten Seite und ungefähr in der Mitte des Blattes ist der Zirkel ohne Mittelpunkt ebenfalls gedruckt. Rechts davon befindet sich die Unterschrift und noch weiter rechts nach unten der Pergamentring. Das außen aufgedruckte Siegel ist abgefallen. Adressiert: „Den Ersamen Weysen Burgermeistern vnd Rathe der Stadt Schleusingen vnsern guthenn freunden." Darüber von anderer Hand: „Schützenbrief von hall In Sachssen ober ein Armbrust vnd Büchsenschiessen Aõ c 1560." — Auf der inneren Seite des Briefes links unten befindet sich die handschriftliche Notiz: „Ihn diesem Schützenbrief wirdet keiner einlage gedacht. Weder offs Armbrust noch buchsenschüzen, was ein Iber einlegen solle."

Hauptsächlich der abweichenden Form wegen ist dieser Schützenbrief der vollständigen Mittheilung werth erachtet worden. Interessant ist die Erwähnung der zu jedem Schusse umlaufenden und bis zu vier schlagenden Uhr. Die Preise sind ziemlich hoch, auch sind sie nach Thalern und nicht nach Gulden ausgesetzt. Für das Büchsenschießen ist die hohe Zahl von vier Scheiben bestimmt. In sprachlicher Hinsicht gewahren wir in diesem Briefe eine gewisse moderne Fassung, man merkt den Einfluß der sächsischen Verordnungen.

XIII. Schützenbrief von Neustadt a/S 1568. — „Allen vnd jeden Schützenmeistern ... der Handt oder Zilbüchsen zu (leerer Raum) Entbieten wir Bürgermeister ... vnd Schießgesellen, zur Newstatt vnter Saltzburgk, im Stifft Würtzburgk gelegen — (Büchsenschießen um das Landkleinod; Verwilligung des Bischofs Friedrich zu Würzburg; Neuner; Entfernung: 50 Gerten; Nachschießen; Entfernung 54 Gerten; bester Gewinn: 20 fl.; Einlage: 1 fl.; Schreiber, Ziler; Ritterschuß: 1 Goldkrone.) — Vnd haben des zu vrkundt wir ... Burgermeister ... vnser gemeiner Statt Newstatt Secret Insigel endts dieser Schrifft vffgedruckt, Geben den 12. Augusti Anno 1568." — 50 Zeilen; die 12³/₄ letzten Zeilen mit kleiner Schrift gedruckt; kein Siegel. Außen geschrieben: „Copien des Aufschreibens derer von der Neustatt vmb das landkleynott Anno ꝛc. 68."

Vgl. zu diesem Brief „das Schützen-Gesellschaften-Bündniß in Mittel- und Unterfranken", deutsches Museum 2, 295, u. Freitag, neue Bilder 1, 158.

XIV. Schützenbrief von Meiningen 1579. — „Aßlen vnnd jeden Schützenmeistern ... der Hand oder Zielpüchsen zu (leerer Raum) Entpieten wir Schultheis ... vñ Schießgesellen zu Meyningen, — (Büchsenschießen) — Des zu Vhrkund haben wir ... Schultheis, ... vnser vnd gemeiner Stadt Meyningen Secret Insiegel, ..., auffdrucken lassen. Geben den 18. Julij, Anno Domini 1579." — 50 Zeilen, 2 Absätze; Siegel wohl erhalten.

Gedruckt im deutschen Museum 1, 281 nach unserem Exemplare.

XV. Schützenbrief von Eisfeld 1579. — „DEnn Fursichtigen ... Burgemeistern vnd Rath zu (ausgefüllt: Schleisinge) Auch Kleinodtsmeistern ..., doselbsten ... Entbieten wir Bürgemeister ... zu Eißfeldt, — (Büchsenschießen; Erlaubniß der Fürstlich Sächsischen Regierung zu Coburg; Siebener; Hauptgewinn: 20 fl.; 12 Schüsse; drei Scheiben; Stand: 320 Ellen weit; Einlage: 1 fl.; Schreiber, Ziehler; Ritterschuß: „Hämel mit einer Barchenten deck;" Freier Kugel- und Spielplatz.) — Zu vrkundt mit Vnserm Stadt Secret besiegelt.

Geben den 9. Auguti. Anno, 79." — 40 Zeilen, 7 Absätze; Siegel abgefallen. Das Längenmaß (½ Elle) ungefähr einen Zoll nach der letzten Zeile aufgedruckt. Adressiert: „Schleussingen Schuzenbrief von Eiffeldt Aō ꝛc. 79."

XVI. Schützenbrief von Schleusingen (1581). — „DEN Achtbaren, ... Burgermeistern ... vnd schifsgesellen, der Handbüchsen oder Handrhor zu (leerer Raum) Entbieten wir Richter, ... vnd schifsgesellen ..., der Stadt Schleusingen, — (Büchsenschießen; Bewilligung des Grafen Georg Ernst zu Henneberg; Siebener; 1. Gewinn: 16 fl., 2. Gewinn: 9 fl.; Einlage: 1 fl.; 12 Schüsse; drei Scheiben; Stand: 50 Gerten; Spielplatz vnd Kugelleich.) — Zu vhrkundt mit vnserm des Rhats vnd gemeiner stadt Secret bekrefftiget. | Geben (leerer Raum, undatiert, doch geht aus der Zeitbestimmung „Sontag vor Mathei, welcher ist der 17. tag des Monadts Septembris" das Jahr 1581 hervor)." — 40 (resp. 41) Zeilen, 5 Absätze, Siegel wohl erhalten.

XVII. Schützenbrief von Gernsheim a. Rh. 1592. — DEn Ehrenhafften, ... Schuldtheissen, ... vnd Schießgesellen der Statt (ausgefüllt: „Mennigen (d. h. Meiningen), Suhla, Schleusigen") Entbeut ich Hans Keim, Bürger ... der Statt Gernßheim, — (Büchsenschießen) — Dessen alles zu ... Vrkund, hab ich ... den Junckhern Hans Friderich Moßbach von Lindenfels, ... gebeten, ..., daß S. V. jr angeborn Jnsigel ... auffgedruckt, ... alles ... damit zu bekräfftigen, so geben ist auff S. Jörgen tag, nach Christi ... Geburt tausendt fünffhundert vnd im zwey vnd neunßigsten Jar." — 57 Zeilen, breites Folioformat. Rechts zwischen der 29. und 42. Zeile befindet sich die Glücksscheibe abgebildet. In der Fortsetzung der letzten Zeile das Längenmaß (½ Elle) aufgedruckt. Siegel wohl erhalten. Das Papier nicht geleimt.

Abgesehen von dem Umstande, daß dieser Brief der jüngste der vorliegenden ist, verdient er in verschiedener Hinsicht die völlige Wiedergabe. Waren in dem Schmalkalder Briefe (Nr. XI) zwei Personen als Unternehmer des Festes an die Spitze gestellt, so war das Unternehmen doch kein privates, sie handelten als Amtleute, als officielle Personen; hier aber ist es ein Privatmann, von dem die Einladung ausgeht; er nennt sich nur Bürger von Gernsheim, erwähnt keinen Rath, keine Schießgesellen, in deren Auftrag er handele, sondern hat

nur die Erlaubniß seines Junkers pflichtschuldigst angemerkt. Intereſſant
iſt die Erwähnung und Abbildung der Glücksſcheibe. Die Preiſe und
Gewinnſte ſind für ein Privatſchießen ſehr hoch. Zu beachten iſt die
von dem Unternehmer ausgeſprochene Bitte, man möge ſeine Briefe,
die ſomit in mehrfacher Anzahl an die einzelnen Städte verſandt wur=
den, an die Rathhäuſer oder Pforten anſchlagen.

2.

Schützenbrief der Stadt Ulm.

1468.

(Nr. 1 der Sammlung.)

Dem wolgebornen herrn herrn Jorgen Grauen zu Hennenberg vnn=
ſerm gnedigen herrn Embieten wir der Burgermeiſter vnd Rate Auch
Schützenmeiſter vnd Schyſzgeſellen gemeynicklich der armbroſt ſchutzen
der Stat vlme vnſer willig vntertenig dinſt zuuor vnd fugen ewern
gnaden zuwiſſenn das wir die hienach geſchriben abenthewr vnd Cleynat
aufz geben vnd darümbe ſchiſſen laſzen wollen auff Sontag nechſt nach
ſand Johans tag des heyligen tauffers zu nacht hie zu vlme an der
herberg zu ſein vnd zu morgens am montag ſolch ſchiſſen an zu heben
vnd ſchüſz thun ſo vil vnd man dan thun mag Nemlich zum Erſten
ein Silbrein vergulte Schewr für fünfftzig gulden vnd dreiſſig gülden
darjnn Item ein Silbrein vergulten kopff für fünffundviertzig gulden
vnd funffvndbreyſzig gulden darjnn Item Sechſz Silbrein becher in
ein ander verdeckt off einem fuſz für viertzig gulden vnd zweintzig
gulden darjnn Item funff Silbrein becher jn ein ander verdeck[t] auff
einem füſz für fünffvndbreiſſig gulden vnd funffczehen gülden darjnn
Item vier Silbrein becher jn einander verdeckt off einem fuſz für
dreiſzig gulden vnd zehen gülden darjnn Item vier Silbrein becher jn
einander für fünffvndczweintzig gulden vnd eylff gulden darjnn Item
vier Silbrein becher jn ein ander für achczehen gülden vnd Newn

gulden darjnn Jtem einen verdeckten Silbrein becher vff einem fuſz
für achczehen gulden vnd ſiben gülden darjnn Jtem einen verdeckten
Silbrein becher vff einem fuſz für Sechczehen gulden vnd funff gulden
darjnn Jtem einen verdeckten Silbrein becher vff einem fuſz für vir-
czehen gulden vnd vier gulden darjnn Jtem drey Silbrein becher jn
einander für zwelff gulden vnd vier gulden darjnn Jtem czwen Silbrein becher ſur zehen gülden vnd vier gulden darjnn Jtem czwen Silbrein becher für newn gülden vnd vier gulden darjnn Jtem zwen Silbrein becher für acht gulden vnd vier gulden darjnn Jtem czwen
Silbrein becher für acht gulden vnd drey gulden darjnn Jtem ein
Silbrein ſchaln für ſiben gulden vnd drey gulden darjnn Jtem ein
Silbrein Schàl ſur ſechſz gülden vnd drey gülden darjnn Jtem einen
ſilbrein becher für fünff gülden vnd drey gulden darjnn Jtem einen
becher für vier gulden vnd drey gulden darjnn ꝛc. Jtem ein ſilbrein
Schal für vier gulden vnd zwen gulden darjnn Jtem ein Schal für
drey gulden vnd czwen gulden darjnn Jtem ein ſchal für drey gülden
vnd ein gulden darjnn Jtem ein ſchal für dritthalben gulden vnd ein
gulden darjnn Jtem ein ſchal ſur zwen gülden vnd ein gulden darjnn
Jtem einen gulden Ring für ein gulden vnd ein gulden dabey Jtem
vnd mer ein ſilbrein ſchal für zwen gulden vnd ein gulden darjnn
den ſchützen die vmbe die obgnanten abenthewr nit zu ſtechen kument
Jtem ein gulden Ring ſur ein gulden vnd ein gulden dabey den gemeynen ſchiſzgeſellen darümb zu lauffen vnd an dem allen geben wir
der Burgermeyſter vnd Rate zwey hundert vnd ein gülden frey zu vor
auſz beuor, vnd das ander gemeyn Schyſzgeſellen nach gleicher anczal
zu beczalen, vnd ein yglich armbroſt wirt ein pfunt haller jn den
Toppel legen Man wirt auch ſolch ſchiſſen an heben am morgen ſo
die glocke Sibne ſchlecht vnd zunacht vff horen wen die glocke vire
ſchlecht vnd der ſytz zu ſolichem ſchiſſenn wirt der ſchnůr ſo wir ewern
gnaden hiemit ſchicken Sechczehen lang, vnd man wirt auch ſchiſſen jn
einen zirckel als hierauſz vff diſzem brieff verzeichent iſt vnd wer den
zirckel berüret behelt einen nahnen*), vnd man wirt thun virczig ſchüſz
vnd wenn die virczig ſchüſz auſz geen ſo ſol der Toppel auch ein end

---

*) Es kann nur „Fahne" gemeint ſein; die Rechtſchreibung nahē, was bei-
nahe ausſieht wie uahen, iſt für jene Zeit allerdings ungewöhnlich.

haben, vnd darnach von yeder Stat ein schißgeselle außgeschossenn
werden die sullen die schütz der nahnen abzihen vnd yelichem von dem
Toppel geben so vil vnd jm gepürt biß das der Toppel gar auß geet
an alles geuerde, Es sol auch ein yglicher einen geschriben poltz
schissenn mit vnnsers schreybers hantgeschrifft, vnd welcher einen andern
poltz schissenn wolt der sol den vor geschriben poltz brengen das man
den Namen abethu, vnd auch schissen auffgerecht mit freyem swebendem
arme vnd abgetrenten wammas örmel, das die sewl der achßzeln vnd
der schüßzel der.prust nit rüre, Vnd auch vff freyem stul an onleynen
gantz an alle geferliche vorteyl Welcher das nit thet, oder zwen poltz
eyns schuß schüsse der wer den andern schißgesellen seinem schußczewg
verfallen vnd stünd darnach zu straffen nach gemeyner gesellen erkentniß,
Vnd welcher mit dem armbrost die meysten schütz gewynnnet, dem gibt
man die besten abenthewr, Vnd darnach ye dem besten vnd meysten
die besten abenthewr biß solch abenthewr alle auß geschossen werden
Item Welcher aber die abenthewr, nicht wolt, Wollen wir jm das
gelt dafür geben Auch wirt man schissen jn ein vnuerserte reybende
zilstat, Wir wollen auch von vnnserm Rate czwen Erber man zu dem
geswornen czyler geben die meniglich bey dem czyl gleich vnd gemeyn
sind, yelichem sein gepürlich recht zu geben an alles geferde Auch
wollen wir vff donerstag nach sand Johanns tag fünbenden schirst-
komende für vns selbst außgeben ein Rot lampardisch tuch als bey
funffvnddreyßzig gülden, Eyn armbrost für drey gülden vnd ein swert
für eynen gülden, vnd der lawffenden pfarrit darümbe zu lawffen den
gewönlichen Rennweg bey vnns hierjnn Mit dem vnterscheyd das yelich
lauffent pfarrit einen Reinischen gulden geben sol. Welchs der selben
lawffenden pfarrit nach rechten anlauffen das erst vber das zil ist so
deshalb gemacht wirt hierein kompt sol das lampardisch tuch, das ander
so herein kompt das armbrost, Das dritt das swert gewonnen haben
vnd welchß das letzst vnter den gemelten lawffende nden pferden herein
kompt sol die saw haben vnd her ein jn die Stat füren Vnd söllen
die selben lawffenden pferde vff den obgnanten donerstag so die glock
sechße slecht vor mittag vff dem weg sein hin auß zu zyhen   Auch
wollen wir außgeben Sybenzehen abenthewr auß dem hafen oder
putten Nemlich des ersten ein Silbrein verdeckten becher vff einem fuß
für einvnddreyßzig gülden Item einen silbrein verdeckten becher vff

einem fuß für sechß vndczweinczig gulden Item vier Silbrein becher
für sechczehen gulden Item zwen Silbrein becher fur zwelff gülden
Item zwen silbrein becher fur czehen gülden Item czwen Silbrein
becher fur Newn gülden Item ein Silbren schal für acht gülden Item
ein schal fur syben gülden Item ein schal fur sechß gülden Item
einen Silbren becher für funff gülden. Item ein becher fur vier gulden,
Item ein schal für vierbhalben gülden, Item ein Silbrein schal für
dritthalben gülden Item ein schal sur zwen gulden Item ein Ring
fur anderthalben gülden Item einen Ring für einen gülben, Item dem
ersten der auß der putten kömpt einen gulden. Item dem letstzen der
auß der putten kömpt auch ein gulden Vnd man wirt eins yglichen
Namen an ein zedeln lassen schreyben wie er gnant ist, vnd als dick
einer einen Namen schreibt als offt sol er einen behemisch geben vnd
mag einer eynen namen schreiben als offt er wil, Doch geb alweg
eynen behemische vnd mag dar ein schreyben frawen vnd man vnd
kind Jung oder alt sie sein ferr oder nahent, doch ein yeder der für
eynen namen ein legt der wirt sein namen auch darzu schreyben lassen
das man wiß wer für in ein gelegt habt. vnd sol also die abenthewr
mit dem schissen (vnd mit dem schissen) mit ein ander außgeen vnge=
ferlich, So wirt man auch die geschriben zetteln alle in ein putten
thun, vnd wie vil der geschriben zetteln sind, so vil vngeschribner zet=
teln wirt man thun uff die andern seyten in ein putten vnd auß den
vngeschriben zetteln wirt man in einen Sybenzehenden zettel dar an
wirt man schreiben die abenthewr vnd wirt die vorder vnter die vn=
geschriben zettel mischen vnd den die putten beschlissen vnd einen zwi=
schen die pütten setzen Vnd da nit me dan alweg einen zettel auß
yklicher putten nemen eyns griffs vnd wen er ein abenthewr begreifft
vnder den vngeschriben zetteln wes*) namen er dan begreyfft uff dyßer
seyten vnter den geschriben zetteln der hat den die selben abenthewr
gewonnen Vnd also hinfür biß das die abenthewr gar herauß komen
Auch wollen wir zwen erber man von vnnserm Rate zu den putten
geben damit das meniglich gleichs vnd pillichs widerfare, Was jm das
lons gibt das jm das auch getrewlichen werde Es sol alles vnge=
ferlich gehandelt vnd volfürt werden Vnd ob sich aynicherley czwytracht

---

*) Text: was.

ober jrrung ju solichem allem begebe, so sol es hye bey vns an
weytter ersúchung aufzgetragen werden. Hirúmbe so bitt wir ewer
gnade mit vleyſzs ewer gnaden schützen vnd schyſzgeſellen zu solchem
vnnserm schyſſen vnd kurczweylen vmb vnnsern willenn glütlichen aufz
zufertigen vnd her zu vnns ſenden Auch von vnſern wegen andern
ewern gnaden vmbſeſzen vnd guten freúnden solchs zuwiſſenn thun
laſzen, sye zu erſúchen mit den ewern zu solcher kurtzweil vnd abent=
thewr zu komen vnd freúntlich mit vnns zuschiſſenn Es ſullen auch
dieſelben schutzen vnd schifzgeſellen vnd alle vnd yglich ander so zu
den gemelten kürtzweylen vnd schifzen her zu vns komen die zeit vnd
das wert hie vnd wider von vnns zu zyhen sicherheyt vnd gleyt haben
für vnns die vnnſern vnd allermeniglichs von vnnſern wegen der wir
mrechtig sind alles auff rechtlich vnd vngeferlich Doch ju solch gleyt
hin dan geſeßt vnd aufzgenommen die Achte, Auch vnnſer gnedige herrn
fürsten vnd hern vnd Stete mit den wir ju verschiebner eynigung be=
griffen sind auch hin dan geſeßt die den dan diſze Stat vlme verſagt
vnd verbotten ist Zu vrkund diſzer ding haben wir vnnserer Stat
Secret inſigel thun drucken jnnwendig bey end diſzer schrifft dits
briefs Der geben ist am Mittwoch ju der heyligen Oſterwochen Anno
domini M°CCCC° lxviij" ꝛc.

3.

* Schützenbrief von Großengottern.

1544.

(Nr. VI der Sammlung.)

WIr Kleynothsmeyster Schützen vnd Schiesgeſellen zu groſſen
Guttern, Entbieten euch ehrnueſten geſtrengen, Erbaren vnd vorſichtigen,
denen die diſe vnſere schrifft gezeygt wird, vnſere fleysswillige freuntliche
vnnd gehörige Dienste zuuor, hiermit zu wiſſen, das wir vormittelſt
Göttlicher hülff, mit gunſt wiſſen vnd willen, des edlen, ehrnueſten
vnd geſtrengen Hanſen von Ebeleyben Amptman zu Salßa vñ To=

masbrucken etc. vnſers günſtigen Herrn, Auff ſchirſtkomenden Sontag
nach Viti, eine freundliche geſelſchafft mit den Armbruſten vnd ſtehelen
Bogen zu halten willens, Alſo es ſollen geſchehn rvj. kleine ſchöſſe vnnd
vj. rumpel ſchöſſe, auff eine vnuerſerte drehwandt, wie hernach volget.
Erſtlich iiij. kleine ſchöſſe, riij. nahe einem yeden iij. Schneberger,
Darnach ein Rumpelſchos, rr. nahe einem yeden viij. Schneberger,
Demnach aber iiij. kleine ſchöſſe, rij. nahe einem yeden iij. Schneberger,
Darnach ein Rumpelſchos, rr. nahe einem ein zynen Halbſtübichens
kann vor riiij. ſchneberger, Demnach aber iiij. kleine ſchöſſe, rij. nahe
einem yeden iij. ſchneberger, Darnach ein rumpelſchos, rr. nahe einem
yeden ein halben Thaler groſchen, Demnach ober iiij. kleine ſchöſſe,
rij. nahe einem yeden iij. ſchneberger, Darnach ein rumpelſchos, rr.
nahe einem yeden ein Lundiſch hoſen tuch vor ein gülden.   Der
Standt vom Wahle ſol ſein ein hundert vnd rv. ellen, welcher lenge
die helfft hier vnten vorzeichent befunden, Vnd es ſol ein yeder Schütze
mit beſchriebnem vnd abgeſchliffenem Boltzen, one allen gefarlichen
vortheyl wie ſchieſſens gewonheyt vnd guter geſelſchaft gebrauch
zum nagel ſchieſſen. Zu ſolchem ſchieſſen wöllen wir dem der die
meyſten ende gewint, einen Thaler groſchen frey zuuor geben. Welcher
Schütze ein Hoſen tuch gewint, ſol er mit einr ſchneberger löſen, desgleichen eine kan mit vj. pfenning damit man ſchreiber vnnd zyler be-
ſolden mag, auch ſol dis ſchieſſen mit rath der Schützen geminnert
vnd gemehrt werde, was jrthumb vorfallen, ſol durch die verordenten
gütlich beygethan werden, Es ſol auch einem yeden Schützen vmb
zymlich geld herberge vnd koſt beſtalt werden.

Hirneben wirdt man auch mit der Boßkugel vmb Lundiſche vnd
Leydiſch tuch, Parchen, Zynwerck vnd Senſen allerley wahr, geſelſchafft
halten vnd auff dem Spilplatz befinden.   Derhalben ſo iſt an
einen yeden nach ſtandes erheyſſunge, vnſer dinſtlich vnd freundtlich
bitt, jr wöllet ſampt eweren Schützen vnd ſchiesgeſellen vns ſolche
ehrliche geſelſchafft auff beſtimpte zeyt, frölich helffen leyſten vn auff
den Suntag zeytlich vmb acht vhr vor mittage bey vns erſcheinen,
Das wöllen wir vns freundlich verſehen vnd widerumb in allem
guten gerne verdienen. Datum Dinſtags in Pfingſten, Anno 1544.

So jr auch nachbaur vmb euch Schützen vnd schießgesellen
wüstet, den wöllet solches vormelden das wöllen wir auch vordienen.

Auff dem Kugel leych ist der Gewin.

vij. Ellen Lúndisch tuch zu einem rock, Das erste.

j. Stúbichens kann vor ein Thaler.

j. Lúndisch hosen tuch vor ein Thaler.

j. Hembd vor ein Thaler.

j. Halbstúbichens kann vor xiiij. schneberger.

j. Gros Becken vor ein Thaler.

vj. Ellen Parchen vor ein Thaler.

j. Hut mit federn vor ein Thaler.

j. Par Leder zu hosen vor xvj. schneberger.

j. Gißner hosen tuch vor ein halben Thaler.

j. Becken oder kann vor vij. schneberger.

j. Schleyer vor ein Gúlden.

Vnd ander bey gewin mehr.

4.

Schützenbrief der Stadt Landshut.

1549.

(Nr. VIII der Sammlung.)

DEn Edlen, Fürsichtigen, Ersamen Vnnd Weisen Burgermaister
vnd Rath, auch Schützenmaistern vnnd Schießgselln beder geschoß,
Stahel, Armbst vnd Púchsen, Embieten wir Búrgermaister
vnd Rate, Auch Schütznmaister vnd Schießgselln der Stadt Landß-
hút, vnnser willig vnd freúntlich dienst, Jedem der gepür zeuor, vnd
füegen euch hiemit zúernemen. Das wir mit des Dúrchleichtigen
Hochgebornen Fürsten vnd Herrn, herrn Wilhelmen pfaltzgrauen bey
Rein, Hertzogen Jn Obern vnd Nidern Bayrn, ꝛc. Vnsers gnedigen
herrn vnd Landßfürsten, gnedigem wissen vnd willen, von, khúrtzweil,
merer freúndtschafft, auch etlicher freúnden wegen, zway gmaine
schiessen zehalten, Ainß mit dem Armbst oder Stahel, Das ander mit

den Zillpüchssen fürgenomen vnd gemacht haben, Also das die Armbst
oder Stahelschitzen An sannt Michaels tag des heiligen Ertzengls,
der do ist, der Neún vnnd, zwaintzigist Sebtembris, zenachts an der
herberg zesein, vnd die püchssenschützen des Sontags, nach francisci,
das ist der sechst Octobris, alhie zu Landshút an der herberg zesein,
Vnd montags nágst darnach früer tags zeit, so die glockhen achte
schlecht, Jeder schütz zú angezaigter zeit An Verordnuter zilstat zúer-
scheinen Aús gemainem haúffen Neiner zúerwelen, Drey von den vnsern Vnd sechs von den frembden, so des schiessens bericht erfarn vnd
geúbt sein, alle Irrúng vnnd fürfallend geprechen, das schiessen betreffend, macht haben zúentschaiden, Vnnd was durch die selben hingelegt vnnd entschieden wirdet, bey dem sol menigklich vngewaigert,
bleiben, Vnd wan nún die Neuner erwelt sein sol ain Jeder schütz
des Armbst oder stahels seinen poltz beschreiben, Ain yeder schütz der
püchsen sein pichsen beschaúen vnd zaichen lassen doch die geschraufften
-püchsen soln nit zugelassen noch bezaichnet werden volgendts alsdan
gelóst werden, welche verzaichnus durch die schreiber zum schiessen verordent, beschehen darnach das schiessen, angefangen vnd sovil man denselben tag erraichen mag, zethún auch die nachuolgenden tág, alweg am
morgen, vmb die Acht stund widerumb angeschossen werden, biß auff
die viert vr, Solang sich solich schiessen erstreckt, Vnd sollen auff der
Armbst vnd stahel zilstat XXiiij schúß, Vnd auff der púchsen zilstat
Xviij schúß gethan werden, Vnd des Armbst oder stahel schiessen weitte,
ist LXXXXvj Landshúter elln, dero leng auff disem brieff ain viertl
ellen vnden gerissen, es sol auch khain grósser poltz geschossen werden,
er móg dan dúrch das loch so auch auff disem brieue auffgestembt
ist, In ainen vnuerserten freyen vmbgeenden pachen oder pruch. Auch
zu ainem zirckl des weytte hieúnden verzaichnet worden, Der püchssenschützen weitte zuschiessen ist. CCLX obgemelter landshuter elln, in drey
schwebend schciben, Vom nagl ain elln, in der scheiben hallten, vnd zu
fürbrung dises schiessens, wirt ein vrlein an verordenter Armbst zilstat
auffgericht sein, wo ainer, oder mer nach aufleuttung derselben vr
Ainen schúß thet, vnd treff der sol ime für khain schuß gellten, noch
gerechnet werden. Dergeleichen, Welchen puchssen schützen sein püchsen
versagt die sol er ausserhalb des standts nindert abschiessen, sonder
so er am stand, zum drittenmal, angeschlagen vnd abgetragen, er hab

fewr gehabt oder nit, dem fol der fchuß auch nit zugelaffen, vnd an
Widerrede verloren haben, Dan bayde fchieffen auff gleicher eben, ge=
hallden werten, . Vnd fol khain ander poltz, er fey dan, wie vor anbe=
zaigt mit der fchreiber, zum fchieffen gefetzt, Aigner hand verzaichnet
vnd befchriben, bey verlierung des fchuß nit gepraucht noch gefchoffen
werden, Eing Jeder fchütz beder zillftett, fo auch redlich vnd one allen,
geuerlichen vortl, wie fchieffens recht vnd prauch ift, fchieffen, Die
püchffenfchutzen, follen auch mit fchwebenden Arm, abgetreuten wanmas
erbeln, nit mit gefüeterten, noch gefüderten küglen, one fchnuer, Riemb,
Grieff, zintpfanen, auch der fchafft, die achfel nit beruecen, ain fchlechts
abfehen, mit ainem löchlein, oder offnen gemainem fchränflen, gantz
ongeuerde, Ire fchuß frey verrichten. Welcher Stahel Armbft oder
puchfenfchütz, mit geuerlichem vortl betreten, der fol fein fchießzeug
verwörcht, Vnd darzu in der Neüner ftraffe *) gefallen, Zu dem fein
auch, Auff beede zilftett glaubwirdig, Erbar perfonen verordent, die
allain poltz, ziehen vnd meffen, vnd fonft niemandts, doch etlich von
den Neünern, dar bey fein vnd zufehen, damit ainem ieden, gleichs im
meffen, im fchreiben, vnd fonft allenthalben wider far, die auch mit
gelübben, vnd pflichten beladen werden. Vnd zu folichem fchieffen
haben wir Bürgermaifter vnd Rath, von gemainer Stat Landfhut
wegen, on angefehen, es khomen vil oder wenig fchützen auff beede
zilftet. Nemblich auff ain iede befonder, Füffzzig guldin an patzen
oder ander gueten muntz, Je Funffzehen patzen für ainen ieden guldn
gerechnet, frey beuor, zugeben bewilliget. Die auch als die erfte vnd
peft gab, onuerendert fein vnd bleiben fol. Vnd nach dem man pflegt,
wie dan die gewonhait ift, das die fchützen weitter gab, oder gewinnat,
zemachen furnemen, Gelt zufamen legen, fo fol doch ain fchütz in dem=
felben, nit mer dan Xvj patzen, zu leggelt auffs högft vnter ainften
einlegen, Als dan nach rath vnd guetbedunken der erwelten Neuner,
vmb folich eingelegt Gelt, kleinat, oder gewinnat zemachen, vnd wel=
cher fchütz ain gewinnat erlangt, der fol vom guldin herauszzugeben
fchuldig fein Drey Kreitzer. Item welcher, fchütz von fchieffens wegen
herkhombt, vnd khuntlich der weiteft, von haimbt ift, dem foll zufteen
ain fanen, mit ij guldin Vnd nach dem die ploffen ftähelbögen durch

---

*) Text: ftrafft.

16

prechen etwan ſchaden thun, ſol kainer zuſchieſſen zugelaſſen, er werde
dan in ainer hulffter geſpant, oder mit ainem tradt oder zopf ober-
zogen vnd verſorgt, Welcher ſtahel, oder Armbſt ſchüz, den zirckl, im
pachen mit ſeinem polz berürt, der hat ain ſchuß. Dergleichen, welcher
puchſenſchuz die ſcheiben trifft der hat auch ain ſchiß, Vnd die Armbſt,
auch die ſtahelſchützen, Welcher in den XXiiij ſchiſſen die maiſten hat,
der gewint das póſt. Dergleichen die püchſenſchizen, der vnter den
Xviij ſchiſſen, die maiſten ſchüß, hat auch das póſt gewinnat erlangt,
Aber die nachuolgenden ſchützen, haben zu gleichen, wie der brauch.
Weitter ſol man in einem iedem viertl, auffs wenigſt ain Ritterſchuß
nach der verordenter Neüner beratſchlagung vnd guetbeduncken machen.
Item darzu wil man halten auff beden zillſtetten, Ainer ieden beſonder, ainen prützfan, mit ſambt ij guldin für ainen Fünffzehen
patzen, Alſo welcher ſchüz auff baiden Zilſteten, im halben ſchieſſen
khainen ſchüß erlangt, der ſol nach ſchieſſens geprauch geprütſcht werden, vnd vmb den prütſchfan, ſamb angezaigten zwen gulden ainen
ſchuß, durch die ſelben, die prütſchenswirdig, vnd verdient haben, beſchehen. Wer alſdan den nägſten ſchuß zum nagl, vnd die püchſen-
ſchützen zum ſchwartzen der ſcheiben gethan, der ſol den ſelben prütſchfan,
ſambt den zwaien gulden erlangt haben, . Vnd ob es ſich begebe,
das ainem ſchützen ſein ſtahel, oder Armbſtpogen vberrück, oder die
Seül, in der mitte, der nuß prunnen, oder anderer ortten aufgieng,
zerpräch, demſelben ſollen drey ſchüß, aber dem die ſennen, Nuß oder
Rögl zerpräch, nit mer, dan zwen ſchüß einzutailn zugelaſſen, doch
das ſolich mängl durch die Neüner beſichtiget, vnnd entſchayden werden Aber Winden, windfäden Pölz für gebrechen nit geacht ſein, vnd
damit ſich khainer on redlich, Echafft vrſachen, nach ſchuß zubekhomen
vleiß, ſo ſollen, vmb furdrung willen, alle nach vnd ſaumb ſchüß in
andern Viertln von denen, die ſy zethun haben, beſchehen, Auf ge-
ſchaiden vnſer gnedigiſt, vnd gnedig herrn Cürfurſten, vnd furſten,
auch die Neüner, die Ires geſchäffts halben, von gemainer ſchützen
wegen, verſeumben, mögen dieſelben, wie ſich gepürt, auf iren ſtulen
ſchieſſen,

¶ Wir haben auch zu dieſem verordent vnd fürgenomen, ainen hafen,
mit nachuolgunden gewinnaten, Alſo das die erſt zetl, ſo aus dem

hafen khumbt oder genomen wirdet ij gulden. Der am maisten
einlegt, ij gulden, Nachmal das erst vnd das pöst XXv. gulden, Das
ander XXij. gulden, Das dritt XjX. gulden, Das viert Xvj. gulden,
Das funfft Xiij. gulden, Das sechst X. gulden, Das sibend viij. gulden,
Das Acht vj. gulden, Das Neündt iiij. gulden, Das zehent iij. gulden,
Das ailfft ij. gulden, Das letzt j. gulden, vnd für ainen ieden gulden
Fünffzehen patzen, oder ander guetter muntz, wer alsdan in solchen
hafen zulegen lust, der mag alweg auf ain zetl ain kreitzer legen,
Dagegen sol desselben namen vnd warauf er eingelegt hat, mit vleis
verzaichnet werden,. Wir wöllen auch ainem geben, so der hafen auß
ist, als vngeuerlich auf das erst beschehen sol, sein gewinnat zu handen
verordnen, vnd haimschicken,

Hierauf ist an euch vnser fruntlich vnd vleissig biten, ir wellet vns
zugefallen, zu solichem gedem obangezaigtem .schiessen thonen, vnd die
von merer khuntschafft. vnd eerlicher khürtzweil wegen, mit vns vnd
andern guetwillig vnd fruntlich helffen verbringen, auch soliches eürn
verwanten vmbsässen verkhunden, vnd zewissen machen, wie wir vns
dan, des pesten vertrauens bey euch getrösten, Wir wöllen auch das
vmb euch in solichem vnd anderm allzeit willig sein zuuerdienen Des
zu vrkhund haben wir gemainer stat Landshut klainer secret Insigl
offenlich hiefür gedruckt, Geschehen pfintztags den sechsten Junij
Anno rc. Xvviiij

(L. S.)

5.
Schützenbrief der Stadt Halle.
1560.
(Nr. XII der Sammlung.)

Unser freundtlich dienst zuuorn:
Auff des Hochwirdigsten Durchlauchtigsten Hochgebornen Fürsten vnd
Herrn, Herrn Sigißmundi Ertzbischoffs zu Magdeburg, Primaten in
Germanien, Administratorn des Stiffts Halberstadt, Marggrauen zu
Brandenburgk etc. vnsers gnedigsten Herrn, gnedigst gefallen vnnd

16*

zulaſſen, haben wir zu auffrichtung freundtlicher, ehrlicher, vnd Nachbarlicher zuſammenkunfft, auch zu erhaltung Erbarer Geſelſchaft, freundtſchafft vnd ergeßligkeit, ein frey gemein Geſellenſchieſſen, mit dem
Armbroſt zu einem Circkelblat, des gröſſe hierunten neben dem loche
da die Bölße durch fallen ſollen zubefinden, inn eine vnuorſehrte zielſtadt, hundert fünff vnd zwentzig ellen weit, der maß hierbey die halbe
elle, mit einem ſchwartzen ſtricmen verzeichnet, von der Zielſtadt zuſitzen,
auff den Sonnabendt nach Mauricij, welcher iſt der acht vnd zwentzigſt
tag Septembris, ſchierſt alhier zu Halle zuhalten.   Desgleichen nach
gehaltenem Armbroſtſchieſſen, welchs vnter drey oder vier tagen, nicht wol
volendet werden kan, alßdann auch mit Zielroren, zu vier ſchwebenden
Scheiben, der groſſe, oder runde im Circkel vom Nagel, ein Elle, vnd
ein viertel, Vnd die weite vom Stande biß an die Scheibe, dreyhundert
vnd dreyßig Ellen, bey gezeichnets maſſes ſein ſoll, vorgenomen.   Vnd
zu der Armbroſtſchützen ſchieſſen, ſol der beſte gewin ſein, zwey hundert gute gantze Taler, Aber zu dem Büchſenſchieſſen, ſechtzig Taler,
obberürter wehrung, vor den beſten gewinn zuuoraus verordent, vnd
gegeben werden.   Die andern gewin aber, auff beyde ſolche Schieſſen,
ſollen von der Einlage, mit vnſer darzu verordenten, vnd der Siebener
Rath, auffs gleichſt gemacht, Vnnd zum Armbroſtſchieſſen, dreyßig,
Vnd zum Büchſenſchieſſen ſechtzehen Schöſſe geſcheen, Auch die Ziel-
wende dermaſſen zugericht werden, das kein Schütze auff den andern
verzuglich warten dörffe, Vnd welcher Schütze alßdann in bemeltem
Schieſſen, die meiſten Circkel mit dem Armbroſt, oder Scheiben ſchüſſe
mit der zielbüchſe, da man bley erkent, vnd die Erde nicht berüret hat,
erhelt, Der ſoll das beſte wie oben vermelt, damit gewinnen, Der
ander hernach das ander, Vnd alſo fortan, biß zu ende der gewin,
nach erſtreckunge der Einlage.   Es ſoll auch inn beiden ſolchen Schieſſen,
ein jeder Schütz, mit ſchwebenden armen, ohn alle geſehrliche Vortheil,
Vnd die Büchſenſchützen mit abgetrenten Ermeln ſchieſſen, Vnd die
Armbroſtſchützen ſollen auff einem freyen ſtuel, oder Schemmel ohne
anlehnen ſitzen, Vnd keinen andern Boltzen ſchieſſen, dann der geſpitzt,
vnd zuuor durch vnſern verordenten Schreiber, mit des Schützen namen
beſchrieben ſey.   Hiebey wollen wir zurichten laſſen eine Vhr, oder
Seiger, der zu jedem ſchus vmblauffen, Vnd eins, zwey, drey, vier,
ſchlagen ſoll, Welcher Schütz ſich dan ſeumen, vnd erſt nach vmblauffung

ober vier schlegen des Seigers, schiessen würde, dem soll solcher Schuß
nicht zugeschrieben werden.   Die Büchsenschützen sollen vor allen dingen
jhre zielrohr, vnsere darzu verordente Herrn vnd Siebener, so offt als
es jhnen gelegen, geladen oder vngeladen, jeder zeit besehen, vnd be=
sichtigen lassen, Vnnd keine Büchse soll also gefast sein, das sie auff
der Achseln anrüre.   Es sollen auch holnetige, oder inwendig reifficht,
geschraubet, oder gewundene rohr, auch anschlege mit eingrieffen nicht
zugelassen, Sondern alleine runde kugeln geschossen.   Deßgleichen zwo
kugeln aus einem rore, lenglicht, schwentzicht vnd gefidderte kugeln
sollen auf diesem Schiessen nicht geschossen noch zuschiessen gestattet
werden.   Welchem Schützen auch seine Büchse dreymal am stande
versagt, der soll seines Schosses verlüstig sein.   Die scheibe oder
kulter darin man sich ins hauptschiessen vergleichen wirdt, soll auff
gantzem stande gesatzt werden. Man ist auch einem jeden Schützen
nach altem gebrauch vnd herkomen, vnserer hierzuverordenten, Vnd der
Siebener erkendnus, die gleicheit vnd billigkeit zuuorfügen, Vnd wider
faren zulassen erbötig.   Hierauff ist vnser freundtlich bitte. Jhr wöllet
zu solcher vorgenomener kurtzweil ewere Armbrostschützen, auff den
Freytag nach Mauricij, welcher ist der Sieben vnd zwentzigste Sep=
tembris   Vnd die Büchsenschützen auff den Dienstag nach Michaelis,
den ersten tag Octobris schierst gegen abendt, bey vns zu Halle einzu=
komen verordenen, damit man volgendes tages auff den Sonnabent nach
Mauricij den Achtvnzwentzigsten Septembris früe vor mittage, mit der
Einlage der Armbrostschützen, vnnd anderer vorbereitunge fertig werden,
Vnd noch desselben tags etliche Schüsse thun könne.   Vnd also vol=
gends, mit vnsern, auch andern Schützen, so wir hierzu beschrieben
vnd erscheinen werden, solche kurtzweil anfahen, vnd das Schiessen,
wie oben erzelt, gantz aus, thun, vnd vollenden helffen.   Das sind wir
freundtlich zuuordienen willigk. Datum Halle Dienstags nach Laurentj,
Anno, etc. ꝛc.

Rathmanne Meistere der
Jnnunge vnnd gemeinheit
der Stadt Halle.

6.

Schützenbrief des Bürgers Hans Reim zu Gernsheim.

1592.

(Nr. XVII der Sammlung.)

DEn Ehrenhafften, Fürsichtigen, Achtbaren vnnd Wolweisen Herren Schuldtheissen, Burgermeistern vnd Rath, auch Schützenmeister vnd Schießgesellen, der Statt   Entbeut ich Hans Reim, Bürger vnd Eynwohner der Statt Gernßheim, am Rhein gelegen, mein bereit willige vnd freundtliche Dienst, auch geneigten willen vnd alles guts jedem nach gebür benor, vnd gib E. E. F. W. vnd G. dienstlich vnd freundtlich guter wolmeynnung zuvernemmen, daß mit deß Edlen vnd Vesten, Junckherr Hans Friderichs Moßbach von Lindenfels, Churfürstlichen Meintzischen Rath vnd Amptmann daselbsten zu Gernß heim am Rhein, meines günstigen gebietenden lieben Junckherrn, günstiger erlaubnuß vnd bewilligung, zwar fürnemlich zu pflantzung, mehrung vnd erhaltung nachbarlicher einigung vnd guter Gesellschafft, auch zum theil künstlicher, redlicher vnd löblicher vbung willen, ein auffrichtig, ehrlich, gemein, frey Gesellenschiessen, mit der Zielbüchsen allhie zu Gernßheim, am Rhein gelegen, auff schirstkünfftigen siben zehenden Sontag nach Trinitatis, den 17. Monatstag Septembris, alten Calenders, dieses jetztlauffenden zwey vnd neuntzigsten Jars, vermittels Göttlicher hülff vnd gnaden, zu halten entschlossen vnd vorgenommen, Also vß nachfolgender gestalt, daß alle diejenigen Schützen, welche diesem Schiessen beyzuwohnen beliebet, auff ermeldten Sontag nach Mittag, vmb ein vhrn, zu obgemelter Statt Gernßheim ankommen, vnd alsdann auff dem darzu verordneten Schießplan daselbst erscheinen sollen, daselbst auß gemeiner zusammenkommender Schießgesellschafft Siebner zu wehlen, deren zween von den Schützen allhie zu Gernßheim, vñ fünff von den Frembden ankommenden, so deß Schiessens gnugsam bericht, erfahren vnd geübt seyn, zu erwehlen, vnd nicht

darumb gespielt oder geloßt werden sol, welchen Siebnern denn alle
gewalt sol auffgetragen werden, alle Gebrechen vnd Irrthümen, so
sich in diesem Schiessen zutragen, vnd dasselb belangen möchten, zu
erörtern, vñ on männiglichs widerred oder verweigerung, darinnen zu
schliessen vnd zu bescheiden, bei deroselbigen bescheid es auch bewenden
vñ bleiben sol. Vnd sollen bey diesem Schiessen alle geschraubte, ge=
rissene, gezogene, oder hiebevor verbottene, oder sonsten vngebräuchliche
Büchssen, gäntzlich verbotten, vnd keins wegs zugelassen noch passiert
werden, oder auch mit mit gespaltenen oder geschliffenen, gefütterten Kugeln
schiessen, daß da einer oder mehr solcher oder dergleichen gefährlichen
Kunst vnd Vortheil gebrauchen würde, derselbig sol gantz vnnd gar
zumal zum schiessen nicht zugelassen, sondern da einer oder mehr be=
tretten, seines Schießzeugs verlustig, darzu nach erkanntnuß der Siebner,
gestrafft werden sol. Dann in diesem Schiessen sol ein jeder Schütz
ohn betrügliche hülff mit abgegürter Wehr, außgezogenem Wammes,
oder abgetrennten Wammes Ermel, auch mit schwebenden Armen,
seinen Schuß selbst vollbringen, wie dañ solches Zielschiessens Recht
vnd gewohnheit ist, ohn gefahr. Vnd es sollen auch zuvor, vnd ehe sich
das Schiessen anfahet, die Büchssen besichtiget, gestempfft, alsdañ geloßt,
vnd von dem darzubestellten Schreiber (wo fern sie für gut vnd zu=
lässig erkant) beschrieben werden, Folgends sol alsdann angeschossen
werden, vnd denselbigen tag biß vmb fünff vhren, wie auch folgenden
tag allwegen vmb acht vhren anfahen, vñ biß vmb nechstbestimpte
Abendstunde mit dem Schiessen fortfahren, so lang biß 26. Schüß,
vmb die beste Gabe, ordentlich vollbracht seind, auß zweyen Stenden,
zu zweyen schwebenden, in freyem Feld, an einem höltzenen Pfal
hangenden Scheuben, vñ sol die weite deß Schuß seyn, von dem
Standt an biß zu den Scheiben, dreyhundert Wormbser Elen, deren
die halbe hierunder verzeichnet, vnd ein jede Scheib fünff viertheil
einer Elen vom Nagel bemeltes Masses herum begreiffen sol. Da
auch in werendem Schiessen einem Schützen seine Büchsse versagte,
so sol er sie ausserhalb Stands nicht abschiessen, Vnd da einer oder
mehr seine Büchß zum drittenmal im Stand, es were gleich mit oder
one Feuwer, anschlüge, vnd wider abtrüge, oder versagen thete, der sol
denselbigen Schuß verloren haben, vnd jme nicht weiter zugelassen
seyn, Vnd weil den Siebnern obligt, das Schiessen zu regieren, vnd

zu zuſehen, daß einem jeden Schützen im ſchreiben, meſſen, vnd ſonſten
allenthalben gleiches vñ billiches widerfahre, ſo ſol jhnen, doch einem
jeden in ſeinem Loß, fürzulegen vergönnet werden, Vnd zu ſolchem
Schieſſen wil ich frey vnd zum beſten zubevor geben ſechtzig Reichs
Güldenthaler, welches die beſte Gab vnd Gewiñ ohngeendert, es kommen
der Schützen gleich wenig oder viel, ſeyn vnd bleiben ſol, darzu dann
ein jeder Schütz fünff vnd zwentzig Batzen eynlegen ſol, davon man,
nach rath der Siebner, die vberige Gewiñ vnd Gaben, ſo ſich in den
Hauptgaben nit vergleichen, machen vnd ordnen könne, Zu dieſem, ſo
wil ich auch geben drey Rittergaben, denjenigen Schützen, ſo ſonſten
in die Gaben nit kommen möchten, Nemlich ſol die erſte ſeyn 2. fl.
Batzen, Die ander, anderthalben fl. Batzen, Die dritte 1. fl. Batzen,
Vnd es ſol keinem Schützen von ſeiner gewonnen Gaben einiger Pfennig
nit abgezogen werden, ſondern einem jeden ſeine Gab, nach dem er wol
geſchoſſen, wie dañ ſolche gemacht werden ſollen, mit ſampt einer ſeydenen Fahnen zuhand gelieffert werden, Welcher Schütz auch am wei-
teſten, dieſem meinem Schieſſen zugefallen, gezogen, vnd beweißlich ſeyn
wirt, derſelbig ſol ein Reichs Güldenthaler, ſampt einer ſeydenen
Fahnen, haben vnd gelieffert werden, ꝛc. Hiebeneben ſol auch ein Glück-
ſcheiben, welche in 36. theil oder fach, mit dareyn verſetzten Ziffer,
biß auff vier verzeichnet, dareyn ſol geſchoſſen werden, in welchem Fach
dann die Kugel am meiſten antrifft, ſo viel Schüſſz, als dieſelb Ziffer
im Fach helt, ſol er haben, Welcher dann zu ende deß Schieſſens die
meinſten Schüſſz darinn haben wirdt, dem ſol ein ſilbern Becher,
ſampt einem ſeydenen Fahn, ſechß Gülden wol werth, gelieffert werden,
vnd ſol für ein jeden Schuſſz ein Batzen eyngelegt werden, welche
Scheib dañ eben in gleicher weite der Hauptſcheiben ſtehen ſol, Vnd
ſollen im Hauptſchieſſen allwegen nach gelegenheit vñ notturfft, friſche
neuwe Scheiben auffgehengt werden. Es ſollen auch ſonſten bey dieſem
Schieſſen viel andere mehr ehrliche kurtzweilige Spiel auffgericht vnnd
gehalten werden, deren ein jeder, vmb vnnd gegen billicher gebür, nach
ſeinem luſt, lieb vnd gefallen, ſich zugebrauchen haben ſol, ꝛc. Ich wil
auch ein ſolche Anordnung thun, daß eine jeden, er ſey gleich Schütz
oder Schießgeſell, vmb ein rechten gebürenden billichen Werth, vnd
vmb ſein Pfennig Eſſenſpeiß, Brot, guten Wein vnd Bier, im Feld
auff dem verordneten Schießplatz, vnd auch in der Statt auff dem

Rathhauß, seinem begeren nach, gereicht vnd gegeben werden sol, Doch
sol vnd mag ein jeder seines gefallens zehren wie jm beli.bet, vnd
vngedrungen seyn. Ist vnd gelangt deßwegen an E. E. F. W. vnd G.
mein gantz dienstliche, freundtliche vnd fleissige bitt, jr wöllt zu
günstigem, freundtlichem vñ nachbarlichem gefallen, etliche Schützen von
den euwerigen zuordnen, welche bey obgemeltem Schiessen erscheinen,
dem beywohnen, vnd vmb guter Gesellschafft vnd ehrlichen Kurtzweil, auch
mehrung vnd erhaltung guter nachbarlicher Freundtschafft willen, dasselbig
helffen volbringen, vnd solches anderen euweren Genachbarten verkünden,
wie ich dañ beneben freundtlich bitten thu, daß diese Brieff an euwere
Rathshäuser oder Pforten möchten angeschlagen werden, welches ich in
gleichem vnd mehrem vermögens nach zu verdienen, hinwiderumb willig
beflissen, bereit vnd geneigt seyn wil. Vnd demnach mir auch durch
obehrngemelte mein großgünstige Oberkeit hiebevor ein Glückhafen,
darin ich so viel Gaben als tage im Jar seind, eynlegen vnd geben
wil, günstig erlaubt, welcher zwar jetzmals seinen außgang erreicht,
aber vmb vnterthänige fleissige bitt vnd anhalten wegen etlicher vor=
gefallnen verhinderlichen Sachen, biß auff den 17. Sontag nach Trinitatis. den 17. Monatstag Septembris. jnstehendem 92. Jars, mir
großgünstiglich erstreckt worden, welchen ich gleichwol hin vnd wider
außgeschrieben, vnd hiebeneben desselbigen Jnnhalt widerholen thu, vnd
E. E. F. W. vnd G. davon auffs kürtzte auch meldung thun wil,
ob jemand von euweren Schützen, Bürgern oder Gemeinden, lieb, lust
vnd gefallens dareyn zu legen hetten, vñ die Eynlag, so auff ein jeden
Zettel oder Namen, zween Batzen ist, mitschicken wirdt, demselbigen
sol es redlich vnd ehrlich, gegen gewissen Vrkunden, eyngeschrieben,
auch was jm Gott vnd das Glück gibt, eim jeden der Gaben ge=
winnet, auff 10. Meilen, oder weiter, auff mein Kosten also bald ehr=
lich zugeschickt werden, wie es dañ damit auffrichtig, redlich, one einigen
betrüglichen vortheil geschehen sol, daß mir von vorgemelter meiner
großgünstigen vnd G. Oberkeit, erbare redliche Personen zugeordnet,
so zu vorkommung einigen besorgtē Betrugs, in allem beywohnen, die
Gaben, damit solche in Hafen gelegt, besichtigen, vnd jeden tag ver=
pitschiert werden, Vnd sol dieser Glückshafen alsbald mit dem obge=
melten Schiessen, vnd so bald die Stechscheibe hangt, zugethan, vnd
alsbald anfahen außgelesen zu werden, in welchem jetzt gemelten Hafen

dann die Gaben, an guten gülben vnd silbern, auch andern Kleinodien, in völligem werth, wie folget, sollen gelegt, vñ den Gewinnenden gereicht werden, Nemlichen sol die erste Gab seyn vier hundert Reichs Güldenthaler, oder an dessen statt ein güldene Ketten, samt einem grossen vergülten Becher, obgemelte Summa ertragend, Die andere Gab zwey hundert Güldenthaler, Die dritte einhundert Güldenthaler, Die vierdte achtzig, Die fünffte sibentzig, Die sechste sechtzig Reichs Güldenthaler, oder deren werth an schönen Kleinodien, vnd folgends nacheinander, biß auff die geringste Gab, so sechs Batzen werth seyn sol, vnd ohn einigen Betrug erfunden werden sollen, Es sol auch der erste Namen vnd Zettel, so auß dem Hafen kompt, wie auch gleicher gestalt der letzte, jeder ein silbern Becher, zehen Gülden wol werth, haben vnd gelieffert werden, Vnd welcher vnter allen inlegenden Personen die meinsten Zettel eyngelegt haben wirt, derselb sol bevorauß haben ein hundert Reichs Güldenthaler, oder ein vergülten Becher, so viel werth, vnd alsdañ was im das Glück auff sein eyngelegte Zettel mitbringt, auch haben, vnd erbarlich gelieffert werden. Dessen alles zu glaubwirdigem vesten Vrkund, hab ich erstgemelter Hans Keim, den Edlen vñ Vesten Junckhern Hans Friderich Moßbach von Lindenfels, Churf. Meintzischen Rath vnd Amptmann zu Gernßheim, meinen großgünstigen gebietenden Junckherrn vnterthänig gebeten vnd erbeten, daß S. V. jr angeborn Insigel zu ende dieses Brieffs wissentlich auffgedruckt, alles vorgeschriebenes damit zu bekrässtigen, so geben ist auff S. Jörgentag, nach Christi Jesu vnsers lieben HERRN vnd Seligmachers Geburt tausendt fünffhundert vnd iin zwey vnd neuntzigsten Jar.

(L. S.)

7.

Pritschengesang von Hans Sachs.

———

Ueber die Befugnisse der Pritschenmeister während der Schützenfeste der Vorzeit hat Gustav Freitag in seiner Abhandlung in den neuen Bildern (Seite 130—136. 138. 141) sehr anmuthig gehandelt. Aus den kurzen Spruchgedichten, welche sich in der von uns beschriebenen Handschrift von Hans Sachs (Nr. 93 des Registers, Blatt 143—144) vorfinden, und namentlich aus deren Ueberschrift geht hervor, daß die Pritschenmeister in ihren Strafreden an die unglücklichen Schützen und an alle diejenigen, welche wegen irgend eines Verstoßes gegen des Festes Ordnung die Pritsche zu kosten hatten, nicht immer eigene Schöpfungen zum Besten gaben, und daß auch nicht immer neue Reime erfordert wurden. Im 10. Verse des zweiten Spruches an einen Handwerksgesellen ist nicht ausdrücklich bemerkt, welchem Handwerke dieser Gesell angehört, sondern es ist den Pritschenmeistern anheim gegeben, je nach Gelegenheit den Vers auszufüllen und ihre Vermuthung zu äußern.

Es ist sehr anziehend zu sehen, daß auch Hans Sachs, dieser ächte Mann des Volkes, bemüht war, für die poetischen Bedürfnisse eines Gesellenschießens zu sorgen. Wir dürfen wohl annehmen, daß er den Pritschenmeistern seiner Vaterstadt die Sprüche zum Gebrauche überlassen hat und daß dieselben auch wirklich zur Anwendung kamen. Derb und ungeschminkt erscheint unserem Gefühle der Ausdruck allerdings, doch war er für jene Zeit und die besondere Gelegenheit durchaus angemessen; da er nur niedrig und nicht obscön ist, bedarf die ungekürzte Mittheilung des Pritschengesangs keiner Entschuldigung. In Vers 8 des zweiten Stückes begegnet der alte Kunstausdruck, den Freitag S. 133 erwähnt und zu dem Vers 12 des dritten Stückes eine Variation bildet.

Bl. 143 b.

Etliche pritschen gsang in
eim gsellenschißen zw
prawchen erstlich eim
pößen Schüeczen

[W]olauff, wolauff(,) zumb pritschengsang!
Ziecht ab die hüet, macht es nit lang!
Sey mir willkumb mein lieber schüez!
Mich dunckt dein gschos sey gar kain nüez,

5 Es sint ie schon zwen tag verloffen
Vnd dw hast noch kain schues getroffen,
Drumb gwinstw das nechst nach der saw.
Wie sawer sehen wirt dein fraw,
Sie wirt dir vil kißfarbeis kochen.

10 Sprich, es sey dir dein Sennen prochen,
Vnd sind dir zwen pólz worden zschoßen,
Pehilff dich nur mit solchen poßen
Vnd nem nuer súes holz in den münd,
Das ist vur die kißfarbeis gsünd.

Bl. 144 a.

15 Das dw am suesholz hast kain mengl,
Se hin vnd hab dir des ein stengl
Mit dieser meiner pritschen glat.
Hastw so oft droffen das plat,
Als oft ich dir dein gseß hab droff[e]n,

20 So würstw auf das peste hoffen,
Werst haim zogen mit guetem muet:
Ste auf vnd nem also verguet!

Ein anders einem hant-
wercks gesellen

[H]ieher! helft retten trew vnd er!
Singt mit vnd schreyet alle seer!
Wir haben hie ein hantwercks gselln,
Der det sich zw den schüzen steln

5 Ju dißer schrancken innern thail
Vnd het alda mawlaffen fail,
Drumb wil ich im vor man vnd frawen
Den kopff vor seinem ars abhawen,

Darmit geschicht im nit vnrecht.

10 Mich dunckt dw seist ein N. knecht,
Ich wil dir plezen die hosen dein,
Dastw hernach stel[f]t nimer rein,
Ich wil dein gfes dir wol erschwingen,
Das bie knöpflein darin klingen,

15 Hoch heb ich auf vnd las leis niber.
Wen dw zumb nechsten kümbst herwiber,
So wil ich dir noch pezer meßen,
Ich hoff, dw werst des nit vergeßen.
Hab dir noch ains zv lez mein man,

20 Mach dich pald auf, vnd lauff darfon!

     Ein anders auf ein pawren.

[W]olher, wolher vnd singet mit!
Wir laßen vnsers pritschens nit,
Wan hie hab wir ein pawers man,
Der thuet hinein zwn schüezen stan,

5 Darumb mues er gepritschet wern.   **Bl. 144 b.**
Ich wil im alhie truecken schern
Mit der Pritschen sauber vnd wacker,
Auf seinem ars faren zw acker,
Wil im den hundzhabern aus treschn,

10 Vertreiben im darmit den heschn,
Wil premen int kerbben seen,
Das gras im vor dem loch abmeen,
Das im sein scheln in hosen klingen.
Wiltw mir kes vnd ayer pringen,

15 So wil ich laßen dich darfon,
So hab dir disen plappart dron
Vnd se dir noch ain also par.
Morgen wil ich dich zalen gar,
Wen dw mir pringst ayer vnd kes,

20 Se dir zw lez noch ain vürs gfes.
    Anno Salutis 1549
    Am 20 tag may.

8.
Straßburger Armbrustschießen.
1576.
Unbeschriebener Holzschnitt von Tobias Stimmer.

Das große Freischießen, welches im Jahre 1576 zu Straßburg abgehalten wurde, ist durch Fischarts Gedicht vom glückhaften Schiff von Zürich gefeiert und dadurch sein Gedächtniß den Nachkommen lebendiger erhalten worden, als es die gereimten Festbeschreibungen der Pritschenmeister vermochten. Außer der Ueberschrift, welche ausdrücklich erwähnt, daß „auch dem mit freüden vollbrachten Straßburgischen Schießen, Vnd der ehrlichen Nachparlichen besüchung der Glückhaften Schiffartgesellschaft, zu gedächtnus, Rum vnd Ehren" die Schilderung jener berühmten und hier zum zweitenmale unternommenen Jahrt verfaßt worden sei, sind es im Texte allerdings nur wenige Stellen, welche auf das Schießen selbst directen Bezug nehmen, da die Hin- und Rückreise der glückhaften Gesellschaft und ihr Aufenthalt in Straßburg den Hauptinhalt des Gedichtes ausmachen sollte. Der Betheiligung der Züricher am Schießen wird niemals gedacht und dieselbe wohl stillschweigend als selbstverständlich vorausgesetzt, obgleich es auffällt, daß das Weilen der Gäste in der befreundeten Stadt ein so kurzes war. Besonders aber wird es erzählt, daß die Züricher den Schießplatz besichtigten, dessen Einrichtung ihnen so wohl gefiel. *)

Folgenden tag führt man sie huaus
Auf den Schießplan ins Neu Schießhaus,
Zaigt in herum den ganzen Plan,
Baid Zilstätt, vnd was drum vñ dran:
An allem gsul in der gros fleis,
Fürnämlich am künstlichen Ghäus,
Welches den Armbrostrain vmfing.

In der Literaturgeschichte ist Fischarts Namen bisweilen mit dem eines hervorragenden Künstlers verbunden, indem der Dichter einige von dessen Schöpfungen nach der Sitte der Zeit mit seinen Worten

---

*) Die folgende Stelle nach Gödeke „Elf Bücher Deutscher Dichtung" I, 198, 5—11.

schmückte und ihnen so einen leichteren Weg zur Oeffentlichkeit bahnte. Von Tobias Stimmer besitzen wir, wenn auch ohne dichterische Zugabe Fischarts, eine in ihrer Weise nicht minder werthvolle Verherrlichung jenes berühmten Straßburger Schießens, welche aber nicht bei der Nachwelt eine solche Berühmtheit erlangte wie das glückhafte Schiff, weil sie vollständig unbekannt geblieben scheint. Wenigstens finde ich Stimmers bildliche Darstellung des Festes in keinem der kunstgeschichtlichen Werke, auch in keinem der hervorragenderen Kunstkataloge angeführt. — Fischart hat sein Gedicht pseudonym herausgegeben, den Künstler kennen wir, abgesehen von seinem Stile, aus seinem Monogramme, aber der Drucker und Verleger, Bernhard Jobin in Straßburg, hat sich als Herausgeber und Verfertiger auf dem Holzschnittbilde genannt.

Dieser Holzschnitt, in Querfolio, hat eine nicht unbedeutende räumliche Ausdehnung. Nach dem Holzschnittrande gerechnet beträgt seine Höhe 16 Zoll, 10 Linien Pariser Maß, seine Breite 46—47 Zoll. Es dienten dazu vier Platten, die mit Ausnahme der rechten äußeren gleich groß sind.

Bei dem vorliegenden Exemplare ist das Zusammenstoßen der einzelnen Theile, wie überhaupt öfters bei solchen großen Bildern, nicht auf das Haar correct gefertigt, doch auch nicht so, daß eine wesentliche Undeutlichkeit und Unebenheit entstände. Das Blatt, auf starkem Papier aufgeklebt, ist im Ganzen wohlerhalten. Oben auf dem Blattrande steht in zwei Zeilen, von denen die zweite kürzer ist und kleinere Schrift enthält, der Inhalt in folgender Ueberschrift:

Aigentliche Verzaichnus des berümten Strasburgischen Haupt schiesens mit dem Stahel oder Armprost, dieses gegenwärtige[n] 1.5.76. Jar, von dem xxviij. Maij, biß auf den Neunten Junij, samt dem Nachhaupt schiesen, alda glücklich vollpracht vnd geendet, vnd nun gegen=wärtiger gestalt inn truck gegeben vnd gefärtiget, durch Bernhart Jobin Burgern zu Strasburg, zu Ehrn ainem Billichgelibten Vaterland, vnd der löblichen Schützengesellschaft, auch gedächtnus Nachbarlicher besuchung. ꝛc.*)

*) Die Züricher sind also zu diesem Armbrustschießen nicht gekommen, sondern haben nur das Nachhauptschießen, d. h. das Büchsenschießen mitgemacht, da sie

Das Monogramm des Künstlers befindet sich ziemlich weit unten auf der ersten Platte links, vom linken Rande aus gegen 6¹⁄₂ Zoll, in dieser Gestalt:**)

Auch der Holzschneider hat das seinige hinzugefügt, ebenfalls unten, in der Mitte der rechten der beiden mittleren Platten. In diesem Monogramme gibt sich Bocksberger (Brulliot 1,1056) zu erkennen, der überhaupt öfters für Stimmer thätig war und sich in seiner Kunst eines großen Rufes erfreute (Nagler, 1,552).

Die Zeichnung ist, wie fast bei allen Leistungen Stimmers, correct, lebensvoll, Kraft und Leichtigkeit verbindend. Daß bei einem so ausgedehnten Bilde, auf welchem viele Hunderte von Gestalten angebracht sind, auf Ausführung der Einzelheiten nicht gesehen werden konnte, liegt in der Natur der Sache. Dazu kommt der populäre Zweck der Veröffentlichung, der bei einem höheren Preise des Bildes nicht erreicht worden wäre. Ueberdies lag die Feinheit nicht im Charakter des damaligen Holzschnittes. Uns freilich, die wir aus Stimmers Bilde lernen wollen, würde in manchen Fällen größere Genauigkeit willkommen sein. Das Hauptelement in Stimmers Holzschnitte beruht im Um-

---

erst am 20. Juni abreisten. Dies steht ganz im Einklange mit der Thatsache, daß die Schweizer die Büchse vorzogen (Freitag, neue Bilder, S. 126). Vgl. auch des Zürchers Grob Ausreden der Schützen (Zeitschr. 3, S. 240—266), in denen nur von Büchsenschützen die Rede ist, insbesondere S. 264.

Der Ausdruck „nachbarliche Besuchung" findet sich auch in der erwähnten Ueberschrift zum glückhaften Schiff und ist überhaupt formelhaft; in den Schützenbriefen begegnen vielfach Variationen.

**) Eigenthümlich ist das neben dem Monogramme befindliche Schwert nebst Gurt. Sollte Hans Rudolph Emanuel Deutsch (Brulliot 1, 1588) Antheil an der Zeichnung haben?

risse, die Schattierung dient nur zur Belebung. Mit kecker Hand sind oft Gestalten und Gegenstände in wenig Linien hingeworfen. Die Behandlung des Landschaftlichen, der Baumschlag ist ächt künstlerisch gehalten. Der Hintergrund, die Stadt, der Wald, die Wolken sind natürlich mehr obenhin behandelt als die Hauptpartien, was zum Theil auch in der Ausführung des Schnittes seinen Grund finden mag. Der Schnitt an sich verdient alles Lob; möglich, daß das Nebensächliche nicht von Bocksberger, sondern von anderen Xylographen, vielleicht von B. Jobin selbst (Nagler VI, 458), gefertigt wurde, schon um der raschen Vollendung willen. Denn solche Bilder mußten wie noch heute bald zum Verkaufe gelangen, so lange das Interesse noch nicht erkaltet war. — Die ganze Darstellung in ihrer bunten Manigfaltigkeit und Lebendigkeit gehört zu denen, an welchen man sich nicht leicht müde sieht. Immer treten dem Beschauer neue und wohlgefällige Einzelheiten entgegen, und die Naturwüchsigkeit der einzelnen Gestalten oder auch ganzer Gruppen kommt erst bei näherer Beschauung zu völliger Geltung.

Wie es im Charakter solcher Darstellungen lag und liegen mußte, so finden wir auch hier Vorgänge nebeneinander, also gleichzeitig bildlich geschildert, welche in der That nacheinander statthatten. Auch „künstlerische Andeutungen" finden wir zumeist, wo die reale Wirklichkeit ein anderes Bild gewähren würde. Ein paar Gestalten ersetzen und vertreten eine größere Anzahl, eine Gruppe, ein Zug von 10—20 Personen wird in den Tagen des Festes Hunderte gezählt haben. Dies ist ja heute noch so in den Festabbildungen unserer illustrierten Zeitungen und bedürfte keiner besonderen Erwähnung, doch schien es in Rücksicht auf das unten gegebene Facsimile nicht ungeeignet, mit ein paar Worten dieses charakteristische Merkmal zu berühren. Obgleich dem Künstler ein verhältnißmäßig großer Raum zu Gebote stand, so wird sich jene Andeutung auch auf die wirklichen räumlichen Ausdehnungen und Verhältnisse erstrecken.

Wir wollen versuchen, von der reichen Composition eine Schilderung in Worten zu geben und zunächst die Anlage des Bildes betrachten und dann den Schießplatz mit seinen Einrichtungen in Augenschein nehmen, doch so, als kämen wir zu früher Morgenstunde und sähen ihn menschenleer. Haben wir auf diese Weise einen Ueberblick

17

gewonnen, dann möge das Thun und Treiben der Festgenossen unsere Aufmerksamkeit in Anspruch nehmen.*)

Der Schießplatz nimmt den größten Theil des Bildes ein; von der linken unteren Ecke in schräger Richtung nach oben läuft seine Gränze, welche durch einen Bach gebildet wird, der zu einem Theile im Vordergrunde sichtbar ist. Der Eingang von der Stadt führt über eine Brücke, welcher sich dann, wie im Vordergrunde angedeutet ist, in einer Landstraße außerhalb der Schießschranken fortsetzt. Links erblicken wir die Stadt Straßburg, deren äußerste Häusermasse sich im Hintergrunde bis über die Mitte des ganzen Bildes erstreckt. Das Straßburger Münster mit seinem berühmten Thurme hat der Künstler noch dicht am linken Rande angebracht. Ueber den Wallgraben führt eine Brücke, jedenfalls Zugbrücke, in das Gebiet städtischer Baumgärten, und deren natürliche Gränze bildet außer dem Stadtwallgraben jener Bach, der den Schießplatz umgibt; außerdem sind diese Gärten durch Breterzäune eingehegt. Nach der rechten Seite zu im Hintergrunde liegen mehrere Gehöfte zerstreut, in weiter Ferne blickt der Thurm eines Herrensitzes aus dem Laube hervor, noch weiter rechts, wie es scheint, der Thurm einer Dorfkirche. An der äußersten Gränze des Schießplatzes nach oben rechts liegt ebenfalls eine Meierei. Im Vordergrunde links unten, jenseits des Baches, befinden sich kleine Gebäude, die entweder Waschhäuser sind oder zur Gerberei dienen. — Wie noch heute die Schießplätze (Schießanger, Schießrasen) außer in den Festtagen vielfach zu Zimmerplätzen verwendet werden, so ist auch hier diese Bestimmung durch Darstellung einer Anzahl aufgeschichteter Breter im Vordergrunde sowohl wie im Hintergrunde ausgedrückt.

Auf dem Schießplatze erregen die Schießeinrichtungen zunächst unsere Aufmerksamkeit. Im Ganzen gewahren wir fünf Schießstände, von denen je drei und je zwei in einer Linie liegen. Auf unserem Bilde wird nur die größere, die mittlere jener drei zum Schießen benutzt. Die beiden kleineren Stände liegen aber von der Hauptschießstatt nicht in einer Entfernung, sondern nur der eine zur

*) Dabei sollen immer Hinweise auf die Schilderung von Freitag gegeben werden.

rechten Hand, von dem ein Theil auf dem Facsimile sichtbar ist, befindet sich in nächster Nähe. Der zur linken Hand hat seinen Platz eine ziemliche Strecke davon entfernt. Hinter der Zielstatt zu diesem dritten (auf dem Bilde rechts oben) befindet sich die vierte und fünfte Schießstatt, beide wieder in einer Richtung, aber nicht ganz nahe beisammen. Während jene drei für das Armbrustschießen bestimmt sind, scheinen die beiden letzteren den Büchsenschützen zu dienen. Nur die Einrichtung der Armbruststände läßt sich auf dem Bilde genauer erkennen. Daß überhaupt alle Schießstätten on Holz erbaut sind, dürfen wir wohl annehmen. Nach vorne sind sie natürlich offen, an den beiden Seiten befinden sich Thüren und Fensteröffnungen, an der hinteren Seite sind sie wahrscheinlich geschlossen. Die Hauptschießstatt hat drei Stützbalken an der vorderen Seite, der linke Stand deren einen, während der kleinere rechte nach vorne vollständig frei ist.

Abweichend von dem neueren Gebrauche wurde damals „sitzend" geschossen*), und wir würden dies, wenn wir es nicht auf Stimmers Holzschnitte an der Darstellung der Schützen selbst erfähen, daraus schließen können, daß in der vorderen Schießstatt die S c h e m e l nicht vergessen sind, deren sich die Schützen bedienten. Ich vermuthe übrigens aus dieser Abbildung, daß die Sitzböcke befestigt waren. Vor den Sitzen befindet sich ein Bret, auf welches die Armbrust beim Spannen sowohl, als auch nach dem Schusse gelegt wurde.

Vom Schießstande zur Zielstatt führen S c h r a n k e n von Holz, um die Schußlinie frei zu halten. Daß dieselben an bestimmten Stellen zur Erleichterung des Verkehrs geöffnet wurden, wenn nicht geschossen wurde, sehen wir besonders im Vordergrunde, wo Stimmer einen Schützen über die Schußlinie gehen läßt**).

Die Zielstätten der drei Armbruststände befinden sich ungefähr in einer Linie; die Hauptzielstatt ist um einige Schritte weiter vom Stande entfernt als die kleinere im Vordergrunde. Diese dagegen scheint wieder mit der anderen entfernteren genau dieselbe Richtung zu haben,

---

*) Freitag, S. 138.

**) Auf dem Facsimile ist die Unterbrechung der vorderen Schranke nahe am unteren Rande sichtbar. Von dem Schützen müßte man auf dem Facsimile eigentlich noch einen Theil des Barets sehen, doch hätte das dem Bildchen Eintrag gethan.

so weit sich dies aus der Perspective schließen läßt. Die Hauptzielstatt wird in der Gestalt, in welcher sie hier abgebildet ist, nicht immer dagestanden haben, sondern scheint ein besonderer Festbau zu sein, dessen Einrichtung und Ausschmückung, wenn auch im Allgemeinen gleich, wechseln konnte. Die beiden unbenutzten kleineren Armbrustziele haben ganz gleiche Construction und sind wahrscheinlich ein für allemal auf dem Schießplatze errichtet und außer den Freischießen für die Uebungen der Schützen bestimmt gewesen.

Die Einrichtung dieser Zielstätten ist sehr einfach. Die Schießwände, auf deren jeder wir zwei Zirkel erblicken, bilden den vorderen Theil eines Breterhäuschens, welches auch zu beiden Seiten Wänden hinten aber Stützbalken hat, die niedriger sind als die vordere Zielwand. Die nach hinten abwärts laufende Ueberdachung ragt vorne über das Ziel hervor, damit jedenfalls die Zeiger und Zieler, welche die Bolzen aus Zirkel und Bret herauszuziehen hatten, bei etwaigem Regenwetter nicht durchnäßt wurden und überhaupt die ganze Zielwand geschützt war. Hinten war ohne Zweifel der Platz für die Schreiber, welche die Schüsse zu verzeichnen und die herausgezogenen Bolzen zu ordnen hatten. Zu beiden Seiten der Zielstatt etwas nach vorne sind die Buden für Zeiger und Zieler, ungefähr gestaltet wie Schilderhäuschen. Eigenthümlich ist es, daß bei beiden Zielstätten das eine dieser Häuschen, und zwar das linke vom Schießstande aus, innerhalb, das andere aber außerhalb der Schranke steht. Ueberdies befindet sich bei der Zielstatt im Vordergrunde noch ein Häuschen, welches sich dem Beschauer nur in der Rück- und Seitenwand darstellt. Hier mögen diejenigen Platz genommen haben, welche das Einschlagen der Bolzen in nächster Nähe beobachten wollten, auch kann hier vielleicht wieder eine zweite Schreiberbube sein, in welcher die Bolzen neu beschrieben wurden. In den festlichen Tagen werden auch hier sich einige der Festordner und Vorsteher, der Siebener oder Neuner eingefunden haben.

Bei der entfernter liegenden Zielstatt sehen wir zwei solcher Häuschen abgebildet, welche aber von der Schranke zu beiden Seiten mehr abwärts und weiter nach dem Schießstande zugewendet liegen.

Auch die vierte und fünfte Schießstatt mit ihren Zielwänden müssen wir in Augenschein nehmen. Soweit sich aus den kleinen Dimensionen etwas ersehen läßt, sind diese Schießstände den beide kleineren für das Armbrustschießen im Allgemeinen ähnlich, nur fehlt an der Vorderseite das Bret oder die Bank zum Auflegen der Stahl= bogen. Beide Stände liegen in einer Richtung, doch nicht allzunah nebeneinander. Aber ihre Zielstätten sind verschieden in der Größe und in der Entfernung. An jeder dieser beiden Zielwände, die vielleicht von Mauersteinen und nicht von Holz erbaut sind, erblicken wir eine runde Scheibe; auf der einen größeren ist auch der Mittelpunkt sichtbar. Hieraus ist hauptsächlich der Schluß zu ziehen, daß hier das Gebiet der Büchsenschützen war, da für das Armbrustschießen kleine Zirkel= blätter benutzt wurden. *) Auch ist die Entfernung der vierten und fünften Schießstatt von ihren Zielen nach Verhältniß eine weit größere. — Eine Stange mit Vogel oder Sternscheibe ist nirgends zu sehen. **)

Höheres Interesse gewährt uns die Hauptzielstatt, welche durch Größe und Schmuck die anderen weit überragt. Wir finden es gerechtfertigt, daß den Züricher Gästen „vornehmlich der große Fleiß gefiel am künstlichen Gehäus, welches den Armbrustrain umfing." Freitag hat die Einrichtung solcher Fest=Zielstätten geschildert. ***) Wie mir von ihm mitgetheilt wurde, ist die, welche wir hier auf Stimmers Holzschnitte kennen lernen, auch für sich in Kupferstich ab= gebildet worden. Die Einzelheiten läßt naturgemäß der Holzschnitt weniger deutlich hervortreten, doch vermögen wir wenigstens in der Hauptsache die Construction des Baues zu verfolgen.

Nach verhältnißmäßiger Berechnung muß die Höhe des Gebäudes, die obere Figur mit eingeschlossen, gegen 40 Fuß betragen haben, die Breite unten etwa die Hälfte. Im Baustile sehen wir schon durch= aus die Renaissance ausgeprägt. Die Verhältnisse sind von wohl= thuender Wirkung, die Verjüngung nach oben läßt das Schwere und Ueberladene der Construction weniger fühlbar werden.

Unten in der Mitte befindet sich die Zielwand mit den beiden Zirkelblättern, in welchen, da die Schützen in Thätigkeit sind, mehrere Bolzen stecken. Die Zielwand ist auch hier mit einem dachartigen

---

*) Freitag, S. 128.
**) Freitag, S. 127 u. 158.
***) S. 129, 30.

Vorsprunge versehen. Etwas weiter nach vorne befinden sich für Zeiger und
Zieler die bekannten Hütten, deren Vorderseite entsprechend verziert
ist. Diese Hütten sind durch davorliegende Mauern geschützt, in welche
vor= und rückwärts die Schranken einmünden. Ueber der Zielwand
erhebt sich eine reich verzierte Fläche, deren Einzelheiten leider nicht
genau ersichtlich sind. Zu beiden Seiten stehen zwei Thürme mit
Kuppeldächern, deren Spitzen von einem Reichsapfel gekrönt sind.
Hinter diesen schauen wieder zwei Thurmspitzen empor, welche kleine
Fähnchen tragen. Der ganze Bau gipfelt in einem Dachraume, der
nach vorne geöffnet ist und eine Glocke erblicken läßt. Und auf diesem
Dache steht als besondere Zierrath die Figur einer Fortuna auf der
Kugel, mit erhobenem rechten Arme eine fliegende Wimpelfahne
haltend. Zwei andere Sculpturen befinden sich neben der Bedachung
der Zielwand und vor den Kuppelthürmen: zur rechten ein sitzender
Greif mit einem Wappenhelme, zur linken ein Löwe mit einem Wappen=
schilde (einfach mit schrägem Balken). Die Decoration lehnt sich an
einen festen Holzbau an, in dessen Innerem die Schreiber ihre Functionen
verrichteten.

Wie bei den kleineren Zielstätten sich Nebengebäude befanden
so auch hier. Zur Seite steht eine Hütte, auf dem Bilde von Busch=
werk fast verdeckt, welche dem Schreiberlocale an der Hauptzielstatt
gerade gegenüber liegt und ebenfalls für Beamte bestimmt gewesen sein
mag. Wir können wenigstens so viel ersehen, daß sie nach jener
Richtung hin vorne offen war. Deutlicher läßt sich die Einrichtung
einer Vorsteher= oder Schreiberbude an der Abbildung derjenigen erkennen,
welche neben der Hauptschießstatt liegt und welche auf unserem Fac=
simile nachgebildet ist.

Außer den Schießständen und Zielstätten mit ihren Nebenhäuschen
sind auf dem Schießplatze noch eine große Anzahl Bauten aufgeführt;
die meisten werden wohl nach Beendigung des Festes wieder hinweg=
geräumt worden sein, wie es ja noch heute zu geschehen pflegt. Ge=
wissermaßen als geselliger Mittelpunkt und allgemeiner Sammelplatz
liegt zwischen den Schußlinien der Hauptschießstatt und des entfern=
teren Armbruststandes ein von Schranken umgebener Raum, auf
welchem der Schützenhof, das Schießhaus nach unseren Begriffen, er=
baut ist. Es ist dies ein für das 16. Jahrhundert moderner Bau,

unten massiv, oben Fachwerk mit durchblickender Balkenconstruction.
Auf dem Giebeldache erhebt sich zum Schmucke eine kleine Thurm=
spitze. Sollte dieses Gebäude nicht das „neue Schießhaus" sein, in
welches die Züricher Gäste geführt wurden? An den Seiten-Gränzen
dieses Hauptplatzes befinden sich mehrere Holzbuden, an den 4 Ecken
laden Baumlauben, welche in der Weise wie die Dorflindenplätze ge=
staltet sind, die Besucher zur Ruhe und Erfrischung ein. Außerdem
haben noch zwei kleine eingehegte Spielplätze in der Nähe des Schützen
hofes ihre Stelle gefunden, auch für einen Ziehbrunnen, der niemals
fehlen durfte, ist gesorgt *).

Ein ähnliches festes Haus, wenn auch nicht so groß wie das
Hauptgebäude, befindet sich in der Nähe der drei entferneteren Schieß=
stände. Nicht weit vom Eingange zum Schießplatze, etwas nach dem
Hintergrunde zu, gewahren wir mehrere Holzbuden, von denen sich die
eine durch ein ausgehangenes Bierzeichen auch äußerlich als eine Re=
stauration kundgibt. Die meisten Versammlungsorte für die Festge=
nossen sind aber Leinwandzelte, 13 an der Zahl, welche auf allen
Theilen des Platzes zerstreut liegen. Sie gipfeln entweder in einer
Spitze oder haben Längendach mit zwei Enden. Alle sind mit Knopf=
spitzen geziert, von denen mehrere überdies kleine Fahnen (Wetterfahnen)
tragen, wie sie auf der Hauptschießstatt zu sehen sind. Auf einem der
Zelte erblicken wir eine Glocke unter einem kleinen Dache, ein Zeichen,
daß hier zu bestimmter Zeit die Gäste herbeigerufen wurden. Wie
in der äußeren Gestalt, so zeigen sich auch in ihrer Draperie die Zelte
verschieden. Manche sind ganz einfach, die meisten aber tragen mehr
oder minder Zierrath. Besonderes Interesse gewähren die Wappen=
schilde, welche auf dem oberen Theile angebracht sind. Aus diesen
Wappen ersehen wir, daß mehrere Zelte für einzelne Zünfte bestimmt
waren. So gehört eines den Zimmerleuten oder den Metzgern
(Fleischern) zu, denn das Wappen zeigt zwei schräg liegende Aexte
oder Beile. Ein anderes hat einen steigenden Bären; es ist zu ver=
muthen, daß hier die Kürschnerzunft ihr Asyl hatte. Ein drittes Zelt
hat auf der sich darstellenden Seite sogar zwei Schilde mit einem
Anker, hier also das Schifferzelt. Das Zelt der Schneiderzunft, auf

*) Freitag, S. 129.

dessen Wappen eine Scheere, zeichnet sich vor allen durch reichen Schmuck aus. Trotz der Allgemeinheit solcher Feste darf es für jene Zeit nicht Wunder nehmen, daß sich die Zünfte von einander absonderten. Im Gegentheil, es scheint uns dies eine sehr weise Einrichtung gewesen zu sein, welche dem wüsten Durcheinander, welches leider unsere heutigen Feste charakterisiert, auf die vortheilhafteste Weise vorbeugte. Die verschiedenen Landsmannschaften sollten sich vermischen, sich gegenseitig kennen und achten lernen, aber dies konnte nur dann von Werthe sein, wenn die Bekanntschaft von einer Idee getragen war, wenn das Interesse an dem gemeinsamen Berufe die Vorbedingung einer geselligen Gemeinsamkeit ausmachte und die bürgerliche Zusammengehörigkeit das persönliche Entgegenkommen erleichterte. An diesen Versammlungsorten wurde sicher manch festes Freundschaftsband geschlossen, einstige Wandergenossen trafen sich wieder, der zum Meister herangereifte Gesell begrüßte seinen früheren Herrn, auch wichtige Besprechungen zum Besten des Handwerks mögen hier stattgefunden haben. Dabei war es sicher anderen Genossenschaften nicht verwehrt, Besuche abzustatten. Für die Vermischung der Stände und Corporationen bot zunächst der Schießstand, dann der Schützenhof und die anderen Ruheplätze hinreichend Gelegenheit.

Während Zelte und Restaurationen an den verschiedensten Orten des Schießplanes ihre Stelle gefunden haben, liegen die kleinen Buden, welche entweder Würfelbuden sind, oder in denen die Preise öffentlich ausgestellt werden, in einer Reihe, ungefähr in einer Linie mit dem Schützenhofe vom Vordergrunde aus.

Zweier eingehegter Spielplätze in der Nähe des Hauptgebäudes wurde schon gedacht. Es finden sich deren noch vier an anderen Stellen. — An zweien dieser Spielplätze und bei einigen Restaurationsbuden sehen wir Galgenähnliche Gerüste angebracht, an deren Armen Placate herunterhängen. Auf diesen mochten die Spielregeln stehen und die Preise für Speise und Trank bekannt gemacht sein. Für Warnungstafeln möchte ich diese Placate nicht halten.

Dicht neben der Schranke des Hauptplatzes und nicht weit von der Hauptschußlinie, ist des Pritschenmeisters „Predigtstuhl" errichtet*).

---

*) Freitag, S. 133.

Es ist dies ein einfaches Gerüst, zu welchem an beiden Seiten Treppen hinauf führen. Es ist nicht allzuhoch, doch konnte es sicher von allen Seiten erblickt werden.

Wenn unsere heutigen Schießanger auch meist · mit Gebüsch und Baumgruppen umgeben sind, und die Schußlinie außer der Schranke noch durch eine Baumallee begränzt wird, so ist der Platz selbst meisten= theils unbewachsen. Auf dem Straßburger Schießplane dagegen fehlt es nicht an Vegetation. Außer dem belaubten Hauptplatze stehen Bäume zwischen Zelten und Buden an allen Orten zerstreut, was dem Bilde ein sehr lebendiges und frisches Ansehen gibt. —

Diese von uns betrachteten, an sich schon höchst manigfaltigen Schießeinrichtungen, Gebäude, Spiel= und Ruheplätze sind nun vom Künstler durch eine reiche Anzahl Personen und Gruppen von Fest= theilnehmern auf die ungezwungenste und geschmackvollste Weise belebt. Wir gewahren da Männer, Frauen und Kinder aus den verschiedenen Ständen, Schützen, Pritschenmeister, Kriegsknechte, Pfeifer, Trompeter und Trommler. Es fesseln uns Aufzüge zu Fuß und Roß, und zu= gleich erfreuen wir uns über unscheinbare Nebendinge, in denen sich die Volksthümlichkeit des Festes widerspiegelt. Nicht jede einzelne Figur vermögen wir namhaft zu machen, doch wollen wir die einzelnen be= deutsamen Vorgänge als stille Zeugen beobachten und uns das ganze Thun und Treiben der Besucher vergegenwärtigen.

Auch hier wendet sich unsere Aufmerksamkeit zunächst der Haupt= schießstatt zu *), welche allein von den Schützen besetzt ist. Die Schützen sitzen der Reihe nach auf ihren Schemeln, einige halten die Armbrust zum Schießen bereit, andere sind mit Spannen beschäftigt, noch andere haben ihr Geschoß auf das vordere Bret gelegt. Es ist gerade der Augenblick gewählt, in welchem eine Abtheilung mit Schießen fertig ist und eine zweite an die Reihe kommt. Die Schranke ist ge= öffnet, Trommler und Trompeter verkünden den Beginn des neuen

---

*) Die Schießstatt schien für eine Nachbildung am geeignetesten; einmal wird eine solche noch nicht in weiteren Kreisen bekannt geworden sein, dann ist auch die Gruppierung auf diesem Theile des ganzen Bildes mit am gelungensten. Die Copie ist sowohl in der Zeichnung wie im Schnitte von Herrn Arno Henze in Neuschönefeld gefertigt und zwar auf wirklich treffliche Weise.

Rennens, der Pritschenmeister verrichtet sein Geschäft als Ausrufer oder hält eine begrüßende Ansprache. Im Nebenhause sehen wir die Schreiber in Thätigkeit; einer derselben reicht einen neu beschriebenen Bolzen dem Eigenthümer dar. An den Schranken haben sich viele Zuschauer eingefunden, unter ihnen auch zwei städtische Frauen mit einem Knaben zur Seite und eine Bäuerin. Auch von der Ferne aus richten sich die Blicke nach dem Schießstande. Ein Bäuerlein auf einem einspännigen zweiräderigen Korbwagen, welches auf der Land-straße im Vordergrunde vorbeifährt, hält seinen Gaul an und schaut neugierig nach dem Orte, wo die schmetternden und dröhnenden Töne herschallen. Auch an einem entfernteren Orte nach der Zielstatt zu sind Trommler und Pfeifer aufgestellt; jedenfalls haben sie den Auf-trag, die Schützen, die sich weiter entfernt haben, zusammenzurufen. Die Schranken sind in der Nähe des Schießstandes dichter besetzt als nach der Haupt-Zielstatt zu. Dafür ist diese selbst wie belagert. Wie bemerkt, sehen wir in den beiden Zirkeln auf der Zielwand noch manche Bolzen stecken. Die beiden Vorderhäuschen sind besetzt vom Zeiger und vom Zieler. Am hinteren Theile haben sich viele Schützen zu-sammengedrängt, um die Ergebnisse des ersten Rennens so bald als möglich zu erfahren, andere eilen in gleicher Spannung herzu. Mehrere Schützen sind über die geöffnete Schranke der vordern kleineren Schieß-statt geschritten und scheinen sich nach den Zelten zuzuwenden. Dort mögen sie ihre Armbrüste vielleicht zur Aufbewahrung geben und sich selbst durch einen frischen Trunk stärken wollen.

Auch der Hauptplatz ist belebt. Im Schützenhofe erblicken wir in den oberen Räumen mehrere Besucher, die Lauben sind zum Theil besetzt, die meiste Theilnahme aber wendet sich einem der beiden Spielplätze zu. Es läßt sich wenigstens soviel erkennen, daß hier ein Kugelspiel gemacht wird. Der andere Spielplatz innerhalb der Schranken steht unbenutzt. Die äußeren aber haben sämmtlich Spiellustige herbeigezogen. An den beiden entfernten erkennen wir Kegelbahnen, die aber bei weitem nicht von der Ausdehnung sind wie die heutigen. Auch sind es der Regel nur drei, welche man in einer Reihe der Länge nach aufgesetzt hat.*) Soweit sich aus den kleinen Dimensionen ein

---

*) Freitag, S. 149.

Schluß ziehen läßt, müssen diese Kegel weit eher der Gestalt des
mathematischen Kegels entsprochen haben, als diejenigen, welche wir
auf unseren Kegelbahnen zu sehen gewohnt sind. Zwei Spiele anderer
Art sind noch dargestellt: ein Wurfspiel, bei dem das Ziel aus
einem geschnitzten Klotz mit langen Ohren oder Hörnern besteht, und
ein Hahnenspiel. Ob wir hier das Hahnenschlagen vor uns haben,
läßt sich nicht ohne Weiteres nach dem Bilde entscheiden. Auch ein
Wettlaufen hat der Künstler nicht vergessen. Die zum Schießen
nicht benutzte entferntere Armbrustschießstatt ist jedenfalls der Sitz für
die Schiedsrichter. Die Wettlaufenden haben ihre Bahn nicht innerhalb der Schußlinie, sondern außerhalb der beiderseitigen Schranken.

Verhältnißmäßig die meisten Theilnehmer haben sich um des
Pritschenmeisters Predigtstuhl*) versammelt, und zwar sind
es zum größten Theile Leute aus dem niederen Gewerkstande, denn
sie tragen fast alle keine Kopfbedeckung. Ganz natürlich sind unter
ihnen eine Anzahl Knaben. Der Pritschenmeister holt gerade mit der
Pritsche aus, einem Abgestraften bei seinem Heruntereilen von der
Stiege noch eines zu versetzen. In der nächsten Nähe des Gerüstes
erblicken wir einen Mann in wilder Flucht dahin stürmen, einer von des
Pritschenmeisters Leuten folgt ihm auf dem Fuße, um den Entflohenen
zurückzubringen, der seiner Strafe zu entrinnen meinte.

An der Schranke der Hauptschießlinie nach der Oeffnung zu, an
welcher Trompeter und Trommler stehen, bewegt sich ein kleiner Zug,
dessen Bedeutung mir nicht recht klar ist. Voran geht ein Mann un-
bedeckten Hauptes, mit erhobenem linken Arme ein Schwert haltend.
Ueberdies hängt von seiner Hand eine Schnur herab, an welcher
unten etwas befestigt ist, von dem ich keine Vorstellung habe, was es
sein und bedeuten könnte. Sollte dieser Mann ein Pritschenmeister
sein, der den weitesten Bolzen überbringt? Ihm folgen ein Pfeifer und
ein Trommler, dann kommen zwei Männer, Figuren tragend, die wie
Meerfrauen gestaltet sind. Diesen fünf Personen schließen sich etliche
aus dem Volke an.

In der Nähe des Einganges bei den ersten Zelten gewahren wir
einen anderen Aufzug, vielleicht die Eröffnung desjenigen, der sich über

*) Freitag, S. 133, 134.

die Brücken bewegt. Pfeifer und Trommler schreiten voraus, es folgen Trabanten, dann kommt ein zweispänniger Wagen. Das Sattelpferd wird geritten, im Wagen sehen wir drei Männer sitzen, auf dem Kutschenbocke bläst ein Trompeter sein Stückchen. Sind diese Herren im Wagen vielleicht Rathspersonen oder einige aus den Neunern? Die Fortsetzung des Zuges wird durch einen Zusammendrang des Volkes unterbrochen, welches sich beim Eingange vor der Brücke versammelt hat. Ein Pritschenmeister in seiner Schellentracht macht als Zugführer seine Späße, es folgen zwei Lanzenträger und wieder ein Pritschenmeister, darauf Trommler und Pfeifer. Auf der Brücke bis nach der Stadt zu bewegt sich ein langer Zug von Knaben, die alle kleine Fahnen tragen, ohne Zweifel die Zweckfahnen, welche die glücklichen Schützen als Zugabe der Preise erhielten*). An der Tracht dieser jungen Festgenossen ist bemerkenswerth, daß sie alle hohe schwarze Hüte haben, wie sie damals anfingen Mode zu werden: die Vorläufer unserer steifen schwarzen Herrenhüte. Inmitten dieses Zuges schreiten wieder Trabanten, denen ein Trompeter zu Pferde folgt, dann kommt ebenfalls zu Pferde der Hauptbannerträger. Am Schlusse des Zuges tragen Knaben achselweis die an Stäben aufgehangenen sogenannten Klippen, die, soweit es sich auf dem Bilde erkennen läßt, dreieckig geformt sind.**).

Haben wir somit die hauptsächlichsten Vorgänge des Festes verfolgt, so wollen wir auch noch der einzelnen Besucher gedenken. Die Restaurationen sind fast alle besetzt, an den Würfelbuden sehen wir auch Leute versammelt und im Gespräche, und sonst auf dem ganzen Plane gewahren wir einzelne Frauen und Männer lustwandelnd oder bestimmten Orten zueilend. Auch ein Zug von gepanzerten Lanzenträgern, an deren Spitze ein Officier mit einem Streithammer in der Rechten, bewegt sich über den Platz, vielleicht eine Patrouille zur Aufrechterhaltung der Ordnung. Auch die Aristokratie schließt sich nicht vom Feste aus. Patricierfrauen mit ihren Töchtern schreiten sittig daher, vornehme Herren, deren Rosse von Stallknechten gehalten

---

*) Freitag, S. 136.
**) Freitag, S. 141.

werden, stehen zusammen im Gespräche. Kinder sind auch vertreten; kleinere haben die Eltern zur Seite, größere tummeln sich selbstständig herum; zwei Mädchen haben sich in der Nähe der Bretergerüste gelagert. Auch das hat der Künstler nicht vergessen, sein Bild durch die unvermeidlichen Begleiter der Menschen, durch einige Hunde zu beleben. Sehr niedlich ist im Vordergrunde das Spielen zweier Hunde dargestellt. — Und auch der volksthümliche Humor fehlt nicht. Es wird mancher das Bild lange ansehen, ehe er zwei Gestalten erblickt, welche an die Körperlichkeit des Menschen erinnern sollen, doch hat es der Künstler auch sehr gut verstanden, seine Laune nur in kleinen Dimensionen und im Hintergrunde zur Geltung zu bringen. Hinter dem entfernteren Armbruststande steht ein Mann, der sich weit genug von der Volksmenge und unbeobachtet glaubt, um sich hier getrost von den Beschwerden, welche ihm die genossenen Flüssigkeiten verursachten, zu befreien. Und noch weiter in der Ferne gewahren wir einen hingekauerten Flüchtling, der sich einer noch schwereren Last entledigt. Und ein dritter, der sich auch nach der Gränze des Planes zuwendet, scheint ein gleiches Geschäft verrichten zu wollen.

Das Holzschnittblatt von Stimmer ist überdies nicht unanziehend wegen der verschiedenen Trachten, welche nebeneinander dargestellt sind und oft ganz allein die Charakterisierung der einzelnen Personen ausmachen. —

Wenn auch das sittengeschichtliche Interesse bei unserer Betrachtung vorwiegen mußte, so werden doch die Kenner und Freunde der älteren deutschen Kunst den Nachweis einer ausgezeichneten Leistung Tobias Stimmers nicht unberücksichtigt zu lassen haben. — Es würde doch seltsam sein, wenn unser Blatt nicht noch einmal vorkommen sollte. Es wäre erwünscht, hierüber bestimmte Nachrichten zu erhalten. Zugleich sei es mir gestattet, eine Bitte auszusprechen. Wie dieser Holzschnitt von Stimmer bis jetzt unbekannt geblieben ist, so kann dies auch der Fall mit anderen Darstellungen von Schützenfesten jener Zeit sein. Sollte mir also Jemand ein ähnliches Blatt nachweisen und beschreiben können, so würde ich hierfür sehr dankbar sein, zunächst im Namen der Sache und dann persönlich, wenn es mir vergönnt sein wird, einen solchen Nachweis für einen folgenden Band des Museums zu benutzen. Gerade aus der Vergleichung mit anderen

Vorkommnissen läßt sich manches lernen; trotz aller Gemeinsamkeit des Schützenbrauches finden sich landschaftliche Besonderheiten, die aus Documenten und Beschreibungen oft nicht so lebendig erkannt werden können als aus naturwüchsiger bildlicher Schilderung.

IX.

Kalenderreime.

Die neun Schreibkalender aus den Jahren 1555 — 1563, in welchen uns ein Theil der Tagebücher des Magister Victorinus Schönfeld *) überliefert ist, enthalten wie noch die Kalender unserer Tage Reimsprüche zu den einzelnen Monaten, welche einer Mittheilung im Sinne eines Beitrags zur Geschichte der Kalenderpoesie nicht unwerth erscheinen. Der Kalender ist unbestritten das volksthümlichste der weltlichen Literaturerzeugnisse; die praktische Poesie, welche in ihm von früher Zeit an eine Stätte fand, gehört, wenn auch ohne ästhetischen Werth und nicht vom Volke ausgehend, doch in so fern zur Volkspoesie, als sie für das Volk bestimmt war. Die sittengeschichtliche Bedeutung dieser Dichtungsart und ihre historische Entwickelung verdiente wohl einmal im Zusammenhange dargestellt zu werden. **) Der einzelne Kalenderreim hat geringes Interesse, nur die Vergleichung vermag ein solches hervorzurufen. Selbst die immerhin unbedeutende Anzahl von 9 Almanachen führt uns auf ein gewisses Ergebniß. Zunächst gewahren wir trotz der Verschiedenheit der Druckorte eine bewußte traditionelle Gemeinsamkeit, andererseits tritt das Streben nach Veränderung hervor, durch welches bald mehr, bald minder der allgemeinere Gebrauch verlassen wird.

---

*) Jöcher 4, 322, wo indeß nicht alle Angaben richtig sind. Schönfeld, gebürtig in Bauzen, studierte in Wittenberg und erfreute sich dort der väterlichen Freundschaft Melanchthons und Caspar Peucers. 1557 (nicht 1556) wurde er Magister (nicht Doctor) und lehrte zu Marburg die Mathesis und dann die Medicin. Seine Tagebücher, die in vielfacher Hinsicht höchst werthvoll sind, sollen wo möglich den nächsten Band des Museums eröffnen, für diesen waren sie zu umfangreich.

**) Das Material freilich würde überaus schwer zu beschaffen sein. Dankens werth sind daher immer solche Nachweise, wie sie öfters im Serapeum gegeben wurden.

18*

Die einzelnen Schreibkalender sollen, wie sie nach den Jahren aufeinander folgen, mit den Zahlen 1—9 bezeichnet und in der Kürze bibliographisch aufgeführt werden. — Sie haben sämmtlich Quart= format, und die äußere Einrichtung ist im Allgemeinen überall dieselbe. Links auf der Rückseite des Blattes befindet sich der eigentliche Kalender, rechts auf der Stirnseite die Schreibtafel mit den Ziffern nach der Anzahl der Tage. Ueber dem Kalender steht der Name des Monats doppelt in lateinischer und deutscher Benennung (Januarius, Jenner u. s. w.) und über der Schreibtafel der Monat ausschließlich deutsch mit der Anzahl der Tage (Jenner hat XXXI. tag u. s. w.). Unten an der Schreibtafel befindet sich der Reimspruch zu je 2 Zeilen in die Breite gedruckt, bisweilen ist zwischen den beiden Reimpaaren ein senkrechter Strich gesetzt. Nur der Züricher Almanach (Nr. 8) weicht hiervon ab. Hier steht über der Schreibtafel der deutsche Name des Monats nicht, sondern an dessen Stelle der Reimspruch mit Ueber= schrift Auicenna, Aristoteles u. s. w. — Wie es noch heute vielfach Sitte ist, sind die Kalender abwechselnd roth und schwarz ge= druckt. Dagegen zeichnen sie sich durch eine reichere typographische Ausstattung, durch Holzschnittborduren und Titel = und Schluß= Vignetten vor den heutigen (nicht illustrierten) aus.

1) — 1555. — 8 Blätter defect bis zum Hewmon. Holzschnitte und Einrichtung stimmen mit Nr. 2 und 3, also Königs= berger Druck.

2) — 1556. — Allmanach Simonis Titij Binariensis, der Artzney Doctor vnnd Professor zu Königßperg inn Preussen, Auff das Jar, M.D.LVI. — Titelholzschnitt: Wappen.— Gedruckt zu Königßperg in Preussen, durch Jhanno Daubmann.

3) — 1557. — desgl... Auf das M.D.LVII. Jar. desgl.

4) — 1558. — Almanach vnnd SchreibKalender Simonis Heuringij Salicedensis Medicinarū Doctoris zu Speyr auff das M.D.LVIII. Jar. — Titelholzschnitt: Wappen. — Gedruckt zu Nürnberg, durch Friderich Gutknecht.

5) — 1559. — Schreyb Kalender, oder Almanach, Durch Anthonium Brelochsen, der freyen Künsten vnd Artzney Doctorem, beschriben, vnd gestellet auff das Jar, M.D.LIX. — Titelholzschnitte: 2 kleine Wappen. — Gedruckt zu Nürenberg, durch Valentin Geyßler. Mit Keyser. Mayestat Freyheit nicht nach zudrucken.

6) — 1560. — Almanach vnnd Schreibkalender Durch Joannem Carbonem zu Heydelberg Practicirt vnd gedruckt, Auff das Jar. M.D.LX. Auch mit den Euangelien auff alle Sontäg. Cum Gratia & Priuilegio. — Titelholzschnitt: Wappen. — Am Ende, letzte Seite: Holzschnitt: Wappen. — Gedruckt in der Churfürstlichen Stat Heydelberg durch Johañ Khol.

7) — 1561. — Schreybkalender, Joachim Hellers, verordenten Astronomi zu Nürmberg, Auff das Jar, M.D.LXI. Auch dabey die Euangelia, auff alle Sontage im Jahr. — Titelholzschnitt: Wappen. — Gedruckt zu Nürmberg, durch Valentin Geißler, vnd Jeremias Portenbach. Mit Keyserlicher Mayestat freyheit nit nach zu drucken.

8) — 1562. — Kalender oder Laaßbüchlin sampt der Schreybtafel, Müssen vnd Jarmärckten vff das M.D. vnd LXII. Jar. — Titelholzschnitt. — Gestellt vff den Meridanum der loblichen Rychstatt Vberlingen, durch Valentinum Bützlin von Wangen, der Artznyen Doctor zú Vberlingen. — Am Ende, vorletzte Seite: Holzschnitt: Laßmann. — Getruckt zú Zürych in der Froschow, by Christoffel Froschower dem jungen. (Dieser Kalender ist unter allen der interessanteste. Er ist am schönsten gedruckt und ausgestattet, die Sprache zeigt durchaus den Schweizer Dialect und bietet alterthümliche Wendungen. In dem am Schlusse gegebenen „Märcktbüchle" finden wir zumeist schweizerische und süddeutsche Städte aufgeführt. Die nördlicheren und entfernteren sind: Erbfurt (Erfurt), Leipsig, Leon (Lion) in Franckrych, Nürenberg, Schwynfurt, Zwickaw. — Im Abbrucke wird ů durch ú ersetzt.

9) — 1563. — Almanach, Practicirt durch Christophorum Stath-
mionem, Der Ertzney Doctorn zu Coburg auffs Jar
M.D.LXIII. — Titelholzschnitt: Wappen. — Gedruckt
zu Nürnberg, Durch Valentin Newber. —

Die Reimsprüche beziehen sich nicht wie die späteren auf das
Wetter, sondern auf das leibliche Wohlbefinden, auf Speise und
Trank, Wärme und Kälte, auf das geschlechtliche Verhältniß, auf
Bäder und Arzneyen und vor allem auf Schröpfen und Aderlassen.
Das Verbum lassen ist in der engen Bedeutung für Aderlassen zu
einem technischen Ausdrucke der Heilkunde geworden, daher auch
„Laßmann." *) Nur Nr. 6 nimmt auf die in den verschiedenen Mo-
naten vorzunehmenden Arbeiten in Feld, Garten und Haus Rücksicht.

Daß die drei ersten, als aus einer Druckerei stammenden Kalender
in den Reimen immer übereinstimmen, ist erklärlich. Nr. 4 und 9, Nürnberger Drucke, schließen sich ihnen immer an, natürlich in der Hauptsache,
kleine Nebendinge in der Rechtschreibung und unbedeutende Aenderungen
kommen nicht in Betracht. Nr. 6 und 8 stehen isoliert in der Form,
doch sieht man bisweilen, wie die Verfasser mit Absicht geändert
haben. Nr. 7, öfters mit den andern zusammenstimmend, läßt den
glättenden und verschönenden Einfluß des Astronomen hindurchschimmern.
Bei Nr. 5 ist dasselbe in verminderter Weise auch der Fall, einmal
stehen Nr. 5 und 7 zusammen der gewöhnlichen Version gegenüber.

Jenner.

(2.3.4.5.9) Im Jenner ist fast gesund,
Warme speyß essen zu aller stund.

Auff warm baden hab du acht,
Meyd Ertzney ob du magst. *)

6) Ich dörr mein fleisch in Jennerszeit,
Ich yß vnd trinck frölich on neyd.

---

*) Ueber den Laßmann s. deutsches Museum 1, 258.

**) Wegen des schmaleren Formates können hier die beiden Reimzeilen nicht
wie in den Originalen neben einander gedruckt werden.

Kein blut will ich nit vō mir lon
Deñ es nit gsund ist in disem Mon.

7) Im Jenner ist ártzney nicht gut,
Laß auffm Daum sonst bhalt dein Blut.

Iß warme speiß gar nicht vil bad,
Gut würtz vnd wein ist niemand schad.

Auicenna.

8) Manch gúte leer wil ich dir gäben,
Den volg nach, frischt dir din läben.
Im Jenner din blút bhalt by dier,
Doch off dem Dum magst lassen schier.
Vnd denn hinnach wol nemmen acht,
Was dir all Monat bringet trafft.

Hornung.

(2. 3. 4. 5. 7. 9) Im Hornung etzgt das Fieber sich,
Vor Kraut vnd Antuógel hütte dich.

Laß auff dem Daumen meyd des kalt,
Nim Ertzney, zum Bad dich halt.

6) Ich fürcht des febers ietzt mit macht,
Holtzhawen, mistfúren ich betracht.

Ein Beltz hab ich mir zugeselt,
Laß mein blut, hút mich vor kelt.

Aristoteles.

8) Im Hornung issz wol gwürtzte kost,
Hút dich vor kelte vnd vor frost.
Gennß vnd Endten solt nit niessen,
Noch mit rindfleisch din hunger büssen.
Vff dem Dumen laß dir das blút,
Warm baden ist dir nutz vnd gút.

Mertz.

(2. 3. 4. 5. 9) Mertz die feuchtigkeit auff thut,
          Süsse speyß macht dir gut Blut.

          Bratt Kütten, vnd bade alle mal,
          Mit Artzney man lassen soll.

6) Die reb vñ baum schneid ich jm Mertz,
          Das erdtrich ich herumher stertz.

          In disem mon laß ich kein blut
          Schwaiß baden dz thut mir gut.

7) Im mertzen laß nit bistu weiß,
          Gut blut macht gute süsse speiß.

          Brat Kütten vnd brauch schweißbad wol,
          Mit ärtzney man schrepffen sol.

Galenus.

8) Der Mertz ist mengklichem vngsund,
          Der Arzten radt ists vnd vrkund.
Das du niessest gůt süsse spyß,
          Hůt dich vor lassen bist du wyß.
Das radt ich trüwlich als ich sol,
          Schräpffen, warm baden magst du wol.

Aprill.

(2. 3. 4. 9) Aprill bringt den Lentz daher,
          Die Erd thut sich auff wunderber.

          Das Blut wechst nahe darbey,
          Laß an Füssen auch Ertzney.

5) Aprill bringt den Glentz daher,
          Die erd thut sich auf wunderber.

          Erhitzt den Leyb, vnd mehrt das blut,
          Zur Aderlassen ist fast gut.

6) Vnter eim nußbaum ist mein rhu,
Nach dem essen schlaff ich mit fug.

Ich laß mir auff der Median,
Das mich in gsundheit haltē kan.

7) Aprill bringt vns den Glentzen zart,
Purgier vnd laß zu diser fart:

Das geblůt wechst vnd vernewert sich,
An Füssen dann die Abern brich.

Ptolemeus.

8) Deß Aprellen natur gibt krafft,
Vnd schickt sich zů der fruchtberschafft.
Als man das sicht gar offenbar,
Zůr lābern man wol lassen dar.
Das blůt darinn ernüwernng nimpt,
Wie man im Aberlaßbůch findt.

May.

(2.3.4.5.9) Lassen jm Meyen ist nicht schad,
Purgier dich such Wasser bad.

Jß Speyß bereyt mit Specerey,
Trinck von Benedict vnd Saluey.

6) Jetzt reit ich frölich in dem grafs,
Zu Bayssen, Jagen thu ich das.

Ich bad vnd wil zur Lebern lon,
Warm kleiber will ich one thon.

7) Im Mayen lassen ist nicht schad,
Purgier, brauch würtz vnd kreuter bad.

Trinck von Saluey vnd Benedict,
Wie sichs zu deiner gsundtheit schickt.

Auicenna.

8) Der Mey vil wunn vnd fröuden gyt,
    Vff der Median laß ist zyt.
  Von aller wurtz vnd krütern bad,
    Schröpffen an armen ist nit schad.
  Din kost sol ouch wol gewürtzt syn,
    Es zimpt gar wol der gsundtheit din.

Brachmon.

(2. 3. 4. 9) Im Brachmon hütt dich vor Meet,
    New Bier zutrincken oder Köt.

    Laß wenig, dann hitz dir schadt
    Mit öl vnd Lattich iß Salat.

——

5) Vor dem Meet im Brachmon hüt dich,
    Vnd vor dem newen Bier rath ich.

    Mit öl vnd Essig iß Salat.
    Schlaf nit zuuil das ist mein rath.

6) Nun will ich abschneiden mein frucht,
    Die ich gefeet vnd woll erzucht.

    Lattig mit Essig ich essen will,
    Damit auch schlaffen nit zuuil.

——

7) Im Brachmon laß nicht one not,
    Dann hitz verbeut dir Bad vnd Blut.

    Das frisch Wasser wenig schadt,
    Mit öl vnd Lattich iß Salat.

Auerrois.

8) Brachmon Mett vnd Bier bringt schaden,
    Die zyt Lassen vnd heiß baden.
  Pfeffer, klein visch, hitzige spyß,
    Ist dir vast schad das nit vergyß.
  Frisch wasser dir nit schaden bringt
    Zütrincken, ob es dir sunst zimpt.

Hewmon.

(1.[2?]3.4.7.9)*) Im Hewmon Ertzney dir schadt,
Nit laß, schlaff wenig, selten bad.

Der vnkeuscheyt gantz vergiß,
Eniß, Salney, gestossen yß.

5) Wer im Hewmon sich bewaren will,
Der soll nit trincken gar zu vil.

Vnd jm keyn Ader lassen schlahen,
Darzu auch keyn Bad ansahen.

6) Jetzt trisch ich, heb auff mein hew,
Jst es naß, ich das zerstrew.

Die Hundßtag komen mit macht,
Darumb hab ich mein gut acht.

Rasis.

8) Höwmonat der dir wysen thůt,
Die Hundstág, daruin laß kein blůt.
Dann es dir grossen schaden brecht,
Aber so not daran lág recht
Magst du thůn nach der artzet radt,
Es sey schon frü glych oder spat.

Augstmon.

(1. 2. 3. 4. 7. 9) Im Augstmon meßlich dich zeuch,
Schlaff selten, vnkeuscheyt fleuch.

Nicht laß, Maß dich hitziger speyß,
Artzney, Bad fleuch bistu weyß.

5) Im Augstmon halt dich messigklich,
Schlaffs vnd vnkeuscheyt masse dich.

Nicht laß, enthalt dich hitziger speyß,
Ertzney vnd Bad meyd, bistu weyß.

---

*) Im Nr. 2 verdruckt, es steht der zum Herbstmon gehörende Spruch.

6) Hie leß vnd trit ich trauben zart,
   Vnd preß sie auß zu diser fart.

   Ich trinck milch, yß sauer speyß,
   Vnd hoff zu werden alt vnd greyß.

Albumazar.

8) Im Augstmon mit flyß radt ich dir,
   Myd schlaaffen vnd hab nit begir,
   Weder zú baden noch zú Ahben,
   Mit jnen nit vil kurtzwyl tryben.
   Vil trincken, Mett vnd ouch vil spyß,
   Das solt du myden bist du wyß.

Herbstmon.

(1.2.3.4.9) Des Herbstmons frücht sind gut,
   Zimlich Speiß, spreng das blut.

   Biern mit Wein, Geyß milch iß,
   Des kúlen Weins nicht vergiß.

---

5) Des Herbstmons Frúcht sind gut,
   Iß zimlich, ertznen, vñ spreng das blut.
   Gut Vógel, Obs, vnd Wilprecht iß,
   Des kúlen Weins auch nicht vergiß.

---

6) Trauben mach ich die zúber vol,
   Der wein der ist gekochet wol.
   Schweinen fleisch schmeckt mir gesote
   Trauben yß ich vngetrotten.

---

7) Im Herbst iß zimlich, spreng das Blut,
   Artzney vnd frúcht sind beyde gut.

   Gut Vógel vnd Geißmilch auch iß,
   Des kúlen weins auch nicht vergiß.

Isaac.

8) Herbst die Median laß ist gút,
   Hertz, lung vnd lábern vast wol thút.

Auch magst niessen aller bóum frucht,
Mit gúter wyß vnd rechter zucht.
Trinck Geißmilch vnd darzú ouch Most,
Vnd gnieß allerley gschlecht vnd kost.

Weinmon.

(1. 2. 3. 4. 9) Weinmon gut wilbret gibt,
Feyst genß, vögel schaden nit.

Doch lug jß nicht zu viel,
Denn vberfüllen schadet bey viel.

5. 7) Der Weinmon vns gut Wilprát gibt,
Feyßt Genß vnd Vógel schaden nit.

Doch newer Frücht jß nicht nach lust,
Dann vberfüllen schadt dir sunst.

6) Ich baw vnd see das feld mit lust,
Das es nit rhú das jar vmb sunst.

Diser mon bringt wider die kelt,
Drumb stuben wermen mir gefelt.

Seneca.

8) Wynmon laß, schrápff vff den lenden,
Thút das Grien vast von dir wenden.
Du magst ouch niessen alle spyß,
Mit gúter maaß, bist du recht wyß.
Doch láb kostbarlich mit gereht
Jiß vögel, genns, endten, wildpret.

Wintermon.

(1.2.3.4. 5. 7. 9) Meet trincken heist diser Mon,
Hónig, Imber, brauch auch schon,

Bad, vnd vnkeuscheit Meyd,
Du wirst sonst lam ehe der zeyt.

6) Faist genß den reichen ich verkauff,
Das holtz ich haw zúm fewr ich lauff.

Bad on teuſchaid will ich hon,
Tranck nemen vnd zů adern lon.

—— ——

Conſtantinus.

8) Wintermon keins thiers fůß noch houpt,
     Iſt keim menſchen darinn erloubt.
Ypocras der gibt dir ein leer,
     Zů vaſt dich gen dem wyb nit keer.
Ouch iſt nit gůt laſſen zům houpt,
     Schräpffen vff Schultern iſt erloubt.

Chriſtmon.

(1.2.3.4.7.9) Chriſtmon will warme ſpeyß han,
     Zum haubt magſtu wol lan.

Hůt dich vor kelten gantz wol,
Von Zimmet man trinken ſoll.

5) Chriſtmon will warme Speyß han,
     Zum Haubte magſt du dir lahn.

Bewar dich vor der kelt gantz wol,
Von würtz vn̄ zim̄et man trincken ſol.

6) Praſſen will ich vnd leben wol,
     Ein ſaw ich yetzund ſtechen ſoll.

Dartzu will ich mich warm halten.
Vnd hoff ich wöll mit ehrn alten.

——

Meſue.

8) Jm Chriſtmon darinn laß dir ſchlahen
     Die houptader, vnd leg dich nahen
Zů diner frouwen an jr bruſt,
     Das wert vor froſt vnd bringet luſt.
Din ſpyß ſey ouch gewürtzet ſatt
     Von Pfeffer Jmber vnd Muſcat.

—— —— ·

X.

Wolf Ferbers Gedicht auf Herzog August, Erzbischof zu Magdeburg.

1628.

Die Poetik ist uns die systematische, die Literaturgeschichte die historische Würdigung der Gelegenheitspoesie noch schuldig. Bei der ästhetisierenden Richtung der Literaturbetrachtung war es naturgemäß, daß eine Dichtungsart, welche unmittelbar an die Ereignisse des Tages anknüpfte und die somit keinen Selbstzweck in sich faßte, gering geschätzt und trotz des Reichthums ihrer Erzeugnisse bis jetzt nur selten zu allgemeinerer Kenntniß gebracht wurde. Die Kunstgeschichte ist in dieser Hinsicht der Literaturhistorie weit voraus, indem sie auch ohne Beziehung auf höhere Schönheit dem Geräthe und dem Costume gebührende Beachtung zu Theil werden ließ.

. Die Poesien der Pritschenmeister, der privilegierten Gelegenheitsdichter der Vorzeit, sind zum erstenmal in Gödekes Grundrisse (I, 293—295) bibliographisch zusammengestellt worden. Aber wir werden fast ohne Ausnahme alle diese Gedichte in neueren Sammlungen, Zeitschriften u. dergl. zum Besten einer wissenschaftlichen Erkenntniß vergeblich suchen.

Im Folgenden wird als eine Probe dieser Poesie ein Gedicht auf die Postulation des Herzogs August zu Sachsen, Sohn des Kurfürsten Johann Georg I., zum Erzbischof zu Magdeburg, verfaßt von dem Kursächsischen Pritschenmeister Wolf Ferber, mitgetheilt, wobei natürlich jede Rücksicht auf inneren Werth ausgeschlossen ist.

Von Wolf Ferber, über den die Curiositäten schon gehandelt haben und der auch von Freitag in seinem Aufsatze über das Schützenwesen in den neuen Bildern aus dem Leben des deutschen Volkes öfters erwähnt worden ist, sind im Grundrisse nur drei Schützen-

19

festbeschreibungen angeführt, die folgende Oda ist demnach auch bibliographisch unbekannt geblieben.

Nach dem Titel von Ferbers Gedicht fand die Postulation am
10. Februar 1628 statt, in Müllers Annalen dagegen wird unter
diesem Jahre (S. 334) der 17. Februar angegeben. Trotz der Datierung
in alten und neuen Stil weichen die Zeitbestimmungen von einander ab.

Titel: „Glückwünschungs Oda oder Gesang, Dem Hochwürdigsten,
Durchlauchtigsten, vnd Hochgebornen Fürsten vnd Herrn, Herrn
AUGUSTEN, ErtzBischoffen zu Magdeburg, Primas in Germanien, Hertzogen zu Sachsen, Gülich, Cleve vnd Berg, Land-
grafen in Düringen, Marggrafen zu Meissen, Grafen zu der Marck
vnd Ravensberg, Herrn zum Ravenstein, seinem gnädigsten Fürsten
vnd Herrn. Welcher den 10. Februarij dieses 1628. Jahres von
eines Ehrwürdigen ThumbCapitels ansehnlichen Abgesandten, in
Chur- vnd Fürstl. auch Adelicher so wol anderer fürnehmen Personen beysehn vnd gegenwart öffentlich postuliret vnd zu solcher
Ertzbischofflichen Hoheit ordentlich erhaben worden. Zu sonderbahren
Ehren aus vnterthänigster affection auffgesetzet Durch den Churf.
S. Pritzschenmeister Wolff Ferber.“

Am Schlusse: „Erstlich zu Dreßden Gedruckt durch Gimel Bergen,
Churf. Durchl. zu Sachssen Hoffbuchdruckern. M. DC. XXVIII.“
(4 Blätter 4.)

1.

Als ich diese Tage bin
Hier zu Torgaw angekommen,
  Daß ich meinem Herren dien,
Hab' ich also bald vernommen[,]
    Printz AUGUSTUS sey erkiest
    Zum Ertzbischoff. Vnd das ist
Auch geschehn durch rechte Mittel,
Ein Ehrwürdig ThumbCapitel,
  Dort zu Magdeburg, das hat
  Ihn erwehlt mit reiffen Rath.

2.

Darumb auch auß seiner Zahl
Hergeschickt vornehme Leute,
Daß dis, was in dero Wahl
Vorgegangen man andeute
Dem Churfürsten erstlich zwar.
Vnd weil der zufrieden war,
Daß man seinen andern Herren
Sohn(,) erhub zu solchen Ehren,
Hat man auch geredt davon
Mit desselbigen Person.

3.

Der, so noch vnmündig war,
Hat es billich heimgestellet
Dem Herrn Vater, gantz vnd gar
Drinn zu thun was ihm gefellet.
Also (weil er postulirt)
Wurd' er darauff proclamirt,
Vnd gehandelt diese Sache
In meines Herrn Vorgemache,
Heimlich nicht, bei offner Thür,
Jeder sah' es, so gieng für.

4.

Nun verflossen sind zwey Jahr[,]
Da sich dieses angefangen,
Daß der Coadjutor war,
Welchen man jetzt thut belangen[,]
Er sol sich doch geben drein,
Vollends gar Ertzbischoff seyn.
Weilen ihm dann die Vrsachen
Solcher Hoheit würdig machen,
So wil willig folgen Er,
Wer die Sach gleich noch so schwer.

5.

Wo gedacht ihr doch nur hin
Ihr Ehrwürdigen Prælaten?
Mein wie kam euch der im Sinn,
Daß ihr all zu ihm gerathen?
Ob der Keyser Otto kam
Euch ins Hertz von Sachssen Stamm?
Der da ewer Stifft fundiret,
Vnd ein stattlichs dräuff spendiret.
Oder schluget ihr Rath von
Ernst, des Churfürst Ernsten Sohn.

6.

Nun ihr habt die freye Wahl,
Möget, wen ihr wolt auslesen,
Nur daß solches jedesmal
Diene dem gemeinen wesen.
Wenn ihr nicht zwiespeltig seyd,
Wie geschach vor dieser Zeit(,)
Mit dem Marggraff Ludewigen,
Da sie sich nicht recht vergliechen,
Der auch wieder trate ab
Vnd das Ertzstifft vbergab.

7.

Dieses wolln wir hoffen nicht,
Jeder mag das seine sagen,
Sich verwundern der Geschicht,
Auch wol mit Gedancken plagen,
Wie es werde laufen nauß.
Ich wünsch Glück dem SachssenHauß,
Welches auff das Eyß nicht bawet,
Gott vnd seinem Keyser trawet,
Der auch gute Mittel schickt,
Daß es ihm gelingt vnd glückt.

8.

Printz AUGUSTUS hochgeacht
Hofft auff Gott in ewrem Muthe,
  Der euch hat darzu gebracht[,]
Wird euch thun noch mehr zu gute.
  Denn, hat er durch seine Krafft
  Das Ertzbisthumb euch verschafft,
Vnd demselben zugezehlet,
Ihr auch euch nicht habt erwehlet
  Den Sanct Moritz zum Patron,
  Sondern JEsum Gottes Sohn.

9.

Ey so steht gar wol die Sach.
GOtt geb Glück zu ewrem Stande,
  Daß ihr habt gut Haußgemach,
Vnd die Leute in dem Lande,
  Welchen ihr nun vorgesetzt,
  Werden wiederumb ergetzt.
Jeder bleib im ThumbCapitel
Bey seim Ampt vnd Ehrentitel.
  Auch zu Magdeburg der Rath,
  Daß es nütz gemeiner Stadt.

10.

Vorauß werd' an diesem Ort
Fort gepflantzt die reine Lehre.
  Daß dem vnverfälschten Wort
Niemand seinen Lauff nicht wehre,
  Sondern es werd außgebreit,
  Zu der Menschen Seligkeit.
Auch des hohen Hauses Sachssen
Grosser ruhm dadurch thu wachsen.
  Schließlich man daraus verspür[,]
  Daß es nur von GOtt herrühr.

11.

Der auch ſeinen Segen woll
Herr Ertzbiſchoff euch verleyhen,
Daß jhr aller Wolfahrt voll
Seyn mögt, vnd dabey gedeyen,
Ewres Namens deutung nach
Seyn ein Mehrer. Nun die Sach
Iſt vnd bleibt allein des HERREN,
Der euch dann auch wird vermehren
Mit auffnehmen Glück vnd Heyl,
Daß euch hier vnd dort nichts feyl.

XI.

Teutſcher Sprach-Verderber.

1643.

Mit den pedantischen Bestrebungen der Sprachgesellschaften für die
Reinigung der deutschen Sprache gingen die satirischen Ausfälle
gegen die unpatriotische Sprachmengerei Hand in Hand. Von solchen,
welche in ihren Titeln sich des Ausdruckes „Sprachverderber" bedienen,
sind uns in Gödekes Grundrisse vier an der Zahl nachgewiesen (I, 2, 496,
Nr. 266—269). Die drei ersten dieser Satiren, welche in gebun=
dener Rede abgefaßt sind, haben im Weimarischen Jahrbuche (I, 296
und II, 206, 207) entweder vollständigen oder probeweisen Abdruck
gefunden. Das vierte prosaische Stück, welches nicht minder Berück=
sichtigung verdient, wird hier zur vollständigen Mittheilung gebracht,
vollständig deshalb, weil das Büchlein von nicht großem Umfange ist
und weil bei dessen trefflicher, alle Verhältnisse des Lebens umfassender
Anordnung eine Auswahl schwer fallen würde. *)

Bei Gödeke lautet die bibliographische Anführung: „Der unartig
Teutscher Sprach=Verderber. Beschrieben durch einen Liebhaber
der redlichen alten teutschen Sprach. Gedruckt im Jahr unserer Er=
lösung. 1643. 24 Bl. 8." — Mein Exemplar, in welchem, falls jene
Angabe im Grundrisse richtig ist, eine zweite Ausgabe desselben Jahres
vorliegen würde, hat nur 20 Blätter (38 paginirte Seiten außer
dem Titelblatte) und auf dem gleichen Titel andere Schreibung:
„Der | Vnartig | Teutscher | Sprach= | Verderber. | Beschrieben |
Durch | Einen Liebhaber der redlichen alten | Teutschen Sprach. | Ge=
druckt, Im Jahr vnserer | Erlösung. | M.DC.XLIII." Die Columnen=

---

*) Im Grundrisse werden die Greifswalder Versuche (1, 194—204) ange=
zogen. Jedenfalls ist dort kein vollständiger Abdruck gegeben, sondern nur eine
Besprechung mit Auszügen. Das betreffende Stück der Greifswalder Versuche,
von denen ich selbst nur den Anfang besitze (Critischer Versuch zur Aufnahme der
Deutschen Sprache. Erstes Stück. Greifswald, bey Johann Jacob Weitbrecht
1741. Seite 1—112) habe ich mir nirgends verschaffen können. Bei der großen
Seltenheit dieser Zeitschrift wäre eine Wiederholung ohnehin gerechtfertigt.

überſchrift, auf Rück= und Stirnſeite der Blätter vertheilt, lautet:
Vnartiger Teutſcher | Sprach=Verderber.   Die letzte Seite. hat dieſe
Ueberſchrift zuſammen. — Das Büchlein iſt mit größerer und kleinerer
Schrift gedruckt, und zwar wurde die erſtere bei den eingeſtreuten Er=
zählungen, wenigſtens im Anfange principiell gewählt.   Im Abdrucke
ſchien die Nachahmung dieſer Einrichtung nicht geboten.

Muß auch der Vnartig Teutſcher Sprach=Verderber, wie im
Grundriſſe geſchehen, der ſatiriſchen Literatur des 17. Jhds. beigeordnet
werden, ſo iſt doch in dem Schriftchen der ſatiriſche Stil keineswegs
durchgehends angewandt.   Im Allgemeinen haben wir hier eine ernſte und
in ernſter Weiſe ausgeſprochene Mahnung an die Zeitgenoſſen, der
unpatriotiſchen Sprachverſtümmelung zu entſagen, doch iſt die Rede
hie und da durch köstliche humoriſtiſche Wendungen gewürtzt.   Der
ſatiriſche Theil beſteht in den eingeflochtenen Beiſpielen, Anekdoten
und Schwänken, welche die Thorheit und den Schaden des Gebrauchs
der Fremdworte zu Gemüthe führen.   Dieſe doppelte, die ernſte und
ſpöttiſche Art, wie dem Unweſen zu begegnen ſei, hat der Verfaſſer
ſelbſt (S. 27) bekannt und empfohlen.

Trotz des warmen Antheils an der Sache iſt des Verfaſſers
Anſchauung der Lebensverhältniſſe unbefangen genug.   So iſt auch
ſein Stil eindringlich, fließend, rhetoriſchen Schwunges nicht entbehrend,
ohne dabei ſchwülſtig und geziert zu ſein.   Ja wir gewahren ſogar
im Gegenſatze zu der gewöhnlichen Redeweiſe jener Tage eine wohl-
thuende Einfachheit, welche durch die nicht fehlenden kräftigen und ſelbſt
derben Ausdrücke den Charakter des Volksthümlichen trägt.   Im Einzelnen ſei auf das treffliche Wort „verliederlichet“ (S. 28) aufmerkſam
gemacht. — Daß der Verfaſſer die Fremdworte vermeidet, aber ohne
Pedanterie, iſt der Sache angemeſſen; doch muß an ihm gelobt werden,
daß er bei ſeinen Vorſchlägen, wie unentbehrlich erachtete Fremdworte
durch deutſche Ausdrücke zu geben ſeien, nicht in die verzwickte Ueber-
ſetzerei der Puriſten verfällt.   In ſeiner Etymologie des Wortes
Passeport (S. 22) iſt er allerdings nicht glücklich.

Wird die einſchlagende Literatur erſt mehr gekannt und kritiſch
gewürdigt ſein, dann laſſen ſich wohl auch Spuren finden, welche auf
den ungenannten Verfaſſer des Sprachverderbers hinleiten.

Vnartiger Teutſcher
Sprach=verderber.

Was es vor einen Zuſtand vnd Beſchaffenheit, zu dieſer
vnſerer Zeit mit der redlichen Teutſchen Sprach habe, daß
iſt nun leider mehr hell vnd klar an dem Tag, vnd darff
nicht viel beſchreibens.

Wie ſchändlich, wie heßlich dieſelbe mit außländiſchen
vnd frembden Wörtern beſudelt, vermiſchet vnd verunreiniget
werde, ſo gar, daß man kaum drey oder vier Wörter ohne
einmiſchung außländiſcher Zungen reden kan, iſt offenbahr.

Aber, eine Schand iſt es, vnd zuerbarmen, daß dieſe
vnſere Teutſche Haupt vnd Mutter-Sprach, als welche von
Wörtern ſo ſchön, ſo weitläuffig, ſo rein, prächtig vnd voll=
kommen, ſo ſchändlicher weiſe Verunreiniget wird.

Ein jedes Land befleiſſigt ſich ſeine Sprach rein vnd
lauter zu erhalten, aber die arme | Teutſche, welche ohne daß (S. 2.)
bey nahe ihre groſſe Freyheiten, Haab vnd Güter verlohren,
achten nicht hoch, auch ihre Herrliche Sprach zu verlieren,
in dem ſie nicht allein ſelbige nit lauter vnd rein fortpflantzen,
ſondern auch mit fleiß frembder Wörter ſich gebrauchen, vnd
mit dem Teutſchen vermiſchen.

Es iſt leider nunmehr dahin kommen, daß, wann ein
Teutſcher etwa ein Viertel Jahr in Franckreich geguckt, oder
nur einen Frantzoſen hören rede, ſo iſt ihme ſeine Mutter=
ſprach ſchon erleydet, Er will alſobalden ein Frantzöſiſche
Zunge haben, vnd darvor halten, es ſey ihme ein ſchand, in
Franckreich geweſen ſeyn, vnd nicht Frantzöſiſche Brocken mit
vnter dem Teutſchen außwerffen. Ja? Solte ein ſolcher halb=
gebachener Teutſcher Frantzos ſich der Frantzöſiſchen Wörter
enthalten? Solte er rein vnd lauter Teutſch rede? er meynt

es wäre jhm die gröſte ſchand, er könnte kein gröſſere Bn-
tugeud begehen. Aber, iſt dieſes nicht ein ſchand? reden wollen,
ſolche Wörter, welcher man doch nicht gantz mächtig, darzu
die Zung viel zu ſchwer: Doch dieſes vngeachtet, zwingen
die Teutſche Frantzoſen ſich mit groſſem gewalt, ſolcher
Frantzöſiſcher Wörter zu gewohnen.

(S. 3.)   Wann ſie etwas beſtättigen wollen, ſo | können ſie nicht
ſprechen, ja | fürwar, gewiß, es muß heiſſen: ma foi, par
ma foi, par Dieu.

    Sie können keinen, kein Herrn mehr nennen, er muß
Monſieur heiſſen, vnd iſt daß das ſchlimſte an dieſem
wort, das bald ein jeder Bernheuter ein Monſieur ge-
heiſſen wird.

    Sie können nicht mehr ſprechen, deß Herren Diener,
Serviteur Monſieur muß es heiſſen: Sie können nicht mehr
ſagen mein Bruder, aber mon frere, Wotreſcher frere,
das iſt recht vnd wol geredt, vnd ſo fortan. Wer wolte aber
alles erzehlen? es fehlcte jhm Papier.

    Dieſes vnd dergleichen wird auß Franckreich geholet:
vnd, wann ich jetzunder erſt beſchreiben wolte, die Kauffs-
mans-Brieff, ſonderlich derer, welche in Franckreich geweſen,
da wurde man die Teutſche Sprach verſtimplen hören. Das
Deo ſit Laus Semper muß in allen Brieffen oben an
ſtehen, da doch der meiſte theil nicht weiß was es heiſſet:
da brauchen ſie, (auch wol die Schneider) daß Adi, At-
treſſiern, datum, paſſato, vnd ſo fortan.

Comple-
menta.
(S. 4.)
    Was ſol ich aber ſagen von dem Wort Complementen,
welches ſehr gemein worden. Ich ſage, mit dieſem Wort ſey
auch ſeine krafft im Teutſchland eingeführet worden. | Daß
Complementen iſt ſoviel als gepräng (gut teutſch, Auffſchneiderey, Betrug, Heucheley,) Wann iſt aber bey den
Teutſchen je mal mehr prangens, Auffſchneidens vnd Betrugs
geweſen, als eben jetzunder, da das wort Complement auffkommen iſt?

    Ja es iſt recht nachdenckliche krafft in dieſem Wort
verborgen. Complimenteur, ein prächtiger höfflicher Reder,

großsprecher, ein rechter Auffschneider vnd Lügner. Dann
wie kan es jmmer müglich seyn, daß ein Teutscher, der von
Art nicht viel Wort machet, nicht viel schwätzens vnd groß-
sprechens achtet, seiner Natur zuwider es mit so läppischen
babbeleyen recht meynen solte? Warlich, dieses Wort Complement, dessen wirckung jetzt im höchsten stehet, gibt zuerkennen, was wir für Zeiten haben: dann auch in den
Worten eine solche heimbliche Krafft vnd nachtruck zu zeiten
stecket, daß grosse Dinge darauß können erkündiget vnd ersehen werden.

Wie die Zeiten sind, so sind die wort, vnd hinwiderumb
wie die Wort sind, | so sind auch die Zeiten. Verba ut (S. 5.)
numi. Es ist vnsere Sprach dißmahlen in ein recht Kipper-
Jahr gerathen: Jeder beschneidet, bestimmelt dieselbe wie er
will, gibt jhr einen halt vnd zusatz wie er will. Vnd
wie solche leichte Müntzen, wie weiß sie auch gesotten
sind, dannoch anderst nichts jn sich haben als Kupffer
am halt: Also alle solche heutige Auffschneidereyen, wie schön
sie äusserlichem thon nach lautten, sind im Hertzen doch nicht
eines Drecks werth, vnd wann sie am besten sind, vnd du
meynest, du habest nun alles was du begehrest, so weissest
du im außkehren weder daß was du begehret, noch daß was
man dir geben, vor einander zu erkennen, dann der Wind
führet die Wort darvon, vnd so wenig als du den Weg
eines Vogels wirst finden können in der Lufft, so wenig
wirst du den nachtruck vnd die wirckung solcher Auffschneidereyen spüren mögen.

Spricht einer einen Teutschen Frantzosen vmb etwas
an, er macht jhm so viel complement, daß der bittende
nicht weiß, ob jhme | die Bitt abgeschlagen oder zugesagt (S. 6.)
worden. Vnd keiner weiß sich mehr in diese jetzige halb
Teutsche vnd halb Frantzösische Leut recht zu schicken. Der
Complementen vnd deß auffschneidens ist soviel, daß keiner mehr
weiß ob es gix oder gäx, vnd stecket eytel Betrug darhinder.

Es ist ein gleicher Verstand in diesen reden: Was erlogen ist, daß muß mit Complimenten gezieret werden.

Vnd, was mit Complimenten gezieret iſt, daß iſt erlogen.
Jener, mein beſter Freund, den ich im Hertzen kenne, zoge
nach Lyon, kehrete zum Gülden Löwen ein: Seiner Lands-
leut einer ſo ſein ankunfft erfahren, kam jhn zu beſuchen
vnd anzuſprechen, mit dieſen Worten: Monſieur & frere,
werther, ſehr geehrter Herr vnd Freund vnd Landsman, ſeine
glückliche arrivee iſt mir faſt exoptabel, vnd dancke GOtt,
daß Er jhn durch ſo manche perilleuxe occaſion vnnd
gefahr durchgebracht, als deſſen fortune mich von Hertzen
alſo touchirt, ob ſie mich leiblich angienge. Weil mir
(S. 7.) aber | auch bewuſt, daß in der frembde es nicht allemal
a Souhait hergehen kan, ſondern offt an neceſſitet gerathet,
auch wol bey denjenigen die ſonſt zu Hauſe alles in
abundantz haben: So erbiete gegen meinem Herrn ich
mich, Daß, wo er ein Ducat 20/30. benötigt, jhm ſolche
incontinent von mir ſollen überſchoſſen werden, vnd Con-
jurire jhn, mir ſolches ja nicht zu Cachiren. &c. Der
Redliche Kerl, dem das groſſe ſprechen etwas unteutſch vor-
kame, bedanckte ſich gleichwol, vnd ſprach, daß er ſeinen
Seckel Rathsfragen, vnd ſolche gönſtige Willfährigkeit nicht
wolte außgeſchlagen haben: Nach dem aber, zu ſeinem ge-
fehrten, Ich muß, ſagte er, probiren, was hinter dieſen Worten für nachdruck vnd wercke ſein mögen, derwegen begehrte
er andern tags das Gelt durch einen Diener: Aber der
Monſieur entſchuldigte ſich, er hätte ſelbſt kein Gelt, vnd
was geſtern geſchehen were, daß were Ehren halben geſchehen, vnd ein Compliment geweſen, ſo er gegen ſeim
(S. 8.) Landsman ſchuldig were. | Ja, ſprach der, nun weiß ich was
ein Compliment iſt: Es iſt erlogen geweſen, laſſe es für
ein Compliment paſſirè.

Ein anderer, dem ſein Freund in einer vorgeweſenen
Noth trewen Dienſt gethan, ſprach, daß er ſolches auff be-
gebende Occaſion mit Leib, Gut vnd Blut erwidern wolte.
Als auch auff eine Zeit der erſte jhn in einer Sach wider
einen andern erbate, vmb künfftiger Nachricht willen, war er
willfährig, wie es aber zum treffen kam, vnd er jhn deſſen

zu ſtewr der Warheit erforderte, altum ſilentium, da war
es ein Compliment. Dann der gute Herr entſchuldigte
ſich, er hätte ein böſes Gedächtnuß, zu dem möchte er bey
anderen Vndanck vnd verdrieß machen, bitte alſo jhn zu
überheben. Darauff der erſte ſtill ſchwige, davon gienge,
vnd den guten Herrn, biß er ſeinen gewiſſen Feinden, wider
in die Garn komen, alſo gehen lieſſe. Dann wer auß Forcht
einer Feindſchafft, oder auß hoffnung eines Nutzens, vnge=
achtet der Ehre GOttes vnd der Gerechtigkeit, wider Ge=
wiſſen gehet, der | hat gewiß kein Heyl noch beſtändige (S. 9.)
Freundſchafft von einigem Menſchen zu hoffen. Eines jeden
Freundſchafft zuerhalten iſt vnmüglich, dieweil nicht ein
jeder recht hat, noch die Waarheit vnd Redlichkeit liebet.

Alte Redliche Teutſche Leut können ſich in dieſe Zeit
nicht ſchicken,

Mancher alter ehrlicher Teutſcher Mann muß klagen
vnd ſagen, ich bin an dem vnd dem Ort geweſen, ey wie
iſt es daher gegangen, ich habe vermeynt ich ſey in einer
andern Welt, als man anfieng zu reden, da wuſte ich nicht,
was es were, da wurffe man mit ſolchen Worten zu, welche
ich (da ich doch ſo alt worden) von meinen Mitgeſellen vnd
alten Teutſchen niemaln gehöret, vnnd gedenckt mir noch
wol, daß, wann ich vor alten Zeiten bey Gaſtungen geweſen,
ich auch habe wiſſen etwas vorzubringen, (ohne Ruhm zu
melden) ich habe auch können meine mehnung über dieſes
vnd jenes geben, aber jetzunder bey dieſen Leuten, verſtehe
ich bey nahe nicht was ſie re= | den, ich kan es nicht erſinnen, (S. 10.)
muß wider willen vnd mit verwunderung zuhorche, weiß
nicht ob ich meine Teutſche Sprach verlohren, oder ob ſie
ſelbige ändern.

Wann ſie einander eines zutrincken, da heiſſet es,
Salus, bon pro vous face Monſieur, per toutàla Com-
pagnia, à la Sante foſtre Maiſtreſſe, vnd ſo fort an,
ich alter Mann ſitze da vnter gebornen Teutſchen, vnd muß
alſo reden hören, Kommet etwas Geflügel auff den Tiſch,
da ſagt einer zu dem andern, er ſolle es tranchiern, mich

(margin: Klage eines Alten redlichen Teutſchen.)

(als ich dieſes wort zum erſtenmal hörete) nam es ſehr
wunder, was man mit dem Geflügel anfangen würde, wann
man es tranchieren, ich wartete lang, aber ſahe doch endlich
nichts, als daß es zerſchnitten vñ zerlegt, eygendlich mit
zehen Fingern zerzerret worden.

Fangen ſie an vnd reden von dem jetzigen Kriegs-weſen,
erzehlen daß ein Schlacht vorgangen, obs der Frantzos oder
Spannier gewonnen, vnd wie es hergangen, weiß nicht, was
(S. 11.) Cavalliers', | Infantarie, Bataglie, Artollerie vor ein
Thier, damit man die Stätt vnnd Feldſchlachten gewinnen
kan: Bey meiner Zeit, wann man Fuß-Volck, Reutterey, in
rechter Ordnung gehalten, vnd Geſchütz gehabt, ſo hat man
Stätt vnd Feld-Schlachten gewonnen, ich kan mich nicht
darein richten, was das vor ſachen ſeyn, welche Cavallerie
vnd ſo fortan genennet werden. Ja ich ſchäme mich mehr
zu Gaſtungen zu gehen, dieweil ich nicht verſtehe, was man
redet, ob es vor oder wider mich. Vor dieſer Zeit iſt alles
getrew vnd ohne geſehrt zu gangen, Ja war ja, vnd Nein
war nein, jetzunder machet man ſo viel Wort, vnd iſt doch
nichts darhinter, vnd ſeithero die Complementen (mich
wundert, was es vor ein Thier) auffkommen, ſo iſt die
Teutſche Trew, Glaub vnd Redlichkeit auß Teutſchland
gezogen.

Dieſes muß jetzunder ein Alter Teutſcher Redlicher
Mañ klagen, alſo muß er ſich über die Teutſche Sprach
verwundern, iſt es nicht eine groſſe vnd ewige Schand?
(S. 12.)   Aber hier endet es ſich noch nicht. Solte einer erſt
hören, wie ſolche Teutſche Frantzoſen auffſchneiden, wann ſie
zu Jungfrawen kommen, vnd ihre Teutſche vnd keuſche
Hertzen mit Frantzöſiſchen gahlen Worten bereden wollen,
da nennen ſie die Jungfrawen Damen auff Teutſch, auf
Lateiniſcher ſprach heiſſet es eine Gämbs oder ſtinckende
Berg-Zieg, redẽ ſie auf folgende vñ gleiche weiſe an:

Mein allerliebſte Dama, mich erfrewet ſehr hoch, daß
ſich dieſe brave occaſion præſentiert, euch zu beſuchen,
vnd meine paſſion, ſo ich gegen euch trage zu offenbaren,

damit meinem ſchmertzen vmb etwas möchte geholffen vnd
mein Hertz refrachieret werden. Ach mein allerliebſte Dama,
wie könnte mir doch etwas gröſſers vnd frölichers begegnen,
als ewere præſentz zu genieſſen, ich hatte ſchon lange Zeit
hero occaſion geſuchet nur ein wenig mit euch zu diſcurieren, ich habe ſchon lange Zeit eine groſſe affection vnd
groſſes verlangen getragen, ewer anſichtig zuwerden, ich habe
lange Zeit lamentieret vmb ewer willen, ich habe bey nahe
Tag vnd Nacht | mit ſchmertzen vnd ſäufftzen zugebracht, alle (S. 13.)
meine Gedancken gienge nach euch, all mein Sinn war nach
euch, ich bin ſo paſſioniret gegen euch, daß auch das Firmament vñ die ſchöne Sternen mein trawren geſehen, vnd
meine lamentation gehöret, müſſen dieſes conteſtiern.
Meine Kammer, darinne ich offt heiſſe Zäcren emittiret,
muß ſolches confirmiern. Daruñ mein allerliebſte Dame,
condonieret doch mir, dz ich dieſe Frechheit gebrauche, vnd
mit euch mich vnterſtehe in einen diſcurs einzulaſſen. Waß
ich ſoviel favor vnnd cordeſi erhalten kan, daß ihr für
ewern Serviteur erkennet, ſo bin ich gantz content, mein
Hertz iſt refraichieret, meine Augen ſein geſättiget, mein
will iſt implieret, mein paſſion iſt geſtillet, mein lamentiern hat ein end, vnd meine Thränen hören auff zuflieſſen.
Ach was vor eine recreation empfindet jetzt mein Laß vnd
paſſionirtes Hertz, was vor ein Conſolation empfindet
mein trawriges Gemüt, vnd ſo fort an.

Alſo vnd mit dergleichen Auffſchneiderey frembder Wörter (S. 14.)
pflegen ſolche Sprach-berderber, bey den Jungfrawen ſich
angenehm zumachen.

Gleichwol ſo finden ſich auch bey dieſer Zeit viel Jung-   Jungfraue
frawen, welche keinen ſchew tragen, mit dergleichen frembden
Wörtern den Jungen geſellen zu begegnen, vnd ihre Frechheit damit an den tag zu geben. Aber iſt es nicht eine groſſe
ſchande, iſt es nicht zu erbarmen? Man wird mehr Jungfrawen finden, welche ſich befleiſſen recht Allmodiſch (wie ſie
es nennen) mit den Jungen geſellen von der Liebe vnnd von

der Affection (alſo meinen ſie es) zu ſprechen*), als etwa eygendlich vnd Chriſtlich von jhrem Gottesdienſt. Sie gedencken eher der bedeutung dieſes vnd jenes Frantzöſiſchen oder Lateiniſchen worts nach, als einem Spruch Heiliger Göttlicher Schrifft. Ja, wieviel leſen fleiſſiger in dem Amadis, Schäfereyen, Arcadien, als in Gottes Wort? Affection, Amor, paſſion. Vexation, diſcurs, diſcret vnd dergleichen Wörter ſeyn jhnen wol bekant, ſie führen ſie ſtäts in jhrem heuchleriſchem Munde, ja ſie führen manchmal mehr frembde Wörter, als ein Junger geſell, der gleichwol

(S. 15.) die Sprach verſtehet. Was aber von ſolchen Vorwitzi- | gen (die, welche dergleichen nicht thun, wie es dann derer auch noch gibet, ſeyn nicht gemeynet) frechen, heuchleriſchen Jungfrawen zuhalten, kan ein Verſtändiger leichtlich erachten. Ja ein ehrlicher Menſch hütet ſich vor ſolchen allomodiſchen (alſo nennt man ſie jetztund) reden der Jungfrawen, dann gemeiniglich Betrug dahinter ſtecket, wie auß folgenden jhren Reden abzunehmen.

Der Herr (ja ſie dörffen theils wol ſagen, Monſieur) hat ſich nit zuerfrewen, daß er dieſe occaſion erhalten, mit mir zu diſcurieren, vnd ſeine paſſion mir zu entdecken. Ich weiß gar wol, daß es eine lautere vexation iſt, oder wenigſt auß deß Herrn diſcretion rühret, alſo mit mir zu reden, ich wuſte nicht, wie er gegen einer ſo Vnhöfflichen vndiſcreten Perſon ſolte affectioniret werden, er lieſſe mich nit bey ſeinen alten Schuhen (mit ehren zu melden) ſitzen, ich were jhm viel zu ſchlecht, der Herr will mich nur agirn, in dem er eine affection gegen mir vorgibet, er meinet eben, er wolle mich hiermit bethören, aber die imagination iſt

(S. 16.) gegen mir nicht ſo groß, wann ich mir vil | einbilde, ſo habe ich mir widerumb viel außzubilden, der Herr wird zweiffels ohne ſeine Dam anderſtwo haben, gegen der er veramorieret iſt, es beliebet jhme eben alſo zureden, vnd mich zuvexieren. Vnd ſo fort an.

---

*) Text: ſprachen.

Dieſe vnd dergleichen frembde Wörter pflege ſie auß
zuwerffen, vnd jhnen hierdurch ein Lob vnd Ruhm zuſuchen.
Dann welche am meiſten frembde wörter auffbringen kan,
die duncket ſich an dem beredeſten zuſeyn. Alſo verderben
auch die Weibsbilder die Teutſche Sprach, welche doch jhrer
Arbeit vnd Haußhaltung abwarten, vnd jhre angeborne Sprach
rein reden ſolten.

Nun finden ſich noch andere Leut, welche nicht in Franckreich geweſen, ſelbiger Sprach auch gantz vnerfahren, vnd
doch jhre Mutterſprach verketzern, meiſtentheils mit Lateiniſchen wörtern. Dann wann ſie etwan ein wenig in das
A. B. C. geſehen, welches der mittlere Buchſtab darinnen,
wiſſen oder können ein wenig leſen vnd ſchreyben, (Eſſen
vnd ſchreyen hätte ich ehe geſagt) ſo wollen ſie anfangen
Lateiniſche brocken einwerffen, vnd halten darvor es were
jhnen ein ſchand, wann ſie nicht auch ſolten Lateiniſche
Wörter | im reden fahren laſſen. Da ſolte man hören die
Abdanckungen bey Hochzeiten vnd bey Leichen (wo es bräuch-
lich) ich meyne man würde ſchnitz vnd aufſſchneiderey vernehmen müſſen, ein jeder der am meiſten Lateiniſche offt
nur halb Lateiniſche wörter einführe kan, der meynt er ſeye
ein halber Doctor. jederman ſehe jhne hierumb an, daß er
ſo wol reden, (aufſſchneiden) könne, ja er bildet jhme ein,
man ziehe den Hut vmb deß willen nur eher vor jhm ab,
ja er hält es jhm vor die höchſte Weißheit, da es doch die
gröſſeſte Thorheit iſt. Solte man alle frembde wörter,
welche in den Abdanckungen gebrauchet werden zuſamen faſſen,
es gebe einen Karch voll, daran etliche Pferdt zuziehen hätten.
Vnd ſo verderben die Sprach dieſe, welche etwas weniges
von Lateiniſcher Sprach verſtehen, welche aber etwas mehrers wiſſen, hilff Gott, wie verderben ſelbige die Teutſche
Sprach mit Lateiniſchen Wörtern. Leſe einer nur nachfolgenden Brieff, welcher von einem gebornen Teutſchen geſchrieben worden.

Dem Herrn ſeyn meine officia, benebens freundlicher Brieff.
Salutation jederzeit zuvor.

Schulern vnd halbge-lehrten.

(S. 17.)

20*

(S. 18.) Sein geliebtes Schreiben habe ich zu | recht acceptiert
vnd darauß seine gesundheit vernommen, welches mich sehr
delectirt, mich betreffend, so bin ich, Deo sit gratia, in
perfecter gesundheit vnd prosperitet, Gott wolle vns länger
darinnen beederseits conserviern. Sonsten habe ich nicht
viel newes dem Herrn zu Significiern, allein so hab ich
jhme wollen describiern, den statum vnsers Landes, da-
riften es so miserabel daher gehet, die Schlösser vnd
Dörffer werden total ruiniret, die Bawren torquiert, vnd
alles sehr übel conditionirt. Wir haben gute Sperantz
zum Frieden gehabt, aber jetzunder werden wir je mehr vnnd
mehr mit Krieg afficiert, allerley hostilitäten sentiren
wir, vnnd dörffen kein imagination vom Frieden concipiern. GOtt wolle vns afsistenz præstiern, damit wir
dieses exautlieren können. GOTT wolle euch vor solcher
hostilität præservirn, vnd vns allen helffen, zc. Aber ich
halte darvor, ich werde den Herrn molestiern vnd von
(S. 19.) seinen officien abhalten, mit diesem meinem schrei- | ben:
darumb so will ichs nicht pronlongiern, sondern hiemit
finiern. Vns alle beederseits Gottes obacht recommen-
dieret.   Datum ut supra.

Ey deß schönen Brieffs, Jst das nicht ein Spott, ein
Schand vor ehrlichen, redlichen, Teutschen Hertzen, daß ein
Teutscher seine Sprach also verunreinen, vnd mit Lateinischen
Wörtern beflecken solle? Jch schäme mich selbs zu offenbahren.
Solte einer vor dieser Zeit, bey den alten redlichen Teutschen
einen solchen Brieff geschrieben haben, ich halte darvor, man
hätte jhme Stadt vñ Land verwiesen. Vnd Warlich, were
es der rechte Lohn.

Predigern.   Nach diesen finden sich noch andere, welche die Teutsche
Sprach verderben, nemblich die Prediger, auff dem Predigstul. Wieviel gibt es derer, welche sehr viel frembde, sonderlich Lateinische wort brauchen, da es doch nicht von nöthen
were. Wie offt höret man ab dem Predigstul accomodiern,
approbiern, confirmiern, demöstriern, exequiern,
fingiern, imaginiern, Jubiliern, Lamentiern, Molestiern,

Ordiniern, Præstiern, vnd dergleichen noch viel Wort
fallen. Aber was hierauß folget ist wol zuerachten.

Es sagte einer einmal auff dem Predigstul, Amnistia (S. 20.)
sey ein Edelwesen, wo selbige nicht sey, so könne kein Frieden ·Amnistia
nach dem Krieg folgen:

Aber ein Bawersmann verstunde das Wort Amnistia
weit anderst, nemblich, am Mist (mit gunst) stehen, seye ein
Edel wesen, vnd ohne selbige köne nit Frieden werden: Hat
derwegen darvor gehalten, es solte Schultheiß vnd Amptmann
so wol als andere Bauren, stäts im Mist stehen, so möchte
es Friede werden.

Es ist so lang nicht, daß ein Gräflicher Ober-schreiber
(Secretarius wolt ich sagen, vnd nit viel Gelt nemen, daß
ich ihn einen Schreiber hiesse, der er doch ist,) einem gemeinen
Mann zu geschrieben: Es könte sein gnädiger Herr anjetzo
auff überreichte seine Supplication sich nicht Resolviren,
sondern hälte die sach in Amnistiam gezogen, deßwegen er
sich biß zu anderer zeit patientiren müste.

O Elend, soll das ein Cantzleyverwalter seyn? Das
arme Wort Amnistiam hat er für Bedacht genommen,
vnd | nicht bedacht, ja nicht gewust, was es in seiner Natur (S. 12.)
heissen möchte, sondern den vnfolglichen vnformlichen Schluß
gemacht, weil das Römische Reich dieses Worts so offt vnd mit
so grossem verlangen gedencket, es müste ja nit übel stehen,
wo er dergleichen in seim Schreiben mit einbringen könte:
Ja so bald er dieses Wort gehöret, nicht ruhig schlaffen
können, biß ihm gelegenheit zu erwachsen, mit demselben sein
Mistiges Schreiben zuspicken.

Ja, Es begeben sich wol andere Fäll, an welchen mehr
gelege, die auß Vnverstand solcher frembder wörter herrühren, Aergernuß
vnd geschicht sehr offt, wann ein Prediger auff dem Predig- auß böser
stul, solche frembde wörter einführet, daß die gemeine Leut, Sprach.
weit anders als er verstehet, vnd die frembde wörter, wañ
sie etwan ein gemeinschafft im außsprechen mit den Teutschen
haben, vor Teutsche annehmen vnd anhören. Daher ist zusehen, daß nicht allein hierauß die Teutsche Sprach ver-

ſtümpelt, vnd den Zuhörern mit einem böſen Beyſpiel vorgangen, ſondern auch offt Aergernuß gegeben werde, vnd
groſſer Mißverſtand hierauß kommen könne, wie auch Streit
vnd Zanck.

(S. 22.)
Cantzley
vnd ſchreib-
ſtuben.

Von dieſen kommen wir in die Cantzleyen vnd geheime
Schreibſtuben der Städten: Wann wir vns nun recht
dariñen vmbſehe, ſo finde wir auch ein groſſe ſtimpeley der
Teutſchen Sprach. Daß wir jetzo nicht ſagen, wie ſchlim
offtermals die wörter geſchrieben vnd abgebrochen ſind, da
doch das beſte Teutſch vnd die beſte Schreibkunſt ſolte an
dieſem Ort in acht genom̃en werden, aber wir laſſen jetzt
dieſes fahren, vnd betrachten einig vnd allein die verderbung
Teutſcher Sprach. Dann es iſt inſonderheit bei dieſen jetzigen
zeiten dahin kom̃en, kein ſicher Glaitzettel, Paßzettel, Paß-
brieff, vnd dergleichen kan verfertiget werde, es muß mit
frembden wörtern vnd daſſelbige hauffenweiß geſchehen, vñ
wiewol wir es auß dem Teutſchen (Paßwort) vrſprünglich
her haben, ſo ſchmackt es den Narren doch beſſer, wann man
es mit einem Welſchen Brey anrichtet vnd Paſſeport
nennet.

Es iſt ohn noth viel exempla hiervon bei zu bringen.
Allein iſt zubedencken, was vor groſſer Schaden hierauß
(ohngeacht diſes an jhm ſelber zutadeln, daß der Teutſchen
Sprach hierdurch ein groſſer ſchändlicher flecke angehängt
wird,) erfolgen vnd erwachſen könne. Der Hochgelehrte Herr
Jul. Wilhelm Zinngräf in ſeinen Teutſchen kurtzweiligen
(S. 23.)
Sinn- reichen rede, meldet auß deß berühmten Artzts, Herrn
Johann. Fabricii ſchreiben, an jhne, daß er (bemelter
Fabricius vor etlichen Jahren in einer Vornehmen zu-
ſam̃enkunſt gehöret hätte, daß, als ein ſolcher (nemlich von
allerley frembden wörtern) geflickter Brieff, auß einer Fürſtlichen Cantzley, an einen Land-Schultheiſſen were geſchickt
worden, einen zwar guten alten vnd Ehrliebenden Teutſche
Mañ, der aber im übrigen dieſer Nagelnewe art zuſchreiben
noch vnerfahren vnd vngewachſen were, vnd alſo deß Fürſten
meynung widerſinns verſtunde, er, einen peinlich verklagten,

doch vnschuldig, hätte zum Todt verdammen vnd hinrichten
laſſen. Hierauß iſt nun abzunehmen, was vor Vnheil auß
ſtimpeley der Sprachen entſtehen könne. Darumb ſolle
billich vnd inſonderheit in Cantzleyen die Teutſche Sprach
rein vnd lauter erhalten vnd fortgepflantzet werden.

Jener Teutſche Schultheis, als jhm von der Gräfl.
Cantzley ein Befelchſchreiben zukommen, inn welchem deß
Schreibers züge vnd Mahlereyen das beſte, vnd (dann wer
ſonſt nichts weiß noch gelehret hat, der ſoll ſich billich auff
ſchöne ſchrifften vnd mit Lindwürmiſchē | zügen gezierte ſtriche (S. 24.)
vnd Buchſtaben befleiſſigen) an dem vmbſchlag oder über=
ſchrifft mit einem zweiffelſtrick (Verzweiffelten Strick) ver=
ſiegelt war, wiewol er nicht leſen oder verſtehen kunnte was
deſſen Inhalt ſein möchte, jedoch auß dem verwurtē Zug,
auß der verwurten Greden, hat er ſoviel verſtanden, daß er
einen Wagen mit Wällen gen Hoff bringen ſolte, welches
er dann gethan, aber zu ſeinem ſchaden, von wegen ver=
ſaumnuß deſſen, ſo jhm im ſchreiben befohlen war, in Thurn
geworffen wordē. Kan nun auß einem ſtrich ſoviel mißver=
ſtand kommen, was wolt nicht ärgernuß auß den worten
erwachſen können, wañ ſie auſſer zeit gebraucht vnd einge=
miſchet werden.

Gehen wir von den Cantzleyen hinweg, ſo treffen wir Rechtsge-
alsbald Leut an, die die Teutſche Sprach auch tapffer helffen lehrten.
verderben, als da ſein die Rechtsgelehrte, Vorſpräch vnd
Anwäld. Hier ſolte einer wunder hören, wie in jhrem ſo
mündlichen ſo ſchrifftlichen vorbringen die Teutſche Sprach
noth leidet. Mancher Vorſpräch hältet darvor, es were
jhme | eine groſſe ſchand, wann er ſeine Schrifften, wo müglich (S. 25.)
teutſch ſtellen vnd faſſen ſolte, er meynete er thäte vnrecht
vnd könne es nicht verantworten, wann er nit alles von
Lateiniſchen wörtern überſetzte. Da muß es heiſſen
Appelliern, Suppliciern, Concipiern, Judiciern, abcopiern,
mundiern, Receſſiern, Referiern, Purgiern, Urgiern,
Vidimiern, Repliciern, Citiern, Differiern, Diffamirn,
acceptiern, Compenſiern, vnd dergleichen. Ja ſpricht etner,

dieses sein Wort welche Teutsch nicht wol können gegeben
werden. Antwort, warumb daß nicht? Die meisten können
gar wol vnd gut teutsch vbersetzet werdē, als Appelliern
sich beruffen an ein höhers Gerichte. Suppliciern, bitten
eine bittschrifft einlegen. Concipiern, auffsetzen. Judiciern,
Vrtheilen. Abcopiern, abschreiben. Mundiern, rein, sauber
abschreiben. Recessiern, mündlich etwas vorbringen.
Referiern, erzehlen. Purgiern, sich entschuldigen. Urgiern
anhalten, darauff tringen. Vnd so fort an.

    Möchte aber ferner einer sprechen, verstehen doch die
Leut meistentheils diese Wörter schon, hat derwegen nit viel
zu bedeuten, waß man sie schon brauchet. Antwort: Ob
wol dieses waar, daß diese vnd dergleichen Wörter nunmehr
(S. 26.) vielen bekant, so ist es doch hierumb | gantz nicht thun, son-
dern es ist dahin wol zu sehen, daß auff solche weiß vnd
durch stäten gebrauch, diese Wörter in vnserer Sprach verbleiben, vnd also dieselbe dardurch verunreiniget wird: Wie
dann ohne das schon mit vielen Wörtern beschehen, welche
durch stäten gebrauch in dem Teutschen verblieben, vnd
jetzunder vor Teutsch gehalten vnd von den einfäl-
tigen Bawrn verstanden werden, als Cantzley, Doctor.
Apotheker, Exempel, Calender vnd dergleichen. Derwegen,
wann man die heut zu tag gebräuchliche Lateinische wörter
stätigs also fort pflantzet, so werden sie endlich der Teutschen
Sprach anhängig gemachet, vnd können nimermehr darvon
abgesondert werden, daß also die teutsche herrliche sprach jhre
lauterkeit verlieret, vñ ein hauptsprach zusern auffhöret. Warzu
es dann leider schon kommen, vnd klingen die frembde wörter schon besser in vnsern Ohren, als die Teutsche. Wann
ein gemeiner Mann zu einem (Advocat) Vorspräch käme, vnd
sagte, er solle jhm ein Bittschrifft auffsetzen, was würde wol
der Vorsprech gedencken, er dörffte sich besinnen müssen, was
der Mann mit der Bittschrifft meynete, ja es lautet in seinen
Ohren viel besser, wann der gemeine Mann sagt ein Supp-
(S. 27.) licaz oder Supplication. als | waß er sagt eine Bitschrifft.
Wärumb lautet aber das frembde wort besser in den Ohre,

als das Teutsche? Dieweil man es schon gewohnet, vnd besser
als deß Teutschen worts, bitschrift. Ich halte darvor es
würde sich noch mancher besinen müssen, wie er ein Supplication auff teutsch nesen wolle. Aber ich frag alle ehrliche redliche Teutsche Hertzen, ob daß nit vngereimet sey,
das teutsche Wort Bittschrifft außzuschaffen, vnd dargegen das
Lateinische wort Supplication in die Teutsche Sprach einzuführen? Ja, waß man kein solches teutsches wort hätte,
so were es eher zuentschuldigen ein frembdes wort einzuführe,
weil wir aber im Teutschen ein so schönes Wort, nemblich
Bittschrifft haben, warumb wollen wir das Lateinische darvor
brauchen? Ist ebe als weñ man in der Lateinische sprach,
das wörtlein Supplicatio wolte außmustern, oder vergessen,
vnd hingege das teutsche wort Bitt oder Demütige Bitt einführen. Es geschicht selten oder niemahln, daß die Lateiner
teutsche oder andere frembde wörter, wann sie Lateinische
haben können, einnehmen. Aber die teutsche gebrauchen sich
allerley frembder wörter, da sie doch keine mangl in jhrer
sprach haben. Es ist fürwar eine grosse Schand dem
Teutschland, dz es seine herrliche Sprach | also verliederlichet, (S. 28.)
ja gar vergisset, vnd hingegen frembde Wörter einflicket.

Noch möcht über daß einer sprechen vnd sagen, dise
erzehlte wörter sein Termini artis. Kunstwörter, das ist
solche wörter, welche einer jeden Kunst vnd wissenschafft eigen,
vnd dardurch von andern vnterschieden werden, darumb so
müsse man sie notwendig behalte. Antwort: Dieses folget
nit. Dann sehen wir an andere Handwercker, so finden wir
auch, daß sie solche wörter haben, die jhrem Handwerck eygen
seyn, vnd doch nit in Lateinischer, sondern in teutscher Sprach,
zwar, die Handwercker, so in Franckreich zureisen pflegen, als
die Schneider, die fangen schon auch an solche frembde Frantzösische wörter jhrer Teutschen Sprach an zuflicken, da heisset
es bey jhnen, ich kan ein neetes alomodisches Camisol
machen. Solte man einen alten Teutsche Schneider, welcher
nit in Franckreich gewesen, fragen, was ein neetes alo-

modisches Camisol sey, er könte es einem nicht sagen, solte
es ihm sein Haab vnd Gut gelten.

Aber daß ich auff das vorige komme, man bestehet
dieses gern, daß insonderheit diese Künsten vnd Wissenschaften,
welche vns von den Lateinern seyn in ihrer Sprach über-
(S. 29.) lassen worden, solche Wörter haben, welche | wir nicht mit
einem oder andern Wörtern Teutsch geben können; doch aber
der meiste theil seyn gar wohl vñ füglich in vnser Teutsch
zu übersetzen, vnd solle man sich mit allem fleiß dahin be-
arbeiten, daß man alle frembde Wörter, wo müglich in das
Teutsche übersetze, damit sie nicht in Teutscher Sprach verbleiben, dieselbe verfälschen, vnd auch ander Vnheyl erwecken.

Dann, wie offt meynet man wol, geschicht es, daß, wann
vor einem E. Rath, es seye wo es wolle, eine Bitt-schrifft
eingeleget, vnd selbige mit solchen frembden Wörtern ange-
füllet wird, mancher Ehrlicher, Vernünfftiger, Kluger Mann,
der frembden Sprachen, vnerfahren, nicht verstehe, was
darinnen begriffen, was begehret vnd gesuchet werde: Daher
er auch nicht recht seine Meynung entdecken, sondern sich
seines Nachbaurn stimm gebrauchen muß.   Dann mancher alter
Teutscher schewet sich etwan einen jungen Newling zu fragen,
was dieses oder jenes Wort heisse, darumb dann billich, sonderlich an denen Orten, wo die Herrschung auch von dem
gemeinen Mann vnnd Burgern besetzet ist, die Schrifften vnd
das Mündliche Vorbringen, wo müglich, von Teutschen reinen
Wörtern seyn soll.

(S. 30.)   Nach diesen kommen wir zu den Artzten, insgemein
Artzten. vnd was zu jhnen gehörig, als welche auch in vielen
sachen die Sprach verderben.   Dann da muß es heissen
purgiern, præserviern, præpariern, conserviern, anatomiern, Cauterisiern, vnd so fortan.   Da geben sie einem
ein Pillulen, Morsellen, Vomitiv, Laxativ, Purga-
tion, auch haben sie noch andere viel Wörter, welche wol
Teutsch zugeben seyn, als Catharr, Podagram, Urin.
Vesic, vnd so fortan.   Aber, heisset das nicht die Sprach
verderbt? ist es nicht gut Teutsch, wann ich vor das pur-

giern sage, den Leib reinige, säubern. Vor bz præserviern, vorsehen. Præpariern bereiten, zurüste. Conserviern erhalte. Anatomiern zerschneide, auffschneide. Cauterisiern brennen. Vor Pillulen, Kügelin. Morsellen, Küchlein, Zältlein, Vomitiv erbrechende Artzney. Laxativ weichende, oder gelind treibende Artzney. Purgatio reinigung. Solte dieses oder anders, sage ich, nicht gut Teutsch seyn? Sagen doch die Aertzt ein Träncklein, vnd nit potion, warumb sagen sie dann nit auch ein Kügelein vor pillulen.

Es hat sich auff ein zeit ein seltzame Geschicht auß mißverstand deß worts pillulen begeben. Dann als einmal ein Fraw zu dem Artzt kam, jhn bathe, jhrem Mann ein Artzney | zu (S. 31.) verordnen, als welchem das Magenwehe hart zusetzte. Der Artzt verordnete jhm Pillulen (wie ers nennete) vñ sprach zu deß Krancken Frawen, Er habe jhm 7 Pillulen verordnet, die solle er alle auff einmal einnemen. Die Fraw gehet von dem Artzt hinweg, vñ verstunde, als hätte er gesagt, 7 Pullulen (theils Ort werden durch Pullulen die junge Hüner verstanden) derwegen gedachte, was sie erst in die Apotheck gehen vnd Pullulen darinnen holen solte, die sie gar theur allda bezahlen müste, da sie doch selbst Pullulen in jhrem Hof herumber lauffen hatte. Gienge derowegen nacher Hauß, name 7 Pullulen (junge Hüner) ab, bratet sie, vñ brachte sie dem Krancken schwachen Mann, vor das Beth mit vermelden, der Artzt habe befohlen, er solle diese 7 Pullulen (junge Hüner) auff einmal einnemen, so werde seinem Mage geholffen, vñ werde er wiederumb ein Lust zu dem essen bekomen. Der krancke Mañ setzte sich in dem Beth auf, sahe die 7 Pullulē an vñ sprach: Ich habe keine lust zum Essen, leide groß-Magewehe, doch solle ich diese 7 Pullulen verschlucke, sprach zur Frawn, sie werde es etwa nit recht vom Artzt verstanden habe: Aber die Fraw sagte, sie habe es gar wol gehört, bz der Artzt sagte von 7 Pullulen. Nun der Krancke fieng an die Pullulē anzugreiffen, | vñ schluckt (S. 32.) so lang, biß er 6 Pullulē hinab geschluckt, darauf er sprach, es geh mir wie es der liebe Gott wolle, ich kan je bz sibende

nit mehr hinunter bringen, wolte dem Artzt gern gefolgt
haben. Wie es ferner ergangen, iſt nit auffgeſchrieben. Allein
iſt hiebey zumercken, dz dieſer krancke Man an dieſen
Pillulen hätte erſticken können, daran daß der Artzt ſchuldig
geweſen, weil er nit teutſch geredet, hätte er geſagt, es ſeyn
ſieben Kügelein, ſo hätte jener kein Pillulen geſchlucket.

Vnd zu dem, dz die teutſche Sprach, durch ſolche
frembde wörter entehret*) wird, ſo kan auch groſſer Schaden
vnd mißverſtand auß frembden wörtern folgen. Dan es läſſet
ſich nit ſchertzen mit der Artzney, es gehet Leib vnd Leben
an, darumb dann vnd Inſonderheit die Artzte ſich wol
vor frembden Wörtern hüten ſollen, ſonderlich bey gemeinen
Leuten, die nur Teutſch verſtehen.

Inſonderheit aber leuchtè vor andern hervor die jtzige
Calendſchreiber, indem ſie ſehr vil frembde, ſonderlich Lateiniſche
wörter gebrauchen, als Planeten. Aſpect. Conjunction.
Sextil. Trigonus. Quadratus, Oppoſition, Revolution.
Direction. practic. prognoſtication. Prognoſticiern, ja
ſie bleiben nit allein bey dieſen frembden wörtern, welche | zu
ihrer wiſſenſchaft gehörè, ſondern ſie ſchmieren auch ihre,
vnwahre Warſagung vol Franzöſiſcher vnd anderer wörter,
alſo daß mancher teutſcher nit weiß was ſie verſtehen. Iſt
es aber nit beſſer, wan ich in meiner teutſchen Sprach kan
ſage, Irr= oder Wanckende ſtern, als Planet? Aſpect an-
ſchawung, Conjunction Zuſamenkunfft, Zuſamenfügung. Oppoſition Gegeſchein. Sextil geſechſter ſchein. Prognoſtic.
Practic, ein vorſagung, vnd ſo fort an. Ob zwar die Leut
bey nahe dieſe frembde wörter alle verſtehe, ſo iſt es doch
hierum̅ zu thun, daß dieſe teutſche ſprach verunreiniget, vnd
ihre wörter vergeſſen werden, als eben in dem wort Planet
geſchicht, das teutſche wort Irrſtern iſt gantz vergeſſen vnd
in langer zeit von keinem oder wenigen Sterngelehrten Ca-
lenderſchreibern gebrauchet worden.

Calender
Schreiber.

(S. 33.)

---

*) Text: entunehret; vielleicht verunehret?

Also gehet es auch mit andern, die teutsche wörter stellet man zuruck, wirffet sie in einen winckel, ja man fegt sie gar auß, vnd suchet hergegé frembde hervor. Man sagt jetzunder, vnter burgern vñ bawern, sovil von der grosen Conjunction. da mancher gedencket, was es nun für ein Wunder sey, daß er verstehet nit, was Conjunction ist: Wann man sagte die grosse Zusamenkunfft der Irrstern, were es nit besser verständlicher gered, wurde es nit man- | cher besser (S. 34.) verstehen? Wer will einem gemeinem Mañ, einem Bawrn sagen, was Conjunction ist? Die gemeine Leute vermeynen, es sey ein Wunderzeichen, vnd warten mit verlangen, was selbigen tag, wann die Irrsternen zusammen kommen, ge= schehen werde.

Wañ ich erzehle solte alle die frembde wörter, welche in beschreibung vnd auffschneidung dieser grossen Zusamen= kunfft gebraucht worden, ich hätte nit Papier genug. Mein, was gewiñen aber diese Calendermacher hiermit? Nichts, als daß etwan solche frembde wörter vom gemeinen Mañ anderst außgeleget vnd verstanden werden, auch dadurch dem Calender= schreyber mancher spott widerfähret, wie schon offt geschehen. Wollen nun die Calendermacher nit vor verderber vñ stümpler teutscher sprach angesehen werden, auch nit in hohn vnd spott gerathe, so sollen sie sich billig auß trib der Natur dahin befleissigen, dem gemeinen Mañ alles was müglich Teutsch vnd Verständlich vor zutragen.

Nun komen wir auch auff die letzte, welche vnter allen Zeitung am allermeisten hervor leuchten, vnd keinen nichts nachgeben Schreiber. wollē, als da sein die Zeitungschreiber: Hier höret einer Wunder über wunder, wie die Zeitungen mit allerhand frembden wörtern angefüllet werden. | Wie mancher einfältiger (S. 35.) Teutscher Mañ, der etwan die Zeitungen (sonderlich derer orten, wo man sie zu Drucken pfleget) liset, verstehet kaum das halbe theil. Es were von nöthen bey dieser jetzigen zeit, daß, wañ einer die Zeitungen lesen will, er zween Mäñer bey sich stehen habe, auff der rechten seiten einen

Frantzoſen, auff der Lincken, einen Lateiner, welche die frembde
Wörter jhme außlegten.

Ja es ſeynd die Zeitungen alſo beſchaffen heutiges tags,
daß mancher in ſein Sinn gelehrter Kerl ſie nit wol mag
verſtehe. Ich weiß mich zu erinnern, daß ein Doctor Juris
ſeinen Sohn (der in eim halben Jahr hernach) Licentiat
worden) die gedruckte Zeitung geben, daß er ſie ableſen ſolte,
der Sohn aber ſo weder die Wort noch den Verſtand derſelben finden könten, vnd neben mir ſtunde, mich bate, dz ich
jhm ſagen wolt, was es were, war letzlich vom Vatter der
vnwiſſenheit geſcholten. Der ſich aber entſchuldigt wann es
Teutſch oder Lateiniſch wer, ſo wolt er es wol verſtanden
haben.

Ich will nur etlichs erzehlen. Artillerie muß vor Geſchütz gebrauchet werden. Reteriern muß zurück weichen
heiſſen. Approchiern, herzu graben. Refrachiern, erquicken.
Recontriern, dem Feind entgegen kommen. Pedardiern, mit
(S. 36.) Fewr zerſprengen. Revengirn, | ſich rechen. Perdoniern,
verzeihe. Avanciern, herzu nahen. Forcirn, etwas mit gewalt außrichten. Ranconiern, aufflöſen. Miniern, vnter-
graben. Montiern, außrüſten. Chargiern, angreiffen, drauff
ſchlagen. Standarten, Fahnen. Bataille, Schlacht Ordnung. Quarniſon, Beſatzung. Fourage, die Fütterung.
Avant garde der vorzug. Infanteri, Fußvolck. Cavallerie,
Reutterey, vnd was dieſes dings mehr iſt. Aber iſt dieſes
nit ein ſchand, vnd ſollte dieſes nit offentlich verboten werden.
Die alten Teutſchen hätte es nit gelitte, wie dann vor
50 vnd weniger Jahren, wie in alten Zeitungen vnd Schrifften
zu finden, dergleichen wörter nie gebraucht worden. Aber
die jetzige halb Teutſche vnd halb Franzöſiſche Welt hältet
es jhr noch vor eine Ehre, ſolche wörter zugebrauchen, vnd
hielte mancher Zeitungſchreiber vnd Drucker darvor, er
könnte ſeine Zeitung nicht verkauffen, wann ſie nicht voll
ſolcher fremder Brocken ſteckete.

Aber es iſt zu erbarmen, vnd hoch zubetawren, daß die
Teutſchen noch ſo blind ſeyn, vnd nit mercken, was vor

Vnwesen, ja vor schand vnd spott auß verderbung jhrer
Sprach folget. Werden demnach alle die gemelte, auch alle
andere (bey den Soldaten, als von welchen auch meisten-
theils die frembde vñ Fran- | zösische Wörter in Teutsch- (S. 37.)
land kommen, ist schlechte besserung zu hoffen) Sprachverderber trewhertzig vnd freundlich erinnert, die Teutsche
herrliche vnd alte Sprach hand zu haben, frembder wörter
sich, wo müglich, zu enthalten, ja vor denselben einen abschew
zu tragen, vnd alle die, welche frembde wörter gebrauchen
darvon abmahnen, ja sie außspotten, vnd vor verderber der
reinen Teutschen Sprach haben vnd halten.

Dieweil aber diese frembde wörter, weil sie schon
häfftig eingewurtzelt, herb vnd mit grosser mühe werden ab-
zugewehnen seyn, so were nit vneben, daß bey allen Gastungen
vnd Zusamenkunfften, die Leut einander eine gewisse Straff,
von einem jeden frembden wort aufferlegten, damit man ℑn das Vi-
desto eher diese frembde Wörter abschaffen, vnd die Teutsche ℼꝛel blasen.
Sprach wider pflantzen möchte.

Ein jeder in seinem stand vnd Ampt solle auch billich
dahin trachten, es sey mit Schreiben vnd Reden, daß er sich
der reinen Teutschen Sprach befleisse, darmit sie nit zu grund
gehe, vnd die Teutsche jhnen dadurch ein ewigen Schand-
flecken anhängen.

Alle gute alte Redliche Teutsche Hertzen vnd Zunge
werden erinnert, sich steiff vnd vest an die Teutsche Sprach
zuhalten, die jetzige | frembde wörter sich nit irren zu lassen, (S. 38.)
sondern bey jhrer guter alter Teutscher Zunge (vnd solten
sie gleich darüber gehönet werden, wie solches zu dieser zeit
viel alte Redliche Teutsche Hertzen offtermals erfahren
müssen) zu verbleiben, die Teutsche Frantzosen verachten, sie
jhrer verkehrten Sprach halber erinern, vnd davon abhaltē,
soviel jhnē möglich sein wird.

Ich wünsche von Hertzen, daß doch die Teutschen einmal
die Augen auffthun, jhren vnverantwortlichen heßlichen Fehler
in verderbung der alten Redlichen vnd herrlichen teutschen
Sprach erkeñen, vnd vielmehr solche pflantzen vnd bawen,

damit ſie rein vnd lauter auff vnſere Nachkom̄ene kom̄en
möge, vnd ſie nicht über vns dermal eineſt klagen, vnd vns
vor verderber vñ ſtümpler der reinen Teutſchen Sprach auß-
ſchreyen vnd außrufen müſſen, welches vns dañ ein ewiger
ſpott vnd ſchand were, weil ohne daß wir ſehen, daß beynahe
alle Länder vnd Völcker jederzeit ſich befliſſen, wo es möglich
jhre Sprach rein vnd lauter auf die Nachkomene fort zuſetzen.
Welches inſonderheit die Griechen vnd Lateiner wol in acht
genomen. Aber hiervon genug.

Nun GOtt der HErr wolle das arme Teutſchland,
welches jtzt beynahe Freyheit, Haab vnd Gut verlohren,
widerumb erquicken, vnd in ruhigen Stand ſetzen, vmb Chriſti
willen, Amen.

E N D E.

XII.

Gehorsamstes Memorial des Bier-Proclamators Schröter zu Arnstadt.
1722.

———

Das Arnstädter Bier erfreute sich im vorigen Jahrhunderte wegen seiner Güte nicht allein eines großen Rufes, sondern wurde sogar durch ein dramatisches Gedicht verherrlicht. Gymnasialdirector Papst zu Arnstadt hat in dem Osterprogramme von 1846 über die „von einigen bei der Hoch-Gräfflichen Landschule zu Arnstadt befindlichen Alumnis im Jahre 1705 vorgestellte Operette," betitelt: „Die Klugheit der Obrigkeit in Anordnung des Bierbrauens" ausführlichere Nachricht gegeben und mehrere Stellen, namentlich auch mundartliche, im Auszuge mitgetheilt*). Auch das folgende, in eine etwas spätere Zeit fallende Memorial des Bier-Proclamators Schröter gibt uns ein Bild von der Bedeutung der Arnstädter Brauerei und zugleich von dem Humor, welchen die Bürger jener Stadt in reichem Maße besessen haben müssen.

Das Memorial ist auf zwei Blätter in Folio gedruckt und füllt mit der Unterschrift 2³/₄ Seiten. Auf der Stirnseite des ersten Blattes steht der Titel: An die Sämtliche Löbliche Brauerschafft zu Arnstadt gehorsamstes Memorial. Darüber ein Holzschnitt: Ein aus einem gereiften Stangenglase trinkender Mann steckt in einer Bierkanne, welche gewissermaßen seine Bekleidung bildet; der Deckel stellt zugleich die Kopfbedeckung dar. Zur Seite ein an einem Grabsteine sitzender, das Gesicht verhüllender jüngerer Mann, auf der anderen Seite stehen und liegen hölzerne Kannen und Gläser. Darunter die Inschrift: Einer von denen nassen Brüdern.

---

*) Früher auch angeführt von Hoffmann in der deutschen Philologie im Grundriß, Seite 184. — Bei der Seltenheit des ursprünglichen Druckes und der beschränkten Verbreitung der Schulprogramme würde sich ein vollständiger Abdruck des in mehrfacher Hinsicht werthvollen Stückes wohl einmal verlohnen. Ich selbst habe das Original nie gesehen, besitze aber eine neuere, und, wie es scheint, gute Abschrift.

Der
Löblichen Brauerschafft sämtliche Mitglieder,
Hoch= und Wohl=titulirte Herren und Frauen,

DAß eine Löbliche Brauerschafft allhier, bereits vor sechs Jahren, zu
wieder Aufbauung meines gantz in Moder gelegenen und ruinirten
Mantel-Gebäudes, mir mit einer freywilligen Beysteuer unter die Arme
gegriffen, solches erkenne ich nochmahls mit gantz gehorsamsten, de=
müthigen, Ehrendienstlichen und abscheulichen grossen Danck. Wie nun
besagtes Mantel-Gebäude dermassen wohl und räumlich gerathen, daß
darinnen weiter nichts zu bauen und zu bessern vorfallen möchte, als
noch ein Winter-Stübgen, Cabinet und Cammer, solches aber anietzo
noch vor Winters zu bewerckstelligen, meine arme Cassa gäntzlich un=
vermögend ist, wenn nicht barmhertzige Personen zu denen behörigen
Materialien einigen Beytrag thun. Dieweil ich aber versichert bin, es
werden meine hochgeehrteste Herren und Frauen, mich, als ihren alten
verschimmelten treuen Diener, in diesem so weitläufftigen und unaus=
gebauten Mantel-Gebäude, diesen Winter über nicht stecken lassen, son=
dern ein geneigtes Auge auf dasselbe haben, und zur Erbauung eines
kleinen Winter-Stübgens, Cabinets, nebst beygehöriger Cammer, mit
einer selbst beliebigen Accise zu denen Materialien, deren Mildthätig=
keit nach, hochgeneigte und gute Verfügung thun und solches heilsame
Werck befördern helffen.   Als trete ich mit meinem unausgebauten
Mantel-Gebäude meinen hoch= und vielgeehrten Herren und Frauen
hiermit gantz piano, und gehorsamst unter ihre barmhertzige Augen,
so gut, als der beste Spanische Ceremonien-Meister nur ersinnen mag,
flehende und bittende, weil mir der Winter schnell auf den Hals
kömmet, meinen schlechten Zustand dieses incompleten Baues hochge=
neigt zu consideriren, und zu denen etwan benöthigten Bau-Mate=
rialien einen selbst beliebigen Beytrag eines Winter-Stübgens, Cabi=
nets· und Cammer, (welches ich doch sehr kurtz verfassen werde, und

solte es nur Zehendhalb Ellen weit, breit, lang und schmal werden,
und die Gestalt eines Rockes, Camisols, Hosen und Brustlappens ge=
winnen,) zu thun, worinnen ich mich bey meinem 78jährigen Alter
verbergen, und in möglichster Stille die allerschönsten Wein-Bier= und
Breyhahns=Stückgen fleissig componiren, und nechst diesem, bedürffenden
Falls, meinen hochgeehrtesten Herren und Frauen zu Ehren, dem Pu=
blico zum Besten und Aufmercken, gleich denen qualificirtesten
Castraten, nach Engelländisch- und Italienischer Manier auf öffent=
licher Strassen musiciren und absingen möge.   Weilen ich nun auch
bey meinem 43. jährigen Amte einer Löblichen Brauerschafft allhier,
als ein treuer Wein-Bier- und Breyhahns-Proclamator und Com=
nrendator, in lauter Lieb und Freundligkeit gedienet, und von den=
selbigen aus ihrer milden Hand funffzehen tausend, siebenhundert und
25. Kannen oder 374. Eymer 17. Kannen Weitzen= und Stadt-Bier,
exclusivé des Breyhahns, franco gereichet worden, so ich auch, sonder
allen eiteln Ruhm, mit gröstem Appetit auf deren allerseits gutes
Vergnügen und Gesundheit ausgetruncken, wovor ich nochmahlen einen
entsetzlichen grossen Danck abstatte.   Eins wolte bei Einer Hochlöbl.
Brauerschafft annoch bittlich beyfügen, und melden, wie daß mein Alter
mir in Zukunfft nicht mehr, wegen des Schwindels und abnehmenden
Kräffte, verstatten will, eine Leiter zu steigen, die Wein-Bier- und
Breyhahns-Zeichen, wie bißher geschehen, zierlich, manirlich, reputirlich,
aufzuhängen und auszustecken: Als ersuche hierdurch meine hochge=
ehrteste Herren und Frauen hiermit gantz gehorsamst, mich mit einem
Music- verständigen und raffinirten Substituto zu unterstützen, welchen
ich so wohl in der Vocal-Music, als auch in denen zu diesem Amte
gehörigen Manual-Operationen treulich, so lang ich noch lebe, unter=
richten könne, damit er nach meinem Tode, als ein neuer Phoenix
aus meiner Asche hervor brechen, und er in mir gleichsam leben
möge, jedoch mit dieser expressen Bedingung, daß er bey meinem
Leben nur die Zeichen aufstecke, im geringsten aber, ohne meine be=
sondere Ordre, sein Bier publicè proclamiren möge. Und dieses
mein billiges petitum zielet dahin ab, damit ich nicht vor meinem
Ende einer Löblichen Brauerschafft etwan noch einigen despect zu=
ziehen möge, wenn ich wieder alles Vermuthen eine 6. Klafftern hohe
Capriole von der Leiter machen und mich unter ein ohnmächtiges

Holtz des Bier-Wein- oder Breyhahns-Zeichens, wieder Willen submittiren müste. Ich verspreche dargegen den auszuruffenden Neben-Weitzen-und Gersten-Tranck, so lange meine Kehle noch singen und schlingen kan, dermassen unvergleichlich heraus zu streichen, zu recommendiren, loben, rühmen, erheben und zu preisen, damit jung und alt, solchen häuffig hohlen, und eine Löbliche Brauerschafft ihres gut gebraueten Säfftgens und Biergens, gegen baare Zahlung, bald loß werden, und in der That erfahren sollen, ich sey ohne alle Falschheit

Der sämtlichen Löblichen Brauerschafft,

Meiner Hoch- und Vielgeehrtesten Herren und Frauen

Arnstadt, den 7. Septembr.
Anno 1722.

In die 43. Jahr bey Tag und Nacht zum Ausruffen und Einschencken gehorsamster, trinkwilligster, auch mit lauter Lieb und Freundlichkeit úm sich werffender Wein-Bier-und Breyhahns-Proclamotor und Commendator, wie auch höltzerner Kannen Operator emeritus, at proh! castratus.

Hans Jacob Schröter.

XIII.

Ludwig Bechsteins Lied „An der Katzbach."

Zur Literatur des historischen Volksliedes.

Im Nachlasse fand sich auf einem einzelnen Bogen folgende undatierte Niederschrift von der Hand Ludwig Bechsteins, welche, wie ich aus einer Randbemerkung schließe, wahrscheinlich zur Veröffentlichung im Anzeiger für Kunde der deutschen Vorzeit bestimmt war. Nach dem Schlusse zu stehen mehrere mißmuthige Aeußerungen über die Kritik im Gebiete der deutschen Alterthumskunde, welche vielleicht meinen Vater schließlich bestimmten, den kleinen Aufsatz ruhen zu lassen, möglich auch, daß ihretwegen die Aufnahme in jenem Blatte versagt wurde. Nicht allein dem Andenken meines Vaters glaube ich es schuldig zu sein, seine Autorschaft des Liedes An der Katzbach öffentlich kund zu thun und zu belegen, sondern auch im allgemeinen literarischen Interesse scheint mir die Mittheilung geboten, da uns hier ein lehrreiches Beispiel gegeben ist, wie das volksthümlich gehaltene Kunstlied durch seine Aufnahme in den Kreisen des Volks zur Geltung eines Volksliedes gelangt, ohne daß selbst der Scharfblick eines Kenners auf die richtige Spur geleitet wird.

Zur Literatur des historischen Liedes.

In der von H. R. Hildebrand herausgegebenen Sammlung, betitelt: „Fr. L. von Soltaus Deutsche Historische Volkslieder, zweites Hundert,- Leipzig, Verlag von Gustav Meyer 1856"

ist unter Nr. 78 ein Gedicht enthalten: Die Schlacht an der
Katzbach, nach dem handschriftlichen Liederbuche eines preußischen
Soldaten aus den Vierziger Jahren; ein Invalidenlied. —

Aus der Anmerkung des Herausgebers erhellt die Annahme,
daß der Blüchersche Husar, dem das Lied in den Mund gelegt
ist, auch der Verfasser sei; dem ist aber nicht so, und jener
Soldat schrieb nur ab, und zwar sehr unrichtig. Das Gedicht
ist von mir, und ich will mir nur deshalb meine Autorschaft bescheiden wahren, damit nicht, wenn früher oder später einmal
eine Gesammtausgabe meiner Gedichte erscheint, jemand glaube,
ich habe es dem Liederbuche eines alten Husaren entnommen und
mir angeeignet. Das Gedicht wurde im December 1843 mit anderen
meist auf Preußen Bezug habenden Liedern für den musikalischen
Verlag des Herrn Buchhändler Conrad Glaser in Schleusingen
und namentlich für eine Sammlung, betitelt: Ernst und Scherz,
von mir verfaßt, ist von Neithardt componiert worden und
auch im Druck erschienen. Hier die Abweichungen vom ursprünglichen Texte anzugeben, würde zu weit führen.

Sehr anziehend ist die fleißig gearbeitete Einleitung des Hilde-
brandschen Buches, indem sie reiche literarische Nachweise über
die neuzeitliche Literatur des deutschen Volksliedes gibt, die jedem
dienen können, der vielleicht abermals Ein Hundert solcher
deutschen Lieder zu bringen sich vorbereitet. Trotz zahlreicher Ver-
öffentlichungen birgt sich noch vieles der Art als ungedruckt oder
als kaum bekannter Druck, und jede solche Sammlung, sei sie
zahlreich oder nicht, ist dankbar anzunehmen. Daß der Sammler
bis in die neueste Zeit ging, daran hat er völlig wohlgethan.
Es ist einseitig, nur das alte zu schätzen und das neue zu
mißachten, weil besondere Vorliebe und besonders Studium mehr
mit altem wie mit dem neuen befreundeten. Jede Poesie in
jeder Zeit hat ihre Berechtigung, und das absprechen über
ganze Perioden der deutschen Poesie vom hohen kritischen mittel-
hochdeutschen Kothurn aus ist der Nationalliteratur völlig unnütz.

Es kann nun einmal nicht alles mittelhochdeutsch sein, und es finden sich auch in Gedichten dieser Periode hinlänglich viele langweilende und außerordentlich breite und selbst triviale Stellen. Zu beklagen ist nur, daß für solche Sammlungen und Aehn= liches, wenn man auch Neigung hat, dergleichen zu veranstalten, so selten sich Verleger finden, weil das Publikum sie nicht kauft, mindestens nicht in solcher Zahl, daß die Sammler nicht über ihre Mühe seufzen müßten: oleum et operam perdidi. — —

Meiningen.   Ludwig Bechstein.

Wenn es für eine solche Mittheilung, welche zunächst nur die Wahrung der Verfasserschaft bezweckte in einem periodischen Blatte allerdings zu weit führen würde, Abweichungen und Lesarten anzu= geben, so scheint mir hierin gerade das anziehende und werthvolle literarische Element zu beruhen. Eine einfache Gegenüberstellung der beiden Texte wird am ehesten die Wandlungen veranschaulichen, welche das Original in jenem Soldatenliederbuche zu erfahren hatte. In der ersten und dritten Strophe finden sich keine Abweichungen, weshalb nur die andern Strophen berücksichtigt zu werden brauchen. Meines Vaters Gedicht kann ich nur aus der Partitur mittheilen, weshalb ich manchmal die Interpunktion zu ändern genöthigt war.

(Bechstein.)

An der Katzbach,

so erzählt ein alter Invalide.

1. — — — — — — — — — — — —

2. Das Wort war gegeben, das hieß Sieg oder Tod!
   Und ein Regenguß vom Himmel, wie die Schockschwerenoth.
   Da schrie der Vater Blücher: Der Tag ist erwacht,
   Frisch auf, mein Trompeter, und blase zur Schlacht!
   An der Katzbach, an der Katzbach.

3. — — — — — — — — — — — — —

4. Marsch! Vorwärts die Colonnen und Donner links und rechts,
   Und Guß auf Guß vom Himmel und die Hitze des Gefechts,
   Hei! das war eine Lust, hei! das war euch eine Hatz,
   Wie wir packten die wilde französische Katz!
   An der Katzbach, an der Katzbach.

5. Ein Quarré stand wie Mauern, und da schrien wir: drauf, drauf!
   Da ward aus dem Quarré bald von Leichen ein Hauf,
   Und die Reiter und die Rosse und Kanonen hinterdrein,
   Die jagten in die Neiß' und in die Katzbach wir hinein.
   An der Katzbach, an der Katzbach.

6. Und als der Sieg errungen war, da beteten wir:
   Gott! gib den todten Brüdern im Himmel Quartier!
   Ach! schon lang ist das her, und schon lang bin ich müd,
   O schlief doch bei den Brüdern der alte Invalid!
   An der Katzbach, an der Katzbach.

(Hildebrand.)

Die Schlacht an der Katzbach.
26. Aug. 1813.

Handschriftliches Liederbuch eines preußischen Soldaten aus den vierziger Jahren;
ein Invalidenlied.

1. — — — — — — — — — — — — — ⌐

2. Das Wort war gegeben, das hieß Sieg oder Tod!
   Und ein Regen goß vom Himmel, wie die Schockschwerenoth.
   Da schrie der Vater Blücher, der Tag ist erwacht,
   Frisch auf mein Trompeter und blase zur Schlacht,
      An der Katzbach, an der Katzbach.

3. — — — — — — — — — — — — — —

4. Marsch vorwärts die Colonnen, und Donner links und rechts,
   Und Guß auf Guß, und die Hitze des Gefechts!
   Hei das war eine Lust, hei das war auch eine Hatz,
   Wie wir packten die wilde französische Katz,
      An der Katzbach, an der Katzbach:

5. Ein Quarré stand wie Mauern, und da schrien wir drauf!
   Da ward aus dem Quarré bald von Leichen ein Hauf.
   Und die Reiter und die Rosse und Kanonen hinterdrein.
   Die jagten in die Neiß und in Katzbach hinein!
      An der Katzbach, an der Katzbach.

6. Und als der Sieg errungen war, da beteten wir,
   Gott, gieb den todten Brüdern im Himmel Quartier.
   Ach schon lange ist es her, und schon lange bin ich müd!
   O schlief doch bei den Brüdern der alte Invalid
      An der Katzbach, an der Katzbach!

Der Abweichungen sind es nicht gerade viel, auch sind sie keines=
wegs sinnentstellend, doch leidet in der 4. und 5. Strophe durch die
Auslassungen das Metrum.

Die Bemerkung Hildebrands zur 2. Strophe, daß er nicht habe
finden können, ob „Sieg oder Tod!“ wirklich die Parole war, wird
nun der Auffassung weichen müssen, daß des Dichters Angabe auf
eigener Wahl beruhte, wie sie der Sache und der poetischen Stimmung
angemessen war.

Wenn auch das Lied An der Katzbach in einem Soldatenlieder=
buche eine Stätte fand, so ist es doch den Kreisen der deutschen
Sänger nicht so heimisch geworden wie unter andern der von Andreas
Zöllner in Musik gesetzte Toast L. Bechsteins: Dein Wohl, mein
Liebchen, trink ich im goldnen Wein! Das ist wieder ein Beweis,
daß vor allem die Melodie dem Kunstliede, und wäre sein Text noch
so einfach und kernig gehalten, den Charakter des volksthümlichen zu
verleihen vermag. Heines Lorelei wäre ohne Silchers Compo=
sition nimmermehr ein Volkslied geworden.

XIV.

Kleinere und vermischte Mittheilungen.

1.

Zum Spiel von den zehn Jungfrauen.

Eine Berichtigung zu Gödekes Grundriß.

Im Grundrisse wird §. 92, S. 93, Nr. 13 zu Ludus de decem virginibus bemerkt: „Im MA. (deutsche Dichtung im Mittelalter) 971, 24, 36. wurde dies Spiel zuerst als das der Eisenacher Predigermönche vom J. 1322 nachgewiesen, das dem Laubgrafen Friedrich von Thüringen so sehr zu Herzen gieng, weil es die Fürbitte der Heiligen und Marias ohne wahre Reue und Buße für unzureichend erklärte. L. Bechstein benutzte den Nachweis und gab das Spiel als ein von ihm wieder entdecktes heraus."

Diese Bemerkung ist ungenau und unrichtig. Erstens ist in solcher Verbindung der Ausdruck „Nachweis, nachgewiesen" viel zu bedeutsam, es sollte „Hinweis, Verweisung" gebraucht sein. Im MA. ist bei Nr. 24 gesagt: „s. unten nr. 36." und bei Nr. 36 ist die bekannte Erzählung von Rothe nach Menken citiert, überdies Frieslebens Nachlese angezogen und sodann wieder auf Nr. 24 hingedeutet. Damit ist doch noch nicht „nachgewiesen," daß das bei Stephan gedruckte Spiel von den zehn Jungfrauen auch wirklich das Eisenacher Spiel sei. Diesen Beweis suchte eben L. Bechstein zu führen. Ferner hat mein Vater den Hinweis Gödekes keineswegs benutzt, weil er dessen Dichtung im Mittelalter, wie ich bestimmt versichern kann, gar nicht kannte, sondern eben in Folge der Aeußerung im Grundrisse durch mich erst kennen lernte. Auch hat er durchaus nicht das Spiel als ein von ihm wieder entdecktes herausgegeben, sondern die Ausgabe Stephans in den neuen Stofflieferungen besprochen und in der Einleitung (S. 2) nur geäußert, daß dieselbe „fast ganz unbekannt" geblieben sei.

2.

Schatzgräbermittel.

15. Jhd.

Auf einem Zinsverzeichnisse vom Jahre 1478 steht fragmentarisch mit rother Tinte folgendes Schatzgräbermittel. Die lateinischen Abkürzungen sind aufgelöst.

Item wan du wilt mit dein geseln auß dem hauß gehe czu der stadt da der schatz ist So liß dy syben psalm mit den helgen vnd Sprich das gebethe Aue mundi spes maria vnde Christe qui lux es et dies vnd dar nach domine non secundum peccata nostra facias nobis ꝛc. vnd wā du komest an dy stadt da der schatz ist So sprich daz . . .

3.

Erwähnung der sächsischen Schrift.

1527.

Das nachfolgende Schreiben läßt einen Blick thun auf die zu allen Zeiten nicht ungewöhnliche Fälschung von Dokumenten und Briefschaften, über welche die großen Herren sehr wohl unterrichtet waren, und gegen die sie sich bei etwaigem Verdachte durch Reclamation zu sichern suchten. Im Einzelnen ist die Erwähnung der sächsischen Schrift von höherem Interesse; ohne Zweifel berührt dies zunächst nicht die sprachliche, sondern die kalligraphische Seite des Geschriebenen. Worin das charakteristische Merkmal des sächsischen Ductus besteht, wird im Allgemeinen bekannt sein. Namentlich ist der Buchstabe h geeignet, das Brechen der geschwungenen Bogenlinie zu veranschaulichen. Aus Friedrichs des Weisen Kanzlei sind auch Dokumente hervorgezaugen, die nicht specifisch sächsisch geschrieben sind. — Der Diplomatik dieser

späteren Zeit wird noch mehr, als bisher geschehen, Beachtung geschenkt werden müssen.

V. Mser fr. dinst zuvor Wolgeborner fr. lieber oheim vnd bruder
vns ist ein schrifft vnther e l namen vnnd Secret off heut dato
zukommen darjnne fur einen gefangen den wir zu Schlewsingen lie-
gend haben gebetten wirdet Vnd wiewol wir an solcher schrifft der
wir e l hiemit wieder schicken die weyl es sechssisch geschrieben auch das
Secret Als were es vor auch an einem brief gewest, auffgedruckt,
etwas gezweyfelt Wollen wir doch e l fr. meynung nit bergen
Das wir vor zukunfft solcher schrifft allgereit benelh gethan Dieweyl der gefangen vnther e l wonhafft gewest E l Mit anzeignng
seiner handlung zubeschreiben des versehens solchs furderlich gescheen
werde, Wollen Dis auch nach weitter erkundung vnd erfindung
seiner verwnrgkung aller geburt hallten Dan e l fr. zudienen seint
wir willig Dat. Massfelt Am tage Assumptionis Marie Anno 2c.
xxvij.° V. g. g. Wilhelm 2c.
An Grauen Gunthern 2c.

4.
Kursächsische Münz-Verordnung.
1541.

Von Gottes gnaden, Wir Johans Friderich, des heiligen Römischen
Reichs Ertzmarschalh, vnd Churfürst, Burggraue zu Magdeburg, Vnd
Johans Ernst, gebrüdere, Hertzogen zu Sachssen, Landgrauen in Düringen, vnd Marggrauen zu Meissen, Entbieten allen, vnd jtzlichen,
vnsern Grauen, herrn, Landvoigt, Hanbt vnd Amptleuten, denen von
der Ritterschafft, Schössern, Vorwaltern, Vorstehern, Schultesen, Vnter-
voigten, Glaitsleuten, Castnern, Burgermeistern, Richtern, Rethen der
Stedte, vnd Gemeinden, Auch allen vnsern Vnterthauen vnd Vor-
wandten, darzu denen, so jnn vnsern Landen, ire gewerb vnd Hantirung
haben, Vnsern grus zuuorn, Wolgebornen, Edeln, lieben Rethe, getrewen, vnd besondern, Nachdeme wir bishere befunden, das jnn

22*

vnsern Fürstenthumben vnd Landen, einzeither, grosse vnrichtigkeiten
der Müntz halben, furgestanden, welche sich furnemlich aus dem zu=
getragen, das der gülden grosche sich am werth selbst erhöhet vnd ge=
stiegen, Vnd dieweil die kleine Müntz, am korn vnd gehalt nu dar=
gegen besser, So ist erfolgt, das dieselbe kleine Müntz, in vnsern
Landen vnd Fürstenthumben nicht blieben, Sondern ausserhalben, an
grossen Summen gefurt, auch jnn Tiegel gebracht, vnd zu vnserm,
vnd vnser Land vnd Leute schaden vnd nachteil, vmbgemüntzt, vnd
andere frembde Müntz, die der vnsern am korn, vngemes eingeschoben
worden ist, Wan dan die hohe vnd vnuermeidliche notdurfft erfordert,
solcher vnrichtigkeit, souiel Gott gnad verleihet, vnd müglich, zube=
gegenen, So haben wir vns, mit dem hochgebornen Fürsten, herrn
Moritzen, Hertzogen zu Sachssen rc. vnserm freundlichen lieben Vettern,
nachuolgender gestalt, derwegen freundlichen vorglichen, vnd vereinigt,
Das, bis auff beiderseits vnser weitere vergleichung, keine zins, oder
halbe groschen, noch auch drey pfennig gröschlein, auff vnser beiderseits
Bergkwergken, vnd jnn vnsern Müntzen, Sondern allein gantze vnd
halbe gülden groschen, auch Orter, vnd darzu ein anzal kleiner
pfennig, derer zwelff einen groschen gelten, vnd zu teglicher notdurfft,
auch zu dem einzelen wechsseln des gülden groschen, zugebrauchen sein, alles
jnn vorigem schrot vnd korn, sollen geschlagen werden, Wie dan
solchs, durch gemelten vnsern Vettern, vnd vns, jnn vnsern Müntzen,
albereitan also angefangen vnd angeschafft worden ist, Es sol aber
der gülden groschen, jnn vnsern beiderseits Landen vnd Fürsten=
thumben, vber funff vnd zwentzig groschen nicht ausgegeben noch ein=
genomen werden, Vnd damit die berurten güldengroschen, noch auch
die pfennig, die wir jtzt, vnd doch jnn vorigem schrot vnd korn müntzen
lassen, mit frembden bösen groschen vnd pfennigmüntz, nicht mügen
an Summen hinweg gefurt, geschmeltzt, granalirt, oder jnn Tigel ge=
worffen werden, So wollen wir, das alle kleine Müntz, an groschen
vnd pfennigen, so von vnsern Vorfarn vnd Eldern, den Fürsten zu
Sachssen, auch vns, nicht gemüntzt, jnn vnser beiderseits Fürsten=
thumben vnd Landen, hinfurder gantz vnd gär sollen verbotten sein,
vnd nicht zugelassen werden, Aber die grobe Müntz der Könige vnd
Fürsten, auch anderer, als gantze vnd halbe güldengroschen, auch Orter,
so vnserm schrot vnd korn gemes, sollen ganghafftig bleiben, vnd wie

die vnfern ausgegeben vnd eingenomen werden, Aber die gantzen vnd
halben gülden grofchen, auch Drter, fo vnferm fchrot vnd korn nicht
gemes, follen gentzlich verbotten fein, Wie dan derfelben halben,
fo die befunden, weiter vorwarnung fol befchehen, Damit fich
ein jeder darnach zurichten, alles bey vnnachleffiger ftraff, wie
nachfolget. Vnd nemlich, So fol ein jeder Graue vnd herr,
der jnn beiderfeits vnfern Landen vnd Fürftenthumben gefeffen,
zweihundert gülden, vnd ein jeder, fo an einem Ampt ift, als ein
Landvoit, Pfleger, Haubt vnd Amptman, Desgleichen einer vom Adel,
hundert gülden, Auch ein jeder von vnfern Rethen, Hoffgefinde,
Schöffer, Vorwalter, Vorfteher, Vntervoigt, Schultes, Caftner vnd
Gleitsman, Darzu die Vniuerfiteten, Bürgermeifter, Rabtman, Richter
vnd Schöppen, auch Hendler vnd Rauffleut, funfftzig gülden (Doch
wollen wir das mit den Vniuerfiteten, der Rector, Magiftri vnd
Doctores, vnd ein jede perfon jnn fonderheit, Auch eins Bürger=
meifters, der Rabtmannen, des Richters vnd Schöppen Perfonen, vnd
ein jeder jnn fonderheit fur fich, die funfftzig gülden, von feinem
eigen, vnd nicht dem gemeinen Gute, zugeben fol gemeint fein) Die=
weil juen das auffehen, vnd die handhabung folcher vnfer Gebot, jnn
jren Graueichafften, herrfchafften, benolhenen Ampten, vnd do fie die
botmeffigteit haben, gebürt, Aber ein ander, der nicht jnn einem Ampt
ift, funff vnd zwentzig gülden, Wo der, oder diefelben, diefe vnfere
Lands vnd Müntzordenung, jnn einem oder mehr Artickeln, vbertretten,
zu ftraff vnd peen vorfallen, vnd vnnachleffig zugeben, vorpflicht fein,
Jnn gleichnus follen auch die vorberurten, Grauen, herrn, vnd die=
jenigen, fo jnn Ampten fein, auch die von der Ritterfchafft, do fie vn=
vleiffig vnd nachleffig befunden, vnd die Vbertrettung diefes vnfers
Mandats, gefchehen, vnd wider einbrechen lieffen, oder darauff mit
vleis nicht fehgen noch achtung geben, vnd die jenigen, fo jnn Ampten
fein, die Vberfahrer nicht anzeigen, wie fie dann bei jren pflichten,
on jemands verfchonung, zuthun follen fchuldig, die ftraff vnd peen,
wie oben, vnterfchiedlich, angezigt, vorfallen fein, Wo aber auch
einer oder mehr, vberfunden, das der ander diefelben diefe vnfere
Landes vnd Müntzordenung, anderweit vbertretten würde, gegen den,
oder demfelben, wollen wir vns, auff den fall, mit fonderlicher ftraff,
dermaffen wiffen zuerzeigen, das gefpürt fol werden, das wir folche

vnsere Lands vnd Müntzordenung, vestiglich vnd vnuorbrüchlich wollen
gehalten haben, ' Vnd damit solche Vbertretter, auch vberfahrer vnd
vorlasser, deste vleissiger geoffenbart, vnd vns kundbar gemacht werden,
So sol einem jeden, der vns solchen Vbertretter oder Vorlasser, glaubwirdig angeben vnd anzeigen wirdet, der dritte teil solcher straff gebüren, vnd jme, als bald die einbracht wirdet, gegeben werden,
Hierumb, so gebieten vnd begern wir hiemit gnediglich vnd ernstlich,
jr wollet solche vnsere, mit vnserm Vettern, Hertzog Moritzen zu
Sachssen, vorgleichte Müntzgebot vnd Ordenung, jnn ewer (Graff-
schafften, herrschafften, Gerichten, beuolhenen Ampten vnd Gebieten,
jnn Stedten, Flecken vnd Dörffern, vorkündigen, auch mit ernst, vnd
gantzem getrewen stetem vleis, darob halten, dieselben handhaben, vnd
denen also nachgehen, vnd volge thun, auff das bey euch selbst kein
vbertrettung, noch*) auch verlassung, müge gespürt, vormarckt, vnd befunden werden.   Damit auch diesem vnserm Müntzgebot vnd ordenung, deste vleissiger nachgegangen, vnd darüber festiglich müge gehalten werden, So haben wir darüber jnn vnsere Landkreise, sonder-
liche Auffsehere verordnet, wie dieselben hierau vnterschiedlich, namhafftig
gedruckt sein, Die haben von vns sonderlichen beuehl, des sie sich
werden zuhalten wissen, Vnd thut daran vnsere gentzliche, auch ernste
meinung, Zu orkund, mit vnser des Churfürsten, auffgedrücktem Secret
besiegelt, des wir Hertzog Johans Ernst, vns hiemit auch gebrauchen,
Geben zu Torgaw, Donstag am tag Michaelis, Anno Dñi. 1541.

(L. S.)

Nachuerzeichente Personen, haben wir zu besondern Auff-
sehern vnd Executorn, solchs vnsers Gebots, vorordnet.

I.   Jnn der Chur zu Sachssen.

Bernhart von Milen Ritter, Landvoigt zu Sachssen.
Christoph Gros, zu Wittemberg,
 Wolff von Schonbergk, zu Beltzig, Amptleute.
Philips Reichenbach, zu Wittemberg, Vnd
Donat Dham, zu Hertzberg, Bürgermeistere.

---

*) Text: nach.

II.   Inn dem Düringifchen Kreis,
            an der Orla.

Friedrich von Thün, zu Obernit.

Felix von Brandenftein.

Sigmund von Holbach.

Der Rad zu Salueld, Vnd

Der Radt zu Peßnick.

III.   Im Salgrunde zu Düringen.

Cunt von Meufebach.

Hans Puftar.

Der Schöffer vnd Radt zu Jhene.

IV.   Im Kreis zu Weimar.

Ewald von Brandenftein, Haubtmann zu Weimar.

Georg von Denftedt.

Der Schöffer vnd Radt zu Weimar.

V. Im Göttifchen*) Kreis, an der Werra.

Georg von Creitzen, Haubtman zu Gotha.

Burckhard Hund.

Eberhard von der Than, Amptman zu Wartberg.

Nickel Stigel, Vnd der Radt zu Gotha.

VI.   Im Meifnifchen Kreis.

Hans von Weiffenbach

Chriftoff von Taubenheim, Amptman zu Al-
         denburg, beide Ritter.

Heinrich von Einfiedel.

Oswald Lofan.

Der Radt zu Zwickaw. Vnd

Der Radt zu Aldenburg.

----

*) Gothaifchen.

VII.   Im Boitlendischen Kreis.

Hans von Zedwitz, Amptsbenelhalber zu Boits-
  berg vnd Plawen.

Hans Metzsch.

Hans von Boua, Amptman zum Grünhain.

Der Radt zu Plawen.

VIII.   Im Torgischen Kreis.

Dittrich von Starschedel.

Asmus Spiegel, zu Gruna.

Bernhardt von Hirsfeld.

Der Radt zu Torgaw.

IX.   Francken.

Hans Schott, Ritter.

Cuntz Gotzmann, zu Königsberg.

Siluester von Rosenaw, zu Coburg. Amptleute.

Der Radt zu Coburgk.

Die Verordnung ist einseitig gedruckt; ein vnd ein halber Bogen
sind zusammengestoßen, Siegel wohlerhalten, das Dokument besteht
aus 47 Zeilen, das Verzeichniß der Aufseher ist dreispaltig, die Ueber=
schrift desselben füllt eine Zeile.

5.

Kursächsisches Juden-Edict.

1543.

Von Gotts gnaden Johans Friderich, Hertzog zu Sachssen, Des
heiligen Römischen Reichs Ertzmarschall vnd Churfürst, Landgraff in
Düringen, Marggraff zu Meissen, vnd Burggraff zu Magdeburg.
Allen vnd jtzlichen, vnsern Prelaten, Grauen, Herrn, Landvoigten,
Haubt vnd Amptleuten, Amtsbenelhabern, denen von der Ritterschafft,

Schöffern, Vorwaltern, Vorstehern, Schulteisen, Gleitsleuten, Bürger=
meistern, Richtern vnd Rethen der Stedte, vnd Gemeinden, auch
allen vnsern Vnterthanen vnd verwandten, vnsern grus zuuor. Er=
wirdigen, Wolgebornen, Lieben andechtigen Rethe, vnd getrewen,
Wiewol wir des verschienen Sechs vnd dreiffigsten Jars, ein offen
Mandat, im druck haben ausgehen laffen, Das tein Jüde, fampt den
feinen, jnn vnsern Landen, Chur, vnd Fürftenthumben (aus bewegenden
vrfachen, fo zum teil, darinnen ausgedrückt) folt gelitten vnd ge=
duldet, jhnen auch tein gewerbe oder paffe, in vnd durch vnsere Lande,
gestattet werden, So haben wir doch hernachmals vff Stadliche
bescheene vorbit, auch der Jüdenschafft felbst, hochvleiffiges anhalten,
bitten vnd erbieten, folch vnfer Mandat, durch etzliche Miffiuen, des
Paffes halben gemiltert, vnd jhnen den, mit einer mafe zugelaffen,
Vns aber vorbehalten, wo fie folche vnfere nachlaffung, vnd jhr er=
bietten, vbertretten würden, Das wir jhnen jeder zeit, berürten Paffs
vnd Durchzug, ganz vnd gar, widerumb verbitten wolten, Wann
wir dann jnn glaubliche erfarung komen, Das die Jüden, be=
rürter vnfer jhnen erzeigten, nachlaffung, nicht allein, mit dem Paffiren,
vnd Durchziehen, misbraucht, Sondern nachtlager, darin zuhalten, Auch
hantirens, Gewerb vnd Erzneytreibens, Vnd darin von jren jhrthumben,
wider vnfern warhafftigen, Chriftlichen Glauben, jnn berurten vnfern
Landen zudifputiren, Vnd jre Jüdifche, falfche lefterungen vnd
lügen, wider den rechten vnd warhafftigen Meffiam, Chriftum vnfern
Heiland, dem Volck einzubilden, fich vnterftanden, So find wir
aus dem, auch den Stadtlichen fchrifften nach, So der Erwirdige vnd
Hochgelarte, Vnfer lieber andechtiger, Er Martinus Luther, der Hei=
ligen Schrifft Doctor, wider das verftockte Jüdenthumb, newlichen ge=
than, vnd im druck, mit beftendigen gründen, der Heiligen Schrifft,
hat ausgehen laffen, verurfacht, Die vorberurte, vnfere gethane
erlaubnus, des Paffirens halben, jnn vnd durch vnfere Lande, vnd
Gebiethe, zucaffiren, vnd widderumb auffzuheben, Vnd thun darauff,
ob angezeigt, vnfer erftlich offentlich ausgegangen Mandat, hiermit
widderumb ernewen, vnd wollen das tein Jüde, noch Jüdin, hinfurt
jnn vnfern Landen, Chur vnd Fürftenthumben oder vnferer Prelaten,
Grauen vnd Herrn, Gebieten vnd gütern, wonen, noch darinn han=
deln, wandeln, webern, oder dadurch Paffiren, Sonder fich

vnser Lande, gantz vnd gar eussern, vnd enthalten sollen, Vnd da, nach Trinitatis schirsten, einer oder mehr, der Jüden oder Jüdin, hirüber inn vnsern Landen antroffen, vnd betretten würden, Der oder dieselben, sollen vnsers schutzes vnd schirms, auch Gerichts vnd Rechts entsatzt, vnd nicht vehig sein,   Wer auch von den vnsern, einen Jüden, oder Jüdin, inn obgemelten vnsern Chur vnd Fürstenthumben, vnd Landen antreffen vnd erlangen wirdet, Der sol sich mit jhnen, vnd jhrer hab vnd gütern, so bey jhnen befunden, Jn vnser negst gelegene Ampt, darinn sie betretten werden, vorfügen, Vnd dieselben Jüden oder Jüdin, mit der habe, so bey jhnen befunden, dem Amptmann, desselben vnsers Ampts vberantworten, Do dann der Jüde oder Jü- din, inn verwarung, vnd jhre bey jhnen befunden habe vnd gütter, · ins Ampt sollen genomen, vnd dem vberantworter, von wegen, seins darbey gethanem vleisses, die helfft, solcher erlangten habe vnd güter, als er das seine zuhaben vnd zu gebrauchen, wider zugestalt, Aber das ander, bis auff weittern vnsern beuehlich, inn Ampt verwart werden,   Vnd gebieten darauff hiemit ernstlichen, das jhr alle, vnd ein jder inn sonderheit, ob diesem vnserm Mandat vnd beuehlich, wollet vnd sollet vestiglich halden, vnd darwider nichts vorhengen, noch vmb einicherley vrsach willen, die Judenschafft, inn dem verschonen, bey vormeidung, vnserer vngnade vnd ernsten straff,   Daran geschiet vnsere gentzliche meinung, Zu vrkundt mit vnserm zu ende auffgedrucktem Secret besiegelt, Vnd geben zu Wittemberg, Sontags Exaudi, Anno Dñi. 1543.

(L. S.)

6.

Muscatellerbirn.

1553.

Hoch geborne furstin genetige fraw ich schick E. f. g. hiemit Wenig mußet Deller birleinn vnd zwei salcz Vesleinn vnd bitt E. f. g. als meinn genetigenn furstinn wollens genetig annemenn. Dan ich iczunter nichts anters weis Vnd bitt E. f. g. wollenn Dunn fur bit

gegenn Mein genetigenn fürstenn vnd herrnn. graf Wilhelm. dann ich
die dag xxx fl. Erlegenn soll. so hab Jch seint osternn Auch so vill
gebenn. vonn hauß vnd velderrnn das ichs nimer gebenn kann bitt
Noch malß E. f. g. wollenn mich witter Ein genetige Enner wisenn
lasenn Daß will ich gegenn got vnd gegenn E. f. g. nimer vergesen
vnd langes lebenn bitenn,

Walburgè bincze Dorfinn.

7.

*Pfarrer prügeln einander.

1576.

Es geschah im Jahre 1576, am Feste der Aussendung des heiligen
Geistes, des Geistes der Liebe und Allversöhnung, daß der Kapellan
in der Hauptkirche zu Weimar die zweite Festtagpredigt halten wollte,
aber der erste Geistliche an derselben wollte das nicht leiden. Aus
welchen Gründen er nicht wollte, weiß man nicht bestimmt, doch war
jedenfalls der erste dieser Gründe der, daß der erste Geistliche, Dr. Mirus,
selbst predigen wollte. Beide Pfarrer begegneten sich unten an der
Kanzeltreppe und begannen mit einander zu hadern und zu zanken,
ebenso sehr zur Ergötzlichkeit, als vielleicht und noch mehr zum größten
Aergerniß der versammelten andächtigen Gemeinde. Da keiner der
beiden Pfarrer dem andern den Vortritt auf die Kanzeltreppe lassen
wollte, so geriethen beide einander in die Haare, erwischten einander
beim Kragen, zerrten sich hin und her und schlugen weiblich auf einander
los, wobei die Weiber laut kreischten, und die Männer herbei eilten,
die Streitenden auseinander zu bringen. Aber ehe dies noch gelang,
fuhr der Teufel in Gestalt eines großen Jagdhundes zwischen beide
und schlug den Doctor Mirus mit den Krallen an seiner Pfote in
die Brust, wodurch der Kapellan frei wurde, und dann verschwand
Beelzebub mit einem pestilenzialischen Gestank. Ob hernach noch ge=
predigt worden ist und vielleicht über den Schrifttext: „Es war immer
Zank unter den Hirten", ist nicht bekannt worden.

8.

Hundenamen.

1582.

---

1) **Was** dann die Hündtin die Kellerin genant, anlangt, dauon
euer L: vns jnn einem eingelegten Zettel meldung gethan, Seindt wir
jetziger Zeit mir dergleichen hunden dannoch wol versehen, . . .

2) **Vnnser** freundtlich dinst zunor. Wohlgeborner freundtlich lieber Ohm,
vnnd Schwager E. L. schreiben, dorinnen sie vnß vmb ein Par
Brittannisch hundt bitten, ist vns wohl vberantwortet. Dessenn
Junhalt wir verlesen, Vnnd wissenn E. L. freundtlich nicht zu
Pergen daß wir keine rechte arth vonn Engellendischen oder Brittan-
nischen hundenn haben, Sondern nur Mengling, deren wir E. L.
hiemit ein Pahr, Alß nemlich einen hundt, vnd ein hündin, so
Allererst heur heizig worden zuschicken. Dieselbige wollenn E. L. vor
gutt annemen, Verhoffenn wir sie soltenn rösch vnnd gutļ sein,
Auch sich Also Anlassenn, Daß E. L. darmit guten Lustenn habenn
werden.

Vnnd wissenn vnns gleichwohl zuerinnern, daß E. L. vnnd weilandt
deroselben bruder Graff Albrecht seliger vnnß hiebenor verwehnung
gethan, die rechte Arth Brittannischer hundt vnnß zuwegenn zu
bringen, Wir Aber daruor achtenn, daß deß NiderLendisch Kriegs-
wesenns halbenn eß bißhero nicht beschehen mögen. Alß bittenn wir
freundtlich do E. L. hierzu gelegennheit haben konnen sie wollenn
vnß etwa ein Pahr Alß einen hundt, vnnd ein hündin guter vnnd
gerechter Brittannischer Arth zu wegen Pringenn,

Do wir alßdann zur arth, vnnd Also einem fasel kommen, konnen
wir e. L. vnnd Andern desto eher Auch in nöthenn Aufhelffenn,
Vnnd wir seindt E. L. zu freundtlichen dinsten geneigt.
Datum Maßfeldt Am 3 10bris Aõ 82.

Vonn Gotts gnaden Georg Ernnst
Graue vnnd herr zu Hennenbergk ꝛc.

Adresse: Dem Wohlgebornen herrn Wolffen,
Grauen vonn Hohenloe, vnnd herrn
Zw Langenburgk, vnnserm freundt.

Beilage:
Nahmen der Englischen hundt
1. Der Alt Neydthardt
2. Der Größ Schleusinger heldt
3. Der Ottelmeßheuser Kampff,
4. Der Alt Schleusinger Zornn,
5. Der Kündorffer Zanck,
6. Die Weiß schleusinger hündin so vor 2 Jahrenn
Ist gezogen wordenn

Mehr noch zwenn Junge schleusinger, ein hundt
Vndt ein hündin Ist Peters sein guetdüncken
daß man die nimpt, so heuer findt geheiß
Wordenn ꝛc.

9.

Feuersegen.

Ein segenn wenn feuer auß kömpt.

Feuer behalt deine flamme bey dir so lange als marya ihr iung-
freuliche keuscheid hatt behalten.
Handschriftlich, Anfang des 17. Jhds.

10.
Selbstmord zu Jüchsen.
1614.

Bei der Seltenheit der Selbstentleibungen in früherer Zeit, vornehmlich derer durch die Schießwaffe, wird die Mittheilung des folgenden Aktenstückes von Interesse sein.

Besichtigunge Haußen Hirns vonn Züchßen
eines ledigen kerles, vonn vngeuehr 26
Jahrenn.

Dießer Hauß Hirnn hat sich gestrigs Sontags, vnder der Frue
Predigt selbstenn erschoßenn, Jnn der besichtigung hat sichs befunden,
das er vfr*) banck hinderm tisch gelegenn, vndt hat vnder der hertz-
grueben, einen schneß hinden durch den rücken, vnd in die wandt
einen kleinen fingers, tieff gangen gehabt, Vonn berürtem schneß ist
Jhme das heubt, wie nichts wenigers seine barchent hosenn ange-
zündet wordenn, das der ermordte an seinem gantzen leib kohlschwartz
verbrent gewesenn,

Baltenn Hirnn sein Vatter berichtet, Vor vngefehr 4 wochenn,
were er vfr hochzeit gewesenn, Nach sölcher hette er sich stetig geclagt
vnd sonderlich, das Jhme der kopff so wehe thete, auch zue zeiten
sich erzeigt, alß wann er wahnsinnig were, wie er Jhme dann neulicher
weil ein fenster inn der stueben vergebens**) auß geschlagenn: Gestrigs
Sontags, wie er vatter zu Jhme inn seine Cammer gangen, vnd
gefraget, ob er nicht auffstehenn, vnd in die kirchen gehen wolt, hette
er Jhme zur antwort geben, sie solten nur alle mitt einander inn
die kirchenn gehenn, er vermöchte nicht auffzustehenn, seine bein
thetenn ihme gar wehe, Hierauff er vnd sein gantzes hausgesinde inn
die kirchen gangen, Vndt wie seinn weib etwas ehir, heimbgangen,
alß die Predigt außgewesenn, were sie eines grossen rauchs inn der
stuebenn, vndt das sich der Sohn leider erschoßenn, vnd am leib
gantz vnd gar verbrent, gewesenn, gewahr worden,

Des abgeleibtenn Mutter berichtet, wie sie Jhrenn sohnn vffr banck
liegendt fundenn, sein kleider am leib noch gebrent, darauff sie fluges
zur stueben hienaus gelauffen, ein lippenn***) mitt waßer geholt, vnd
ihne damitt geläscht, er were aber schon verschiedenn gewesenn.

Dorothea leuschin berichtet als sie gestern auß der kirchen heimb

---

*) vfr, nicht „auf der", sondern „auf einer", wie im Folgenden „vier
Hochzeit."

**) ohne Zweck.

***) Noch heute im hennebergischen Lippe, Lüppe, Holzkanne für das Wasser,
kleineres Gefäß als die Butte.

gangenn vnd das mittagseßen zuschickenn wollen, hette sie einen schueß inn Balten hirns stueben vnd darauf Owe vnd zweymaal Ach schreyen horenn, vnd wie hernacher berürts hirns weib heimkommen hette sie vonn Ihr gehört das sich Ihr sohn Hanß selber erschoßenn, Hierauff ist der ermordete durch denn scharpffrichter vfs felt an einen absonderlichen ort begraben wordenn, Actum Züchßen den 21 Martij 1614 Præsentibus wolffg: Siebenfreudts *) ꝛc. Item wolffenn schmidts vndt Erhardt scharden beeder zentschöpffen zu dhemar.

––––– – –

11.

Kindesmord durch beide Eltern zu Rohra.

1633.

–––– –––

Vnnßer freundtlich dienst zuevor, Erbarer Nahmhaffter guter freundt, Alß ihr vnß berichtet, welcher gestaldt Lorentz Medler zue Rohra vndt sein Weib Orthey Schaubachin in der güte bekandt, daß sie ihr fruezeitiges Kindt vmbs Leben gebracht, Also vndt der gestaldt, Daß am Sonnabendt vor Weyhenachten, in der Stuben, dorinnen sie gelegen, Sie ihrem Mann geclaget, Eß Krümme sie sehr im Leibe, vnd zwmahl im Rücken, Dahero aufgestanden vndt in Kuheftall gaugen, dorinnen ein lebendig Kindt auf die weldt gebracht, welchem Sie daß Mündlein mitt stroh zwgestopfet, daßelbe damitt zuersticken, vnter deß habe angeregter Lorentz Medler ihr Ehemann in dem stall, zuerfahren, was sein weib da mache, sich begeben, Do er dan die Mutter sambt der gebuhrt berichteter maßen befunden, Do habe er dem Kinde, so noch daß Leben gehabt, vndt nicht mehr dan einen schrey gethan, die Seele abgespitzet, Nach verbrachter that habe er daßelbe vfn boden in in ein Lehr Spanbett getragen, Sein weib hernach solches in ihre Laden geleget, Er aber den Sontag nach den Weihenachten vnter der Mittags Predigt daß Tode Kindelein, welches sein weib in ein alt

––––––––––––

*) Generalcentrichter und Kellner zu Meiningen. S. Kindesmord zu Rohra.

weiß schürtztuch eingewickelt gehabt, in einem graßtuch aufs Wimmicht
zwischen Rohra vndt Schwartza, vbern armen Hauß getragen, vndt
zwischen zweyen Rainen vergraben; Alleß nach fernern Junhalt der
Acten vnd sonderbahren vmbständen;   Wofern nun beyde gefangene vor offentlichen gehegten hohen Peinlichen halßgerichte freywillig
vf solcher ihrer außage iede Persohn vor sich selbsten verharret, So
werden sie absonderlich nach gelegenheit deß orthß vndt waßers in
einen sack gestecket vndt erseuffet. Jn manglung aber deß waßers,
seindt sie mitt dem Rade vom Leben zum Tode zubringen, von Rechts-
wegen, Uhrkundlichen mitt vnserm Jnnsiegel besiegelt.

Verordente Dechant vnd andere Doctores
deß Schöppenstuelß zu Jehna.

Adresse: Dem Erbarn vndt Nahmhafften Wolffgang Siebenfreuden
Chur: vndt Fürstlich: Hennebergischen verordneten General Centrichter
vndt Ambts-Kelner zue Meinungen, Vnßerm guten Freunde.
Darüber: ps. 1. Mart. 33.
Darunter: Lorenzenn Miedtlerinn von Rohra vndt seinem Weib
Dorothea schaubachin werdenn wegenn begangenen Kinder Mortths
die erseuffunge zue erkandt. Exequirt zue Mehnung bey der Ober-
brüecken den 7. Martij 1633.

———

12.

Beste Weinprobe.

———

Die beste Wein Prob ist wen man mit guthen Freunden etliche
maaß trincket, und eim den andern tag der Kopf nicht davon
weh thut.
Handschriftlich. Ende des 17. Jhdts.

———

Druck von A. Waldow in Leipzig.